DUMONT *Kunst-Reiseführer*

Zur schnellen Orientierung – die wichtigsten Orte und Sehenswürdigkeiten Brandenburgs auf einen Blick:
(Auszug aus dem ausführlichen Ortsregister)

In der vorderen Umschlagklappe: Übersichtskarte Brandenburg

In der hinteren Umschlagklappe: Stadtplan Potsdam

Ernst Badstübner

Brandenburg

Zwischen Elbe und Oder –
Kunst und Geschichte
des norddeutschen Binnenlandes

DUMONT

Umschlagvorderseite: Havelberg, Dom, Ansicht von Südwesten
Umschlagklappe vorn: Chorin, Westfassade der Klosterkirche
Umschlagklappe hinten: Potsdam, Schloß Sanssouci, Marmorsaal
Umschlagrückseite: Potsdam, Sanssouci, östlicher Laubenpavillon
Frontispiz Seite 2: Frankfurt/O., St. Marien, Nordportal
Abb. S. 3: Perleberg, Stadtkirche, westliches Südportal, Detail

Ernst Badstübner, geboren 1931, war als habilitierter Kunsthistoriker am Brandenburgischen Landesamt für Denkmalpflege tätig und ist Honorardozent für mittelalterliche Architekturgeschichte an der Humboldt-Universität zu Berlin. Er veröffentlichte neben Studien zur monastischen Architektur und Ikonographie vor allem kunstlandschaftliche Untersuchungen in Thüringen und in der Mark Brandenburg. Seit Frühjahr 1992 bekleidet er das Amt des Burghauptmanns der Wartburg-Stiftung in Eisenach.

© DuMont Buchverlag, Köln
3. Auflage 1995
Alle Rechte vorbehalten
Satz: Fotosatz Harten, Köln
Druck u. buchbinderische Verarbeitung: Boss-Druck, Kleve

Printed in Germany   ISBN 3-7701-2579-7

Inhalt

Stadtpläne: Angermünde S. 292, Beeskow S. 269, Bernau S. 212, Brandenburg S. 90, Cottbus S. 327, Frankfurt/Oder S. 252, Havelberg S. 147, Jüterbog S. 123, Neuruppin S. 195, Perleberg S. 156, Potsdam hintere Umschlagklappe, Prenzlau S. 258, Templin S. 308, Wittstock S. 185

Kunstgeschichtliche und andere **Fachbegriffe**, die im Text erscheinen, werden auf den Seiten 348–55 erläutert.
Vorschläge für **Kurzaufenthalte** befinden sich auf der Seite 368.

Die Kunst- und Geschichtslandschaft Brandenburg

Das Land und seine Gliederung

Wenn von Brandenburg als von einem Reiseland die Rede sein soll, dann wird jeder zunächst an Theodor Fontane denken. Seine ›Wanderungen durch die Mark Brandenburg‹ haben das spröde Sandgebiet zwischen Elbe und Oder im vergangenen Jahrhundert als eine Kulturlandschaft von besonderem Reiz erschlossen, den man hundert Jahre später, nachdem die bewegte Geschichte des 20. Jh. darüber hingegangen ist, nur mit einiger Anstrengung wiederfinden kann. Nicht nur, daß vieles, von dem Fontane schreibt, substantiell nicht mehr vorhanden ist, wie so mancher von ihm gerühmter Herrensitz des preußischen Adels, auch der Menschenschlag hat durch die Wanderbewegungen der beiden Weltkriege gewechselt und die Verbundenheit mit der märkischen Heimat einen anderen Charakter angenommen. Die Nachkriegszeit hat die geschichtlichen Traditionen nicht gerade gefördert, und es blieb Heimatfreunden und -forschern vorbehalten, die Zeugen der Geschichte im Lande zu bewahren, Kunde von ihnen und ihren Schicksalen zu sammeln und zu überliefern. Ihnen ist es zu verdanken, daß in jüngster Zeit vieles wieder aufgetan werden kann und wir Grund zu der Annahme haben können, daß sich trotz Zerstörung und Geschichtsfeindlichkeit vergangener Jahrzehnte ein Gefühl für die Werte der Landschaft, ihrer Kunst und Kultur erhalten hat und auch neu bildet.

Mark und Land Brandenburg sind nicht gleichbedeutende Begriffe. Das Land ist eine sehr junge verwaltungspolitische Einheit, die ihren Namen der alten Markgrafschaft aus dem 12. Jh. entlehnt hat, zum ersten Mal nach dem Zweiten Weltkrieg, als aus den Gebieten der vormaligen Provinz Brandenburg westlich der Oder ein neues Territorium gebildet wurde. 1952 löste die Regierung der seit 1949 bestehenden DDR die zu ihr gehörenden Länder auf und schuf die Bezirkseinteilungen. Aus dem Land Brandenburg wurden die Bezirke Frankfurt/Oder, Cottbus und Potsdam. Randbereiche fielen an die Bezirke Schwerin, Magdeburg und Neubrandenburg. Seit 1990, seit dem Ende der Existenz der als sozialistischer Staat firmierenden DDR, haben sich die alten Regionen wieder als die fünf nun neuen Bundesländer konstituiert, und das Land Brandenburg ist das flächenmäßig größte unter ihnen. Seine Grenzen entsprechen nicht ganz denen vor 1952, und so

Titelblatt eines Werbeprospektes für die Gesamtausgabe 1882/83

mancher Kreis und sogar einzelne Gemeinden an der Peripherie haben sich über ihre endgültige Zugehörigkeit nur schwer entscheiden können. Als historisch begründet jedenfalls wird man die neuen brandenburgischen Landesgrenzen nicht oder nur bedingt ansprechen dürfen.

Aber schon die dem Land historisch vorangegangene Provinz Brandenburg war eine auf das geschichtlich Gewachsene nur eingeschränkt Bezug nehmende Schöpfung. Mit der Konsolidierung Preußens nach den Befreiungskriegen ist der junge Staat aufgrund einer Verordnung vom 30. April 1815 neu geordnet worden. Es entstanden die Provinzen. Die brandenburgische umfaßte seitdem auch die vormals königlich-sächsische Niederlausitz und die ebenfalls bis dahin sächsischen Ämter im Fläming, Belzig, Jüterbog und Dahme, dazu die Herrschaft Baruth. Das Königreich Sachsen hatte sie aufgrund der Beschlüsse des Wiener Kongresses an Preußen verloren. Getrennt wurde damals von Brandenburg das Gebiet der Altmark, von der die Geschichte des Landes im 12.

Jh. ihren Ausgang genommen hatte; sie ist seit 1815 bis heute Bestandteil von Sachsen-Anhalt. Als die Provinz Brandenburg gegründet wurde, erlosch im politischen Sinne die Mark. Im 17. Jh. wurde das Gebiet unter der Bezeichnung ›Chur und Mark Brandenburg‹ geführt; sie umschloß damals neben der Altmark alle die so charakteristischen Kleinlandschaften, die Prignitz, die Zauche, das Havelland, den Teltow, den Barnim, das Land Ruppin, die Uckermark, das Land Lebus, das Land Beeskow-Storkow und schließlich auch die Neumark jenseits der Oder, zu der aber schon seit dem 15. Jh. die brandenburgische Herrschaft Cottbus-Peitz gehörte. Diese historische Gliederung der Mark Brandenburg hatte sich bis in die Mitte unseres Jahrhunderts in der Kreiseinteilung der Provinz erhalten, eine Einteilung, der auch die amtlichen Inventare der Bau- und Kunstdenkmale folgten. Wer in ihnen nachschlagen will, muß diese Landschaftsbezeichnungen kennen. Sie gehen auf das Mittelalter zurück und sind im Landbuch Kaiser Karls IV. aus dem Jahre 1375 erstmals nachweisbar. Sie dürften aber weitaus älter sein und vermutlich sogar von den Namen der dort ansässigen westslawischen Stämme herrühren, die die deutschen Siedler im 12. Jh. dort antrafen.

Jünger ist der Landschaftsname für das Gesamtgebiet. Er ist erst aufgekommen, nachdem sich die askanischen Grafen von Ballenstedt-Aschersleben, die 1134 durch Kaiser Lothar von Supplinburg mit der Altmark belehnt worden waren und bis 1157 die Zauche und Teile des Havellandes mit dem Burg- und Bischofssitz Brandenburg erworben hatten, Markgrafen von Brandenburg nannten. Mit der Landnahme der Askanier begann die Geschichte der Mark.

Die politische Landesgliederung aber hat ihre Ursprünge in weiter zurückliegenden Zeitaltern. Die märkische Landschaftsgestalt, ihre Oberflächenform und die obersten Bodenschichten sind das Ergebnis der letzten Eiszeiten, der Saale- und der Weichseleiszeit, in denen das skandinavische Inlandeis Norddeutschland überwanderte. Gletscherschliffe auf dem Rüdersdorfer Muschelkalk in den Brüchen östlich von Berlin, die von dem Schweden O. Torell 1875 erkannt wurden, lieferten den Beweis für diese Tatsache. Die Gletscher führten Gesteinsschutt aus dem Norden mit sich und hinterließen ihn als Endmoränenwälle am südlichen Rand ihrer jeweiligen Ausdehnung. So entstanden ein südlicher und ein nördlicher Landrücken, die mit ihren Abschnitten zwischen Elbe und Oder, dem sogenannten Lausitzer Grenzwall und dem Fläming sowie dem uckermärkischen und dem Ruppiner Höhenland, eine natürliche Begrenzung der zentralen Teile der Mark bilden. Die Erhebungen des südlichen Landrückens erreichen im Hohen Fläming immerhin mit dem *Hagelberg* bei Belzig eine Höhe von 201 m. Die Landschaft zwischen den Höhenzügen, die ›Mulde des märkischen Zwischenstromlandes‹, ist von flachwelligen Grundmoränen geprägt und von Rinnen, Wirbelseen und anderen ›Hohlformen‹ durchsetzt. Über 600 Seen zählt man, die drei Prozent der Oberfläche des Landes einnehmen. Die eiszeitlichen Schmelzwasser wuschen aber vor allem 30 bis 60 m gegen das feste

In der Schorfheide

Stolpsee bei Gransee

Land eingetiefte Talzüge aus, die Urstromtäler, die weitverzweigt waren und mit ihren Läufen die höher gelegenen Platten und Sander, eben die Teil- und Kleinlandschaften, aus denen sich die Gesamttopographie der Mark zusammensetzt, umflossen. Dabei bildeten sich drei markante, in West-Ost-Richtung ziehende Ströme aus, das *Eberswalder,* das *Berliner* und das *Luckenwalde-Baruther Urstromtal.*

Der Gegensatz zwischen den mehr oder weniger trockenen, meist steilrandig begrenzten Hochflächen und den weithin vermoorten Talzonen macht den großen Reiz der märkischen Landschaft aus. Ausgedehnte Wälder auf den Grundmoränenplatten stehen den meist sumpfigen Wiesen in den Niederungen der Fließe und Lüche gegenüber. Die überaus reichen Gewässer gliedern in ihrer natürlichen Form als ein Netz aus Flüssen und Seen, von Norden (Havel) und Süden (Spree) kommend, den Landschaftsraum und erschließen ihn in westlicher Richtung zur Elbe; die Verbindung nach Osten zur Oder ist dann künstlich durch Kanäle geschaffen worden. Die eiszeitlichen Gletscherablagerungen haben Geschiebemergel und Geschiebelehm als Oberflächenböden, meist recht fruchtbar, vor allem in den nördlichen Teilen hinterlassen. Die durch fließendes Wasser ausgeschwemmten Bändertone wurden neben erdgeschichtlich älteren Tonlagern zur Grundlage der Ziegelherstellung in der Mark. Natürliches Baumaterial gab es dagegen nur in Form der Granitfindlinge und Feldsteine, die aus Skandinavien im Geschiebe der Gletscher nach Mitteleuropa geführt worden waren. Der aus dem Geschiebelehm ausgewehte Sand, der weite, heute aber doch meist ausgedehnt bewaldete Teile der Hochflächen und Endmoränen bedeckt, hat der Mark Brandenburg den Spottnamen ›Streusandbüchse des Heiligen Römischen Reiches‹ eingetragen.

Die geschichtlichen Anfänge

Die einst von den Schmelzwassern der eiszeitlichen Gletscher umflossenen Hochflächen wurden bald zu Plätzen früher vorgeschichtlicher Besiedlung. In der mittleren Steinzeit sind bereits seßhafte Jäger bezeugt, Ackerbauern und Viehzüchter im 4. und 3. Jahrtausend v. Chr. In der mittleren Bronzezeit, am Ende des 2. Jahrtausends, nahm die Siedlungsdichte zu; die damalige Bevölkerung gilt allerdings als ethnisch nicht bestimmbar. Erst im 5. vorchristlichen Jahrhundert haben Germanen hier Land genommen, und um die Zeitenwende ist bei römischen Schriftstellern von den zwischen Elbe und Oder lebenden Semnonen die Rede. Sie zogen im Verlauf der Völkerwanderung nach Südwesten, und westslawische Stämme folgten von Osten in das Gebiet zwischen Oder und Elbe nach. In der mittleren märkischen Landschaft waren seitdem die Wilzen oder Liutizen ansässig, von denen der ›Bayrische Geograph‹ im 9. Jh. berichtet. Das Siedlungsgebiet der Liutizen grenzte im Nordwesten an das der Obodriten in Mecklenburg und im Südwesten an das der Sorben in der Lausitz. Den Wilzen oder Liutizen werden folgende Teilstämme zugeordnet: die Ukrer oder Ukranen im Nordosten um den Uckersee und -fluß, die Leubuzzen oder Lebuser östlich im Lande Lebus, die Spirawanen oder Spreewanen an der Spree mit dem späteren Herrschaftsmittelpunkt in Köpenick, die Heveller oder Stodoranen in Havelland und Zauche mit dem Herrschaftszentrum in Brandenburg, und schließlich die Doxanen oder Dossaner im Dossegebiet und die Brizzanen in der Prignitz. Die Teilstammbenennungen sind schon früh überliefert und gehen mit den bis heute gebräuchlichen Namen der Kleinlandschaften zusammen, in die das Gebiet der Gesamtlandschaft aufgrund seiner geomorphologischen Struktur zerfällt. Der Name für die Gesamtlandschaft, das war schon bemerkt, entstand erst im 12. Jh. in Zusammenhang mit der askanischen Eroberung.

Die territorialpolitische Entwicklung der Elbslawen hat vermutlich frühe, aber kurzlebige, die Teilstämme zusammenfassende Großformen hervorgebracht. Als Herrscher einer solchen staatsartigen Vereinigung gilt Dragowit, der Gegner Karls des Großen, als dieser 789 die Völker östlich der Elbe tributpflichtig machen wollte. Beständiger waren dann spätere kleindynastische Herrschaftsformen der Teilstämme, deren Fürsten von festen Burgsitzen (Brandenburg, Havelberg, Köpenick) aus regierten. Im 10. Jh. wuchs unter dem sächsischen Königshaus der Ottonen beim Adel der Grenzmarken an der Elbe, der wie das Herrscherhaus selbst im nördlichen Umland des Harzes seine Stammsitze hatte, erneut das Interesse an der Eroberung und an der Herrschaft über das rechtselbische Slawenland. Im Winter 928 auf 929 nahm König Heinrich I. die Brandenburg ein, und am 5. September 929 siegte er mit einem von den grenzmärkischen Adligen Bernhard und Thietmar geführten Heer in der Schlacht bei Lenzen über die Wilzen. König Otto I., Heinrichs Sohn, setzte dann die Grafen Hermann Billung und Gero als Herren über die annektierten Gebiete ein. Gero, der auf seiner Burg am Harz das Damenstift Gernrode gegründet hat, in dessen Kirche er 965 bestattet wurde, nahm das Land bis an die Oder und die Lausitz in Besitz.

Kaiser Otto I., der Große (912–973), Idealbildnis. Kolorierter Holzschnitt von Michael Wolgemut, 1493

König Heinrich I. (um 875–936). Kreidelithographie, um 1860

Im Jahr 937 hatte Otto I. in Magdeburg ein dem hl. Mauritius geweihtes Benediktinerkloster eingerichtet und mit rechtselbischen Besitzungen bereits ausstatten können. 948 erfolgte die Gründung zweier Bistümer im elbslawischen Gebiet. Die Bischofssitze wurden in Brandenburg und Havelberg, also an heidnischen Herrschafts- und Kultorten, errichtet. 968 gelang es Otto schließlich, die Schaffung eines neuen Erzbistums in Magdeburg durchzusetzen, dem die Diözesen östlich der Elbe unterstellt und damit dem alten erzbischöflichen Verband von Mainz entzogen werden konnten. Neben diese kirchliche Organisation der Verwaltung des Landes trat auch eine militärische: Von Burgwarden aus regierten Burggrafen das Gebiet und übten Gericht. So schienen die Voraussetzungen für eine Herrschaft auf Dauer über die Elbslawen geschaffen, doch die Slawen gewannen beim Aufstand 983 – unmittelbar nach dem Tod des in Italien weilenden Kaisers Otto II. – ihre Unabhängigkeit zurück und verteidigten sie erfolgreich bis in das 12. Jh. Die königlichen und bischöflichen Burgsitze in Brandenburg und Havelberg, bei denen auch erste Kirchbauten, wohl aus Holz, zu vermuten sind, gingen 983 wieder verloren. Kirche und Reich mußten ihre Grenze an die Elbe zurücknehmen. Versuche der Rückeroberung führten zu fortwährenden Grenzkämpfen, blieben aber erfolglos. Interessant ist, daß die Markgrafen und Bischöfe der rechtselbischen Territorien im Besitz ihrer Ämter und Würden blieben, und kontinuierlich eingesetzte Nachfolger vertraten Ansprüche auf das eingebüßte Gebiet. Der gezielte Haß der Elbslawen gegen die Zeichen christlich-deutscher Herrschaft ist deshalb durchaus verständlich. Die Priesterschaft von Rhetra, an jenem bis heute nicht lokalisierbaren Hauptkultort, von dem Thietmar von Merseburg und Adam von Bremen berichten, wird als Träger dieser militanten antichristlichen Haltung angesehen, die eine sonst bei den Slawen in diesem Ausmaß nicht bekannte Institutionalisierung der Religion zur Grundlage hatte. Deshalb behaupteten sich die Elbslawen gegen das Christentum auch dann noch, als andere westslawische Völker und Staaten längst christlich waren. Polen und Tschechen bekannten sich schon seit dem 10. Jh. zum Christentum. Im östlichen Teil der späteren Mark Brandenburg entstand 1124 das polnische Bistum Lebus, und 1128 wurde der durch Bischof Otto von Bamberg missionierte pommersche Adel christlich. Die Situation der Elbslawen muß im 11. Jh. ähnlich gewesen sein wie die der Litauer im 13. und 14. Jh.

Die Beständigkeit des Heidentums bei den ostelbischen Slawen war vermutlich mit ein Vorwand dafür, den massiven Vorstoß der Deutschen im 12. Jh. in dieses Gebiet als Kreuzzug zu deklarieren. Mit Berichten über angeblich von den Heiden verübte Greuel ist schon im Jahre 1108 dazu aufgerufen worden, dem Beispiel der fränkischen Ritter zu folgen. Wie diese zur Befreiung Jerusalems von den Seldschuken, so sollten die sächsischen Adligen gegen die Heiden jenseits der Elbe ziehen. Ein Hinweis auf die materiellen Güter, die es dabei zu gewinnen gäbe, fehlte nicht. Hier artikulierte sich ein Kolonisationsdrang des frühen 12. Jh., der nicht nur den ritterlichen Adel, sondern auch Bauern, Handwerker und Kaufleute in Westeuropa erfaßt hatte. Neue Formen der Bodenbearbeitung und -nutzung hatten steigende Erträge in der Landwirtschaft bedingt, die Produktionen auch des Handwerks erzeugten Warenmengen, die weit mehr als den Eigenbedarf deckten und auf sich bildenden Märkten verkauft werden konnten. Der Handel gewann immer größere Bedeutung, an den Handelsplätzen entstanden neue Siedlungsgemeinschaften, die Städte. Die Aufforderungen, sich neue, noch nicht so weit entwickelte Gebiete zu erschließen, fielen auf fruchtbaren Boden. Als nach der Herrschaft der fränkischen Salier mit Lothar von Supplinburg wieder ein sächsischer Herzog 1125 deutscher König und 1133 römischer Kaiser geworden war, kam es zu Neubelehnungen an den sächsischen Adel mit den verlorengegangenen, aber kontinuierlich beanspruchten Gebieten östlich der Elbe, und der jeweilige Belehnungsakt hatte die Wiedereroberung zum Ziel. Es waren wieder aus dem Harzland stammende Geschlechter, die die Expansion nach Osten vortrugen, die Askanier ins Havelland und in die Prignitz, die Wettiner in die Lausitz, ins Spreeland und auf den östlichen Teltow. Dazwischen richtete der Erzbischof von Magdeburg sein territoriales Interesse auf den ›Winkel‹ zwischen Elbe und Havel, auf das Land Jüterbog und auf den Fläming. Anfang des 13. Jh. kam es zwischen den drei Mächten um den Zugang zur Oder zu Konflikten, aus denen schließlich die Askanier als Sieger hervorgingen.

Die ersten Markgrafen von Brandenburg

Von den Askaniern war es Albrecht der Bär, Graf von Ballenstedt-Aschersleben, der 1134 die Nordmark, die damals nur die später so genannte Altmark umfaßte, zum Lehen empfing. Schon vorher, um 1130, war ihm als Patengeschenk für seinen Sohn Otto die Zauche zugefallen, und das Havelland mit dem Herrschaftsmittelpunkt Brandenburg hatte ihm der Hevellerfürst Pribislaw, der als bereits getaufter Christ Heinrich hieß, zum Erbe bestimmt. Albrecht trat es nach dem Tode Pribislaws 1150 an und besetzte Brandenburg, verlor es jedoch 1153 wieder an einen anderen Prätendenten, an den möglicherweise von polnischer Seite unterstützten Jacza von Copnic (Köpenick). 1157 aber konnte Albrecht zusammen mit Erzbischof Wichmann von Magdeburg Brandenburg erneut einnehmen, und spätestens seitdem, wahrscheinlich aber schon seit dem Reichstag in Frankfurt 1142, haben er und sein Sohn Otto den Titel ›Markgrafen von Brandenburg‹ geführt. Die Askanier bauten ihr Lehnsland, die ›Mark Brandenburg‹, gezielt zu einer Territorialherrschaft aus. Bei der Brandenburg, wo auf der Havelinsel wieder ein königlicher Burggraf die Rechte des Reiches wahrnahm und auch der Bischof seinen Sitz neu bezog, gründeten sie um 1170 ihre erste Stadt, die Neustadt Brandenburg auf dem linken, dem südlichen Havelufer, auf dem durch Pribislaws Schenkung ihnen als Eigenbesitz, als Allodium zugefallenen Gebiet der Zauche. In Zusammenhang mit der Gründung der Stadt ist auch die Gründung des Zisterzienserklosters Lehnin zu sehen, die 1180 Otto I. bezeichnenderweise ebenfalls in der Zauche vornahm. Ein Vorgang von vergleichbarer Bedeutung hat sich mit der Gründung der Stadt Jüterbog und des Zisterzienserklosters Zinna durch den Erzbischof von Magdeburg vollzogen. Lehnin avancierte zum askanischen Hauskloster.

Albrecht der Bär, Markgraf von Brandenburg (um 1100–1170), bei der Erstürmung der ›Feste Brennabor‹. Lithographie von Adolph Menzel, 1834

Als erster wurde der Stifter 1184 in der markgräflichen Grablege beigesetzt. Weiterhin waren die Askanier bemüht, ihr Herrschaftsgebiet nach Osten und Norden hin auszudehnen. Schon in den siebziger Jahren des 12. Jh. vermutet man sie auf dem westlichen Teltow etwa bis zu den späteren Templerniederlassungen Tempelhof, Mariendorf und Marienfelde, die heute (seit 1920) alle zum Stadtgebiet von Groß-Berlin gehören. Mit dem Havelland war auch die alte Slawenfeste Spandau am Zusammenfluß von Havel und Spree in askanische Hand gekommen und mit einer neuen Burg versehen worden; 1192 ist ein Burgvogt bereits erwähnt. Zur gleichen Zeit vermutet man die Besiedlung des Engpasses im Spreetal zwischen Teltow und Barnim dort, wo Berlin entstehen sollte. Weiter östlich im Spreeland war die Herrschaft der in Köpenick residierenden Slawenfürsten noch nicht gebrochen, und außerdem stellten sich die wettinischen Markgrafen von Meißen als von Süden aus der Lausitz andrängende Konkurrenten den Askaniern bei ihrem Vorstoß zur mittleren Oder in den Weg. Unter Otto II. sind um 1200 Ausdehnungsunternehmungen der Askanier nach Nordosten, über eine zeitweilig durch Nuthe und Havel gebildete Grenzlinie hinaus, festzustellen. Sie umgingen havelaufwärts den Barnim und gelangten an die untere Oder bei Oderberg und Schwedt. Feldzüge gegen die Dänen führten sie bis an die Küste, und auf diesem Weg durch das Land Stargard scheint es zu ersten Besetzungen und Besiedlungen um Löwenberg, Gransee, Zehdenick und auf dem Oberbarnim gekommen zu sein. Albrecht II. setzte nach 1205 diese Bewegung fort. 1214 erbaute er die Burgen Eberswalde und Oderberg ›gegen die Slawen‹, wie es die Markgrafenchronik am Ende des 13. Jh. nennt und damit die miteinander verbündeten Pommern und Dänen meint. Diese Vorposten in Odernähe setzen Stützpunkte an der Havellinie voraus, die man in den Grenzburgen, bei denen später Städte entstanden, außer Spandau noch Bötzow, Liebenwalde, auch Biesenthal, sehen kann.

Der niedere Barnim und der östliche Teltow waren im frühen 13. Jh. noch in der Hand der Wettiner. Die Markgrafen von Meißen waren von der Lausitz her Ende des 12. Jh. nach Norden vorgedrungen und hatten sich in Mittenwalde und Köpenick festgesetzt, hatten versucht, Lebus zu nehmen und territorialherrliche Rechte im Barnim und im Hohen Teltow auszuüben. Erst zwischen 1225 und 1240, unter den seit 1225 gemeinsam regierenden Markgrafen Johann I. und Otto III., veränderte sich spreeaufwärts die Situation zugunsten der Askanier. Voraussetzung dafür war der Zusammenbruch dänischer Vorherrschaft in Norddeutschland durch die Niederlage König Waldemars 1227 in der Schlacht bei Bornhöved, die Lage entschied sich mit dem Erwerb von Köpenick und Mittenwalde. Diese Abrundung des askanischen Territoriums kam um 1245 zu ihrem Abschluß.

Die Markgrafenbrüder Johann I. und Otto III. waren unmündig, als ihr Vater Albrecht II. 1220 verstarb. Die Lehnsvormundschaft lag beim Reich, sie wurde dem Erzbischof von Magdeburg übertragen. Obwohl sich dieser die für das Erzbistum gewiß nicht unattraktive Aufgabe wieder abkaufen ließ, dürfte der politische und kulturelle Einfluß der Elbmetropole auf die sich entwickelnde Mark nicht eingeschränkt worden sein. Über Magdeburg erreichte die Mark die späte Blüte staufischer Kunst. 1231 wurden die Markgrafenbrüder voll mit ihrem Territorium durch Kaiser Friedrich II. belehnt, der auch ihre

Lehnshoheit über Pommern bestätigte. Durch Heiraten waren sie mit Dänemark und Böhmen verbunden. Die Voraussetzungen für einen erfolgreichen Landesausbau waren denkbar günstig. So festigten die Askanier ihre Herrschaft durch den Erwerb der Uckermark in zwei Etappen um 1230 und um 1250, durch den Vorstoß in das ›Land über der Oder‹, die spätere Neumark, durch das Zurückdrängen der Wettiner, durch die Verteidigung der Altmark, auf die der Erzbischof von Magdeburg Ansprüche erhob, und durch die Einziehung von Lehen des niederen Adels, der während des Wendenkreuzzuges nach 1147 in der Prignitz Land genommen hatte. Bedeutungsvoll war schließlich die Besitzergreifung von Burg und Land Lebus, die um die Mitte des 13. Jh. erfolgte. Vorangegangen waren vergebliche Bemühungen Magdeburgs und Meißens, das Land dem Herzog von Schlesien abzunehmen, der bereits Kolonisation mit deutschen Siedlern betrieben und Landschenkungen an schlesische Klöster und den Templerorden gemacht hatte. Um 1250 aber war Lebus im gemeinsamen Besitz des Magdeburger Erzbischofs und der Brandenburger Markgrafen. Man teilte sich darein 1252/53, und erst 1287 gelangte das ganze Land Lebus in askanisch-brandenburgische Hand. Unmittelbar nach der Besitzergreifung 1253 kam es zur Neugründung der Stadt Frankfurt an der Oder durch die Markgrafen. Dabei wurde eine schon vorhandene Kaufmannssiedlung, deren Gründung unter schlesisch-piastischer Herrschaft erfolgt ist und mit Privilegien bedacht worden war, um mehr als das Doppelte erweitert. Im Jahre 1258 teilten die Markgrafen Johann I. und Otto III. ihr Herrschaftsgebiet für ihre Nachkommen in ein der johanneischen Linie, auch die ältere oder die Stendaler genannt, und in ein der ottonischen jüngeren oder Salzwedeler Linie gehörendes Land. Der älteren Linie fiel der nördliche Teil von Prignitz und Havelland und die gesamte Uckermark zu, der jüngeren die anderen Teile der nordwestlichen Landschaften sowie die Zauche, der Teltow und der Barnim. Im gleichen Jahr gründeten die Markgrafen das Kloster Mariensee auf einer Insel Pehlitzwerder im Parsteiner See und statteten es mit der ›donatio magnifica‹ aus. Es waren die Anfänge des Zisterzienserklosters Chorin.

Städtegründungen

Klostergründungen traten jedoch auffallend zurück hinter der Bedeutung, die Dorf- und Städtegründungen für Ausbau und Konsolidierung der askanischen Landesherrschaft hatten. Obwohl die Siedlungs- und Kolonisationsbewegung, die vom Adel geführt war, ganz offensichtlich von den neuen Ordensverbindungen des Reformmönchtums und des Reformklerus, den Zisterziensern und den Prämonstratensern, begleitet und unterstützt wurde, haben die planmäßig angelegten Siedlungen dörflichen wie städtischen Charakters den entscheidenden Anteil an der Landeserschließung gehabt. Die Siedler kamen überwiegend aus dem niederdeutschen Gebiet. Schon im Jahre 1150 hatte Anselm von Havelberg, der erste Bischof, der nach 983 wieder am Gründungsort seines Bistums amtierte, einen königlichen Schutzbrief von Konrad III. erwirkt, demzufolge der Bischof das Recht erhielt, in seiner Diözese Kolonisten als seine Untertanen anzusiedeln, die frei von Dienstpflichten gegenüber dem weltlichen Adelsherren sein sollten. Aber es gab auch seitens weltlicher Territorialherren, so von Albrecht dem Bären selbst, Aufrufe, mit denen Siedler vor allem vom Niederrhein in das gewonnene Land östlich der Elbe gerufen wurden. Die Werbungen, die mit dem Angebot erblichen Landbesitzes und persönlicher Freizügigkeit verbunden waren, haben Erfolg gehabt. Vom Fläming bis zum Rhin weisen Orts- und Flurnamen auf die entsprechende Herkunft der Einwanderer hin. Gleichzeitig ist ein niedersächsischer und fränkischer Siedlerzustrom vorauszusetzen. Ein Kernstamm der Siedler kam jedoch aus der Altmark unmittelbar westlich der Elbe, dem angestammten Altlehnsgebiet der späteren Mark Brandenburg. Man erkennt es an den zahlreichen altmärkischen Ortsnamen, die im Kolonisationsgebiet wiederkehren.

Die slawische Bevölkerung wurde assimiliert, und, wo das nicht gelang, in eine sozial niedere Stellung gedrängt. Dann verlor sie ihre ursprünglichen Wohnplätze, die sich meist in der Nähe befestigter Sitze befanden; auf jeden Fall gerieten die ›Kietze‹ in Randlage zu den dörflichen und städtischen Siedlungen. Die slawischen Siedlungen scheinen sowohl straßendorfähnliche wie auch Rundlingsformen gehabt zu haben. Sie waren weit auseinander gezogen, auch dann, wenn sie einen frühstädtischen Marktsiedlungscharakter besaßen. Die Burgwälle, denen sie vielfach zugeordnet waren, bildeten dann häufig den Ausgang deutscher Siedlungsgründungen. Die Erschließung des Landes mit Siedlungen durch die Kolonisatoren hatte modern territorialplanerischen Charakter. Der Markgraf, die Bischöfe und kleinere, mit grundherrlichem Besitz belehnte Adlige – dies vor allem in der Prignitz – beauftragten sogenannte Lokatoren, Gründungsunternehmer sowohl bäuerlichen als auch ritterlichen Standes, die Siedler zu werben und Dörfer wie Städte anzulegen. Aus dem 13. Jh. sind Gründungsurkunden erhalten, die uns die Namen der Lokatoren und die Größe der Landfläche für Äcker und Weide überliefern, mit der die Neusiedlung ausgestattet werden sollte. Daß dazu auch das Bauland gehörte, ist ausdrücklich nur der Gründungsurkunde für das altmärkische Stendal zu entnehmen, darf aber doch wohl allgemein vorausgesetzt werden. Dorf und Stadt haben sich in der Frühzeit der Landnahme in der Siedlungsgestalt wohl kaum voneinander unterschieden, nur die Größenbestimmung und interessanterweise die Form der Kirche (z. B. einschiffiger oder kreuzförmiger Saal in der Umgebung Brandenburgs) lassen erkennen, ob eine Siedlung für die Stadtbildung und die entsprechende Rechtsverleihung vorgesehen war.

Wesentliche Bedeutung kommt der Tatsache zu, daß im elbslawischen Kolonisationsraum die Anlage dörflicher und städtischer Siedlungen gleichzeitig erfolgte und nicht das Ergebnis einer kontinuierlichen Entwicklung war. Die Ansiedler übertrugen im 12. und 13. Jh. in ein Gebiet mit noch frühfeudaler Gesellschafts- und Wirtschaftsstruktur die entwickelteren Formen aus Westeuropa, zu denen bereits die Stadt als wirtschaftlich autarke Institution gehörte. Der hervorgehobene territorialplanerische Charakter hat darin seine Grundlage und kommt schon 1174 in der Urkunde des Erzbischofs Wichmann von Magdeburg für Jüterbog zum Ausdruck, in der auf die Bedeutung der Stadt für den Ausbau des Landes hingewiesen wird. Erst nach der Stadtgründung kam es zur Anlage dörflicher Ackerbausiedlungen, die dem städtischen Hauptort dienstbar gemacht wurden. Dies fest-

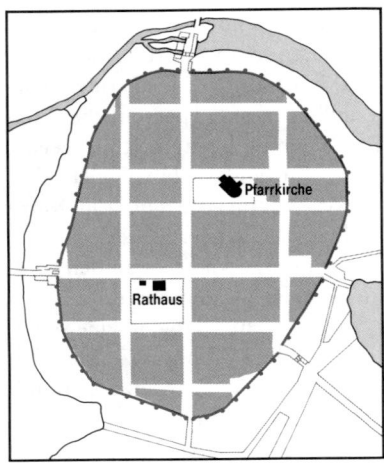

*Historischer Stadtgrundriß einer gegründeten Stadt
(Templin in der westlichen Uckermark)*

zustellen heißt nicht, die Gründungsstädte im Kolonisationsgebiet als die ersten städtischen Siedlungen dort zu erklären. Im Gegenteil, die Neugründungen knüpften vielfach an slawische Siedlungen an, die bereits in handwerklicher Produktion und im Handel ihre Existenzgrundlage, also frühstädtischen Charakter besaßen. Sie wurden zwar durch die Gründungsvorgänge des späten 12. und des 13. Jh. überlagert, doch lassen sich entsprechende Grundschichten auch in den späteren Erscheinungsformen der Siedlungen, vor allem im östlichen Teil der Mark, noch erkennen. Viele Städte der Mark haben darüber hinaus voraskanische Handelsniederlassungen als Anfänge aufzuweisen. Bis heute markieren Pfarrkirchen mit dem Nikolauspatrozinium derartige Kaufmannssiedlungen, während die gründungsstädtischen Erweiterungen dann in der Regel eine Kirche mit Marienpatrozinium erhielten, die vielfach zur Hauptpfarrkirche der Gesamtstadt erhoben wurde.

Manche Siedlungen aus der Kolonisationszeit haben, wenn sich eine Weiterentwicklung nicht vollzogen hat, das Frühstadium ihrer Gestalt bewahrt und kein erweiterndes Raster aus Quer- und Parallelstraßen erhalten; ihr Grundriß ähnelt dann vielmehr dem eines Anger- und Straßendorfes. Aber auch in planmäßig angelegten Städten mit den regelmäßig rechtwinklig geführten Straßen sind oft Teile auszumachen, die sich durch unregelmäßige, meist zur Ring- und Strahlenform neigende Straßenführung auszeichnen. In ihnen werden die ›Stammsiedlungen‹ gesehen, aus denen sich die Stadt entwickelt hat. Vielfach findet sich dort die erste und bisweilen einzige kirchliche Gründung der Stadt. Marktplätze und Befestigungen haben die Stammsiedlungen nicht gehabt, die Märkte wurden meist außerhalb der Siedlungen abgehalten. Erst zur planmäßig angelegten Stadt gehörte dann der Befestigungsgürtel und ein einbezogener Marktplatz, als Platz oder als Breite, Hohe und Lange Straße.

Behielt man den Kirchplatz einer Stammsiedlung im neuen Stadtgefüge bei, dann ist das Kirchengebäude häufig bis heute ringförmig umbaut wie in Bernau oder in Perleberg. In einer planmäßig angelegten Stadt oder in einem Erweiterungsteil, der Neustadt, bildet der Kirchplatz ein Straßengeviert. Die Umbauung entspricht der Straßenführung und nicht der Stellung des Kirchgebäudes. Fälle, bei denen sich wie in Frankfurt an der Oder Straßenverlauf und Kirchengebäudestellung parallel zueinander verhalten, sind selten; in der Regel steht die Kirche verschoben im Geviert. Die Kirchplätze korrespondieren mit den Marktplätzen, sie können axial oder diagonal zueinander liegen, wobei die axiale Beziehung auf den geplanten Stadtgrundriß deutet, in dem Marktplatz und Kirchplatz vermutlich sogar ursprünglich eine Einheit bildeten, die erst nachträglich durch eine trennende Bebauung aufgehoben worden ist. Durchbrechungen der unterteilenden Gebäuderiegel mit schmalen ›Kirchgassen‹ weisen auf den ehemals bestehenden Zusammenhang hin. Bei diagonaler Lage des Kirchplatzes zum Marktplatz hat es eine entsprechende Einheit nicht gegeben. Aber gerade dann wird es spürbar, wie man bemüht war, das Kirchengebäude gestalterisch für den Marktbereich wirksam zu machen. Türme und Giebel sind deutlich nach den sich ergebenden Sichtbeziehungen angeordnet. Solche Fälle treten vor allem in der Lausitz auf.

Kirchen, Klöster und Burgen

Beim Aufbau einer Stadt war die Errichtung der Wohnhäuser Sache des Eigentümers, während am Bau der öffentlichen Gebäude des Handels und der Verwaltung, dem Kaufhaus und dem Rathaus, wie auch an der Befestigung die gesamte Bürgerschaft beteiligt war. Das galt auch für die als erster Gemeinschaftsbau errichtete Kirche. Dem Landesherrn standen an allen öffentlichen Gebäuden Genehmigungs- und Abgaberechte zu, doch die Städte rangen den Markgrafen hartnäckig und mit Erfolg die grund- und marktherrlichen Einnahmerechte ab. Nur das Patronat verblieb in den meisten Fällen beim Landesherrn. Die Gestalt der Stadtkirchen konnte deshalb nur allmählich bürgerliche Repräsentation zum Inhalt bekommen, wie es dann im späteren Mittelalter durch die weiträumigen Hallenkirchen aus Backstein der Fall war, während die ältesten Kirchen der Mark aus Granitquadern errichtet worden sind. Man gewann das Baumaterial aus den Findlingen im Gletschergeschiebe. Der Steinzuschnitt ist exakt und der Schichtenverband bestechend regelmäßig, im ganzen eine Bauweise für Dauerhaftigkeit und auch großformige Monumentalität, reicheres Detail verbot das spröde Material. An der Westseite sind die meisten Kirchen, schlichte Basiliken oder einfache Säle, bis Ende des 13. Jh. in voller Breite und Höhe durch einen Querbau abgeschlossen, der wehrhaften Charakter hat und dessen Zweck tatsächlich in einer Wehr- und Schutzfunktion zu suchen sein müßte. Im Frühstadium der märkischen Besiedlung, in dem die Siedlungen nicht über andere steinerne Bauten verfügten und die Städte noch den Charakter von Großburgen hatten, mag ihnen die Bedeutung eines Bergfrieds oder festen Wohnturms zugekommen sein, wie es

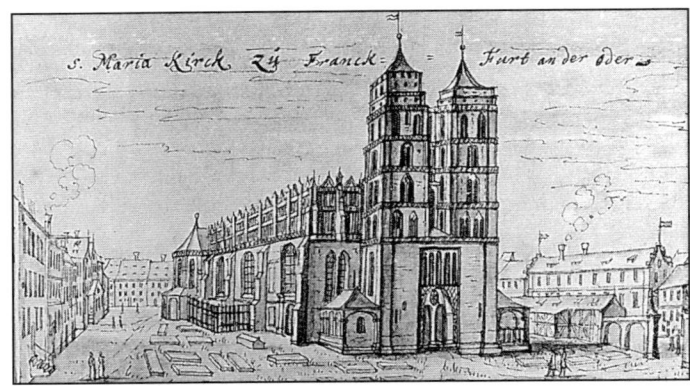

Marienkirche in Frankfurt/Oder. Zeichnung von Johann Stridbeck, 1691

ja auch für den Querriegelwestbau des Havelberger Doms aus dem 12. Jh. wahrscheinlich ist, der im übrigen für die Gestalt der Westtürme an Kirchen im Kolonisationsgebiet Vorbildwirkung gehabt haben wird.

Es fällt auf, daß in einigen Städten auch die ersten Kirchen schon aus Backstein errichtet wurden. Es sind Städte, die sich in der Landesgeschichte einer besonderen Bedeutung erfreut und deshalb die Protektion des Markgrafen genossen haben, Eberswalde mit seiner Maria-Magdalenen-Kirche und Frankfurt an der Oder mit der älteren Nikolai- und der jüngeren Marienkirche. Es sind Kirchen, die von ihrem Typ her weniger für eine Stadtkirche als vielmehr für eine Stifts- oder Domkirche gehalten werden könnten, in Eberswalde eine hoheitsvolle Basilika in gotischen Formen, verwandt denen der Kirche des nahegelegenen Klosters Chorin, in Frankfurt an der Oder eine dreischiffige Halle mit spätromanischen und frühgotischen Formen, durch ein Querschiff und eine doppeltürmige Westfassade besonders ausgezeichnet und auch mit der Architektur der Klöster Lehnin und Chorin verwandt, also mit jenen Gründungen von Zisterzienserniederlassungen, die Hausklöster und Begräbnisstätten der askanischen Markgrafen waren. Es liegt nahe, daß markgräfliche Bauleute, die die Klöster gebaut hatten, auch in den Städten tätig waren, ferner ist zu vermuten, daß die Produktion von Backsteinen ein landesherrliches Privileg war, das dank markgräflicher Protektion den genannten Städten zugute kam. Erst am Ende des 13. Jh. beginnen auch die Städte allgemein mit Backstein zu bauen. Offenbar hatten sie sich Zugang zu den Produktionsstätten verschafft. Und es ist interessant zu beobachten, daß sie nun schnell ihre Feldsteinkirchen durch solche aus Backstein ersetzten, aber die wehrhaften Türme aus der Gründungszeit beibehielten, wohl, weil diese eine unverzichtbare Bedeutung trugen.

Die Architektur der Klöster Lehnin und Chorin zählt zu den Besonderheiten des norddeutschen Backsteingebiets. Sie stellen für die Frühzeit des Backsteinbaus im Binnenland die Vorbildlichkeit der Hausteinarchitektur unter Beweis, in Lehnin die rheinische Romanik in nahezu herrschaftlicher Art, in Chorin die nordfranzösische Hochgotik aus der Mitte des 13. Jh., in beiden Fällen geradezu unzisterziensisch, aber dennoch wieder typisch ordensgebunden, so daß beide Klosterkirchen auch zu Hauptbeispielen der europäischen Zisterzienserbaukunst zählen. Sie sind jene Bauten, um die sich die frühe märkische Backsteinbaukunst des 12. und 13. Jh. gruppiert, mit Kirche und Kloster in Jerichow (heute im Lande Sachsen-Anhalt gelegen) und dem Dom in Brandenburg beginnend, fortgesetzt mit den schon genannten Stadtkirchen in Eberswalde und Frankfurt an der Oder, und schließlich zu Ende geführt mit den frühen Bettelordenskirchen in den größeren märkischen Städten, in Berlin, in Neuruppin und Angermünde, in Prenzlau und Brandenburg. Hinzurechnen muß man auch einige Frauenklöster des Zisterzienserordens, Boitzenburg in der Uckermark (als Ruine erhalten) und Wanzka im Lande Stargard, das im 13. Jh. askanisch war. Die Burg Stargard, die wie das Land seit 1304 zu Mecklenburg gehört, scheint ebenfalls ein bedeutender Bau der ›askanischen Schule‹ gewesen zu sein.

Die Klosterlandschaft der Mark Brandenburg spiegelt recht gut die Rolle der Mönchs- und der Klerikerorden bei der Landnahme wider. Den Vorstoß der Askanier in das ostelbische Gebiet begleiteten zunächst die reformierten Chorherren, die Prämonstratenser. Der Gründer des Ordens, Norbert von Xanten, bestieg 1126 den Stuhl des Erzbischofs in Magdeburg. Er besetzte 1129 das um 1015 gegründete Kollegiatstift Unser Lieben Frauen mit Prämonstratensern. Norbert ließ den westlichen Abschluß dieser Kirche, einen hoheitsvollen Dreiturmbau, errichten. Das Liebfrauenstift in Magdeburg wurde zum Mutterkloster aller im 12. Jh. östlich der Elbe gegründeten Prämonstratenser-Niederlassungen, zu denen neben den Konventen in Jerichow und Leitzkau auch die neu besetzten bischöflichen Domstifte in Havelberg und Brandenburg gehörten. Ihren Kirchen spürt man die Vorbildwirkung der Kirche des Mutterklosters an. In Jerichow ist es

Fiktive Ansicht der Klosterkirche Chorin von Nordwesten. Stich von 1828 (nach Schinkel?)

der westliche Dreiturmbau, in Jerichow und Brandenburg sind es die Krypten, die von Magdeburg her übernommen scheinen, wenn nicht noch weiter entfernte Muster die Wiederaufnahme eines zur Entstehungszeit schon veralteten und nicht mehr allgemein verbreiteten Bauteils angeregt haben.

Solange und soweit die Kolonisation auch christianisierend-missionarischen Charakter hatte, waren die Prämonstratenser Verbündete des Markgrafen. Die Kreuzzugsvorstellungen gegen die heidnischen Wenden dürften zunächst mit aus den Reihen der Prämonstratenser gekommen sein. Nach der entscheidenden Predigt Bernhards von Clairvaux auf dem Frankfurter Reichstag am 13. März 1147, der den Wendenkreuzzug einleitete, beschritten auch die Zisterzienser diesen Weg. Deshalb begannen die Askanier nach der Konsolidierung ihrer Herrschaft im Havelland, den Einfluß der Prämonstratenser zurückzudrängen, zumal ihnen in den prämonstratensischen Domkapiteln und Bischöfen Konkurrenten mit eigenen territorialpolitischen Interessen erwuchsen. Sie suchten für den weiteren Landesausbau Unterstützung bei den Zisterziensern und gründeten 1180 Lehnin. Möglicherweise haben dabei auch die bekannten agrikulturellen Fähigkeiten des jungen benediktinischen Reformordens eine Rolle gespielt. Dennoch hat es in der Mark Brandenburg nur noch eine weitere Niederlassung des Ordens von Bedeutung gegeben, eben das 1258 gegründete Mariensee, das 1273 nach Chorin verlegt wurde, eine Tochter von Lehnin. Das 1234 durch den polnischen Grafen Bronisz gegründete und ebenfalls von Lehnin aus besiedelte Kloster Paradies nördlich von Schwiebus in der Neumark jenseits der Oder, das erst in der zweiten Hälfte des 13. Jh. in den Herrschaftsbereich der Askanier gelangte, und das 1299 durch Markgraf Albrecht III. gestiftete Himmelpfort standen, sowohl im Hinblick auf ihre Rolle in der Territorialpolitik als auch im Hinblick auf ihre baukünstlerische Gestalt, im Schatten der großen Zisterzen. Zisterzienser-Nonnenklöster gab es in den nördlichen Randlandschaften, außer Boitzenburg und Wanzka noch Marienfließ und Heiligengrabe in der Prignitz und Lindow und Zehdenick im Land Ruppin. Soweit deren Gebäude nicht durch spätere Bautätigkeit überformt worden sind wie in Heiligengrabe, zeigen sie sich von der herben Zweckmäßigkeit der Gründungszeit geprägt mit den Feldsteinmauern ihrer Ruinen.

Mit der Niederlausitz sind 1815 noch zwei Zisterzienserklöster an Brandenburg gefallen, Neuzelle und Dobrilugk, ersteres eine Gründung (1268) der Markgrafen von Meißen aus dem Hause Wettin und letzteres die Fundation (1160) eines Dietrich von Landsberg, ebenfalls aus dem Hause Wettin. Die Stiftungen stehen in Zusammenhang mit der Landnahme der Wettiner in der Lausitz, die sich an der mittleren Oder mit der der Askanier konkurrierend traf. Zeitweilig waren die Klöster schon im 14. Jh. unter brandenburgischer Herrschaft, Neuzelle aber seit 1370 bömisch, was den Bestand des Klosters über die Reformation sicherte und es zu einer barocken kirchenfürstlichen Residenz werden ließ. Dobrilugk wurde säkularisiert, behielt dadurch aber seine mittelalterliche Architektur aus dem 13. Jh., die sich ganz unabhängig von der territorialpolitischen Zugehörigkeit und von der Filiation (aus Volkenrode bei Mühlhausen in Thüringen) in Abhängigkeit von Lehnin zeigt.

Kloster Neuzelle. Zeichnung aus dem Stiftsatlas, 1758

Neben den Städten und den Klöstern gehören zu den Instrumenten der mittelalterlichen Territorialherrschaft die Burgen, und sie sind in älteren Landschaften des Reichs auch die ältesten Zeugen dieses Landesausbaus. Es liegt in der geschichtlichen Entwicklung der Mark begründet, daß wir Zeugen dieser Art, wie sie in Thüringen oder Sachsen auf jedem Hügel in markanter Lage zu sehen sind, kaum finden. Nachrichten über ehemals vorhandene Burgen sind zahlreich – davon war schon die Rede –, aber es mangelt an überkommener Substanz. Burgen auf dem Westufer der Elbe, also auf altmärkischem Gebiet, sind zur Grenzsicherung gegen die Slawen jenseits des Flusses schon im 9. Jh. vorauszusetzen. Heinrich I. dürfte diese Burgenlinie erneuert und verstärkt haben, spätestens nach 929, nach seinem Vorstoß ins Havelland nach Brandenburg und nach der Schlacht bei Lenzen. Tangermünde, Arneburg und Werben – alle auch späterhin namhafte Burgorte – können bereits genannt werden. Otto I. fügte Burgen östlich der Elbe hinzu, an slawischen Herrschaftssitzen und Kultorten, am bedeutendsten wohl die an den 948 gegründeten Bischofssitzen in Brandenburg und Havelberg. Befestigte Sitze sind aber auch an den zahlreichen Burgwardorten anzunehmen, von denen namentlich mehrere mit späteren Dörfern oder Städten übereinstimmen, so daß ein Siedlungskontinuum trotz wechselnder Herrschaft vermutet werden kann wie in Pritzerbe und Ziesar. Nicht uninteressant ist die Feststellung seitens der Burgenarchäologie, daß sich diese Burgwardorte vielfach mit noch älteren Burgorten decken, so daß man das Siedlungskontinuum bis in ur- und frühgeschichtliche Zeit zurückverfolgen kann.

Slawische Burgwälle waren nicht ausschließlich militärische Anlagen, sondern so etwas wie befestigte Siedlungen vorstädtischen Charakters, vielleicht mit einem Herren-

23

sitz oder als Herrschaftszentrum im Sinne eines Burgwardsystems. Die nachweisliche Zerstörung zahlreicher Wälle durch Feuer um das Jahr 1000 weist auf die Auseinandersetzungen zwischen Deutschen und Slawen nach dem Aufstand von 983 hin. Es gab auch slawische Wehrburgen wie die Wälle um Frankfurt an der Oder (Kliestow). In Kliestow waren kleine Häuser kasemattenartig an die Innenseite des Walls angelehnt und bildeten einen Ring, der einen freien Platz in der Mitte umschloß. Auch diese militärischen Anlagen dürften ihre Entstehung den kriegerischen Auseinandersetzungen zu verdanken haben, denen die Elbslawen in einem heidnischen Herrschaftsgebiet zwischen christlichen Angreifern, den Deutschen im Westen und den Polen im Osten, in der Zeit um 1000 ausgesetzt waren. Die Burgen an der Oderlinie, gegen die Polen häufig im Verteidigungszustand, wurden schließlich zerstört. Nur Lebus blieb als Volksburg unter polnischer Herrschaft erhalten und wurde 1124 Bischofssitz.

Die Nutheburgen

Wer tagelang an Rhin oder Finow, an Stobber oder Löcknitz, an Nieplitz oder Notte herumgewandert ist, der blickt, wenn er eines Flusses wie die Havel wieder ansichtig wird, auf ihre blauen und seenreichen Flächen, als zöge die Wolga an ihm vorüber. Der Maßstab ist eben alles.

Und zu diesen Kleinsten, denen die bescheidne Aufgabe zufällt, andre Kleine zu heben oder groß zu machen, gehört nun auch die Nuthe, die nur das eine vor ihresgleichen vorausjat, schon in weit zurückliegender Zeit ein Grenzfluß, eine Trennungslinie gewesen zu sein.

Alles, was die Nuthe trennte, hieß zwar nur Teltow und Zauche, wird mithin in den großen Büchern nicht verzeichnet stehn: aber es traf sich nichtsdestoweniger, daß, auf ein ganzes Jahrhundert hin, diese zwei Namen zwei Welten bedeuteten und schieden. Die Zauche, durch Albrecht den Bären unterworfen, war christlich und deutsch, der Teltow, den alten Göttern treu verblieben, stak noch in Heiden- und Wendentum. Das war die Zeit, als die Nuthe ihre großen historischen Tage zählte; das war das Jahrhundert der »Nutheburgen«. Ob diese letzteren Aggressiv- oder Defensivpunkte waren, ob sie die Deutschen bauten, um von der Zauche her den Teltow zu erobern, oder ob sie die Wenden bauten, um der vordringenden Eroberung einen Damm entgegenzusetzen – diese Fragen werden nie mehr gelöst werden; alle Aufzeichnungen fehlen, und die Schlüsse, die man aus diesem und jenem gezogen hat, bleiben einfach Hypothese.

Theodor Fontane, Wanderungen durch die Mark Brandenburg, Berlin 1862–82

Ein anderer slawischer Burgentypus, der als Volksburg vom 9. bis ins 12. Jh. existiert hat, findet sich noch in Lossow bei Frankfurt an der Oder, eine ausgedehnte Anlage mit einstmals dicht besiedelter Innenfläche. Häufig ist in die größere Burg noch eine kleinere hineingesetzt worden oder als Rest einer älteren darin verblieben. Man könnte sie auch als Großburgen oder Fluchtburgen bezeichnen. Vielleicht waren auch sie Residenzen von Gaufürsten, wie sie etwa auf der Brandenburger Dominsel als dem Ort der Gauburg der Heveller oder Stodoranen zu erwarten wäre.

Nach der Belehnung Albrechts des Bären mit der Nordmark kam es im Zuge der Landnahme im 12. Jh. zu erneuerndem oder erneutem Burgenbau durch die deutschen Siedler, wieder häufig im Anschluß an vorslawische und slawische Befestigungen. Burgenneubauten scheinen ausschließlich mit der militärischen Sicherung des eroberten Gebiets in Zusammenhang gestanden zu haben. Burgen, die dem allein ihre Entstehung verdankten, haben wegen des fortschreitenden Territorialgewinns ihre Bedeutung schnell wieder verloren. So sind substanzielle Reste der sogenannten Nutheburgen kaum erhalten geblieben. Es handelte sich hier um Burgen entlang einer in der zweiten Hälfte des 12. Jh. entstandenen Befestigungslinie am Nuthefluß, der, aus der Jüterboger Senke zwischen hohem und niederem Fläming kommend, bei Potsdam in die Havel mündet. Bei der unmittelbaren Lage am Wasser – sie beherrschten einen Übergang an den schmalsten Stellen der Niederung – war zur Sicherung nur ein künstlicher Graben nötig, der, bewässert, die Befestigung vom Umland aus unzugänglich machte wie der Halsgraben bei einer Höhenburg, soweit nicht schon die Lage im Sumpf die Unzugänglichkeit gewährleistete. Die Anlagen dienten eher dem Schutz der Kämpfenden als der Verteidigung, waren mehr bergende und geschützte Unterkunft.

Deutlicher sind die Burgenreste an Orten, die bleibende Bedeutung im Landesausbau und in seiner Administration besaßen, landesherrliche Burgen zumeist und durchaus auch in hervorragender strategischer Lage an Flußübergängen und Straßenpässen, an denen es auch zu Stadtbildungen kam. Zu nennen sind Spandau an der Spreemündung in die Havel und Köpenick an der Dahmemündung in die Spree, Burgen und Städte mit Kietzen, die an ältere slawische Vorgänger anschlossen oder diese übernahmen. Köpenick, um die Mitte des 12. Jh. der Sitz des Jaxa, des entschiedensten Gegners Albrecht des Bären, war zunächst an die Wettiner gefallen. Erst um 1245 gelang es den Askaniern, mit der Eroberung von Köpenick und Mittenwalde, wohl auch von Teupitz und Königs Wusterhausen, die wettinische Vormacht in der östlichen Mittelmark zu brechen und den Weg zur Oder frei zu bekommen. Was wir an den genannten Orten an deutscher Burgenüberlieferungen haben, ist also nicht askanischen, sondern wettinischen Ursprungs, von den slawischen Vorläufern einmal abgesehen. Das gleiche gilt für ehemalige Burgen in Strausberg, Wriezen und Bad Freienwalde: Man vermutet den Vorstoß der Markgrafen von Meißen entlang der Via Vetus über die Barnimhöhe zur Oder.

In dem Vorstoßgebiet der Askanier nach Nordosten, wohin sie sich unter Umgehung des wettinisch besetzten Gebietes im östlichen Teltow und auf dem hohen Barnim zunächst wandten, um an die Oder und in vorher pommersches Gebiet zu gelangen, fin-

Der ›Grützpott‹ an der alten Oder

den sich Burgen im Finowgebiet überliefert für das beginnende 13. Jh. in Eberswalde, Hohenfinow und Oderberg. Der sogenannte Bärenkasten, ein mittelalterlicher Burgrest auf dem Werder in der alten Oder bei Oderberg, möglicherweise pommerschen Ursprungs, ist aber substanziell ein Nachfahre des 14. Jh. und auch keine landesherrliche Anlage mehr gewesen. Anders die Burgen entlang der Havellinie nach Norden, Bötzow-Oranienburg und Liebenwalde, die unter Renaissance- oder Barocküberbauungen in landesherrlicher Hand verblieben, bisweilen aber auch gänzlich verschwunden sind. Der ›Grützpott‹ bei Stolpe an der alten Oder unweit von Angermünde ist in seiner Entstehungszeit umstritten, ein während des letzten Drittels des 12. Jh. von den pommerschen Landesherrn errichteter stark befestigter Wohnturm aus Granitquadern, Sandsteinquadern und Backsteinen, auf dem bis etwa 1250 ein pommerscher Kastellan seinen Sitz hatte und danach erst ein askanischer Vogt, oder nicht doch ein erst mit seinen 18 m Durchmesser nach der Mitte des 13. Jh. entstandener Rundturm, wofür der große Anteil an Backsteinen, auch deren Format sowie das achtteilige Bandrippengewölbe im Inneren spricht.

Eine Sonderstellung nehmen die Burgen in der Prignitz ein. Sie entstammen der Eroberungszeit, bilden eine Kette von Grenzburgen gegen Mecklenburg und sind meist sehr lange im Besitz der ersten Eigner gewesen, also jener Adelsgeschlechter, die im Zuge der Landnahme aus Ministerialen zu Kleinterritorialherren geworden sind und sich unter der Lehnsherrschaft des Markgrafen lange behaupteten, in Putlitz, in Freyenstein und Meyenburg, im Lande Ruppin. Daß sich auch in Gebieten an der Peripherie, die durch Besitzerwechsel schon im Mittelalter nicht mehr unter brandenburgischer Herrschaft blieben wie im Lande Stargard (Neu-Brandenburg), askanische Burgen finden, wurde schon erwähnt, und eigentlich ist die Burg Stargard das bedeutendste Beispiel aus der askanischen Burgengeschichte überhaupt, eine gotische Burg, die zu der nachstaufischen Blüte einer spätritterlichen Kultur paßt, zu der die Askanier ihr Land bis in die Zeit um 1300 geführt hatten. Das Bild des Markgrafen Otto IV. als Minnesänger beim Schachspiel als Miniatur in der Manessischen Liederhandschrift vermittelt einen Eindruck davon, ebenso die Architektur der Westfassade der Choriner Klosterkirche oder die goldgeschmiedeten Kelche aus den Klöstern, wie sie sich in Berlin (Marienkirche) und Rathenow erhalten haben.

Die Mark und ihre Kunst im 14. und 15. Jahrhundert

Die glanzvolle Landesherrschaft der Askanier erlosch mit dem Tode Waldemars, des letzten Markgrafen aus diesem Hause, im August 1319. Ein Versuch zur Nachfolge durch die askanischen Herzöge von Sachsen-Wittenberg in der Person Rudolfs I. schlug fehl. Nach dem Interregnum gab Ludwig der Bayer, deutscher König aus dem Hause Wittelsbach seit 1308, das Lehen 1323 an seinen damals minderjährigen Sohn, der als Ludwig der Ältere die Markgrafschaft bis 1351 innehatte, sie dann aber seinen jüngeren Halbbrüdern Ludwig dem Römer († 1365) und Otto überließ. Letzterer verlor sie schließlich 1373 an den böhmischen König, den Luxemburger Karl IV., dessen Bemühungen um die Brechung der wittelsbachischen Herrschaft im Norden des Reiches schon nach dem Tode Ludwigs des Bayern 1347 einsetzten und die die bis etwa 1355 andauernden Verwicklungen um den Falschen Waldemar, jenen angeblich gar nicht toten, sondern von einer Pilgerfahrt zurückgekehrten letzten Askanier, ausgelöst hatten. Diese endeten zwar mit einem Sieg der Wittelsbacher – entscheidend war die Standhaftigkeit Frankfurts und seine Treue zu den Wittelsbachern –, aber Karl IV., seit 1346 deutscher König und seit 1355 auch römischer Kaiser, behielt sein Ziel im Auge. Mit Hilfe eines Erbfolgevertrags mit den regierenden Markgrafen, Ludwig dem Römer und Otto dem Faulen, sicherte er Böhmen 1363 die Anwartschaft auf die Mark. 1365 starb Ludwig der Römer und wurde in der Berliner Franziskanerkirche beigesetzt. Sein Bruder Otto resignierte 1373 im Vertrag von Fürstenwalde zugunsten Karls, der noch im gleichen Jahr zusammen mit seinem Sohn Wenzel die Huldigung der Städte entgegennahm und ihnen die Anerkennung seiner Nachkommen als Landesherrn abverlangte. Nach Karls Tod im November 1378 wurde sein zweiter Sohn Sigismund Markgraf in Brandenburg. Statthalter waren die Bischöfe von Lebus und Brandenburg. 1388 verpfändete Sigismund die Mark seinen mährischen Vettern Jobst und Prokop, nahm sie aber nach dem Tode Jobsts 1411 wieder zurück. Zum Statthalter bestimmte er jetzt den Burggrafen von Nürnberg, Friedrich von Hohenzollern. Dieser hatte großen Anteil an der Wahl Sigismunds zum deutschen König gehabt, und die Vergabe des Lehens könnte ein Akt des Dankes gewesen sein. Friedrich zog 1412 in der Mark ein.

Außer Karl IV. haben die auswärtigen Lehnsträger während des 14. Jh. kein großes territorialpolitisches Interesse an der Mark gezeigt. So konnten nach dem Verfall der askanischen Vogteiverfassung die Teile der Mark – Altmark, Vormark-Prignitz, Mittelmark, Uckermark, Neumark – als geschlossene Gebietseinheiten hervortreten. Im Landbuch Kaiser Karls IV. aus dem Jahre 1375 sind sie meist erstmalig schriftlich erwähnt. An ihrer Spitze vertraten Landeshauptleute mehr die Interessen des eingesessenen kleindynastischen Adels als die des Markgrafen.

So ungünstig es um die Festigkeit der Landesherrschaft im 14. Jh. auch bestellt war, den Städten kam die Schwächung markgräflicher Macht für den Erwerb weiterer Rechte zugute. Schon während des kurzen Interregnums zwischen 1319 und 1324 gewannen sie durch Huldigung an verschiedene Prätendenten neue Freiheiten und Privilegien. Unter der Regentschaft des Falschen Waldemars kehrte sich das Abhängigkeitsverhältnis zwi-

Sigismund (1368–1437).
Gemälde von Pisanello, um 1433

schen den Städten und der Landesherrschaft nahezu um. Auch bei zeitweiliger Reichsacht, die in den Wirren des 14. Jh. über manche Stadt verhängt wurde, ist ein Verlust der Privilegien nicht festzustellen. Jeder neue Landesherr bestätigte die alten und verlieh neue Freiheiten. Der bisweilen recht militante märkische Adel tastete die Städte ebenfalls nicht an. Nur das Raubrittertum des verarmten niederen Adels brachte den Städten Schaden. Diese forderten deshalb vom Landesherrn eine Friedensgarantie und waren bereit, dafür eine Steuer zu bezahlen, verlangten allerdings auch Privilegien für den Selbstschutz. Schließlich dienten die Städtebünde, die zunächst gegen Übergriffe des Markgrafen geschlossen worden waren, der Verteidigung gegen das Raubwesen. Wenn die Rechtsverhältnisse zur Zufriedenheit der Städte geregelt waren, zeigten sich die Gemeinwesen an einer Gewährleistung der Sicherheit und der territorialen Einheit durch die Landesherrschaft zum Zwecke ungestörter Produktion und unbehinderten Handels interessiert. So blieben die märkischen Städte zwar im Stande einer kräftig entwickelten und selbständig handelnden Kommune, konnten sich aber mit dem Status süddeutscher Handelsstädte nur in Ausnahmefällen wie Frankfurt an der Oder messen; reichsunmittelbare Stellung erreichte keine von ihnen.

Mit der askanischen Herrschaft ging auch die erste kunstgeschichtliche Epoche der Mark Brandenburg zu Ende, jene Zeit, in der die Werke der hoheitsvollen Backsteinarchitekturen mit der Revokation kaiserlicher Baumotive wie in Lehnin und Chorin (Westfassade) oder mit den Anlehnungen an westfälische und niedersächsische Kathedralbaukunst wie in Brandenburg (Dom), Prenzlau (erste Marienkirche) und Frankfurt an der Oder (Marienkirche) entstanden sind, auch die Zeit der granitenen Feldsteinkirchen auf dem Lande und in den Städten. Die Städte gewannen am Ende des 13. Jh. Zugang zu den Rohstoffquellen (Tonlager) und den Produktionsstätten des Backsteins und fingen an, die archaisch-wehrhaft wirkenden Gründungsbauten ihrer Kirchen durch neue aus Backstein zu ersetzen, womit die Einführung der Wölbtechnik Hand in Hand ging; bisher fand man sie nur in den markgräflich geförderten Bauten der ›askanischen Bauhütte‹, während die Feldsteinbasiliken in Strausberg oder Altlandsberg, auch der Saal in Angermünde nur mit einer flachen Bretterdecke gedeckt waren. Wenn man die ersten askanischen städtischen Backsteinbauten mit denen der askanischen Zeit, auch den Bettelordenskirchen, vergleicht, kann man eine völlig verschiedene Formgebung feststellen, die nicht nur zeitstilistisch bedingt war. Während die markgräfliche Backsteinarchitektur bestrebt war, die Details der vorbildlichen Hausteinbauten, besonders die geometrischen Muster hochgotischen Maßwerks in Terrakotta nachzubilden, so wurde an den städtischen Bauten auf so komplizierte Nachbildungen verzichtet und von vornherein versucht, die rationellen

28

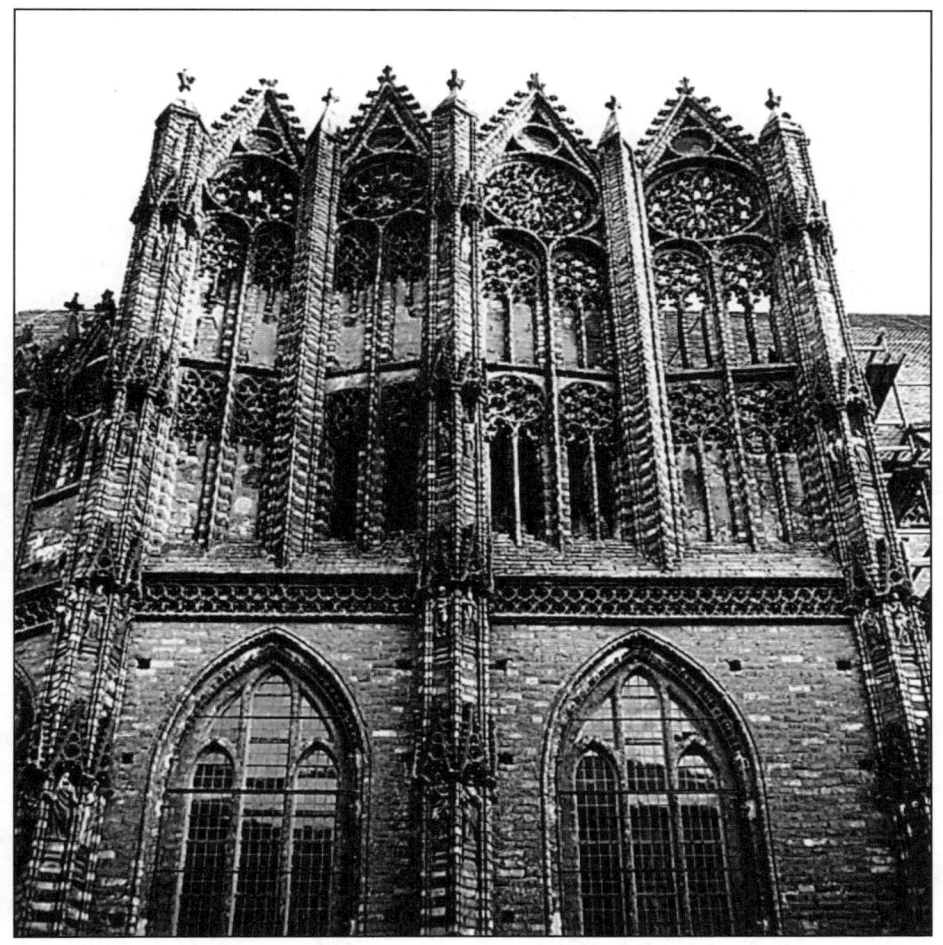

Giebel der Marienkapelle an der Nordseite von St. Katharinen in Brandenburg/Havel

Möglichkeiten des seriell vorzufertigenden Baumaterials Backstein auszunutzen. Der Anteil an Formsteinen wurde erheblich verringert, die Formen selbst vereinfacht. Mit ein und demselben Profil konnte man ja die verschiedensten Stellen des Bauwerks, vertikale Kanten ebenso wie horizontale Gesimse, gestalten. Das geometrische Maßwerk verschwand gänzlich aus der Backsteinbaukunst. An seine Stelle traten einfache gestaffelte Bögen im spitzen Bogenfeld, mit denen sich die Fensterpfosten verbinden. Erst um 1400 traten wieder verfeinerte Dekorationsformen aus Terrakotta an Backsteinbauten, an sakralen wie an profanen, auf, wieder gebunden an eine Schule oder Werkstatt, die des Hinrich Brunsberg aus Stettin, deren Arbeiten sich im ganzen Lande, von der Altmark (Tangermünde) bis an die pommersche Grenze (Gartz an der Oder) verteilt finden; das Hauptwerk aber ist die Katharinenkirche in Brandenburg, an der sich auch der Name des Meisters verzeichnet findet.

Die märkische Kunst zur Zeit der Blüte askanischer Herrschaft, also des 13. und des beginnenden 14. Jh., trägt ebenso wie die Architektur Züge der spätstaufischen Kaiserzeit. Über Magdeburg, das gleichsam der Umschlagplatz für westliche Einflüsse nach dem Osten war, erreichten die Werke der frühgotischen Plastik deutscher Prägung auch das märkische Kolonisationsgebiet, von denen die Havelberger Triumphkreuzgruppe und die Brandenburger Sitzmadonna vielleicht die bedeutendsten sind. Die Spandauer Madonna im Märkischen Museum zu Berlin gehört ebenfalls in diesen Kreis. Putzritzzeichnungen am Westgiebel der Dorfkirche zu Dolgelin bei Seelow im Land Lebus sind ein besonders rares Beispiel dieser in Magdeburg so großartig gepflegten Kunstform. Ebenfalls magdeburgisch nach ihrer Herkunft dürften die frühen Bronzefünten in St. Godehard zu Brandenburg und in Eberswalde sein; beide haben Kelchform, die Figuren an der Brandenburger Fünte sind noch dem 12. Jh. verhaftet, die Taufe in Eberswalde mutet nicht weniger spätromanisch an, mit den Adlerwappenschilden ist sie wie die Kirche selbst als markgräflich protegiert gekennzeichnet. Die Kapitellplastik aus Terrakotta an den Portalen der Eberswalder Stadtkirche, die vielleicht einmal mehr als nur eine Pfarrkirche sein sollte, rezipiert mit Christuszyklen und der Jungfrauenthematik die Magdeburger Großplastik. Ähnlich unikal ist der plastische Konsolschmuck, der in Frankfurt an der Oder, in der Marienkirche aus dem 13. Jh., bei jüngsten Restaurierungen zutage getreten ist, hier allerdings aus Sandstein, deswegen aber nicht weniger die hohe Bedeutung des Baus als mögliche Kathedralkirche unter Beweis stellend.

Großartig sind die Werke der, man kann sie nicht anders benennen, spätstaufischen Goldschmiedekunst, offenbar niedersächsischer Provenienz, die Kelche in Rathenow und in Berlin (an St. Marien), beide mit reichem Filigran an Fuß und Knauf sowie reliefierten und gravierten Bildern zu einem theologisch hochstehenden ikonographischen Programm, von denen der letztere möglicherweise für ein Kloster, dann am ehesten für Chorin gestiftet wurde. An ihm sind die Stifter aus dem markgräflichen Hause dargestellt, so daß der Kelch gleichzeitig ein beredtes Denkmal askanischer Familiengeschichte abgibt. Niedersächsischer (magdeburgischer?) Provenienz dürfte auch das Brandenburger Evangelistar sein, mit seinen ganzseitigen Miniaturen, die die zeittypischen Byzantinismen der ersten Hälfte des 13. Jh. zeigen. Der Codex ist offensichtlich für ein prämonstratensisches Chorherrenstift geschrieben worden, also für das Brandenburger Kapitel.

Die Zeugnisse von Malerei sind selten. Wandmalerei findet sich interessanterweise wieder in Chorin, nicht etwa in der Kirche der Zisterzienser – sie bleibt den Ordensvorschriften genügend ohne Bilder –, sondern im ›Fürstensaal‹, dem Vorraum für den Landesherrn, der hier, unter dem Bilde der Anbetung der Könige, der Epiphanie, mit seinem Gefolge Einzug in die Kirche hielt. Als ehemaliger Hochaltar des Havelberger Doms gilt das heute in der Dorfkirche von Rossow bei Wittstock aufbewahrte Retabel. Die eleganten Schnitzereien, sowohl die der architektonisch gestalteten Nischen als auch die der Figuren, eine Marienkrönung und eine Kreuzigung zwischen den Aposteln, die Schriftrollen mit den Sätzen des Credo und ihre Attribute in Händen halten, werden als rheinisch, als kölnisch angesprochen und auf etwa 1330 datiert, die Malereien der Flügel aber bereits für böhmische Arbeiten vom Ende des 14. Jh. gehalten.

Der Einfluß Magdeburgs hat wohl nie aufgehört, allenfalls zeitweilig nachgelassen, so nach der Mitte des 14. Jh., als, spätestens seit die Landesherrschaft in die Hand Karls IV. gefallen war, die Kunst Böhmens auf die Mark zu wirken begann. So unfruchtbar die Zeit politisch für das Land auch war, so qualitätvoll waren die Schöpfungen von Architektur, Plastik und Malerei, die vor allem in den Städten blühten. In dieser Zeit fand der Umgangschor der Hallenkirchen in die Pfarrkirchenbaukunst der Mark Brandenburg Eingang, jene Adaption des Kathedralchors, die in Süddeutschland und Böhmen entstand und verbreitet wurde und die mit dem Namen der Parler, der berühmtesten Baumeister und Bildhauerfamilie des 14. Jh. in Deutschland, verbunden war. An der Marienkirche in Frankfurt an der Oder, der Nikolaikirche in Berlin und der Katharinenkirche in Brandenburg fand der Hallenumgangschor seine herausragendsten Vertreter; die Nachfolge war groß und hielt bis ans Ende des 15. Jh. an. Jede Stadt, die etwas auf sich hielt, baute eine neue Kirche nach diesem Muster, und die einzelnen Landschaften bildeten besondere Ausprägungen, in der Altmark, die vor allem im späteren Mittelalter die Mittelmark stark beeinflußte (St. Godehard in Brandenburg, Bernau), oder in der Lausitz (Luckau), wo natürlich die Nähe zu Böhmen wieder eine Rolle spielte, gleichzeitig aber auch eine überraschende Verwandtschaft mit niederbayrischen Backsteinkirchen, mit den Werken des Hans von Burghausen (Landshut) zu beobachten ist.

Der ›Böhmische Altar‹ im Brandenburger Dom nimmt im Stil von Plastik und Malerei entsprechende Einflüsse auf. Unter den Heiligen finden sich die böhmischen Landespatrone Wenzeslaus und Sigismund. In Frankfurt an der Oder möchte man in den großen Bronzewerken aus der Marienkirche, die jetzt in der Gertraudkirche aufbewahrt werden, Fünte

›Böhmischer Altar‹, linker Seitenflügel, um 1380/90, Brandenburg, Dom

und Leuchter, Stiftungen der Landesherrschaft erkennen. Direkt auf die Person des Landesherrn nimmt das ikonographische Programm des Nordportals der Frankfurter Marienkirche mit den im Backsteingebiet einmaligen Sandsteinfiguren Bezug. Vermutlich standen auch die verloren geglaubten, jetzt wieder entdeckten Glasmalereien unter böhmischem Einfluß.

Der böhmische Einfluß reichte bis weit in das 15. Jh. hinein. Die Gewölbemalereien in der Herzberger Stadtkirche und in der Katharinenkirche in Brandenburg, auch der in Resten erhaltene Hochaltar der Stadtkirche in Jüterbog zeugen davon. In der zweiten Hälfte des 15. Jh. macht sich an der westlichen und nördlichen Peripherie des Landes ein niederdeutscher Einfluß geltend, während in der Mittelmark zunehmend fränkische Kunstströmungen erkennbar werden. Wieder ist Frankfurt zu nennen, und zwar der dortige Hochaltar aus der Marienkirche, der als von Nürnberger Meistern gearbeitet gilt, aus den Werkstätten von Pleydenwurff oder Wolgemut. Aber auch die Fialentürme der Sakramentshäuser in Fürstenwalde und Jüterbog zeigen mit ihren Figuren fränkische Charakteristika, nun wieder ähnlich Magdeburger Arbeiten der Zeit um 1500. Die Hinneigung zu Franken in Plastik und Malerei, die gegen Ende des 15. Jh. festzustellen ist, dürfte eine Folge der neuen Landesherrschaft der Hohenzollern gewesen sein.

Vom Spätmittelalter zu Renaissance und Reformation

Mit der Belehnung des Nürnberger Burggrafen Friedrich von Hohenzollern war ein neues Blatt in der Geschichte der Mark Brandenburg aufgeschlagen worden. Als Friedrich die Regentschaft übernahm und die brandenburgischen Städte ihm huldigten, verbanden diese damit die Hoffnung auf eine Festigung der Sicherheit im Lande. Die Herrschaft der mährischen Brüder Jost und Prokop hatte der Mark Unfrieden gebracht. Der einheimische Adel war im Pfandbesitz der landesherrlichen Burgen – Tangermünde und Spandau als Residenzorte ausgenommen – und bedrohte die Freizügigkeit des Handels. Vor allem die Quitzows auf Plaue bei Brandenburg waren durch das Raubwesen mächtig geworden. Das durch Fontanes lebendige, plastische Schilderung beinahe legendär gewordene Geschlecht befand sich zweifelsohne auf dem Wege zur Ergreifung der Landesherrschaft. Um so konsequenter mußte das Vorgehen Friedrichs I. ausfallen, die Burg der Quitzows fiel 1414 durch den Einsatz eines ›Faule Grete‹ genannten Geschützes. Die Städte begrüßten diese Brechung der Adelsherrschaft. Bald aber zeichnete sich die Absicht der Hohenzollern ab, auch den Städten die unter den wechselnden Landesherren des 14. Jh. gewonnenen Rechte und Güter zu nehmen. Die Städte versuchten sich mit Hilfe eines 1431 geschlossenen Bundes zu wehren. Berlin war das Haupt des Bundes und schließlich das erste Opfer. Unter Ausnutzung von Machtkämpfen unter den sozialen Gruppen in der Stadt gelang es den Kurfürsten – von 1437 bis 1470 regierte Friedrich II. genannt Eisenzahn –, Berlin und Cölln, als Doppelstadt das größte Gemeinwesen der Mark Brandenburg, zu unterwerfen. Beide Städte mußten die gemeinsame Verwaltung

Albrecht III. Achilles (1414–1486), Kurfürst von Brandenburg. Kupferstich von Peter Rollos, 1628

Friedrich II. Eisenzahn (1413–1471), Kurfürst von Brandenburg. Holzstich nach zeitgenössischem Bildnis

aufgeben, alle Bündnisse kündigen. Sie verloren Gericht und Niederlage, sie mußten die Räte bestätigen lassen und Cölln schließlich den Werder, den Nordteil der Spreeinsel, für den Bau einer Burg zur Verfügung stellen: Die Hohenzollern als Markgrafen und Kurfürsten von Brandenburg hatten sich Berlin und Cölln als Residenzstädte auserkoren. Das Schicksal Berlins zeigte die Ziele der neuen Landesherrschaft an. Die Autonomie der Städte stand der Entwicklung eines zentralistisch geführten Staatswesens entgegen. Dieses war auf Steuerabgaben aus den Städten angewiesen. Mit der Einführung der Biersteuer und der gleichzeitigen Aufhebung der Vorschrift, daß Getreide nur auf städtischen Märkten verkauft werden darf, brach Kurfürst Johann Cicero 1488 das Handelsmonopol der Städte, die damit die wirtschaftliche Grundlage ihrer Unabhängigkeit verloren. Die Blütezeit der märkischen Städte ging zu Ende.

Friedrich Eisenzahn, ebenso wie schon sein Vater auf den Ausbau eines geschlossenen Territorialstaats bedacht, gelang es auch, die während der Wirren des 14. Jh. verlorengegangenen Landesteile der Mark zurückzugewinnen, vor allem die an Pommern gefallenen Landstriche und Städte. Er machte auch Anstalten, die Niederlausitz Böhmen abzunehmen, mußte sich aber mit den Herrschaften Cottbus und Peitz begnügen. Er erlangte das Ernennungsrecht für die Besetzung der märkischen Bistümer. Zu einem Herrscher neuzeitlichen Formats aber machte ihn erst der Bau einer festen Residenz, womit er 1443 in Berlin begann und welche er 1451 bezog. Nach Friedrichs II. Resignation 1470 übernahm sein Bruder Albrecht Achilles das Regiment. Er und sein Sohn Johann Cicero machen durch ihre Beinamen Renaissancegesinnung augenfällig. Unter Albrecht wurde die ›Dispositio Achillea‹ erlassen, eine Erbfolgeregelung, die den fränkischen Hohenzollernbesitz von dem märkischen trennte. Johann Cicero herrschte nur noch in Brandenburg.

Als echten Renaissancefürsten wird man Joachim I. ansehen können, der sechzehnjährig 1499 die Regierung der Mark Brandenburg antrat und sich schnell als staatsbewußter Territorialherr mit reichspolitischen Ambitionen profilierte, gewiß nicht unbeeinflußt von ähnlichen Haltungen seines Bruders Albrecht, der als Kardinal und Erzbischof von Magdeburg und Mainz einer der mächtigsten unter den Kurfürsten des Reiches war. Wie Albrecht galt auch Joachim als ein humanistisch hochgebildeter Regent, der Wissenschaften und Künste pflegte und förderte. 1506 gründete er in Frankfurt an der Oder die erste brandenburgische Universität, die alsbald eine Blütezeit erlebte. Im Jahre der Gründung zählte die Matrikel 928 Namen, darunter den Ulrichs von Hutten.

Ähnlich wie Herzog Georg der Bärtige in Meißen und Dresden, mit dessen Tochter Joachim I. seinen Sohn verheiratete, hielt der brandenburgische Kurfürst am alten Glauben fest, obgleich das Land und die Städte der Mark schon früh der Reformation zuneigten. Fast ergibt sich zwischen Meißen, Brandenburg und den Erzstiften Magdeburg und Mainz so etwas wie eine antilutherische Koalition, die erst nach dem Tode des Brandenburgers und des Herzogs von Sachsen aufgab. Auch das akademische Lehrprogramm der Frankfurter Universität stand im Dienste der gegenreformatorischen Fraktion. Rektor Konrad Wimpina legte 1518 ›Fünfzig Frankfurter Antwortthesen‹ vor, die sich gegen Luthers Wittenberger Thesenanschlag von 1517 richteten, was sich aber nachteilig auf die Zahl der Immatrikulationen auswirkte. Die Studenten sympathisierten mit Wittenberg, sie waren es, die das neue Glaubensgut in die Mark herüberbrachten. Und in den Städten waren Prediger mit Wittenberger Schulung bevorzugt angestellt worden. Doch der Kurfürst verlangte von seinen Städten und ihren Räten, dem alten Glauben treu zu bleiben.

Er verbot die Wittenberger Bibel in deutsch. In Worms war er der einzige der weltlichen Kurfürsten, der gegen Luther und seine Partei stand. In seinem Testament forderte er von seinem Sohn unbedingten Gehorsam gegenüber der rechten Lehre.

Als Joachim II. 1535 die Regierung der Kurmark übernahm – die Neumark verwaltete damals sein Bruder Johann, der sofort die Partei der Reformation ergriffen hatte –, stand die überwiegende Mehrzahl der Städte im lutherischen Lager. Joachim II. scheint eine liberalere Haltung den reformatorischen Strömungen im Lande entgegengebracht zu haben, aber es dau-

Joachim II. Hektor (1505–1571), Kurfürst von Brandenburg. Gemälde von Lucas Cranach d. J., um 1551

erte noch vier Jahre, bis sich der Kurfürst zu einem Bekenntniswechsel entschloß. Seine engeren Berater – hervorzuheben sind der spätere Kanzler Johann Weinleben, der Brandenburger Bischof Matthias Jagow und der Berliner Propst Georg Buchholzer – versuchten ihn auf den Weg einer Reformation zu drängen, die keine lutherische werden sollte, die aber unter den gegebenen Verhältnissen gar nichts anderes als eine solche werden konnte. Allerdings hatte nicht Luther selbst – er hat märkischen Boden nie betreten –, sondern Melanchthon daran den entscheidenden Anteil. Der offizielle Übertritt erfolgte schließlich im Jahre 1539. Die territorialpolitischen Folgen der Reformation waren für die Landesherrschaft von Vorteil. Die Klöster wurden aufgelöst, die Liegenschaften fielen an die kurfürstliche Domänenkammer. Die Domkapitel in Havelberg, Brandenburg und Lebus-Fürstenwalde sträubten sich zunächst gegen die Säkularisation. Die Bischofsämter wurden deshalb mit Angehörigen des Herrscherhauses besetzt, so daß der bischöfliche Grundbesitz schließlich doch in landesherrliche Verwaltung genommen werden konnte. Dem regierenden Kurfürsten fiel die Rolle des obersten Kirchenherrn zu. Als sein Bevollmächtigter wurde ein Generalsuperintendent ernannt und zur Verwaltung der Landeskirche ein Konsistorium geschaffen.

Unter dem landesherrlichen Kirchenregiment folgte die Mark Brandenburg streng der lutherischen Lehre. Wohl nicht zuletzt aus Gründen der inneren Reichspolitik schloß sie sich bei der Annahme der Konkordienformel mit Kursachsen zusammen. Abweichungen, die unter dem Einfluß des Calvinismus standen, wurden entschieden bekämpft. 1613 aber vollzog Kurfürst Johann Sigismund selbst den Übertritt vom Luthertum zum reformierten Bekenntnis, wohl in erster Linie aus Gründen politischer Zielstellungen im Jülich-Kleveschen Erbfolgekrieg, der 1614 mit dem Erwerb von Kleve, Mark, Ravensberg und Ravenstein den Besitz der Hohenzollern am unteren Rhein begründete. Der Konfessionswechsel des Kurfürsten rief den Widerstand der ihm untertanen orthodox-lutherischen Geistlichkeit hervor, und dieser hingen auch die Magistrate und die Bürgerschaft der Städte im Lande an. Der Landesherr mußte auf die Durchsetzung der Formel ›cuius regio, eius religio‹ in Stadt und Land verzichten. Nur der Hof wurde calvinistisch.

Bildkunst des Protestantismus

Der Mangel an Bildkunst aus der Zeit von Renaissance und Reformation in der Mark Brandenburg könnte mit dem Konfessionswechsel zu tun haben. Vereinzelt trifft man im Lande auf Werke aus dieser Zeit, die man an ihrem jetzigen Aufbewahrungsort nicht erwarten würde, meist in den Kirchen kleinerer Städte oder Dörfer. Der Schluß liegt nahe, daß aus den führenden Gotteshäusern, den Dom- und Hofkirchen, Kunstgut verlagert, damit geborgen und bewahrt worden ist. Der spätgotische Altar in Mittenwalde, mit ikonographischen Hinweisen auf die Herkunft aus einem Dominikanerkloster, gehört dazu ebenso wie ein Cranachgemälde ›Martyrium des heiligen Sebastian‹ in Markgrafpieske bei Fürstenwalde. Vielleicht stammt sogar der Altar in der Stadtkirche von Wittstock, des-

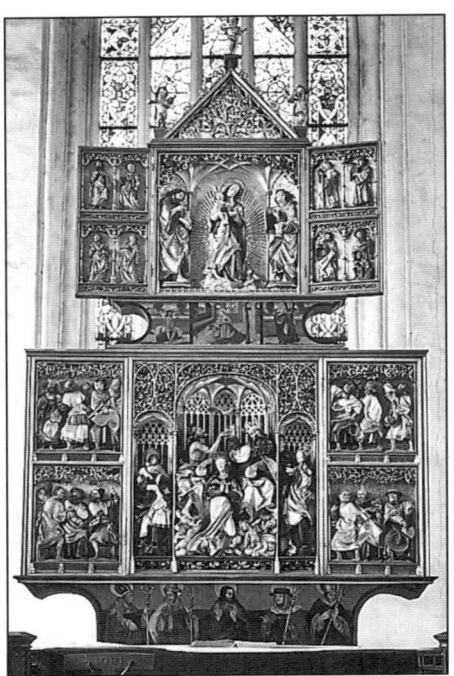

Zweiteiliger Hochaltar in der Stadtpfarrkirche von Wittstock/Ostprignitz

sen Apostelreliefs den deutlichen Einfluß des lübischen Bildschnitzers Claus Berg zeigen, aus der Bischofsburg. Der Altar in Bernau aber dürfte für die dortige Kirche geschaffen worden sein. Seine gemäldereichen Flügel lassen wie fast alle Malereien zwischen 1520 und 1540 die Wirkung Lucas Cranachs des Älteren spüren, der, seit 1505 in Wittenberg ansässig, viel für die brandenburgischen Kurfürsten gearbeitet hat.

Von einigem Interesse für die Bildkunst des Protestantismus sind die Epitaphien, Gemälde wie auch plastische Arbeiten, die unmittelbar nach der Reformation in Brandenburg, also in den Jahrzehnten nach 1539, entstanden sind und gleichsam den Ersatz für die mittelalterlichen Nebenaltäre, die vielfach beseitigt wurden, abgaben. Sie sind nicht sehr zahlreich, auch künstlerisch nicht besonders herausragend, aber inhaltlich von bemerkenswerter Aussage. Es sind eigentlich Lehrbilder, so wie sie mit einer geradezu katechetischen Bildersprache um 1530 von den Wittenberger Theologen und Künstlern entworfen

worden sind, szenisch-allegorische Darstellungen, in denen immer Luthers Lehre von der Erlösung des sündigen Menschen durch den Glauben an den gekreuzigten und auferstandenen Christus präsent ist. Dabei wird das Wittenberger Schema selten und nur abgewandelt, stilistisch aber völlig frei von dortigen Einflüssen, wiederholt; die Themenwahl ist weitaus vielfältiger und eigenständig. Diese Werke, von denen sich in der Brandenburger Gotthardkirche und in der Frankfurter Gertraudenkirche kleine Kollektionen erhalten haben, sind mit den Namen des Malers Michael Ribestein und des Bildhauers Hans Schenk-Scheutzlich verbunden. Schenk-Scheutzlich stammte aus Schneeberg in Sachsen und gehörte offensichtlich zu den künstlerischen Kräften, die der Schloßbau Joachims II. aus Torgau und Wittenberg nach Berlin gezogen hatte. Michael Ribestein, der mehr einem niederländisch-italienisierenden Stil folgt, war in Berlin als Hofmaler ansässig.

Schlösser der Renaissance

1538 begann Kurfürst Joachim II. mit der Erneuerung der Burg auf dem Cöllner Werder, um sich mit einem Renaissancebau nach sächsischem Muster gleichberechtigt neben die deutschen Fürstenhäuser zu stellen. Dieses Schloß ist schon durch den barocken Neubau unter dem ersten preußischen König völlig beseitigt worden. Und dieses Schicksal teilten die Adelssitze und kurfürstlichen Schlösser im Lande. So ist die Baukunst der Renaissance in der Kunstgeschichte der Mark auf den ersten Blick ein recht unbeschriebenes Blatt, und es bedarf eingehenderen Hinschauens, vor allem des Studiums der Bildquellen des 17. Jh., um zu erfahren, daß auch Brandenburg vom Siegeszug der Renaissance durch das nördliche Europa durchaus berührt war. In den Namen Caspar Theiß als Baumeister und Hans Schenk-Scheutzlich als Bildhauer personifizieren sich die Künstler, die ihre Werke in den Kirchen und Schlössern hinterlassen haben. Erhalten sind einige Renaissanceschlösser an der Peripherie des Landes, als ruinöser Rest ein Teil des ursprünglich wohl bedeutendsten Schlosses in Freyenstein in der Prignitz, unter Überformungen durch das 19. Jh. die Schlösser in Meyenburg (unweit Freyenstein) und in Boitzenburg in der Uckermark. Die Renaissanceschlösser der Niederlausitz, in Finsterwalde oder in Doberlug, sind sächsisch, auch die Wasserschlösser in Drehna und Senftenberg; sie können als Werke brandenburgischer Kunstgeschichte nicht beansprucht werden.

Aber die aus Kursachsen nach Berlin gekommenen Baumeister und Werkleute um Caspar Theiß und Hans Schenk-Scheutzlich haben viel mehr gebaut, als heute noch zu finden ist. Über das Aussehen der Schlösser in der Schorfheide, in Großschönebeck und auf der Burg Grimnitz bei Joachimsthal ist nichts bekannt, auch nicht über das des Potsdamer Schlosses vor dessen Ausbau zur Nebenresidenz durch den Großen Kurfürsten. Merians ›Topografia Electoratus Brandenburgici‹

Freyenstein, Altes Schloß, ehem. Westflügel

von 1652 überliefert das ursprüngliche Aussehen der Schlösser in Wolfshagen (zerstört) und Boitzenburg (Ende 16. Jh.), ferner sehr beeindruckend die einstige Erscheinung des sogenannten Festen Hauses in Badingen (Mitte 16. Jh.) bei Gransee und des Schlosses in Zehdenick. Zu erwähnen sind außerdem die Schlösser oder Herrenhäuser in Stolpe (1545–53) an der Oder, in Lichterfelde (1565–67) und in Trampe auf dem Barnim. Die Grundrisse dieser Renaissanceschlösser ähneln sich derart, daß auf einen älteren Ursprung des Haustyps geschlossen worden ist. Der Hauptzugang von der Langseite her und die innere Erschließung durch einen mittleren Raum mit dem Charakter einer Hausdiele, in deren Bereich sich auch die später allerdings gern nach außerhalb verlegte Küche befindet, sind dabei die kennzeichnenden Merkmale. Auch die Zugänglichkeit des Obergeschosses über eine Treppe in einem Anbau, zweifellos eine Reminiszenz an die mittelalterliche Baugewohnheit bei befestigten Wohnsitzen, gehört dazu. Im Herrenhaus von Pessin, unter einer historistischen Überbauung ein zweigeschossiges Fachwerkhaus, das laut Inschrift auf 1419 datiert wird, war eine solche Diele so geräumig, daß in ihr gleichsam der Hauptraum des Gebäudes, heizbar und für gemeinsame Mahlzeit von Herrschaft und Gesinde geeignet, gesehen werden kann. Interessant ist, daß die Fachwerkhäuser bisweilen einen massiven und gewölbten Bauteil mit einschlossen. Lünow bei Brandenburg ist ein immer wieder genanntes Beispiel. Gewölbte Räume in massiv gebauten und doch wohl einen höheren Rang des Besitzers zum Ausdruck bringenden Schlössern werden als die ›Hofstuben‹ angesprochen, in denen der Gutsherr seine öffentlichen Obliegenheiten erfüllte.

Die Häuser in Bagow und Demerthin gehören zu den besser erhaltenen Gutshäusern und Schlössern aus der Renaissance in der Mark Brandenburg. Bagow, ein Besitz derer von Schlieben, kann durch eine Inschrift mit der Jahreszahl 1545 recht gut datiert werden, Demerthin gleichfalls durch eine Inschrift über dem Portal am Turm auf 1604. Die streng symmetrische Fassadenkomposition der Eingangsfassade an der Hofseite und die plastische Durchformung des Gesamtbaukörpers stellen das Schloß in Demerthin in die Spätphase der brandenburgischen Renaissance. Mit dem Schloß in Königs Wusterhausen hat es die schmucklosen Giebelschrägen gemeinsam, die vermutlich auf Rochus von Lynars sogenanntes Quergebäude am Berliner Schloß zurückgehen.

Graf Rochus zu Lynar war 1578 in brandenburgische Dienste getreten und hatte seinen Wohnsitz in Spandau genommen. Dort sollte er den von Francesco Chiaramella begonnenen Festungsbau vollenden. Lynar genoß seinen Ruhm als Festungsingenieur, fühlte sich aber auch als Architekt, eigentlich als Künstler, und als solcher stand er ähnlich seinem Landsmann Giovanni Maria Nosseni in Sachsen bis zu seinem Tode dem brandenburgischen Bau- und Kunstwesen vor. Neben der Festung Spandau führte er auch den gleichfalls von Chiaramella begonnenen Ausbau der Festung Peitz, dort unter Einbeziehung der ganzen Stadt, bis 1595 zu Ende.

An der Grenze zur Niederlausitz, im südöstlichsten Winkel der Beeskow-Storkower Platte gelegen und ursprünglich nicht eigentlich zur Mark Brandenburg gehörig, tritt uns in Lieberose, einer adligen Mediatstadt unter der Grundherrschaft derer von der Schulenburg, in der zweiten Hälfte des 16. Jh. ein Baumeister wohl italienischer Herkunft namens Thadäus Paglion oder Paglioni entgegen. Joachim von der Schulenburg ließ von ihm nach 1557 ein Schloß erbauen mit drei Flügeln um einen nach Süden offenen Hof. Dieses Schloß wurde 1657 bis auf geringe Reste zerstört, danach 1688 bis 1695 wieder aufgebaut und mit dem Einbau von bedeutsamen Stuckdecken zu einem frühbarocken Prunkschloß gemacht. Um die Mitte des 18. Jh. erhielt die Anlage ihren (vierten) Südflügel, womit der Renaissanceursprung gänzlich verwischt war. Nur an der Nordseite des Ostflügels erkennt man im ›Taubenturm‹, wohl einst ein Treppenturm, rund und mit achtseitigem Aufsatz, einen Renaissancerest und im Anschluß daran die jetzt vermauerten rundbogigen Arkaden der den Hof ehemals umgebenden Galerie.

Lieberose, Schloß, ›Taubenturm‹

Thadäus Paglion war vermutlich über Böhmen nach Lieberose gekommen. Er hat dort auch den Chor der Stadtkirche zum Mausoleum für den Schloßherrn ausgebaut; in ihm war bis zu seiner Zerstörung im letzten Krieg das Monumentalepitaph für Joachim von der Schulenburg, gearbeitet von den Freiberger Bildhauern Michael und Jonas Grünberger, aufgestellt. 1607–09 hatte sich Paglion dem Rat der Stadt Frankfurt an der Oder zum Umbau des dortigen Rathauses verdingt. Was von seiner damaligen Tätigkeit noch erhalten ist, das Innere der Hallen und Teile der Giebel, zeigt den Baumeister als fähigen Manieristen, der älterer Gebäudesubstanz ohne viel Änderungen ein zeitgenössisches Aussehen zu geben vermochte.

Kirchenbau nach der Reformation

Während der Schloßbau der Renaissance offenbar auch in der Mark Brandenburg blühte, stagnierte der Kirchenbau. Von Reparaturen ist gelegentlich die Rede, und die Ausstattung hat Veränderungen erfahren, aber die Entwicklung eines der neuen Gottesdienstordnung gemäßen Bautyps hatte sich nach der Einführung der Reformation noch nicht angebahnt. In einigen Mediatstädten – Städte, die kleineren Adelsfamilien gehörten – ist allerdings in der zweiten Hälfte des 16. Jh. ähnlich wie in Lieberose das Bemühen der Stadtherren zu beobachten, durch Um- oder Neubauten von Stadtkirchen Gedenkstätten ihres

Geschlechts zu errichten, Mausoleen gleichsam, in denen stattliche Denkmäler den Ruhm der Erbauer für die Nachwelt bewahren sollten. So ließ die Familie von Bredow die mittelalterliche Kirche in Rheinsberg 1568 erweitern und wölben, wobei die antikisierenden Formen der Renaissance Anwendung fanden. In Finsterwalde in der Niederlausitz ist in den achtziger Jahren des 16. Jh. die Stadtkirche neu gebaut worden, eine Emporenhalle, deren Raumcharakter mit den Schloßkapellen protestantischer Fürstenhöfe vergleichbar ist. Der als Baumeister genannte Martin Piger aus Dresden hat vielleicht entsprechende Anregungen verarbeitet. Bauherr war Otto von Dieskau, und mehrere Generationen dieser Familie sind als plastische Figuren auf ihren Grabsteinen in der Kirche versammelt. Inschriften rühmen das Geschlecht und dessen Verdienst um den Kirchenbau.

Von diesen für die Zeit der Renaissance an sich typischen Adelsbauten abgesehen, liegt die tatsächliche Leistung der protestantischen Kirchenbaukunst in der Mark Brandenburg während des 16. und 17. Jh. nicht in der Suche nach neuen Bauformen, sondern in der neuen Einrichtung der aus dem Mittelalter überkommenen Gebäude. Als erstes sind offenbar die Altäre ausgewechselt worden. An die Stelle mittelalterlicher Schnitzaltäre mit beweglichen Flügeln traten die Renaissanceretabel mit einem feststehenden protestantischen Bildprogramm. Doch scheint man es ganz so ernst mit der Beseitigung der ›papistischen‹ Bilderwelt nicht genommen zu haben. In dem zerstörten Altar der Marienkirche in Beeskow hatten jedenfalls Gemälde und Schrein des spätmittelalterlichen Schnitzaltars ihren Platz im Hauptfeld des Renaissanceaufbaus gefunden, und dort, wo große mittelalterliche Altarwerke vorhanden waren, wie in der Katharinenkirche in Brandenburg, in der Marienkirche in Frankfurt oder in den Stadtkirchen von Wittstock, Bernau und Mittenwalde, ist der Respekt vor der künstlerischen Qualität wohl größer gewesen als der Wunsch, die neue Lehre mit neuen Bildern über dem Altar zu demonstrieren.

Lehrhaft waren die neuen Bilder aber gemeint. Oft wurde das Programm durch Texte noch verdeutlicht. An dem schönen Retabel von 1606 in der Stadtkirche in Eberswalde kann man eine Beziehung der Darstellungen zu den Artikeln des Glaubensbekenntnisses feststellen. Ebenfalls im Dienste der Nutzbarmachung mittelalterlicher Kirchen für die neue Form des protestantischen Gottesdienstes standen die neuangefertigten Predigtstühle. Ein schlichtes frühes Werk der Reformationskunst in diesem Sinne ist die Kanzel der Marienkirche auf dem Damm in Jüterbog, 1575 in Stein gehauen von Georg Schröter aus Torgau. Ein überaus reiches Werk stellt die Stiftung der Tuchmachergilde für die Gotthardkirche in Brandenburg dar, die 1623 gleichfalls aus Sandstein gearbeitete, mit zahlreichen Reliefs und Figuren geschmückte Kanzel von Georg Zimmermann.

Die Einrichtung der mittelalterlichen Hallenkirchen zu Predigtsälen hatte ferner den Einbau von Emporen zur Folge. Aus der Zeit vor dem Dreißigjährigen Krieg sind nur wenige erhalten geblieben. Die ›Chöre‹ der Tuchmacher und Schuster in Bernau und Wusterhausen mit reicher ornamentaler Bemalung und Gemälden an der Brüstung dürften die bedeutendsten Beispiele sein.

Wenn auch kein größerer kirchlicher Neubau nach der Reformation bis ins spätere 17. Jh. erfolgt ist, so ist doch festzustellen, daß die märkischen Städte an der Einrichtung ihrer Gotteshäuser für die neue Art des Gottesdienstes nicht gespart haben. Noch immer hat sich das Gemeinschaftsbewußtsein der Bürger in der Kirchenausstattung ausdrücken wollen. Das großartigste Beispiel dafür ist die Wiederherstellung der Nikolaikirche in Luckau (Farbabb. 19) nach dem großen Brand von 1644. Zwei Generationen haben für die prachtvolle Einrichtung gestiftet, für die Kanzel, die Orgel und den Altar, haben ihre Epitaphien an die Pfeiler gehängt und sich Stuben in die Emporen gebaut. In grandioser Weise ist hier der spätgotischen Halle eine barocke Raumgestaltung eingefügt, gleichsam das spätgotische Streben zur ganzheitlichen Wirkung des Raumes vollendet worden. Das Überspielen vertikaler Elemente durch die Horizontalen der Emporen hat entscheidend zu der Bildung des zentralisierten Raumes beigetragen. Eine Steigerung in diesem Sinne ist nur noch bei der Inneneinrichtung des Langhauses der Katharinenkirche in Brandenburg um 1730 erreicht worden. Dort lag aber bereits ein barockes Raumkonzept zugrunde, wie es seit dem ausgehenden 17. Jh. unter dem Einfluß neuer, vom reformierten Bekenntnis geprägter Theorien des protestantischen Kirchenbaus, formuliert von Leonhard Christoph Sturm, in der Mark Brandenburg für Kirchenneubauten angewendet wurde.

Die Zeit des Großen Kurfürsten von Brandenburg und des ersten Königs von Preußen

Die große Zäsur in der Geschichte Brandenburgs war der Dreißigjährige Krieg. Die politische Schwäche des auf Neutralität bedachten Kurfürsten Georg Wilhelm, der von 1619 bis 1640 regierte, ließ das Land zum Spielball der in Europa streitenden Mächte werden. Vor allem die peripheren Gebiete der Mark waren ungeschützt dem wechselnden Durchzug von Truppen der Protestanten oder der kaiserlichen Katholiken ausgesetzt. Der Bevölkerungsverlust wird auf 50 Prozent geschätzt. Städte und Dörfer waren entvölkert und verwahrlost. Selbst die Einwohnerzahl von Berlin sank auf etwa sechstausend. Mitten in diesem Elend trat 1640 der gerade zwanzig Jahre alte Kurprinz Friedrich Wilhelm die Regierung an. Er vereinbarte einen Waffenstillstand mit den Schweden und nutzte die Zeit der Ruhe, um ein stehendes Heer aufzustellen, den Beginn der preußischen Armee. Ihre ersten Sporen von europäischer Bedeutung verdienten sich die Offiziere und Soldaten noch als Brandenburger in der Schlacht bei Fehrbellin 1675; seit diesem Sieg Friedrich Wilhelms über die Schweden nannte man ihn den Großen Kurfürsten.

Im Nachgang zum Westfälischen Frieden von 1648 hatte Brandenburg 1653 durch den Gewinn von Hinterpommern Zugang zur Ostsee erlangt. Einen weiteren Gebietszuwachs brachten die ehemals geistlichen Stiftsgebiete von Halberstadt und Minden (1649) sowie von Magdeburg (1666–80). Seit 1614 im Besitz von Cleve und seit 1618 Erbe des Herzogtums Preußen, waren die Kurfürsten von Brandenburg Herren eines nordmitteleuropäischen Territoriums, das von der Ostgrenze der Niederlande bis an die

Friedrich Wilhelm, der Große Kurfürst (1620–1688), im Kurmantel mit Zepter, Gemälde von Govert Flinck, 1653

Westgrenze Rußlands reichte. Es versteht sich von selbst, daß die Mark, das eigentliche Kurland, nurmehr Bestandteil, wenngleich auch der zentral und von seinen Herrschern auch vorerst noch bevorzugte Teil eines sich bildenden Großstaates wurde, der sich nach 1701 als Königreich Preußen in Deutschland und Europa etablierte.

1646 nahm Friedrich Wilhelm Luise Henriette von Oranien, die Tochter des Statthalters der Niederlande, zur Frau, und fortan waren die Generalstaaten als das modernste Staatswesen seinerzeit in Europa das Vorbild, vor allem für die Wirtschaft und die Kultur des 17. Jh. in Brandenburg. Die Künstler, die der Große Kurfürst an den brandenburgischen Hof berief, kamen aus den Niederlanden oder waren dort ausgebildet. In der frühen Phase, nach 1640, waren es die vor allem als Festungs- und Wasserbau-Ingenieure, aber auch als Architekten tätigen Johann Gregor Memhard (seit 1650) und Michael Matthias Smids (seit 1653). Später kamen Philippe de Chieze, Cornelis Ryckwaert, Rutger von Langerfeld und schließlich Johann Arnold Nering hinzu. Sie bauten die Schlösser in Potsdam, Caputh und Oranienburg, in Köpenick und Schwedt, den Marstall in Potsdam und das Junkerhaus in Frankfurt an der Oder. Ein in den Niederlanden gepflegter und tradierter, an den Werken des Italieners Palladio geschulter Klassizismus hielt Einzug vornehmlich in den Residenzen, die holländische Gartenkunst hatte bei den zahlreichen kleinen Schlössern hübsche Anlagen hervorgebracht. Die Stiche des Jean Baptist Broebes, die erst 1733 unter dem Titel »Prospect der Palläste und Lust-Schlösser Seiner Königlichen Mayestätt in Preussen« veröffentlicht wurden, geben darüber ausführlich Kunde. Die Schlösser und Gärten der Frühbarockzeit sind vielfach im 19. Jh. romantischen und historischen Überformungen ausgesetzt gewesen, so daß wir von ihnen und ihrem Aussehen nur durch ältere Ansichten etwas wissen. Der endgültige Verlust trat aber erst am Ende des letzten Weltkrieges und in den Jahren nach 1945 ein.

Der Grund für die niederländischen Einflüsse im Bauwesen und in der Kunstentwicklung Brandenburgs während der zweiten Hälfte des 17. Jh. mag schon beim Kurprinzen Friedrich Wilhelm noch vor dessen Regierungsantritt während eines Erziehungsaufenthaltes zwischen 1634 und 1638 in Holland gelegt worden sein. Ehe er in Berlin und dessen Umland bauen konnte – die Zeitumstände des Krieges erlaubten es dort nicht –, waren der Kurfürst und dann auch seine junge Gemahlin Zeugen von Baumaßnahmen sowohl in Königsberg – dort mit der Anlage eines Schloßgartens durch den aus Berlin stammenden, aber in Holland geschulten Gärtner Michael Hanff – als auch in Cleve, wo Johann Moritz von Nassau-Siegen seit 1647 als Statthalter – zusammen mit den Baumeistern Jacob van Campen und Pieter Post – großzügigste Bau-, Stadt- und Landschaftsgestaltungen in Angriff nahm. Johann Moritz scheint es gewesen zu sein, der die Vermittlung von Künstlern und Architekten nach Brandenburg bewerkstelligt und vor allem für den Beginn einer neuen barocken Residenzanlage mit einer landschaftsarchitektonisch erschlossenen Umgebung in Potsdam gesorgt hat. Ein ›Paradies‹ sollte auf dem ›Eyland‹ entstehen – Gärten und Schlösser (Potsdam, Caputh, Bornim, Glienicke) durch Alleen miteinander verbunden –, ein Vorläufer durchaus jener ›Landschaftsverschönerung‹, die Friedrich Wilhelm IV. mit Peter Joseph Lenné in der Zeit der Romantik dann versucht hat.

1647 wurde Willem van Honthorst mit einem Jahresgehalt von 1000 Talern als Hofmaler angestellt; der Deutsche Michael Conrad Hirt hatte 1645 nur 400 Taler erhalten. Der Maler aber, von dem die ersten Porträts des jungen Potentaten stammen, ein gewisser, aus Böhmen gebürtiger Matthias Czwiczek, war schon seit 1628 am kurfürstlichen Hofe bestallt. Bis in die fünfziger Jahre des 17. Jh. werden als weitere Künstler in brandenburgischen Diensten genannt die Bildhauer Leonhard Kern, Georg Larson und Peter Streng, die Maler Jan Lievens, Johannes Ruischer, Broderus Mathisen und schließlich der später in Schlesien und Prag tätige Michael Willmann, ferner Jakob Voulleaumé als Bildgießer und Jakob Neubert als Glockengießer, keineswegs alles bekannte Namen, deren Werke auch nicht ohne weiteres sicher auszumachen sind. Neben Porträts blühen allegorische und mythologische Darstellungen, in denen der Kurfürst und seine Taten verherrlicht werden.

Namhafter werden die Künstler in den letzten Jahrzehnten der Regierungszeit des Großen Kurfürsten, was wohl mit den nun bedeutender werdenden Aufgaben vor allem in Berlin zusammenhängen dürfte. Unter den Bildhauern ragen die nur zeitweilig im Brandenburgischen tätigen François Dieussart und Bartholomäus Eggers heraus; von beiden sind lebensgroße Herrscherstatuen und Bildnisbüsten in Potsdam-Sanssouci erhalten geblieben. Fest in brandenburgischem Dienst (seit 1667) stand der in Schweidnitz geborene Johann Michael Döbel, der vor allem durch seine Sarkophage für die kurfürstliche Familie berühmt geworden ist.

Unter den Malern schätzte Friedrich Wilhelm den aus Den Haag stammenden und seit 1667 in Berlin arbeitenden Nicolaes Wieling besonders. Er war mit Historienbildern zum Zwecke der Geschichtsverherrlichung der kurfürstlichen Herrschaft beauftragt. Ihm trat 1672 der Flame Jacques Vaillant an die Seite, der mit Deckenbildern in den Schlössern Caputh bei Potsdam und Köpenick die ersten bedeutenderen Zeugnisse barocker Monumentalmalerei in Brandenburg schuf. Neben ihm war in Caputh der jüngere Samuel Theodor Gericke tätig; sein an sich bescheidenes Deckenbild in einem Eckkabinett des Schlosses mit Signatur und Datum 1687 zeichnet sich aber durch das Porträt des Großen Kurfürsten mit seiner zweiten Gemahlin, Dorothea von Holstein-Glücksburg, aus. Abraham Jansz Begeyn, dem wir bemerkenswerte Landschaftszeichnungen aus der Mark (Königs Wusterhausen) verdanken, trat 1688 als Hofmaler in kurfürstliche Dienste, als der Sohn des Großen Kurfürsten Friedrich III., der spätere König, die Regierung übernommen hatte.

Andreas Schlüter (1660–1714) in seiner Werkstatt. Holzstich, um 1870

Der namhafteste Architekt des letzten Jahrhundertviertels war der 1659 in Wesel am Niederrhein geborene Johann Arnold Nering, der, in den Niederlanden geschult, als Baumeister und Ingenieur 1675 in Berlin erstmals erwähnt ist und 1691 den Posten eines kurfürstlich brandenburgischen Oberbaudirektors antrat. Er hat zunächst an den von Memhardt begonnenen Schloßbauten mitgewirkt, um dann aber deren Gestalt entscheidend mitzubestimmen. Er war als Brückenkonstrukteur und Städtebauer tätig, er hat in Köpenick 1682–84 die Kapelle für das durch Rutger von Langervelt neu gebaute Jagdschloß errichtet und dort Beweise eines italienischen Einflusses hinterlassen, der in Brandenburg bis dahin neu war und wohl auf seine für 1677 bis 1679 zu erschließende Italienreise zurückzuführen ist. Allmählich begannen Vorbilder Italiens und Frankreichs neben die schlichteren der Niederlande zu treten und der Kunst in Brandenburg zu einem monumentaleren Charakter zu verhelfen.

Die kulturellen Aktivitäten in der Zeit Friedrichs III. als Kurfürst bis 1701 waren nicht schlechtweg die Fortsetzung der von seinem Vater begonnenen Unternehmungen, und wenn der Sohn wirklich weniger Kunstsinn besessen haben sollte, dann verfügte er doch über ein zielsicheres Gespür für die mit der Bau- und Kunstübung verbundenen Absichten, die er in verstärktem Maße weiterverfolgte. Die spürbare Tendenz, dem absolutistischen Staatswesen und seinem Fürsten eine Apotheose zu bereiten, gipfelte in dem Umbau des Berliner Renaissanceschlosses zu einer Barockresidenz. Leider haben Krieg und Nachkrieg diesen Bau vernichtet. Tatsächlich gelang es Friedrich III. 1701, sich die Krone des zum Königreich erhobenen Preußens aufs Haupt zu setzen und damit für das Haus Hohenzollern die Königswürde zu gewinnen. Friedrichs führender Künstler und Baumeister war Andreas Schlüter.

Mit Schlüter, den man bald den Michelangelo des Nordens nannte, gelangte die Kunst in Brandenburg erneut zu europäischer Geltung, was man dem wachsenden Einfluß italienischen und französischen Geschmacks zuschreibt. Schlüter kam zunächst aus dem Osten, im Auftrag des polnischen Königs hatte er in Danzig und Warschau gearbeitet, ehe er als Hofbildhauer 1694 in brandenburgische Dienste trat. Reisen nach Italien und Frankreich sind vorauszusetzen. 1696 ist eine kürzere Fahrt nach Rom belegt; sie galt dem Erwerb von Abgüssen antiker Plastiken, die ihrerseits wiederum der Bildhauerei in Berlin

Vorbilder sein, und nicht nur einer Bereicherung des Kunstkabinetts dienen, sondern einer im gleichen Jahr begründeten Akademie der Künste zur Bildung einer hohen Schule der Skulptur den Weg bereiten sollten. Im Werk Schlüters findet sich dann eher die Wirkung der Meister des 16. und 17. Jh., Michelangelos und Berninis.

Nachwirkungen des Berliner Barockschlosses hat es an königlichen Landschlössern und Herrensitzen des Adels gegeben. Es waren dieselben Baumeister, auch Maler und Stukkateure, diese meist Italiener, die an den Gebäuden und ihren Ausstattungen gearbeitet haben. Von Andreas Schlüter selbst hat sich – im heutigen Zustand kaum erkennbar, im einzelnen ist alles verändert oder zerstört – in Prötzel bei Strausberg eine weiträumige Anlage mit Schloß und Garten erhalten, die er für den Grafen Paul Anton von Kamecke geschaffen hat und die etwas von der Großartigkeit jener Schlösser ahnen läßt, die Schlüter 1712/13 für den russischen Zaren in der Umgebung von Petersburg konzipierte.

Auch Schlüters Plastik blieb nicht ohne Wirkung auf das Land. Die qualitätvollen Arbeiten seines Schülers und Mitarbeiters Johann Georg Glume, einer der wenigen Künstler, die Berlin nach dem Tode Friedrichs I. 1712 nicht verließen, sind im Lande verstreut zahlreich erhalten, Prunkepitaphien aus Sandstein und in Holz geschnitzte Orgelprospekte vor allem finden sich von der Hand Glumes oder seiner gewiß nicht kleinen Werkstatt in den Stadt- und Dorfkirchen der Mark.

Kirchenbau im 18. Jahrhundert

Die Zeit nach dem Tode König Friedrichs I. im Jahre 1712 war den Künsten in Brandenburg-Preußen nicht günstig. Der Sohn Friedrich Wilhelm I. machte mit seiner spartanischen Hofhaltung die Künstler brotlos, die meisten verließen nicht nur Berlin, sondern das Land. Viele folgten Schlüter, der sich von Zar Peter dem Großen hatte nach Petersburg anwerben lassen; einige gingen an den Dresdner Hof und brachten manche preußische Idee zur Gestaltung einer absolutistischen Residenz an die Elbe. Doch obwohl der Soldatenkönig sein Interesse ganz entschieden auf den Ausbau und die Versorgung von Staat und Militär gerichtet hatte, findet man ihn, einen gottesfürchtigen Protestanten, vielfach als einen Förderer von Kirchenbauten.

Für den Kirchenbau fand der deutsche Protestantismus erst nach dem Dreißigjährigen Krieg zu eigenen baukünstlerischen Lösungen. Forderungen ergaben sich aus der Zurückdrängung des Altardienstes und aus der dominierenden Rolle der Predigt im Gottesdienst. Die Versammlung der Gemeinde um den predigenden Geistlichen verlangte die Gemeinsamkeit im Räumlichen und die Konzentration auf den Ort der Verkündung. Das führte zwangsläufig zur Zentralisierung der Raumform und hatte die Anlage von Emporen sowie festes Gemeindegestühl um die Kanzel zur Folge. Die Neueinrichtung mittelalterlicher Pfarrkirchen mit Emporen und möglichst zentraler Stellung der Kanzel – wie in der Katharinenkirche in Brandenburg – entsprach dem also durchaus.

Neuruppin, Stadtkirche St. Marien, nach Entwurf Bersons, 1801–04 von C. L. Engel

In kleineren Städten der Mark, in denen meist die Bauten aus der Gründungszeit mit notdürftigen Erneuerungen überdauert hatten, und in den Dörfern, in denen noch bis ins 18. Jh. mit Holzbauten gerechnet werden muß, kam es in der Barockzeit aber zum Neubau von Kirchen. Der dabei am häufigsten angewendete Bautyp war der sogenannte Quersaal, der sich eigentlich schon im 16. Jh. durch die Schloßkapellen protestantischer Fürstensitze als der für die neue Form des Gottesdienstes geeignetste sich etabliert hatte, der jetzt aber als theoretisch fundierter allgemeingültiger Kirchbautyp erscheint. Die theoretischen Grundlagen hatte Leonhard Christoph Sturm (1669–1719) geliefert. Sturm war Mathematiker und Architekt, von 1702 bis 1711 war er als Architekturprofessor an der Universität in Frankfurt an der Oder tätig, und vielleicht hat mancher Bauinspektor, der in den folgenden Jahrzehnten in einem Landstädtchen der Mark eine neue Kirche bauen mußte, persönlich bei Sturm gelernt.

Der ›Quersaal‹ sollte schließlich die während des ganzen 18. Jh. am meisten gebaute Form einer neuen Kirche in der Mark Brandenburg sein. Die ersten Beispiele entstanden in Berlin, wegweisend war die Französische Kirche auf dem Gendarmenmarkt, mit der die französischen Baumeister Cayart und Quesnays die Erinnerung an die Hugenottenkirche in Charenton wachhalten wollten. An den Saalbau der Sophienkirche von 1712 baute Johann Friedrich Grael 1732–34 einen stattlichen Turm, den er aus städtebaulichen Gründen an die westliche Schmalseite stellte, womit sich das Muster als durchaus anpassungsfähig an die Siedlungsgestalt der Umgebung erwies. Um die verwandten Beispiele im Land gleich zu erwähnen: Sowohl die Stadtkirche in Trebbin aus den vierziger Jahren des 18. Jh. als auch die 1751–55 durch Georg Christoph Berger erbaute Kirche in Lindow, beides Quersäle nach dem bekannten Schema, erhielten ihren Turm an der Schmalseite, in Trebbin an der westlichen, in Lindow an der östlichen. Jedesmal ist der Turm in die Blickachsen der Hauptstraße des Ortes gerückt und bildet Orientierungspunkt und Gestaltdominante zugleich.

Daß Quersäle als Gottesdiensträume bis ins frühe 19. Jh. gebräuchlich waren, beweisen der etwas anspruchslose Umbau des Langhauses der Stadtkirche in Zehdenick 1805–12 und der grandiose Neubau der Stadtkirche in Neuruppin, der nach einem Entwurf von

Philipp Bernhard Berson 1801–04 errichtet worden ist. Das Vorbild für Berson war wohl der von Georg Wenzeslaus von Knobelsdorff und Johann Boumann d. Ä. am Lustgarten in Berlin neu gebaute Dom gewesen, ein Quersaal mit turmartigem Kuppelbau über dem Eingangsrisalit der nach Westen gerichteten Langseite. Die Sachlichkeit und der Ernst der Bersonschen Gestaltung, die durch die klassizistische Formensprache unterstrichen werden, machen den aufklärerischen Ursprung des Quersaals deutlicher als die barocken Ausführungen.

Ähnlich wie der Berliner Dom des 18. Jh. rein äußerlich auch ein profanes Festsaalgebäude hätte sein können, so gibt sich der Neuruppiner Bau kaum als christliche Kirche zu erkennen, wohl aber mit einer Monumentalität, die im weitesten Sinne als sakral verstanden worden zu sein scheint. Erst der retrospektive Gefühlsschwung der Romantik hat dann Anstoß an solcher Formensprache bei Kirchenbauten genommen.

Die friderizianische Ära

Nach der künstlerisch etwas nüchternen Regierungszeit Friedrich Wilhelms I. ließ es sich sein Sohn Friedrich II., der noch zu Lebzeiten dann ›der Große‹ genannt wurde, angelegen sein, seinem Staatswesen architektonisch und künstlerisch zu Repräsentation zu verhelfen. Großangelegte Projekte in Berlin kamen nur zu Teilen und auch stockend voran, Potsdam aber trägt ein durch und durch friderizianisch geprägtes Gesicht. Am Anfang standen die Terrassen von Sanssouci mit dem krönenden Lustschloß als Eremitage für den kunstsinnigen Philosophen, später flankiert von den Konzertzimmern der Neuen Kammern und den Sälen der Bildergalerie. Die Schöpfung atmet die Harmonie zwischen

Clemens Wenzeslaus von Knobelsdorff (1699–1753). Gemälde von Antoine Pesne, 1738

Friedrich II., der Große (1712–1786), König von Preußen. Gemälde von J. H. Ch. Franke, 1763

Potsdam, Schloß Sanssouci mit Weinbergterrassen. Kupferstich von G. B. Probst, um 1750

König und Architekten, dem befreundeten Georg Wenzeslaus von Knobelsdorff. Vorangegangen war, vor der Thronbesteigung Friedrichs 1740, eine ähnliche Planung in Rheinsberg, wo neben Knobelsdorff in Schloß und Park der Maler Antoine Pesne und der Bildhauer Friedrich Christian Glume d. J., Sohn des Johann Georg, tätig waren. Beide finden wir nach 1740 gemeinsam tätig in Potsdam.

Eine ganz andere Atmosphäre tritt dem Betrachter in dem Riesenschloß des Neuen Palais im Park von Sanssouci entgegen, eine Manifestation des in europäischen Kriegen siegreichen Potentaten auf dem Wege zur Großmacht, mit den Mitteln der Revokation von entsprechenden architektonischen Projekten seines Großvaters am Anfang des Jahrhunderts. In der Stadt ließ Friedrich seit den sechziger Jahren neben die Reihenhäuser der Garnison und des Holländischen Viertels aus der Zeit seines Vaters die Stadtpalais mit den Fassaden nach italienischen Vorbildern stellen, überhöht durch eine Wiederholung der Fassade von Santa Maria Maggiore in Rom vor der Nikolaikirche Philipp Gerlachs, einem Quersaal, gegenüber dem Stadtschloß, um so das Image einer europäischen Hauptstadt zu gewinnen. Beide Bauwerke sind heute verloren, das Potsdamer Stadtschloß durch Abriß im Jahre 1961, die Fassade der Nikolaikirche durch Brand schon 1795; an ihre Stelle trat 1830–50 die neue Nikolaikirche (Farbabb. 4) von Karl Friedrich Schinkel, mit deren Kuppelgestalt uns eine neue Epoche brandenburgisch-preußischer Kunst- und Kulturgeschichte begegnet.

Rheinsberg, Ansicht des Schlosses von Süden. Radierung von J. C. Krüger nach C. F. Ekel, 1773

Friedrich der Große war ein glühender Bewunderer Frankreichs und dessen Kultur; der Name Voltaires steht für viele, die er nach Sanssouci einlud und mit denen er geistigen Verkehr pflegte. Unter den bildenden Künstlern war es zunächst nur der schon länger in Berlin ansässige Maler Antoine Pesne, im übrigen dienten ihm anfänglich in Frankreich, in Paris ausgebildete Deutsche, Johann August Nahl als Bildhauer oder Georg Friedrich Schmidt, ein Kupferstecher. Erst später berief Friedrich weitere Franzosen, François Gaspard Adam als Leiter des Französischen Bildhauerateliers, das in Berlin seinen Sitz hatte und nach 1764 von Adams Neffen Sigisbert François Michel in der Position eines ›premier sculpteur de Sa Majesté le Roi de Prusse‹ weitergeführt wurde, bis es 1775 Jean-Pierre Tassaert übernahm. Die eigentlichen Vertreter dessen aber, was man ›friderizianisches Rokoko‹ nennt, waren die unter Nahl als dem ›Directeur des Ornéments‹ und Knobelsdorff bildhauerisch tätigen Gebrüder Hoppenhaupt, Johann Peter Benckert und Johann Matthias Heymüller sowie Franz Ebenhech, zusammen mit den Stukkateuren Merck und Sartori, den Tischlern Spindler und Kambly und anderen.

Die frühe Phase des friderizianischen Rokoko, deren große Leistungen mit den Namen Knobelsdorff und Nahl verbunden sind, blieb auf das erste Jahrzehnt der Regierung Friedrichs des Großen beschränkt. Die harmonische Beziehung zwischen dem König und seinen Künstlern verlor sich, und die Eigenwilligkeit seines Denkens ließ die Kreativität erstarren. Zweitrangigkeit der nun bestellten Architekten und Künstler war die Folge, nach dem Siebenjährigen Krieg kamen die ›Bayreuther‹ und bestimmten das künstlerische Feld. Die Spätphase der friderizianischen Kunst hatte kaum noch Innovationen zu bieten. Die durchaus zahlreichen Künstler und Baumeister am Hofe kennzeichnete Subalternität. Eine Ausnahme wird der ebenfalls aus Bayreuth kommende, aber französisch geschulte Karl von Gontard gemacht haben; er geriet schließlich auch in Konflikt mit seinem Auftraggeber. Die Autorität Friedrichs vermochte es, bis zu seinem Tode 1786 an einer Kunstpraxis des Absolutismus einschließlich nun völlig veralteter Stilformen so hartnäckig festzuhalten, daß der Übergang zum zopfigen Frühklassizismus der Architekten Carl Gotthard Langhans, Friedrich Wilhelm von Erdmannsdorff und David Gilly schlagartig erfolgte und von den Zeitgenossen als Aufbruch zu einem neuen Geschmack in der Baukunst begeistert begrüßt wurde. Als Bildhauer übernahm schon damals der junge Johann Gottfried Schadow, aus Tassaerts Atelier kommend, die Führung. Man kann es den nur gering erhaltenen Werken dieser Jahre, den Bauten im Potsdamer Neuen Garten (Marmorpalais) allen voran, weniger ablesen als den schriftlichen Äußerungen dazu. Aber es war schon so etwas wie ein Bauen für die Nation darin enthalten.

Die Romantik kündigte sich an. Der Sentimentalismus englischer Provenienz hatte Einfluß auf dem Kontinent auch in Brandenburg-Preußen gewonnen. In der Malerei ist es Christian Bernhard Rode, der noch zu Friedrichs des Großen Zeiten bereits religiöse, mythologische und historische Sujets im Charakter sentimentalischer Historienmalerei gestaltete. Die sich darin äußernde Verbürgerlichung vollendete sich etwa gleichzeitig im Œuvre Chodowieckis. Wie in der Baukunst findet sich in den bildenden Künsten im ausgehenden 18. Jh. geschichtliches Denken als Frucht wissenschaftlichen Interesses der Aufklärung, das schließlich in ein religiös motiviertes Engagement für die Nation mündete.

Brandenburg-Preußen vor dem Aufstieg zur führenden Macht der deutschen Nation

In der Zeit napoleonischer Besetzung wurde das neue Geschichtsbewußtsein Grundlage einer patriotischen Bewegung. Nationale Befreiung, religiöse Erweckung und die Wiederbelebung großer Vergangenheit wurden auch zum Inhalt von bildender Kunst und Architektur. Ihr Exponent in Berlin und Brandenburg-Preußen war der junge Karl Friedrich Schinkel. Durch die Zeitereignisse war ihm das praktische Bauen zunächst verwehrt, aber er hat in dieser Zeit Architekturbilder geschaffen, die ihn nicht nur als hervorragenden Maler ausweisen, sondern die ihn als einen engagierten Patrioten zeigen, der wie die Literaten der Romantik die Vision eines an der Geschichte orientierten Reiches der Zukunft zu bieten vermochte. Durch Vermittlung Wilhelm von Humboldts war Schinkel seit Mai 1810 als Assessor bei der Oberbaudeputation angestellt, einer seit Anfang des Jahrhunderts bestehenden Aufsichtsbehörde über das Bauwesen im Königreich Preußen; ihm war das ästhetische Fach anvertraut. Zu seinem Aufgabenbereich gehörte die ›Erhaltung

Karl Friedrich Schinkel (1781–1841). Stahlstich von L. Sichling, um 1850, nach einer farbigen Zeichnung von F. Krüger

Peter Joseph Lenné (1789–1866). Lithographie, um 1850

öffentlicher Denkmäler und der Überreste alter Kunst‹, und so kommt es, daß Schinkel zum Begründer der Denkmalpflege in Preußen geworden ist. Im Jahre 1817 hatte er die Oberbaudeputation auf den gefährdeten Zustand der Gebäude des ehemaligen Zisterzienserklosters Chorin aufmerksam gemacht und zu einer Stellungnahme bewogen, die das zuständige Ministerium dazu brachte, für die Erhaltung von Kirche und Kloster »als Denkmal alt nationaler Geschichte« zu sorgen. Schinkels Aktivitäten für Chorin haben aber schon Jahre früher eingesetzt. Um 1810 nahm er die Gebäude des Klosters bauzeichnerisch auf, fertigte Ansichten, Schnitte, Grundrisse und Rekonstruktionen, auch Abbildungen der dekorativen und konstruktiven Details. Man spürt den Plan einer bauarchäologischen Erfassung und einer inventarartigen Publikation. Gleichzeitig aber wollte Schinkel auch für die romantische Darbietung der Ruine in einer landschaftsparkähnlichen Umgebung die Entwürfe liefern, die auf Wunsch Friedrich Wilhelms IV. um 1830 durch Lenné in einem ›Situationsplan von Chorin‹ konkretisiert worden sind. Der führende Architekt und der führende Landschaftsgestalter der Epoche haben hier an einem historischen Bauwerk eine zeitgenössische Architekturidee zu verwirklichen versucht.

Mit gleicher Intention begannen Schinkel, Lenné und Friedrich Wilhelm IV. Potsdam und seine Umgebung neu zu gestalten, eine italo-römische Landschaft zu bilden mit antikisierenden Villen (Glienicke) und frühchristlichen Kirchen und Klöstern (Sacrow) an den Ufern der Seen, mit Renaissancepalästen auf den Anhöhen ringsum (Pfingstberg) und einer hohen Kuppel inmitten (Nikolaikirche). Das sollte keine bloße Landschaftsdekoration sein, sondern war Ausdruck des politischen Anspruchs Preußens und seines Königs, die führende Macht des Protestantismus in Europa zu sein. Fontane hat später diesen ›Verschönerungsplan‹ »als Landschaftsdekoration, aber von seltener Schönheit« politischer Tendenz enthoben. Landschaft und Architektur seien hier, zwischen Werder und Kladow, »überall an der Havel und den Havelseen hin«, wo die »Munifizenz Friedrich Wilhelms IV. neue Kirchen entstehen und alte wiederherstellen ließ«, zu einem natürlich erscheinenden, aber bewußt komponierten romantischen Bild entworfen worden.

Reisen in Brandenburg

Potsdam und seine Umgebung

(Stadtplan s. hintere Umschlagklappe)

Die Grenzziehung um Berlin nach dem Zweiten Weltkrieg hat die Landschaftskomposition der ›Potsdamer Insel‹ mit den Havelseen zerschnitten; allmählich beginnt diese so bewußt gestaltete Kulturlandschaft wieder zusammenzuwachsen. Sacrow und Pfaueninsel, Klein Glienicke und Babelsberg sind wieder als ein gestalterisches Ganzes zu erleben, die Fahrt über die Glienicker Brücke – solange sie unpassierbar war, hieß sie absurderweise Brücke der Einheit – macht den Blick über die Gesamtkomposition des Landschafts- und Architekturbildes möglich. Denn das sind Potsdam und seine Umgebung trotz mancher Beeinträchtigung geblieben.

Die Stadt beging 1993 ihre Tausendjahrfeier. 993, zehn Jahre nach dem Aufstand der Elbslawen, verlieh Kaiser Otto III. den ›locus Poztupimi‹, möglicherweise ein ehemaliger Burgward, dem Damenstift Quedlinburg. Man geht davon aus, daß es sich bei dieser Erwähnung um den Ort handelt, an dem die heutige Hauptstadt des Landes Brandenburg entstanden ist. Nicht vor der Mitte des 13. Jh. kam es zur Anlage einer deutschen Burg im Bereich des Alten Marktes, nahe dem sich eine Fischer- und Handwerkersiedlung entwickelte, aus der dann eine Marktsiedlung und eine Stadt hervorgingen, 1317 als oppidum und 1345 als civitas erwähnt. Erst Anfang des 16. Jh. gewann der Ort Bedeutung durch Verstärkung der Burg und Befestigung der Stadt mit Wall und Graben. Der Große Kurfürst begann nach 1660 Potsdam zur zweiten Residenz des Kurfürstentums auszubauen, und seine Nachfolger taten als Könige in und von Preußen ein übriges, um aus Potsdam werden zu lassen, was seine Legende, den ›Geist von Potsdam‹, im guten und im schlechten Sinne ausmacht, die Stadt der Aufklärung und des Militärs, der kulturellen Blüte und des feinsinnigen Geschmacks, der Einquartierungen und des Exerzierdrills. Zu den Baudenkmalen Potsdams gehören nicht nur die Kirchen und städtischen Paläste, die Schlösser und Parks, sondern auch die Kasernen und Arsenale. Potsdam blieb – auch nach dem letzten Krieg – Garnisonstadt; Uniformen, jetzt deutsche und russische, waren im Straßenbild normal. Nur die Garnisonkirche fiel 1968 den Planungen sozialistischer Stadtgestaltung zum Opfer, und als ambivalentes Symbol will man sie jetzt auch nicht rekonstruieren.

Der Große Kurfürst Friedrich Wilhelm hat die alte Burg zwischen 1664 und 1670 als ein Barockschloß nach holländischem Muster neu bauen lassen; weiter ausgebaut wurde es durch seinen Sohn Friedrich III. Es waren zunächst die Baumeister Johann Gregor Memhard und Arnold Nering, später Andreas Schlüter und Jean de Bodt beteiligt. Friedrich Wilhelm I., der Soldatenkönig, legte mehr Wert auf den Ausbau zur Garnisonstadt. In seiner Zeit wurde zunächst die Altstadt bis 1720 nahezu neu angelegt und anschließend die Neustadt hinzugefügt, dabei auch das Holländische Viertel mit den Reihen geschwungener Giebel seiner Backsteinhäuser, im Gegensatz zu den traufseitigen mehrachsigen Putzbauten mit dem ›Frontispiz‹, der Giebelstube über der Mittelachse für die aufnahmepflichtige Einquartierung von bis zu sechs Grenadieren in den anderen Straßen der zweiten Stadterweiterung. Als Architekten werden Philipp Gerlach, Peter de Gayette und Johann Friedrich Grael genannt.

Synonym für Potsdam und seine Rolle in der preußisch-deutschen Geschichte aber ist Friedrich der Große. Das Potsdam des 18. Jh. ist nicht schlichtweg barock, es ist friderizianisch. Folgerichtig spricht man von friderizianischem Barock oder mehr noch vom friderizianischen Rokoko und meint damit die Vollendung des Residenzausbaus, den 100 Jahre zuvor sein Urgroßvater begonnen hatte. Wie es scheint, war sich Friedrich dessen auch bewußt; er hat in seiner späten Zeit, mit Blick auf die künstlerische Entwicklung, anachronistisch an Stilvorbildern vor allem aus der Zeit des ersten preußischen Königs Friedrich I. festgehalten. Ab 1744 begann Friedrichs Architekt Georg Wenzeslaus von Knobelsdorff am Rande der westlich gelegenen Brandenburger Vorstadt mit der Anlage des Schlosses Sanssouci und seiner Terrassen sowie mit dem erneuten Umbau des Stadtschlosses. Mit diesen Schöpfungen erreichte die Baukunst Potsdams europäischen Rang. Der Alte Markt erhielt eine neu gestaltete Umbauung, die Muster dafür entlehnte man vorwiegend italienischer Spätrenaissance- und Barockarchitektur. Den Kopfbauten der Seitenflügel des Stadtschlosses, für die ohne Zweifel Versailles Pate gestanden hatte, antwortete gegenüber die Fassade von Santa Maria Maggiore in Rom vor der von Philipp Gerlach 1721–24 gebauten Nikolaikirche. Heinrich Ludwig Manger teilt in seiner Baugeschichte von Potsdam mit, daß Knobelsdorff den Entwurf gemacht, Hildebrandt und Boumann die Bauausführung innegehabt und die Potsdamer Bildhauer Glume, Benckert und Heymüller den plastischen Schmuck gearbeitet hätten. Es störte offenbar nicht, daß die Fassade einer der Hauptkirchen der katholischen Christenheit das protestantische Gotteshaus verkleidete; als Verkleidung ist die Fassade jedenfalls verstanden worden,

Potsdam, Wilhelmplatz mit Blick auf den Stadtkanal. Federzeichnung von J. C. Krüger, 1773

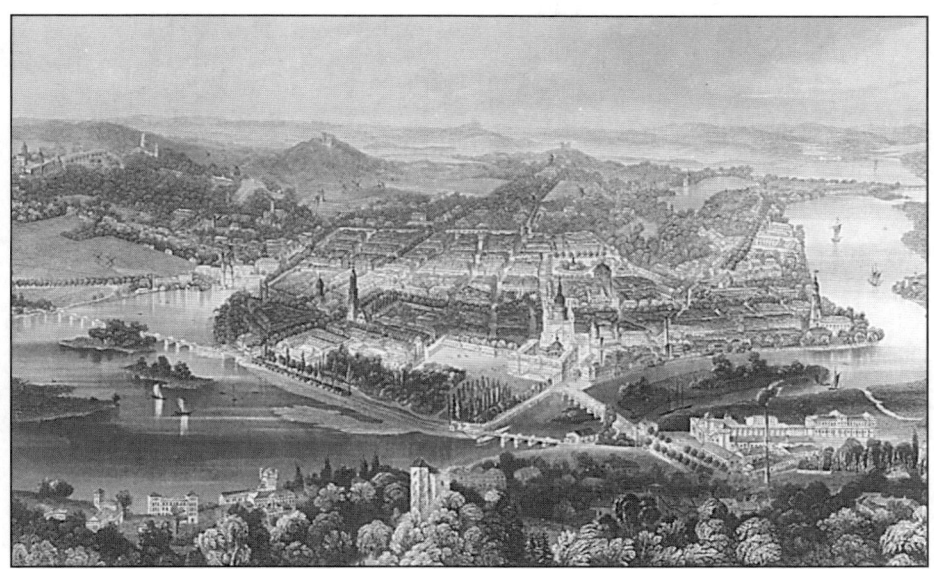

Ansicht von Potsdam. Stahlstich von A. H. Payne, um 1850

wenn der Volksmund sie als ›Vorhemdchen‹ bezeichnete. Für Friedrich war sie ein Element des ›römischen‹ Platzes, zu dem der Alte Markt gestaltet werden sollte.

Karl von Gontard, aus Bayreuth wie viele andere Künstler in der Zeit nach dem Siebenjährigen Krieg nach Potsdam gekommen, übernahm 1764 das Bauwesen, und er setzte die prospektartige Häuserreihung zu städtebaulicher Geschlossenheit fort, die man noch heute trotz der schweren Zerstörung der Stadt 1945 und durch nachträglichen Abriß gut spüren kann. Man gehe aufmerksam durch die Straßen westlich von Nikolaikirche und Platz der Einheit, dem einstigen Wilhelmsplatz, und man wird die palastgleichen Fassaden, stuckdekoriert und bisweilen schon etwas verkommen, entdecken.

Friedrich Wilhelm II., der Neffe Friedrichs, baute sich nach 1786 eine neue Residenz im Nordosten der Stadt, das Marmorpalais im Neuen Garten am Heiligen See, mit dem ein neuer Stil in Potsdam einzog, der schon wenig später als ›Zopf‹ abgewertete Vorklassizismus. Nach den Befreiungskriegen haben unter den Königen Friedrich Wilhelm III. und Friedrich Wilhelm IV. die Architekten Karl Friedrich Schinkel, Ludwig Persius und Friedrich August Stüler der Stadt manchen neuen Akzent gegeben und zusammen mit Peter Joseph Lenné schließlich die Gärten neu gestaltet und die Umgebungsverschönerung in Angriff genommen. Englische Schlösser, römische Villen, Terrassen und Gärten sollten die leicht bewaldeten Hügel zieren, an den Ufern der Seen Klöster und Kirchen liegen. Die Friedenskirche am Eingang zum Park von Sanssouci und die Heilandskirche in Sac-

Potsdam, Stadtansicht nach Norden. Foto, 1894

row am Jungfernsee, ihr auf jetzt Berliner Seite gegenüber gehören die Peter- und Pauls-Kirche von Nikolskoe ebenso dazu wie die Neue Orangerie von Sanssouci, das Belvedere auf dem Pfingstberg und das Schloß Babelsberg mit seinem großen Landschaftsgarten. Mit seinen Villenvororten, in denen sich die spätklassizistisch-romantische Bauweise bis ans Ende des 19. Jh. hielt, wuchs Potsdam zu einer der reizvollsten Städte im nördlichen Deutschland heran. Der Bombenangriff vom 14. April 1945 hat davon viel genommen. Nicht nur das schwer beschädigte Stadtschloß wurde 1960/61 abgetragen und 1968 die Garnisonkirche, sondern auch weite Teile der inneren historischen Stadt. Die städtebaulichen Neuplanungen haben die alte Stadtstruktur zum Teil so verändert, daß nicht einmal die historischen Orte der einstigen Bauten und Denkmale auffindbar sind. Der Alte Markt hat sein Gesicht und seinen Raum völlig verloren, er ist nicht einmal mehr zu ahnen; Konzepte für eine plausible Neugestaltung fehlen bis jetzt. So steht die Nikolaikirche mit säulenumstandenem Kuppeltambour als Solitär von maßstabbildender Architekturqualität inmitten der Ungestalt der Stadt und zusätzlich in der Ansicht behindert durch Neubauten, von denen es scheint, als seien sie zur bewußten Zerstörung der auch weit in die Landschaft ausgreifenden Sichtbeziehungen gebaut worden.

Dennoch hat die Kuppel der **Nikolaikirche** (Farbabb. 4) ihre beherrschende Wirkung im Stadtbild und im Landschaftsbild behalten; von den umliegenden Hügeln wie auch vom Wasser erkennt man die Mitte an dem Zeichen, mit dem sich seit Bramante und Michelangelo die europäischen Hauptstädte Rom gleichsetzen. In Potsdam konnte es dazu kommen, weil die alte Nikolaikirche 1795 abbrannte und sich der Beginn des Neubaus bis 1830 verzögerte, obwohl schon vor 1800 Pläne dafür, vor allem von Friedrich Gilly, vorlagen. Als im September 1830 der Grundstein gelegt wurde, baute man jedoch nach dem Entwurf von Karl Friedrich Schinkel. Aus unterschiedlichen Vorstellungen

56

hatte sich ein Zentralbau durchgesetzt, ein Kubus auf quadratischem Grundriß, den eine Kuppel auf säulenumstandenem Tambour krönen sollte. Zur Ausführung kam zunächst nur der Unterbau, der sich als mächtiger, mit einem niedrigen Satteldach gedeckter Würfel darstellte – Schinkel hatte den Entwurf seines Lehrers und Freundes sicher gekannt –, nur durch ein mittleres Gesims gegliedert und im oberen Teil der West- und Ostseite von großen Halbkreisfenstern durchbrochen. Dem Eingang an der Südseite war bereits der Säulenportikus vorgelegt, und an der Nordseite trat die große Halbkreisapsis hervor.

Die Kuppel stellte die Nikolaikirche in die neuzeitliche Sakralbautradition, welche im Rom der Hochrenaissance ihren Anfang nahm. Die vier Ecktürme sind von Schinkel nicht vorgesehene, aus Gründen der Statik notwendige Zutaten, die aber die Blockhaftigkeit des Ursprungsbaus nahezu unkenntlich machen und in der Nähe auch die Wirkung des Kuppelaufbaus beeinträchtigen. Erst mit zunehmender Distanz wächst dieser zur architektonischen Dominante von Stadt und Landschaft empor. Bei den Beschädigungen, die die Kirche 1945 erfahren hat, gingen die ikonographisch sehr interessanten – es gab ein reformatorisch-kirchengeschichtliches Programm – Malereien größtenteils verloren, so daß nur Reste konserviert oder wiederhergestellt werden konnten. Im übrigen wurde das Innere für eine erweiterte gemeindliche Nutzung ausgebaut, wobei es nicht ohne Einbuße der klassizistischen Raumqualität abging. Den *Obelisken* vor der Kirche hatte Knobelsdorff 1753–55 aufgestellt; bei der Neuerrichtung 1979 wurde das Bildprogramm mit Baumeisterbildnissen auf die Baugeschichte Potsdams bezogen.

Das ehemalige **Rathaus** hat seine Palladio-Fassade mit Kolossalsäulen in korinthischer Ordnung und den eigenwilligen Tambour mit getreppter Deckung erhalten, die krönende Atlasfigur schufen Benjamin Giese und Johann Christoph Wohler. Mit dem benachbart

Potsdam, Blick zum alten Rathaus, rechts das Knobelsdorffhaus

Potsdam, Hillerbrandtsche Häuser und ehemaliger Marstall (Filmmuseum)

stehenden **Knobelsdorff-Haus,** das seine Fassade mit Karyatiden und Giebelfiguren von Friedrich Christian Glume d. J. und Johann Peter Benckert bewahrt hat, wurde das Rathaus innen gemeinsam erneuert und zum Kulturhaus modern ausgebaut. Mehr ist vom Alten Markt in Potsdam nicht geblieben. Als einziger Rest vom abgerissenen Stadtschloß steht der ehemalige **Marstall** von Memhard und Nering, erweitert von Knobelsdorff, am Beginn der neuen Magistrale, die anstelle der Breiten Straße eine früher nicht vorhandene Verbindung von der Langen Brücke in die Brandenburger Vorstadt unter Umgehung des Stadtkerns schafft; der Marstall beherbergt ein *Filmmuseum.* Im weiteren Verlauf der Straße trifft man auf die **Hillerbrandtschen Häuser,** 1769 von Georg Christian Unger, mit einer Fassade nach Inigo Jones' Schloß Whitehall in London, und auf das ehemalige **Militärwaisenhaus,** wesentlich geprägt von Karl von Gontard 1771–78, eine ausgedehnte Vierflügelanlage mit stattlichem Treppenhaus im Hauptrisalit an der Seitenstraße. Weiter finden sich ein Rest des *Reit- und Exerzierhauses* sowie am Neuen Markt der **Kutschstall,** 1787–91 von Andreas Krüger, und die **Ratswaage,** 1836 von Christian Heinrich Ziller. – Schließlich, am Ende der ›Magistrale‹, das **Wasserwerk** (Farbabb. 3) für Sanssouci, eine Pumpstation am Havelufer in Form einer *Moschee* in ›arabischem Geschmack‹, 1840 von Persius und Karl von Diebitsch erbaut.

Die Wassergräben oder der Canal, die Grenze zwischen der Altstadt und den barocken Stadterweiterungen, wurden erst nach dem Zweiten Weltkrieg zugeschüttet, wodurch die straßenräumliche Struktur ganzer Bereiche empfindlich gestört ist. Es wird besonders in der noch gut mit historischer Substanz erhaltenen *Yorckstraße* spürbar. In den Quartieren um die Brandenburger Straße finden sich die barocken Typenhäuser aus den dreißiger Jahren des 18. Jh., zweigeschossig mit einem Dreiecksgiebel oder einem Segmentgiebel über dem mittleren Dacherker; die Eckbebauungen sind oder waren abgesetzt als selbständige Häuser mit Walmdächern, um durch Zwischenräume Zufahrten in die Binnenbereiche der Blockrandbebauungen zu gewinnen. Dasselbe Prinzip ist auch im **Holländischen Viertel** angewendet, das sich, östlich der von Süd nach Nord führenden Friedrich-Ebert-Straße in vier Quartieren ausbreitet. An seine Südseite schließt der Bassinplatz (heute mit Busbahnhof) an, der seinen Namen von einem Wasserbehältnis, das durch einen Graben mit dem Heiligen See verbunden war, herleitet. Auf seiner westlichen Hälfte steht die katholische **Pfarrkirche St. Peter und Paul.** Ihren Entwurf lieferte Wilhelm Salzenberg, die Ausführung leitete 1867/68 ein Bauinspektor Badstübner. Es handelt sich um einen Zentralbau in Kreuzform um ein großes mittleres Quadrat; die Chorapsis hat Kleeblattgrundriß, so daß drei Apsidiolen mit ihren Halbkuppeln eine große Hauptkalotte stützen. Es ist das Wölbprinzip der Hagia Sophia, das Salzenberg für ein 1854 erschienenes Stichwerk im Auftrag Friedrich Wilhelms IV. in Konstantinopel studiert hatte. Der Westturm steht in der Achse der Brandenburger Straße und ist dem Campanile von S. Zeno in Verona nachgebildet.

In der südöstlichen Ecke des Bassinplatzes trifft man auf die **Französische Kirche,** die Johann Boumann d. Ä. 1751–53 nach Plänen von Knobelsdorff für die Hugenottengemeinde auf querelliptischem Grundriß und mit einem toskanischen Giebelportikus an

Eine ›Moschee‹ am Havelufer

Fährt man wieder zurück auf der Brandenburger Chaussee nach Potsdam, so sieht man **das Dampfmaschinenhaus für die Fontainen von Sans-Souci,** das auf dem Königl. Baudepothofe an der Louisenstraße vor dem Brandenburger Thore, an einer schönen Bucht der Havel, in den Jahren 1841 und 1842 erbaut ist. Es enthält das Maschinenhaus und die Maschinenwärterwohnung und ist ein phantasiereicher Bau, dessen Hauptmotive jenen berühmten arabischen Moscheen entlehnt sind, welche Reisende in den Umgebungen von Kahira bewundern, wo sie in den blauen Luftraum wie hineingehaucht erscheinen. Wir sehen vor uns neben dem 115 Fuß hoch emporsteigenden schlanken Minaret, wodurch der Dampfschornstein bekleidet ist, das moscheenartige Hauptgebäude mit einer hohen Kuppel geziert, die im Sonnenlicht glänzt, indem der weiß metallene Grund der Bedachung durch die hellblauen Ornamente wie Silberschuppen durchschimmert. An dieses Hauptgebäude schließt sich noch in gefälliger Form das niedrige zweistöckige Wohngebäude für den Maschinenwärter. Das Minaret wie die Kuppel sind mit dem vergoldeten türkischen Halbmond verziert. Die äußere Bekleidung bildet eine Mosaik von verschiedenfarbigen Ziegel-

Blick in den Maschinenraum des Wasserwerks

steinen. Bandartige Streifen von hellgrün glasirten und dunkelfarbigen Backsteinen ziehen sich über den hellen Grundton horizontal um alle Formen des Baues. Eben so ist die viereckige Basis des Minarets bekleidet und aus dieser erhebt sich die schlankere achteckige Form desselben mit einem Zickzack von blauglasirten und hellen Ziegeln umwunden, bis auf die Höhe, wo Pfeiler von Gußeisen die leichte und elegante Krone und Spitze des Minarets tragen. Die reich ornamentirten Gallerien, von Formsteinen gebildet, scheinen sich über einander zu erheben. Die Bögen der Eingangsthore haben gleichfalls ihre reichen, orientalischen Verzierungen in mehrfarbiger Ziegelmosaik erhalten. Gegitterte Fenster entsprechen völlig den anmuthigen Motiven dieses eigenthümlichen Baustyls. Nach der Wasserseite zu ist dieser Bau von einem Altan umgeben, dessen Balustrade, so wie alle Ornamente aus gebrannten Formsteinen gebildet sind. Von hieraus hat man die herrliche Aussicht über den Wasserspiegel und die schönen Havelufer, so wie auch die Ansicht des Baues von der Wasserseite her ein reizendes Bild gewährt.

Im Innern des Maschinenhauses betreten wir von der Wasserseite her zunächst den *Kesselraum* mit zwei großen cylindrischen Dampfkesseln nach der Kornwallschen Construktion. Aus diesem Raum werden die Dämpfe in den *Maschinenraum* geführt, wo die Dampfmaschine von 80 Pferde Kraft, angefertigt von »Borsig« in Berlin, mit den Vorrichtungen zur Expansion und Condensation der Dämpfe in den beiden *Pumpenkammern* auf jeder Seite durch sieben messingene Stiefel das Wasser aus den unterhalb des Gebäudes dorthin geführten Wassergängen in die beiden Röhrenstränge treibt. Das Innere des Maschinenraums ist zudem noch sehenswerth durch die graziöse Zierlichkeit, womit die gewaltigen Eisenmassen durch anmuthig leichte Formen verkleidet sind. Eine leichte gewundene Treppe um den Mittelpfeiler leitet den Blick hinauf in das Innere der Kuppel, in welcher, so wie überhaupt im Innern, die mosaikartige Verzierung der Wände und die Hufeisenform der Bögen vorherrschend ist.

Aus: Einen Nachmittag in Sans-Souci, Potsdam 1850

der südlichen Eingangsseite errichtet hat – im ganzen der Pantheonadaption der Berliner Hedwigskirche durchaus verwandt. Die qualitätvollen Plastiken seitlich des Eingangs sind Werke des Friedrich Christian Glume d. J. Der südwestlich gegen den Bassinplatz versetzte *Wilhelmplatz* hat seine historische Umbauung mit monumentalen Palastfassaden gänzlich verloren und geht seit der Wegnahme des Stadtkanals und der mit den charakteristischen Laternenträgern geschmückten Brücken ohne städtebauliche Zäsur in den ungestalten Bebauungsbereich um die Nikolaikirche über.

Eine mittelalterliche Stadtbefestigung sucht man in Potsdam vergebens, aber es finden sich Stadttore. Sie gehen auf die Akzisemauer zurück, die im 18. Jh., seit 1722, um die barocken Stadterweiterungen gelegt worden ist. Das **Nauener Tor** in der Friedrich-Ebert-Straße hat seine gotischen Flankentürme und die seitlichen Torhallen 1754/55 durch Johann Gottfried Büring angeblich nach einer Skizze Friedrichs des Großen selbst erhalten; sie gelten als die frühesten neugotischen Bauten auf dem Kontinent nach dem

*Potsdam, das
Brandenburger Tor am
Luisenplatz*

Vorbild von Inverary Castle in Schottland, das Robert Morris wenig früher errichtet hatte. Die spitzbogige Durchfahrt kam erst bei einer Erneuerung 1867–69 hinzu. Das ältere **Jägertor** am Anfang der Jägerallee hat noch seine triumphtorartige barocke Gestalt von 1733. Als römischer Triumphbogen mit drei Durchgängen zwischen korinthischer Doppelsäulenstellung unter kräftig verkröpftem Gebälk ist das **Brandenburger Tor** am westlichen Ende der Brandenburger Straße von Gontard und Unger 1770 erbaut worden.

Verläßt man die älteren Stadtteile durch das Nauener oder das Jägertor nach Norden, so gelangt man an spätwilhelminischen Regierungs- und Verwaltungsgebäuden vorbei und durch ansprechende Villenviertel mit spätestklassizistischem Charakter zur **Russischen Kolonie Alexandrowka.** Es ist eine 1826 im Auftrag König Friedrich Wilhelms III. durch Peter Joseph Lenné angelegte Siedlung für russische Soldaten, die nach 1812 durch die Konvention von Tauroggen in Potsdam beim 1. Garderegiment verblieben waren. Die Häuser sind Fachwerkbauten, die mit Bohlen verkleidet wurden, also keine eigentlichen Blockhäuser, aber wie diese nach russischem Muster mit geschnitzten Stirnbrettern verziert. Zur Kolonie gehört die **Kirche des Heiligen Alexander Newski** auf dem Kapellenberg, ein kleiner quadratischer Kuppelbau mit Nebenkuppeln und einer Ostapsis, 1826–29 nach Plänen eines russischen Architekten erbaut und unter Mitwirkung von Schinkel ausgestaltet.

Dem Kapellenberg nördlich benachbart ist der **Pfingstberg.** Er wird seit der Mitte des vorigen Jahrhunderts bekrönt von dem **Belvedere,** das in Anlehnung an römische Renaissancevillen als ausgedehnte Schloßanlage auf der Höhe des terrassierten Berges nach Plänen der Architekten Persius, Stüler und Ludwig Ferdinand Hesse erbaut worden ist. Entscheidend aber war dafür eine Ideenskizze Friedrich Wilhelms IV., der hier eine der vielen von ihm gewünschten Architekturdekorationen in der Landschaft plaziert sehen wollte. Die hypertrophe Planung wurde zwar begonnen – andere vergleichbare wie die Triumphstraße auf dem Mühlenberg oberhalb von Sanssouci oder das Schloß Belriguardo auf dem Tornow wurden garnicht ausgeführt –, blieb aber Fragment und ist heute Ruine. In die umgebende Parklandschaft, 1849 durch Lenné gestaltet, ist das Frühwerk Karl Friedrich Schinkels, der *Pomonatempel* von 1800, ein viersäuliger Prostylos, mit einbezogen. Der Blick vom Belvedere geht über die Havelseen bis nach Nikolskoe und zur Pfaueninsel (Stadtgebiet Berlin). Doch sollte das Gebäude auch einen praktischen Zweck erfüllen, es war als Wasserreservoir für die Fontänen im **Neuen Garten** an den Ufern des Heiligen Sees gedacht. Dort, zu Füßen des Pfingst- wie auch des Kapellenberges legte sich Friedrich Wilhelm II. nach dem Tode Friedrichs des Großen 1786 einen neuen Landschaftsgarten für eine Sommerresidenz an. In der Architektur wie im Gartenstil waltete jetzt, nach dem abrupten Bruch mit dem friderizianischen Spätbarock und Rokoko, ein neuer Geschmack vor, frühklassizistisch-empfindsam, mit einem Sinn für geschichtliche Rezeption, einer Vorliebe für die Vielfalt historischer und exotischer Formen. Als Schloß entstand das **Marmorpalais** 1787–91 nach Plänen von Gontard, ein zweigeschossiger Würfelbau mit bekrönendem Aussichtstempietto, der 1797 durch eingeschossige Anbauten zur Dreiflügelanlage ergänzt wurde, wofür Carl Gotthard Langhans verantwortlich zeichnet. Die zum Hof gerichteten Säulengänge sind 1849 durch Carl Wilhelm Kolbe mit Darstellungen aus der Nibelungensage geschmückt worden. Im Inneren des Hauptbaus sind die Räume um ein zentrales Treppenhaus gruppiert, die Sala terrena öffnet sich zum See, der Festsaal im Obergeschoß zeigt die Raumdekoration nach Langhans' Entwürfen

Potsdam, in der russischen Kolonie Alexandrowka

von Christian Bernhard Rode sowie Johann Christoph Frisch und Bartolomeo Verona. Die Skulpturen sind zum Teil von Rode entworfen und von den Gebrüdern Wohler sowie Johann Eckstein ausgeführt worden, an den Reliefs im Treppenhaus werden Jean Pierre Tassaert und der junge Gottfried Schadow vermutet.

Im Park finden sich die für die Zeit typischen architektonischen Staffagen antiken, mittelalterlichen oder exotischen Charakters: das **Küchengebäude** als im See versinkende Tempelruine 1789 von Gontard, gleichzeitig das **Holländische Etablissement** von Gontard und Krüger als dörflicher Backsteinbau mit Pavillons, die **Orangerie** von 1791 nach Langhans' Entwurf mit ägyptisierendem Dekor und im Inneren hervorragend erhaltener Malerei von B. Verona, eine **Pyramide** als Eiskeller von 1791 und schließlich die **Bibliothek,** ein zweigeschossiger Pavillon in gotischem Stil, 1792 von Langhans entworfen.

Den Park selbst hat der aus Wörlitz kommende Johann August Eyserbeck d. J. angelegt; er wurde jedoch schon 1817–25 durch Peter Joseph Lenné überformt, obwohl bereits Eyserbeck nach englischen Mustern eine natürlich erscheinende Landschaft in der Komposition angestrebt hatte. Vermutlich fehlte Lenné und seinen Zeitgenossen nun der große Atem weiträumiger Landschaftsgestaltung, in die es den Neuen Garten einzubeziehen galt. 1844 wurde im nördlichen Bereich am Jungfernsee die **Meierei** gebaut als burgartige Anlage mit Turm, Altan und einer Art Dansker (für ein Pumpwerk) in gotischem, als normannisch bezeichnetem Stil, der auch in der Potsdamer Villenarchitektur gepflegt wurde. Ebenfalls im Nordteil des Gartens entstand 1913–17 als letzter preußischer **Schloßbau Cecilienhof,** von Paul Schultze-Naumburg als Fachwerkbau im Stil engli-

Potsdam, Neuer Garten mit Pyramide (Eiskeller), im Hintergrund das Marmorpalais

Potsdam, Schloß Cecilienhof im Neuen Garten

scher Landsitze entworfen und um mehrere Höfe malerisch gruppiert. In dem jetzt als Hotel dienenden Gebäudekomplex fand 1945 die Potsdamer Konferenz statt, auf der die alliierten Siegermächte ihr Abkommen über die Zukunft Deutschlands trafen; eine Gedenkstätte in der ehemaligen Bibliothek erinnert an dieses Ereignis.

Verläßt man die Innenstadt Potsdams durch das Brandenburger Tor, dann gelangt man zu den **Gärten und Schlössern** von **Sanssouci** (Farbabb. 2), in jenen ausgedehnten Bereich, den Friedrich der Große wenige Jahre nach seiner Thronbesteigung mit dem namengebenden Terrassenschloß ›Sans Souci‹ anzulegen begann und der den Hohenzollern seitdem als Sommerresidenz und Nebenresidenz diente, den preußischen Königen ebenso wie nach 1870 bis 1918 den deutschen Kaisern. Der Blick auf Potsdam und die Havelseen vom Südhang des Bornstedter Hügels scheint schon im 18. Jh. eine Motivation für die Plazierung eines Bauwerks gewesen zu sein, das weniger der staatlichen Repräsentation als vielmehr dem fürstlichen Vergnügen dienen sollte. Der König selbst hat Skizzen gefertigt, nach denen sein Architekt Georg Wenzeslaus von Knobelsdorff die geschwungenen Weinbergterrassen mit mittlerer Freitreppe und seitlichen Anstiegsrampen schuf, die hinaufführen zur Plattform, auf der das eingeschossige **Schloß** (Farbabb. 1) mit zwei gestreckten Flügeln zuseiten eines mittleren oval vorschwingenden und überkuppelten Risalits sich hinlagert. Zwischen den gleichmäßig gereihten rundbogigen Fenstertüren tragen als Bacchanten gestaltete Hermenpilaster paarweise das lang hinziehende Gebälk,

Potsdam, Schloß Sanssouci, Hermenpilaster am Mittelrisalit der Gartenseite

Arbeiten des führenden Hofbildhauers der Zeit Friedrich Christian Glume d. J. Kennzeichnet diese Gartenseite eine heitere bukolische, plastisch derbere Note, so begegnet auf der rückwärtigen Hofseite, welche aber die eigentliche Eingangsseite ist, kühle klassizistische Eleganz. Eine im Halbkreis geführte Kolonnade aus korinthischen Säulenpaaren in der für Knobelsdorff charakteristischen Weise umschließt den von kurzen Seitenflügeln des Schlosses angedeuteten Ehrenhof. Die Kolonnade ist in der Achse des Mittelrisalits unterbrochen und gibt den Blick über das Bornstedter Tal auf den **Ruinenberg** frei, auf dem eine Staffage aus Tempelsäulen, Rundtempel, Obelisk und Colosseumswand das Wasserbecken umsteht, das die Fontänen im Park speisen sollte. Der italienische Bühnenmaler Bellavite hatte die Vedute als Point de vue entworfen. Diese so in die Landschaft geführte Blickachse geht von den Haupträumen im Mittelbau des Schlosses

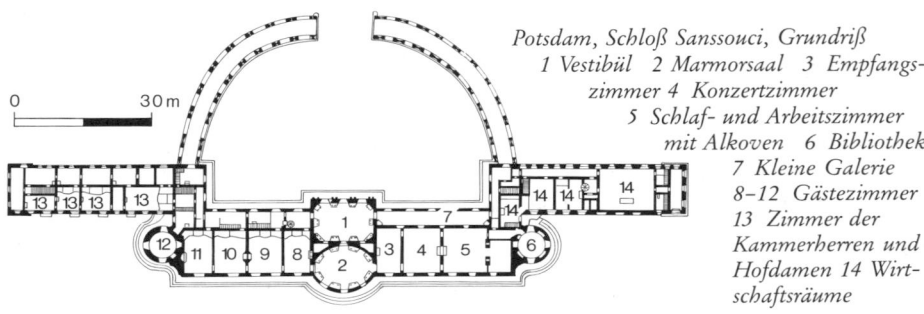

Potsdam, Schloß Sanssouci, Grundriß
1 Vestibül 2 Marmorsaal 3 Empfangszimmer 4 Konzertzimmer
5 Schlaf- und Arbeitszimmer mit Alkoven 6 Bibliothek
7 Kleine Galerie
8–12 Gästezimmer
13 Zimmer der Kammerherren und Hofdamen 14 Wirtschaftsräume

Potsdam,
Schloß Sanssouci,
Konzertsaal

aus, dem hofseitigen Vestibül und dem gartenseitigen ovalen Kuppelraum des Marmor-saals, von wo aus sie in entgegengesetzter Richtung über die Terrasse auf die Havelseen weist.

Bei aller Intimität der kleinen Schloßanlage ist die axial raumgreifende Architektur-komposition des absolutistischen Hochbarocks voll zur Geltung gebracht. Im *Vestibül* wie im *Marmorsaal* (Umschlagklappe hinten) sind deshalb wohl nicht zufällig die gleichen paarigen Säulenstellungen wie an der Kolonnade anzutreffen, im Marmorsaal zusätzlich ein Oberlicht als das von Friedrich II. immer wieder bevorzugte Pantheonmotiv. Die pla-stische Raumdekoration – Nischenfiguren 1748 von François Gaspard Adam und Figuren in der Deckenzone – personifizieren Künste und Wissenschaften. In der *Kleinen Galerie* an der Nordseite hingen einst die von Friedrich geschätzten Gemälde Watteaus und sei-nes Kreises. Im Anschluß an den Marmorsaal reihen sich östlich die Räume des Königs, das *Musikzimmer* mit den Wandbildern der Metamorphosen des Ovid von Antoine Pesne, das *Schlaf- und Arbeitszimmer,* das Friedrich Wilhelm von Erdmannsdorff unmittelbar nach Friedrichs Tod 1786 klassizistisch umgestaltet hat, und schließlich die *Bibliothek* in dem kreisrunden Abschlußpavillon des Ostflügels mit der kostbaren Wandverkleidung aus Zedernholz und vergoldetem Bronzeornament. Der *Westflügel* enthält die *Gästezim-mer,* darunter das *Voltairezimmer* mit naturalistischem Blumendekor von 1752/53. Die Innendekorationen mit vegetabilischen und kapriziösen Formen, ausgeführt von Johann August Nahl, den Brüdern Johann Michael und Johann Christian Hoppenhaupt, Carl Josef Sartori und Georg Franz Ebenhech, gelten als Inbegriff des friderizianischen Rokoko. Vor den runden Abschlußkabinetten im Westen und Osten bilden **Pavillons** den

Potsdam, Bildergalerie

Abschluß von Laubengängen. Im östlichen Gitterpavillon (s. Umschlagrückseite) vor Friedrichs Bibliothek steht die Bronzestatue des ›Betenden Knaben‹, eine Kopie des einst hier aufgestellten, vom König sehr geschätzten Originals aus dem späten 4. Jh. v. Chr. (heute im Pergamonmuseum zu Berlin).

Westlich und östlich vom Terrassenschloß sind, möglicherweise von Anfang an geplant, flankierende eingeschossige Gebäude errichtet worden, die ebenfalls ihre gestreckten Langseiten als Fassaden dem Berghang zuwenden, eine auf Symmetrie bedachte Gesamtkonzeption erkennen lassend. Der westliche Bau, die **Neuen Kammern,** wurden 1747 nach Knobelsdorffs Plänen als Orangerie gebaut, aber 1771–75 durch Karl von Gontard und Georg Christian Unger zu einem Gästehaus mit Appartements und Festsälen umgestaltet. Der quadratische *Mittelsaal* ist mit antiken Büsten dekoriert, die *Ovidgalerie* mit vergoldeten Stuckreliefs der Bildhauer Johann David und Lorenz Wilhelm Räntz; die Skulpturen im *Buffetsaal* schuf Jean Pierre Tassaert. Die Statuenreihe mit Antikenkopien vor der Fassade sind Arbeiten italienischer Bildhauer aus carrarischem Marmor von 1749.

Den östlichen Bau, die **Bildergalerie,** legte Johann Gottfried Büring 1755–63 für die Gemäldegalerie des Königs an, man sieht darin den ältesten erhaltenen selbständigen

Museumsbau in Deutschland. Die Baugestalt, eingeschossig mit vorgelegter Terrasse, kuppelbekrönter Mittelteil, langgestreckte Flügel mit seitlichen Risaliten und flachbogigen Fenstertüren sowie Marmorfiguren – Allegorien von Handwerk, Künsten und Technik von Johann Peter Benckert und Johann Gottlieb Heymüller – vor der Fassade, gleicht den Neuen Kammern. Der prachtvolle, einheitlich langgestreckte Innenraum mit überkuppelter Mitte auf korinthischer Säulenstellung zeigt an der Nordwand die Gemäldesammlung als ein frühes Beispiel der Hängung nach Schulen der italienischen, französischen und niederländischen Meister. Die flachgewölbte Decke der Flügelsäle trägt zwischen den Stuckdekorationen allegorische Figurengruppen der Künste von Carl Josef Sartori und Johann Michael Merck. An den Rückseiten von Bildergalerie und Neuen Kammern sind nach 1841 durch Ludwig Persius Anbauten erfolgt, ebenso wie am Schloß Sanssouci selbst die gegenüber dem Hauptbau etwas zurückgesetzten Verlängerungen der Seitenflügel; Friedrich Wilhelm IV. machte nach seiner Thronbesteigung 1840 Anstalten, das Schloß wieder zu beziehen, nachdem es von den Nachfolgern Friedrichs des Großen zunächst gemieden worden war. Friedrich Wilhelm IV. hatte auch die Terrasse, die schon in den siebziger Jahren des 18. Jh. gänzlich verglast worden war, mit reichlichem

Potsdam, Neue Kammern, Ovidgalerie

Bewuchs und neuen Fontänen versehen lassen. Dem 20. Jh. gefiel die zugewachsene Erscheinung nicht, man begann sukzessive zu reduzieren, bis schließlich 1980–83 die Rekonstruktion nach den Entwürfen von 1744 erfolgte. Das ursprünglich geometrische Parterre vor den Neuen Kammern ist seit 1956 ein *Rosengarten*. Der vor der Bildergalerie 1764–66 angelegte *Holländische Garten* mit Laubengängen und grottierter Terrasse ist erhalten geblieben.

Die Ausgestaltung der Gärten begann, noch während das Schloß Sanssouci im Bau war. Am östlichen Parkende, am Eingang von der Stadt her, wiederholte Knobelsdorff 1747 die Gestaltung des Parkportals von Rheinsberg, zweimal vier gebündelte korinthische Säulen mit Vasenbekrönungen auf dem Gebälkkopf zur Einfassung der Durchfahrt. Ein **Obelisk** mit Hieroglyphendekor steht außerhalb des Gartens, gab aber dem **Portal** den Namen. Die vom Obelisken ausgehende und durch das Portal führende *Hauptallee*, zwei Kilometer lang und am westlichen Ende auf das Neue Palais treffend, eine Glanzleistung des europäischen Barocks, bildete zunächst gleichsam die Grundlinie für die rechtwinklig zu ihr angelegten Gartenteile vor den Gebäuden des Schlosses Sans Souci. Die vorgesehenen Wasserkünste blieben unbrauchbar; von den angelegten **Grotten** sind die der *Thetis*, 1749 von Knobelsdorff bei den Neuen Kammern, und die des *Neptun* im östlichen Parkbeginn, mit Skulpturen und plastischem Schmuck von Benckert und Ebenhech

Potsdam, Skulpturen an der Großen Fontäne: ›Die Erde‹ und ›Das Feuer‹ von F. G. Adam

*Potsdam, Figuren am
Chinesischen Teehaus*

erhalten. Von Knobelsdorff waren auch die *Gärtnerhäuser* in der nach Süden verlängerten Schloßachse 1752 angelegt worden.

Ein größeres künstlerisches Programm bedeutete die Ausgestaltung des Gartens mit *Skulpturen.* Sie entstanden in dem königlichen Bildhaueratelier, das seit 1747 unter der Leitung des Franzosen François Gaspard Adam und seines Nachfolgers Sigisbert Michel stand sowie in den Werkstätten der Deutschen Georg Franz Ebenhech, Friedrich Christian Glume, Johann Peter Benckert und Johann Georg Heymüller. Aufstellung fanden auch italienische und antike Bildwerke oder Antikenkopien. Bemerkenswert ist das **Hauptparterre** unterhalb der Terrassenanlage mit den Gruppen der vier Elemente und antiken Hauptgöttern um die 1841 neugestaltete *Große Fontäne* sowie die Bildwerke von Venus und Merkur am Terrassenaufgang von Jean Baptiste Pigalle, 1748 (die Originale seit 1904 auf der Museumsinsel in Berlin, gegenwärtig im Bodemuseum). Im Parterre vor der Bildergalerie liegt das **Oranierrondell** mit Büsten der Fürsten von Oranien, um 1650 von François Dieussart, in der Achse vor den Neuen Kammern und weiter westlich das **Musenrondell,** vor 1752 von Friedrich Christian Glume d. J. nach Entwürfen von Knobelsdorff geschaffen, und das **Entführungsrondell** mit den Raptusgruppen von Ebenhech um 1750.

Westlich des Lustgartens von Sanssouci, der gewissermaßen von dem Achskreuz um die Große Fontäne gehalten wird, erstreckt sich der **Rehgarten,** schon 1746 bis 1750 von

Potsdam, Neues Palais, Gartenfront

Knobelsdorff erschlossen und gestaltet, aber mit dem Bau des Neuen Palais 1763–72 durch Friedrich Zacharias Salzmann zum Landschaftsgarten umgeformt und 1819 durch Lenné nochmals verändert; die beeindruckende Hauptachse, die von Anfang an konzipiert war, wurde dabei trotz des ständigen Geschmackswandels in der Gartenkunst immer respektiert. Südlich der Hauptallee baute Johann Gottfried Büring 1754–56 nach einer Idee des Königs das **Chinesische Teehaus.** Es enthält einen kreisrunden Mittelsaal (Deckengemälde von T. Huber), von dem drei Kabinette strahlenförmig abgehen. Das Ganze steht unter einem geschweiften Zeltdach, das zwischen den flachbogig vortretenden Kabinetten von Palmensäulen getragen und von einem tambourartigen Aufsatz bekrönt wird. Musizierende und Tee trinkende Chinesen sitzen als vergoldete Sandsteinskulpturen am Fuß der Säulen oder stehen zwischen den rundbogigen Fenstern, Arbeiten

der Bildhauer Benckert und Heymüller, 1755/56. Die Küche dazu hat Büring 1763 errichtet. – Die Vollendung als barocke Schöpfung erfuhr das ausgedehnte Ensemble aus Schlössern und Gärten in Potsdam durch die Errichtung des **Neuen Palais,** eine grandiose Schloßanlage nach den Mustern von Architekturideen, wie sie in der Zeit um 1700 in großen Stichwerken niedergelegt waren. Daß es sich eigentlich um ein Stadtschloß handelt, geht aus der Ähnlichkeit der Gesamtanlage von Palais und Communs mit Planungen hervor, die Knobelsdorff und der König in den vierziger Jahren des 18. Jh. für ein ›Forum Fridericianum‹ Unter den Linden in Berlin anstellten, aus denen schließlich – in reduzierter Form – das Palais des Prinzen Heinrich, die heutige Humboldt-Universität, und das gegenüberliegende Opernhaus hervorgegangen waren. Knobelsdorff, der sich 1750 mit Friedrich endgültig überwarf und 1753 starb, hatte auch schon Pläne für das

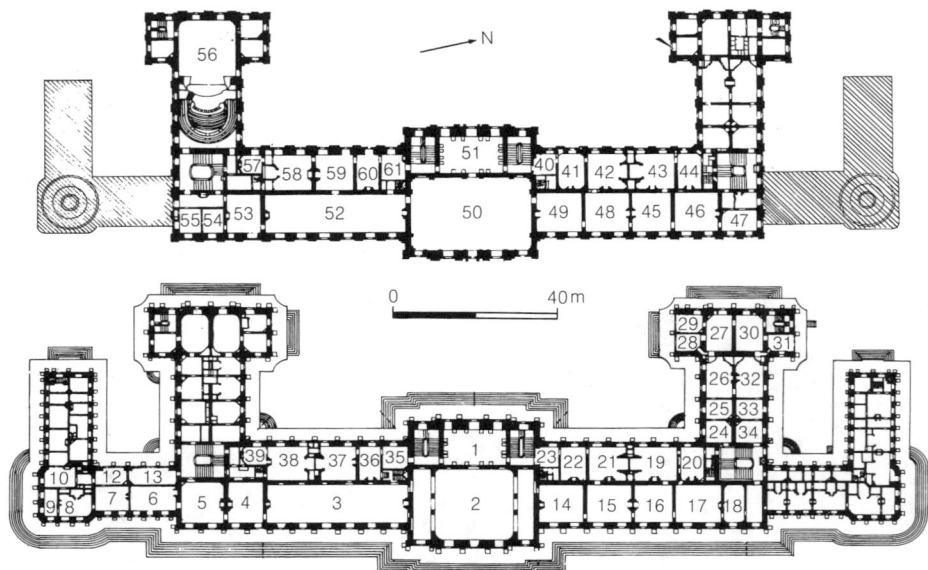

Potsdam, Neues Palais, Grundriß des Erdgeschosses und des ersten Stocks 1 Unteres Vestibül
2 Grottensaal 3 Marmorgalerie 4–13 Königswohnung 5 Fleischfarbene Kammer
6 Konzertzimmer 7 Arbeitszimmer 8 Schlafzimmer 9 Schreibkabinett 10 Speisezimmer
12 Lesekabinett 13 Bibliothek 14–23 Unteres Fürstenquartier 24–34 Heinrichswohnung
35–39 Untere Rote Kammern 40–49 Oberes Fürstenquartier 50 Marmorsaal 51 Oberes
Vestibül 52 Obere Galerie 53-55 Wohnung des Prinzen von Preußen 56 Schloßtheater
57–61 Obere Rote Kammern

Neue Palais vorgelegt, das seinerzeit in der Südachse des Schlosses Sanssouci unmittelbar
am Havelufer gebaut werden sollte, in jener Achse, die als raumgreifendes Kompositionselement absolutistisch-hochbarocker Architektur in der Landschaft ohnehin wirksam
war und ist. Die weitere Planung lag dann in den Händen von Johann Gottfried Büring
und Jean Laurent Le Geay. Doch erst nach dem Siebenjährigen Krieg, 1763 bis 1769, kam
es zur Ausführung an der jetzigen Stelle, zunächst unter Bürings, seit 1765 aber unter der
Leitung von Karl von Gontard. Es handelt sich um eine ausladende Dreiflügelanlage,
zweigeschossig über niedrigem Stufensockel und mit oberem Mezzanin. Seitlich sind eingeschossige Annexe auf winkelförmigem Grundriß mit überkuppelten Eckpavillons hinzugefügt. Während das Hauptschloß verputzt ist, zeigen sich die Annexe ziegelsichtig.
Die Gesamtgliederung der Fassaden erfolgt durch korinthische kannelierte Kolossalpilaster, die ein sehr kräftiges Gebälk mit figurenbekrönter Attika tragen. Die Mittelrisalite
sind mit fünf Achsen leicht vorgezogen und, in der Hauptachse stehend, durch einen
breitgelagerten Kuppeltambour auf Stufensockel betont. Dem reichen Figurenschmuck
liegt ein allegorisch-mythologisches Programm zugrunde, die Figuren und Reliefs an den

Mittelrisaliten sind als Sinnbilder von Krieg und Frieden aufgefaßt. Es waren alle bekannten Potsdamer Bildhauer beteiligt.

Das Innere umfaßt mehr als 200 Räume. Die Raumordnung folgt dem üblichen barocken Schema. Der *Mittelbau* enthält im Erdgeschoß hinter dem (unteren) Vestibül eine *Grotten-Sala terrena* und im Obergeschoß hinter dem (oberen) Vestibül den *Marmorsaal,* einen an sich überdimensionierten Festsaal mit Wand- und Deckengemälden aus der antiken Mythologie, das Deckenbild ›Der Olymp mit den zum Mahl versammelten Göttern‹ 1768 von Charles Amédé Vanloo d. J., ansonsten waren die Maler Antoine Pesne, Jean Restout, Jean Baptiste Pierre und Charles André Vanloo d. Ä. beteiligt. Die jetzt hier aufgestellten Marmorstatuen brandenburgischer Kurfürsten, 1651 von Bartholomäus Eggers und François Dieussart, stammen aus dem Weißen Saal des 1950 gesprengten Stadtschlosses in Berlin. Beidseitig des Mittelbaus sind *Parade- und Wohnräume* angeordnet, diejenigen des Königs im südlichen Nebenflügel. Die Ausstattung lag führend in der Hand von Johann Christian Hoppenhaupt d. J. mit einem grob wuchernden Ornamentstil, in den der straffe und feine Zug des friderizianischen Rokoko ausartete. Herauszuheben sind das *Untere Konzertzimmer* mit mythologischen Wandbildern von Christian Wilhelm Ernst Dietrich (Ditricy), die Marmorgalerie im Erdgeschoß mit einem Deckenbild von Bernhard Rode und die *Obere Galerie,* in deren Dekoration sich der Zopfstil ankün-

Potsdam, Grottensaal im Neuen Palais

digt. Alle Räume sind mit Möbeln aller Art und Gemälden niederländischer und französischer Meister, vorwiegend des 18. Jh., ausgestattet, ferner mit Werken der Berliner Malerei vom 17. bis zum 19. Jh., darunter neuerdings auch wieder das Krönungsbild Wilhelms I. von Adolph Menzel. Eine besondere Kostbarkeit des Neuen Palais stellt das *Theater* im südlichen Seitenflügel mit einem von Hoppenhaupt d. J. ausgestatteten amphitheatralischen Zuschauerraum und hermengeschmücktem Rang dar.

Dem Ehrenhof des Neuen Palais gegenüber sind die **Communs** zugeordnet, zwei villen- oder palastartige Pavillons mit geschwungenen doppelläufigen Freitreppen und Kuppelaufsätzen als Kopfbauten vor gestreckten Flügeln als Küchen-, Wirtschafts- und Wohngebäude, die durch eine im Halbkreis geführte *Kolonnade* miteinander verbunden sind. Die Kolonnade macht am deutlichsten, was die Gesamtheit der Schloßanlage des Neuen Palais spüren läßt, nämlich die Verbundenheit mit den baukünstlerischen Schöpfungen aus der frühen Regierungszeit Friedrichs II., die im wesentlichen dem Genie Georg Wenzeslaus von Knobelsdorff zu verdanken sind. Was dort aber durch feinsinnigen Geschmack, elegante Form und angemessene Proportion sich auszeichnete, ist hier und in der Spätzeit einem hypertrophen Eklektizismus gewichen. Das ikonographische Programm des plastischen Schmucks der Communs und der Kolonnade bezieht sich mit Kampfszenen, Siegesopfern, Viktorien und Triumphsymbolen auf den Sieg Friedrichs im Siebenjährigen Krieg.

Das *Hauptparterre* am Neuen Palais hat Peter Joseph Lenné 1823 neu gestaltet, und die antiken Marmorstatuen wurden um die Mitte des 19. Jh. durch Kopien ersetzt und vor der Gartenseite im Halbkreis aufgestellt. Die jetzige *Schloßterrasse* entstand von 1889–94 in den Formen wilhelminischen Barocks, die Kandelaber und Figuren schufen Reinhold Begas und Walther Schott.

Noch in die Konzeption des 18. Jh. gehören am Rande des Rehgartens der Freundschafts- und der Antikentempel. Den **Freundschaftstempel** südlich der Hauptallee hat Karl von Gontard 1768–70 auf Wunsch Friedrichs errichtet. Der offene Monopteros mit einer flachen Kuppel sollte dem Andenken der Schwester des Königs, Wilhelmine von Bayreuth, gewidmet sein. Das im Tempel aufgestellte Sitzbild der Markgräfin arbeiteten die aus Bayreuth stammenden Gebrüder Räntz 1772/73; die korinthischen Säulen zieren Reliefmedaillons antiker Freundespaare. Der **Antikentempel,** ein Kuppelbau mit Laterne und toskanischer Säulenstellung wie an einem Monopteros, sollte der königlichen Antikensammlung als Aufbewahrungsort dienen; er ist jetzt das Mausoleum für die Kaiserin Auguste Viktoria, deren Standbild von Karl Begas d. J. 1906 aufgestellt wurde.

Auf dem **Klausberg**, in Verlängerung des von Sanssouci ausgehenden Weges auf dem Bornstedter Hügel, stehen das **Drachenhaus**, 1770–72 von Gontard, und das **Belvedere,** gleichzeitig von Georg Christian Unger, als weitere Versatzstücke historisierender und exotischer Architektur in dem sich immer weiter ausdehnenden Gelände königlicher Landschaftsgärten.

Im 19. Jh. kam der südwestliche Teil als *Charlottenhof* hinzu, nachdem das Gelände eines älteren Gutshofs dafür erworben worden war. Nach 1826 setzte im Auftrag des

Potsdam, Schloß Charlottenhof

Kronprinzen Friedrich Wilhelm (IV.) die Planung eines romantisch-klassizistischen Natur- und Architekturensembles durch Karl Friedrich Schinkel, Ludwig Persius und Peter Joseph Lenné ein. Es entstand das **Schloß Charlottenhof,** ein eingeschossiger Putzbau auf niedrigem Souterrain, dessen Mittelbau risalitartig vorgezogen und durch einen Flachgiebel monumentalisiert ist. Rückseitig hat der Risalit einen offenen dorischen Portikus zu einer Terrasse mit Pergola, im ganzen die Idee eines römischen Landhauses, welche die Architekten des Klassizismus stark beschäftigte. Auch im Inneren entbehrt das Vestibül mit doppelläufiger Freitreppe nicht der Monumentalität. Der *Speisesaal* ist mit Kupferstichen nach Raffaels Loggien im Vatikan von Giovanni Volpato dekoriert. Hervorzuheben sind auch das *Zeltzimmer* und ein Raum mit Schweizer und italienischen Ansichten von Johann Heinrich Bleuler, um 1815. Unter den ausgestellten Gemälden finden sich weiter Bilder von Caspar David Friedrich, Carl Gustav Carus und Karl Blechen. Die umgebende *Gartenanlage*, zum Teil recht regelmäßig gestaltet, im weiteren aber künstlich landschaftlich bewegt und mit einem Hain, darin *Büstenhermen* von Gustav Bläser um 1851, versehen, trägt die Handschrift Lennés; mitgearbeitet hat Heinrich Ludwig Sello.

Zur Charlottenhof-Konzeption, zu der romantischen Architekturidee, von der ihre Schöpfer beseelt waren, gehörte als Gegensatz zur strengen klassischen und hoheitsvollen Form der Villa der ländliche Stil der **Römischen Bäder,** des als Gästewohnung 1829–31 erbauten Hofgärtnerhauses, auf asymmetrischem Grundriß mit Turm, Bogenhalle, Altan und Pergola an einem Teich, dabei ein Podiumstempel als *Teepavillon,* innen mit

Potsdam, Römische Bäder

Landschaftstapeten aus Schloß Paretz. Das eigentliche *Bad*, 1834–36 von Ludwig Persius, ist eine Raumgruppe mit Atrium und Thermenhalle mit einer Ausstattung in pompejanischem Stil. In dem umgebenden Garten finden sich Skulpturen von Christian Daniel Rauch. – Unweit nördlich steht die von Persius 1833 im Stil einer italienischen Villa erbaute **Meierei**. Zehn Jahre später baute Persius die **Fasanerie** westlich des Schlosses Charlottenhof. Zwischen beiden liegt das von Lenné 1841 angelegte *Hippodrom*.

Friedrich Wilhelm IV. wollte nicht nur das Schloß Sanssouci wieder in Benutzung nehmen, weshalb er die hinteren Seitenflügel anbauen ließ, sondern die ganze Höhenstraße nach Bornstedt in den Park einbeziehen und sie als Prachtstraße mit italianisierenden Gebäuden besetzen. Ein Anfang war gemacht mit einem Winzerhaus am Weinberg nahe dem Obeliskportal. Es folgte eine Terrassenanlage mit Villa und Pergolen und schließlich die Nachbildung des römischen Arco degli argentari, mit Terrakottaschmuck aus der Fabrik des Christoph Feilner in Berlin, als Beginn der Triumphstraße. Deren Hauptbau bildet die **Neue Orangerie**, 1851–60 nach Entwürfen von Friedrich Wilhelm IV. und Ludwig Persius von Friedrich August Stüler und Ferdinand Hesse erbaut, eine symmetrische, langgestreckte Anlage mit betontem Mittelbau. Dieser verfügt über eine Säulenvorhalle und einen Belvedereaufbau mit Türmen und verbindender Säulengalerie. Das Vorbild war die Villa Medici in Rom; die Seitenpavillons dagegen sind eher den Uffizien in Florenz nachgebildet. Die *Pflanzenhäuser* stehen in Verbindung mit festlichen Wohn- und Repräsentationsräumen. Im *Raffaelsaal* mit Oberlicht befinden sich die Kopien nach Raffaelgemälden Berliner Maler. Zu beiden Seiten des Saales sind Gästeappartements mit historisierender Möblierung angeordnet. Auch die zum Hang nach Süden vorgelagerte **Terrasse** mit Atlanten, Bassins und Rabatten folgte römischen Vorbildern des 16. und 17. Jh.

Die Neue Orangerie gehörte zu den Landschaftsdekorationen, die auf den Höhen der Potsdamer Umgebung für die Vorstellung von einer Campagna sorgen sollten. Die seitlichen Hügelhänge wurden gärtnerisch erschlossen und mit Kleinarchitekturen ausgestattet. Der *Botanische Garten* geht auf den Paradiesgarten von Heinrich Ludwig Sello (1844) zurück. Das Gegenstück dazu bilden der *Nordische* und der *Sizilianische Garten*, ein Spätwerk Lennés aus den Jahren 1857–60.

Am Fuße des Hügels zwischen Stadt und Park wollte Friedrich Wilhelm IV. ein gleiches, inhaltlich aber anders intendiertes Zeichen setzen. Mit der **Friedenskirche** am Parkeingang neben dem Grünen Gitter sollte der festlich-profanen Repräsentation der Schlösser auf den Hügeln eine feierlich-sakrale Gesinnung gegenüber gestellt werden, passend zur Devise, die sich der Romantiker auf dem Thron für seine Herrschaft gegeben hatte: »Ich und mein Haus wollen dem Herrn dienen!« An der Stelle des einstigen Küchengartens legte Lenné 1846/47 den **Marlygarten,** einen Landschaftspark mit künstlichem Teich an, in den die Gebäudegruppe um die Friedenskirche einbezogen wurde. Mit dem Bau der Kirche selbst war schon 1844 begonnen worden, einer dreischiffigen querschifflosen

Potsdam, Neue Orangerie mit Reiterstandbild Friedrichs des Großen

Potsdam, Friedenskirche und Mausoleum im Marlygarten

Säulenbasilika mit Hauptapsis und apsidialen Chorannexen, mit Narthex und Atrium nach dem Vorbild frühchristlicher Kirchen Roms. Als direktes Vorbild war aber die Oberkirche von San Clemente aus dem 12. Jh. bestimmt worden, nach dem sich die Architekten Persius, Stüler und Hesse bei ihren Entwürfen und Ausführungen zu richten hatten. Der Innenraum besitzt einen offenen Dachstuhl, rundbogige Arkaden auf ionischen Marmorsäulen, einen Ziboriumsaltar auf Malachitsäulen, Epistel- und Evangelienambo mit farbigen Marmoreinlegearbeiten; letztere sind der liturgischen Einrichtung von San Lorenzo fuori le muro in Rom nachgebildet. Das bedeutendste Kunstwerk in der Kirche ist das *Apsismosaik.* Es wurde 1834 aus der Kirche San Cipriano auf Murano bei Venedig erworben und stammt aus dem frühen 13. Jh. Dargestellt sind Christus als Weltenrichter zwischen Maria und Johannes dem Täufer, also eine Deesis, begleitet von den Heiligen Petrus und Cyprian sowie den Erzengeln Michael und Raphael. Der Bauherr und seine Gemahlin sind in der Gruft unter der Kirche beigesetzt. Der Turm folgt als freistehender Campanile dem Vorbild von Santa Maria in Cosmedin.

An Kirche und Atrium schließen sich südlich klosterähnliche Nebengebäude an und nördlich, mit Blick auf den See, eine *Säulengalerie*, die mit Fragmenten frühchristlicher Plastik ausgestattet war. Am Kreuzgang zum Park hin ist eine Terrakottanachbildung eines frühgotischen Portals aus dem Kloster Heilsbronn angebracht, die 1835 in der Fabrik des Tobias Christian Feilner hergestellt wurde; das später im Nürnberger Germanischen Nationalmuseum geborgene Original ist im Zweiten Weltkrieg zerstört worden. Im *Atrium* steht die Moses-Gruppe mit Aaron und Hur, ein Hauptwerk von Christian Daniel Rauch, das Albert Wolff vollendete (1855/56). Der Christus von Bertel Thorvaldsen ist eine galvanoplastische Nachbildung von 1851. An der Nordseite des Atriums hat Julius Raschdorff, der Erbauer des Berliner Doms, einen neobarocken Zentralbau als *Mausoleum* für seinen Gönner Kaiser Friedrich III. 1888–90 erbaut nach dem Vorbild der Grabeskirche San Candido von Innichen in Südtirol.

Mit dem Park von Potsdam-Sanssouci und dem Neuen Garten ist nur der innere Kreis der Potsdamer Landschaftsgestaltung erfaßt. Der Zirkelschlag der Planer ging weiter, wie schon Fontane bemerkte, der Friedrich Wilhelm IV. kirchlichen und feinen landschaftlichen Sinn bescheinigte, weil er die Havelufer mit einem Kreis schöner neuer Gotteshäuser umstellte: »Wir nennen nur Bornstedt, Sacrow, Caputh, Werder, Glindow. Ihre Zahl ist um vieles größer.« Ehe wir diesen Orten noch kurze Aufmerksamkeit schenken, sei aber der Blick auf **Babelsberg** gelenkt. Der jetzige Vorort Potsdams ist aus einem 1375 erwähnten *Neuendorf* hervorgegangen, bei dem 1751–54 die böhmische Weber- und Spinnerkolonie *Nowawes* gegründet worden ist. Die Kolonistenhäuser waren ursprünglich Doppelhäuser für zwei Familien. Die enge Reihung erweckt den Eindruck geschlossener Bebauung, die auch noch zu einem großen Teil bewahrt ist. Kern der planmäßig angelegten Siedlung ist der dreieckige *Weberplatz*, auf dem die **Kirche** steht, ein 1752/53 von Johann Boumann errichteter putzgegliederter Saalbau mit Westturm. Die seit 1862 am *Griebnitzsee* angelegte **Villensiedlung Neu-Babelsberg** hat bemerkenswerte Leistungen bekannter Architekten – Alfred Grenander, Ludwig Mies van der Rohe, Egon Eiermann – aufzuweisen und ist seit den zwanziger Jahren eng mit der Ufa verbunden gewesen, die ihre Filmateliers in Babelsberg hatte und deren Stars hier ihre Domizile besaßen.

Nördlich des Stadtteils erhebt sich der *Babelsberg*, und am Hang zur Havel hin wurde nach 1833 der Sommersitz für den Prinzen Wilhelm, den späteren König und deutschen Kaiser, angelegt. Für das **Schloß Babelsberg** entwarf Schinkel die Pläne im Stil englischer Landsitze; in dieser Größenordnung gilt der 1834/35 ausgeführte Bau als der erste dieser Art in Deutschland, eine unregelmäßige malerische Anlage aus turmähnlichem Polygon als Hauptbau mit Erker, Zinnen und türmchenhaften Strebepfeilern sowie einer Bogenhalle. 1844–49 erweiterte J. H. Strack das Schloß durch einen *Festsaalbau*, gleichfalls achteckig, eine Turmgruppe und eine Fülle architektonischer und dekorativer Zutaten, die dem Ganzen den Charakter einer mittelalterlichen Burg geben. Auch das Innere zeigt sich gotisch mit Sterngewölben und altdeutscher Ausmalung prächtig und festlich.

Der *Park Babelsberg* wurde als englischer Garten von Lenné begonnen, seit 1843 aber von Hermann Fürst von Pückler-Muskau fortgeführt, der für einen anderen, seinen Stil

im Park sorgte, kenntlich vor allem an den Panoramawegen mit den theatralischen Pro-spekten der Sichtachsen. Einbezogen sind diverse Nebenbauten, das **Küchenhaus**, 1844–49 von Strack, das **Maschinenhaus** am Ufer der Glienicker Lake, 1843–45 von Persius und Rudolf Wilhelm Gottgetreu in gotisierender Burgenbauweise, am Havelufer das **Kleine Schloß**, daneben der **Marstall** und das **Matrosenhaus**, 1841/42 von Persius und Strack, auf dem Berg der **Flatowturm**, 1853–56 als Nachbildung des Eschenheimer Tor-turms in Frankfurt/Main, und schließlich die **Gerichtslaube des Berliner Rathauses** aus der zweiten Hälfte des 13. Jh., die 1871/72 als Pavillon hierher versetzt worden ist. Süd-westlich auf der Anhöhe steht die **Siegessäule** mit der **Viktoria** von Ch. D. Rauch.

Eine späte Ergänzung zu der Landschaftsgestaltung um Potsdam aus der ersten Hälfte des 19. Jh. kann man in der Anlage der *Observatorien* auf dem *Telegrafenberg* südlich der Havel und der Teltower Vorstadt erblicken. Auf dem *Brauhausberg* hatte Andreas Ludwig Krüger 1803 ein **Belvedere** in der Form einer gotischen Burgruine errichtet. 1899–1902 baute Franz Schwechten in einem für ihn, den Neuromaniker par excellence, ungewöhnli-chen Stil, der als Cottagestil bezeichnet wird, die **Kriegsschule**, die nach mehrfachem Nutzerwechsel Sitz der *Landesregierung* von Brandenburg ist. Dahinter auf dem heute so genannten *Telegrafenberg* war schon 1874 mit der Errichtung von Gebäuden des **Astro-physikalischen Observatoriums** zur Erkundungsforschung stellarer und solarer Objekte und Phänomene begonnen worden, deren Kuppelbauten, so sagte es der Baedek-ker, weithin sichtbar waren.

Potsdam, Schloß Babelsberg im Park Babelsberg

Potsdam, Einsteinturm von Erich Mendelsohn auf dem Telegrafenberg

1921 wurde bei dem Observatorium nach Plänen von Erich Mendelsohn der 18 m hohe **Einsteinturm** zum Studium der Einsteinschen Relativitätstheorie errichtet. Dieser, ein verputzter Betonbau in Stromlinienform, etwa einem Unterseeboot entsprechend, machte den Telegrafenberg spektakulär, aber auch die älteren Gebäude aus dem letzten Viertel des 19. Jh., Backsteinbauten der Berliner Schule nach Entwürfen von Paul Spieker, sind wegen ihrer im Inneren verwendeten Eisenkonstruktionen für die Geschichte der Bautechnik von größtem Interesse. Auch die landschaftsgestalterische Gesamtanlage ist noch vollständig erhalten, nur läßt der inzwischen sehr hohe Bewuchs die Bauwerke vor allem in der Fernsicht nicht mehr so recht zur Geltung kommen.

Überall in den Dörfern um Potsdam, sie sind zum Teil eingemeindet, treffen wir die Werke der Architekten des 19. Jh., die an der Umgebungsgestaltung beteiligt waren; Persius, Stüler und Lenné haben die **Gutsanlagen** in **Bornim** und **Bornstedt,** das **Schloß Lindstedt** und die *Kirchen* in Bornstedt und Sacrow sowie die umgebenden Gärten gestaltet, bisweilen sind die Ausführungen erst später erfolgt, so in Bornstedt 1854–57 durch Johann Heinrich Haeberlein. Zwischen Bornstedt und Lindstedt hat Persius 1834 die *Teufelsbrücke* als Landschaftsstaffage in Form eines römischen Aquädukts errichtet.

Die **Heilandskirche** in **Sacrow** sei von allen besonders herausgehoben. Angeblich ist sie mehr ein Werk Friedrich Wilhelms IV. als ihres Architekten Persius, der sie 1841–43 ausführte. Persius berichtet selbst von den Korrekturen, die der König an seinen Entwür-

Sacrow, Heilandskirche am Jungfernsee

fen, die ohnehin dessen Ideenskizzen gefolgt waren, vorgenommen hat: Streichung von horizontalen Geschoßteilungen am Turm, der dadurch als freistehender »Campanile seine grazile Leichtigkeit« bekam, und Verzicht auf senkrechte Lisenengliederungen am Kirchenschiff, dafür die Anbringung farbiger waagerecht gliedernder Ziegelstreifen, um den Kontrast zum Turm zu betonen. Auch die Wahl der Lage unmittelbar am Wasser, in dem sich die Umgangshalle mit ihren rundbogigen Arkaden spiegelt, wird auf die Intention des Königs zurückgeführt. Eigentlich ist es nur diese Säulengalerie, die dem Bau das basilikale Aussehen gibt, tatsächlich ist das Kirchenschiff ein einschiffiger Saal. Er war italianisierend ausgestaltet und besitzt noch ein Fresko in der Apsis. Dieses sollte zunächst ein dem Ort entsprechendes Thema darstellen, ›Christus die Wellen beschreitend‹, ausgeführt wurde jedoch eine Majestas, ein thronender Christus, von Engeln umgeben, in der Art byzantinischer Mosaiken auf Goldgrund gemalt nach einem Entwurf von Karl Begas d. Ä. von Adolf Eybel. Die Italienkopie des Romantikers auf dem Thron feiert in Sacrow nicht weniger Triumph als an der Friedenskirche in Potsdam.

Auch in **Caputh** ist die **Kirche** frühchristlich intendiert, 1848–52 ist sie von Friedrich August Stüler gebaut worden, eine Pfeilerbasilika mit polygonaler Apsis, Emporen im Inneren und hölzerner Decke. Ausmalung und Ausstattung aus der Bauzeit sind noch erhalten. Das **Schloß** in Caputh dagegen ist ein früher Barockbau in Brandenburg wie

Caputh, Kirche

Köpenick und Oranienburg aus der vorschlüterschen Zeit. Durch Philipp de Chieze wurde es 1662 neu erbaut, 1673 erweitert und 1689 vollendet unter Mitwirkung von Arnold Nering; ein eingeschossiger Putzbau über hohem Souterrain ist mit seitlichen Pavillons zu einer Dreiflügelanlage geworden, die Fassade mit hoher Attika unter Mansarddach läßt neben den niederländischen auch italienische Einflüsse spüren. Vor dem Mittelrisalit an der Gartenseite befindet sich eine doppelläufige halbkreisförmige Freitreppe. Das Innere war einst prächtig ausgestattet, erhalten sind der *Festsaal* mit einem Deckenbild, das Augustin Terwesten d. J. zugeschrieben wird, und im westlichen Pavillon das ehemalige *Porzellankabinett* mit Deckenmalerei von Jacques Vaillant. In einem östlichen Eckraum ist das Plafondgemälde mit einem Doppelporträt des Großen Kurfürsten und seiner zweiten Frau signiert und datiert von Samuel Theodor Gericke 1687. Im Souterrain ist der Sommerspeisesaal mit Delfter Kacheln ausgekleidet.

In Caputh hat der Architekt Konrad Wachsmann 1929 das *Wohnhaus* für *Albert Einstein* gebaut. Überhaupt findet man in den Dörfern um Potsdam mehrfach Wohnhausbauten der zwanziger und dreißiger Jahre von den führenden Architekten der Zeit, in *Geltow* eine Sommervilla auf dem Franzensberg von Henry van de Velde, in *Bornim* zwei Wohnhäuser von Hans Scharoun.

Weiter havelabwärts liegt auf einer Anhöhe am See die ausgedehnte Gutsanlage von **Petzow**. Schloß, Park und Dorf gelten als eines der besterhaltenen ländlichen Ensembles aus der ersten Hälfte des 19. Jh. Das *Schloß* ist ein langgestreckter Putzbau mit gotisierenden Details, Stufengiebeln und zinnenbekrönten Rundtürmen. Den zugehörigen *Park* in

Petzow, Parkseite des Schlosses

›Christus als Apotheker‹ in der Stadtkirche von Werder

Hier befindet sich unter andern auch ein ehemaliges *Altargemälde,* das in Werder den überraschenden, aber sehr bezeichnenden Namen führt: »Christus als Apotheker«. Es ist so abnorm, so einzig in seiner Art, daß eine kurze Beschreibung desselben hier am Schlusse unsers Kapitels gestattet sein möge. Christus, in rotem Gewande, wenn wir nicht irren, steht an einem Dispensiertisch, eine Apothekerwaage in der Hand. Vor ihm, wohlgeordnet, stehen acht Büchsen, die auf ihren Schildern folgende Inschriften

tragen: Gnade, Hilfe, Liebe, Geduld, Friede, Beständigkeit, Hoffnung, Glauben. Die Büchse mit dem *Glauben* ist die weitaus größte; in jeder einzelnen steckt ein Löffel. In Front der Büchsen, als die eigentliche Hauptsache, liegt ein geöffneter Sack mit *Kreuzwurz.* Aus ihm hat Christus soeben eine Handvoll genommen, um die Waage, in deren einer Schale die *Schuld* liegt, wieder in Balance zu bringen. Ein zu Häupten des Heilands angebrachtes Spruchband aber führt die Worte: »Die Starken bedürfen des Arztes nicht, sondern die Kranken. Ich bin gekommen, die Sünder zur Buße zu rufen und nicht die Frommen. (Matthäi 9, Vers 12.)«

Theodor Fontane, Wanderungen durch die Mark Brandenburg, Berlin 1862–82

einer zum größten Teil zerstörten Einfriedung hat Peter Joseph Lenné angelegt, er dehnt sich bis zum Glindowsee hinab aus. Die *Dorfkirche* liegt östlich axial zum Schloß und wurde nach einem Entwurf von Schinkel 1841–43 von Stüler und Gustav Emil Prüfer ausgeführt. Es handelt sich um einen Backsteinbau in romanisierendem Rundbogenstil mit einer Apsis an der Ostseite und einem freistehenden, durch eine Bogenhalle mit dem Schiff verbundenen Westturm. Das Innere ist italianisierend ausgemalt, Kanzel, Tauftisch und Orgel stammen aus der Bauzeit, auch das gußeiserne Altarkruzifix.

Der Ort **Werder** liegt auf einer Havelinsel und gelangte 1317 in den Besitz des Klosters Lehnin. Er ist aus einer dörflichen unregelmäßigen Siedlung und einer regelmäßigen Marktsiedlung zusammengewachsen, Stadtrecht hat er seit 1459. Die Brücke zum Festland gibt es spätestens seit 1771. Schon seit dem ausgehenden Mittelalter bestehen an der Havel Wein- und Obstplantagen. Die **Stadtkirche** ist ein neugotischer Bau nach Stülers Entwurf von 1857, ein teilweise verputzter Backsteinbau auf kreuzförmigem Grundriß mit schlanken achteckigen Chorflankentürmen und einem massigen Westturm, aus der Ferne ein türmereiches Bild abgebend. Der Innenraum ist nur über dem Chor gewölbt, sonst mit einer Holzbalkendecke versehen. Die neugotische Einrichtung ist in schöner Einheitlichkeit erhalten.

Nicht eigentlich mehr zur Potsdamer Verschönerungslandschaft, schon mehr ins Havelland gehörig und heute der kleinen Stadt Ketzin eingemeindet, ist **Paretz**, das als Lieblingssitz der Königin Luise bekannt ist. Der Ort war mit Schloß, Park und Kirche eine einheitliche Schöpfung David Gillys für Friedrich Wilhelm III. aus den Jahren 1795 bis 1803 und stellte eine hervorragende siedlungs- und landschaftsgestalterische Leistung des Frühklassizismus dar. Sie wurde nach 1945 zu großen Teilen zerstört. Zu erkennen sind noch zwei *Torhäuser* am nordöstlichen Dorfeingang und die *Schmiede*, ein gotisierender Bau, ferner eine im Park gelegene *Kirche*, ein mittelalterlicher Feldsteinbau, der eine neugotische Überformung erfuhr. In der ehemaligen Loge befindet sich eine Gedenktafel für Königin Luise, die 1811 von Johann Gottfried Schadow geschaffen worden ist.

Im benachbarten **Ketzin** besitzt die *Pfarrkirche*, ein barocker Emporensaal, eine schöne einheitliche Ausstattung des 18. Jh., darunter der prächtige Säulenaufbau eines Kanzelaltars.

Von den weiteren Dörfern im Umkreis von Potsdam seien noch genannt **Eiche** mit einer Zentralkirche von Georg Christian Unger 1771, **Fahrland** wegen seiner Mühle, **Ferch** am Südende des *Schwielowsees* mit einer reizenden Fachwerkkirche und einer handwerklichen Ausstattung, Empore und bemalter Holzdecke, Kanzelaltar und Taufengel vom Ende des 17. Jh., **Groß Glienicke** und **Güterfelde** mit mittelalterlichen Feldsteinkirchen, die in Güterfelde romanisch aus der ersten Hälfte des 13. Jh., und **Saarmund** mit einer Basilika im frühchristlichen Stil 1846–48 von August Stüler (Ausmalung und Ausstattung der Erbauungszeit erhalten).

Die Stadt Brandenburg

Brandenburg ist aufgrund seiner für die Gegend klassischen geographischen Lage an einem Wegepaß, der durch Talsandinseln zwischen den Seen und den Flußarmen über die Havel möglich wird, ein schon früh besiedelter Ort. Nachzuweisen sind slawische Anwohner spätestens seit dem 8. Jh., und vermutlich ist ein Herrschaftssitz Ziel des Vorstoßes gewesen, den Karl der Große über die Elbe nach Osten 789 unternommen hatte. 928 eroberte König Heinrich I. den Flußübergang mit der Insel, auf der wohl schon damals eine Burgsiedlung zu vermuten ist, und 948 legte sein Sohn Otto I. dort den Grund für den Sitz des von ihm gegründeten Bistums. Königlicher Burgward und Bischofsresidenz gingen beim Slawenaufstand 983 dem Reich wieder verloren. Brandenburg wurde Herrschaftsmittelpunkt der Heveller oder Stodoranen, einem Teilstamm der wendischen Liutizen, und kam erst in der Mitte des 12. Jh. erneut in deutsche Hand, als Albrecht der Bär das Erbe des letzten Hevellerfürsten Pribislaw angetreten hatte. Pribislaw war bereits getauft und hatte im Suburbium seiner Burg, das namentlich als Parduin überliefert und mit der späteren Altstadt auf dem rechten Havelufer identisch ist, spätestens 1147 Prämonstratenser angesiedelt und mit dem Bau einer Kirche, der späteren Pfarrkirche der Altstadt, St. Gotthard, beginnen lassen. Von dieser Kirche hat sich der Rest einer Doppelturmfassade aus Feldsteinquadern erhalten. Über die zugehörige Kirche ist nichts bekannt, aber man wird sich eine Basilika in Kreuzform vorstellen können. Es müßte sich um den ältesten Monumentalbau der Mark Brandenburg gehandelt haben.

1164 wird Brandenburg unter den Plätzen aufgeführt, an denen Stendaler Bürger Zollfreiheit genossen, und um 1170 scheint sich eine städtische Entwicklung angebahnt zu haben. Für Parduin finden sich neben der Benennung als Suburbium die Bezeichnungen villa forensis und civitas. 1216, spätesten aber 1241 tritt der Ort, der offenbar gleichzeitig auch Brandenburg genannt wurde, als vetus oder antiqua civitas, als Altstadt auf, und zwar im Gegensatz zur Neustadt, die schon 1196 als nova civitas Brandenborg begegnet. Zu Beginn des 13. Jh. waren zwei städtische Siedlungsbereiche von Brandenburg ausgebildet und mit entsprechenden Rechten versehen.

Die **Altstadt** hat sich, von einem regelmäßigen Siedlungskern um die Gotthardkirche ausgehend, mit aufgefächertem Dreistraßensystem nach Süden entwickelt. Für den Markt ergab sich erst in größerer Entfernung Platz zwischen einer Straßengabel. Außerhalb dieser sich gestalterisch konsolidierenden Siedlung verblieb im Südwesten das Dorf Luckenberg, dessen stattliche Nikolaikirche, eine querschifflose romanische Backsteinbasilika des späten 12. Jh., zu einem nicht unbedeutenden Markt gehört haben müßte. Erst 1249 wurde das Dorf eingemeindet, ohne aber dem Stadtgebiet integriert worden zu sein. An der Kirche wurde im 13. Jh. noch einmal gebaut; Baugestalt und Baumaterial lassen auf eine höhere, aber bislang nicht zu bestimmende Bedeutung als die einer bloßen Pfarrkirche schließen.

War die Altstadt allmählich gewachsen, so war die **Neustadt** eine planmäßige Gründung der Markgrafen auf dem Südufer der Havel, das zu ihrem Eigengut, der von Pribis-

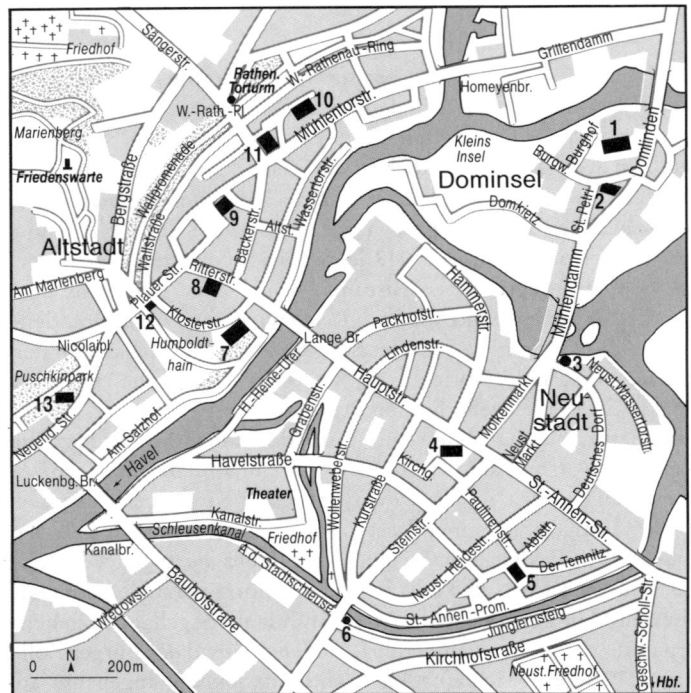

Brandenburg
1 Dom St. Peter
   und Paul
2 Petrikapelle
3 Mühlentorturm
4 Katharinenkirche
5 Kirche des Domi-
   nikanerklosters
   St. Pauli (Ruine)
6 Steintorturm
7 Franziskanerkirche
   St. Johannis
   (Ruine)
8 Frey-Haus (Stadt-
   museum)
9 Altstädter Rathaus
10 Pfarrkirche St.
   Gotthard
11 Fachwerkhaus
   (alte Schule)
12 Plauer Torturm
13 Nikolaikirche

law schon 1130 den Askaniern übereigneten Zauche gehörte. Den Stadtgrundriß bestimmt ein Straßenkreuz. Die von Westen kommende Achse trifft die Süd-Nord-Achse dort, wo sich östlich an diese der langgestreckte, erst später mit mehreren Blöcken überbaute und ursprünglich bis an den Mühlendamm reichende Markt anschließt. Die übrigen Straßen ordnen sich, vom Steintor im Westen strahlenförmig ausgehend, sonst gitterförmig, dem Hauptstraßensystem ein. Im nordwestlichen Winkel der Hauptstraßenkreuzung, in Diagonalstellung zum Markt und dem einstigen, 1945 zerstörten Rathaus der Neustadt gegenüber, war auf etwas erhöhtem Standort die Pfarrkirche der Neustadt St. Katharinen gegründet worden. 1217 ist sie zum ersten Mal erwähnt.

Der dritte unter den Siedlungskernen, aus denen sich die historische Innenstadt des heutigen Brandenburg zusammensetzt, ist zugleich auch der älteste, die **Dominsel,** der einstige Sitz der slawischen und deutschen Burgherren. Seit dem Bestehen des Bistums Brandenburg teilten sich Reichsherrschaft und Bischof in das Inselgelände derart, daß dem königlichen Burggrafen die südliche, dem geistlichen Amtsinhaber die nördliche Hälfte zufiel. Die gleiche Aufteilung erfolgte, nachdem die Insel im 12. Jh. erneut, jetzt durch den mit der Mark belehnten Albrecht den Bären, in Besitz genommen worden war.

Bischof und Markgraf erhielten die kaiserliche Bestätigung ihrer Besitzanrechte durch Friedrich I. Barbarossa im Jahre 1161. Dennoch konnte der Bischof erst 1165 wieder auf der Insel Fuß fassen; ein reichsherrlicher Burggraf ist noch bis ins 13. Jh. nachweisbar. Am 11. Oktober 1165 wurde der Grundstein für den Dom, die Cathedralis Ecclesia Beati Petri Apostoli, gelegt; das Domkapitel, der 1161 dazu erhobene Prämonstratenserkonvent von St. Gotthard, übersiedelte 1166, die Bauarbeiten waren wohl zügig im Gange.

Die Tatsache, daß im 10. Jh. von 948 bis 983 der Bischofssitz in Brandenburg zumindest nach schriftlicher Überlieferung bestanden hat, führte zu der Vermutung, es müsse auch ein steinerner Kirchenbau, wohl an der Stelle des heutigen gestanden haben. Ein Kirchenbau müßte tatsächlich vorausgesetzt werden, vielleicht weniger in Stein als in Holz, auf keinen Fall aber hat er an der Stelle des bestehenden, 1165 begonnenen Dombaus gestanden; das widerlegen archäologische Untersuchungen recht eindeutig, denn das Gebäude erhebt sich über den Kulturschichten der slawischen Burgsiedlung. An der Stelle ältester Besiedlung mag der Rundgang durch die Altstadt beginnen.

Der **Dom** in Brandenburg, den Patronen **St. Peter** und **St. Paul** geweiht, erhebt sich über komplizierten Fundamentierungen aus Backstein und hatte schon als Erstbau die heutige Ausdehnung. Unter go-

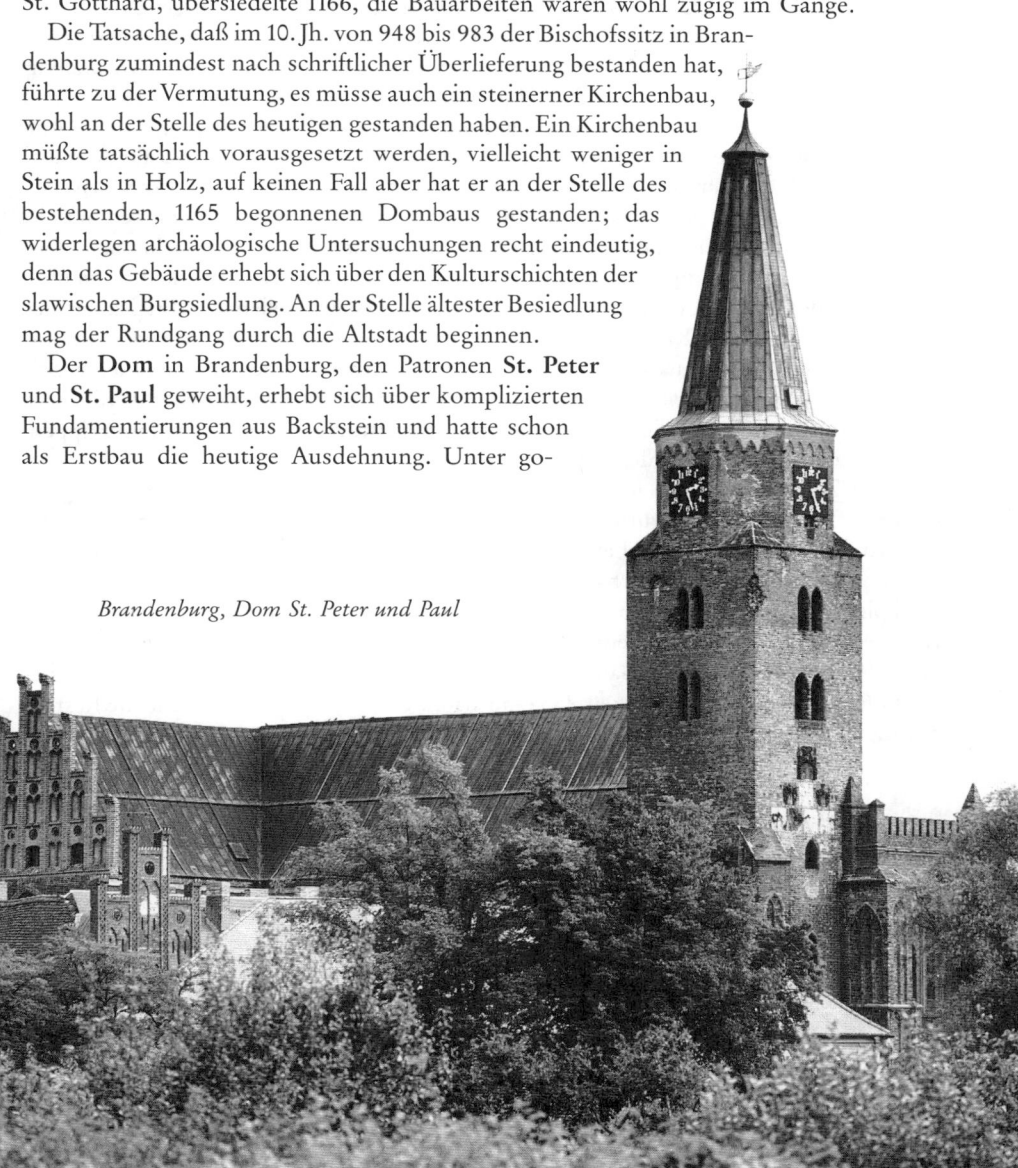

Brandenburg, Dom St. Peter und Paul

tischer Überbauung aus der Zeit um 1400 ist als Baukonzept die Kreuzform der Ostteile, eine Halbkreisapsis am Chorquadrat, ein gestrecktes Langhaus – möglicherweise zunächst als einschiffiger Saal geplant, dann aber als Pfeilerbasilika ausgeführt – und eine doppeltürmige Westfassade zu erkennen. Man wird sich den romanischen Dom in seiner Raumwirkung ähnlich der Klosterkirche von Jerichow vorstellen können. Ein erster Umbau erfolgte nach 1221, nach dem Amtsantritt des aus dem Magdeburger Domkapitel stammenden Bischofs Gernand. Jetzt erhielt die Krypta ihre neue Gestalt mit einem fünf-seitigen Polygon als östlichem Abschluß – man spürt an vielen Details die Vorbildwir-kung des seit 1209 im Bau befindlichen gotischen Magdeburger Doms –, in Chor und Querschiff hatte man schon Wölbungen geplant und vielleicht auch erst jetzt an die Auf-führung einer Doppelturmfassade gedacht; sie kam nur als Fragment zustande, nicht mehr als die Turmstümpfe – der nördliche wurde später ausgebaut – und die zwischen ihnen befindliche, mit Rippenwölbung auf Eckdiensten äußerst repräsentative Vorhalle. Die *Krypta*, eine Besonderheit in dieser Form, die ebenfalls an die Klosterkirche in Jeri-chow gemahnt, verfügt mit den gedoppelten Wandsäulen und den Trapezkapitellen über älteres Formengut, mit den ornamentalen und figürlichen Kapitellen der Mittelsäulen des in zwei Schiffe geteilten Raumes aber über jüngere, möglicherweise versetzte oder impor-tierte Sandsteinstücke aus der Zeit des Bischofs Gernand. Ebenfalls aus dieser Zeit stammt die sogenannte *Bunte Kapelle*, ein zweigeschossiger Einbau zwischen nördlichem Querhausarm und Chor, die Räume über einer Mittelstütze in vier Jochen kreuzrippen-gewölbt und reich ausgemalt, daher der Name.

In der Zeit von 1377 bis in die Mitte des 15. Jh. verlor der Dom sein romanisches Gesicht. Das Mittelschiff wurde erhöht und gewölbt, desgleichen die Seitenschiffe, die neue Außenmauern mit gotischen Fenstern und in Rundblenden zierliches Maßwerk aus Terrakotta erhielten. Das Chorhaupt bekam völlig neue Gestalt, ein fünfseitiges Polygon mit hohen Fenstern zwischen Strebepfeilern. Auch der Westeingang entstand neu, an den Kalksteinkämpfern des vielgliedrigen Gewändes finden sich Tierfabeln dargestellt, dar-unter die vom Fuchs, der den Gänsen predigt. Schließlich entstammt auch der Nordgiebel des Querhauses dieser Umbauzeit. 1834–36 erfuhr der Dom eine durchgreifende Restau-rierung. Seitdem krönt den einen Turm der doppeltürmig geplanten Westfassade ein acht-

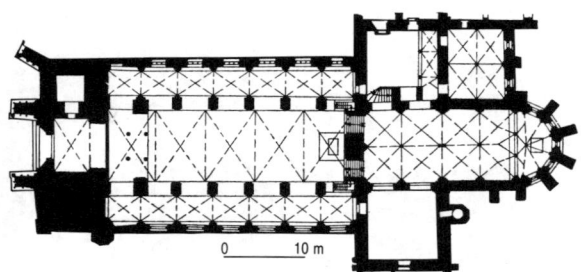

0   10 m

Brandenburg, Dom, Grundriß

Brandenburg, Dom, Langhaus nach Osten

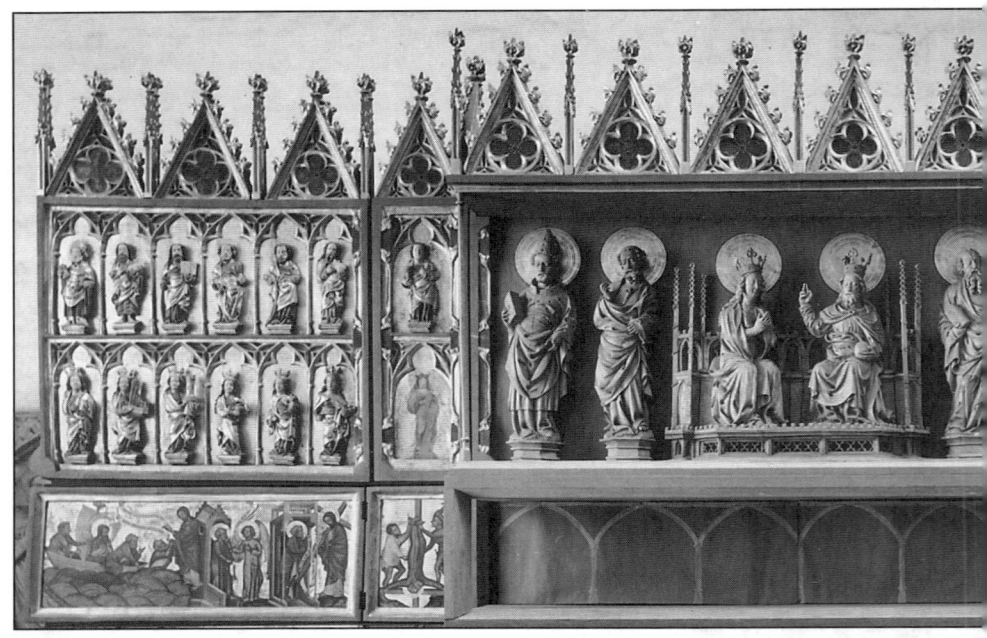

seitiger Pyramidenhelm nach Schinkels Entwurf. Eine Restaurierung in den sechziger Jahren dieses Jahrhunderts beseitigte eine breite Freitreppe zum Chor, die in ihrer letzten Gestalt ebenfalls auf Schinkel zurückging. Seitdem öffnet sich die Krypta wieder mit zwei großen Rundbögen zum Mittelschiff, wie es als ursprüngliche Gestaltung, in der Art eines Lettners, archäologisch und durch Analogien erschlossen werden konnte.

Die Ausstattung des Doms mit mittelalterlichen Kunstwerken ist reich und qualitätvoll. Der ursprüngliche ehemalige Hochaltar, der sogenannte *Böhmische Altar,* steht jetzt im südlichen Querhausarm. Um 1375, also in der Zeit der Herrschaft Karls IV. über die Mark Brandenburg entstanden, zeigt er im Schrein eine geschnitzte Marienkrönung, flankiert von Heiligenfiguren. Die Flügel sind bemalt, gleichfalls mit Heiligen, darunter die böhmischen Landesheiligen Sigismund, Veit und Wenzel. In der Predella wird die Lebensgeschichte der Dompatrone Petrus und Paulus geschildert. An seine Stelle im Hochchor trat nach der Reformation, angeblich erst 1723, der Altar aus dem Zisterzienserkloster Lehnin. Er wurde dort nach der Säkularisation entfernt, nach Berlin verbracht, aber von Kurfürst Joachim II. schon nach Brandenburg gestiftet. Entstanden ist er 1518. Petrus und Paulus begleiten auch hier als geschnitzte Figuren die Madonna im Schrein, auf den Flügeln aber die Ordensmänner Benedikt und Bernhard von Clairvaux.

Weiter sind im Dom zu nennen ein hölzernes Sakramentshaus im Hohen Chor, als Fialenturm mit figürlichem Schmuck am Tabernakel, um 1375, ein frühgotischer Leviten-

sitz ebenda und über dem Choreingang im Triumphbogen die *Triumphkreuzgruppe,* ein Werk des Weichen Stils um 1430, die Figuren von Maria und Johannes ausdrucksvoll in den Gesichtern und mit faltenreichen Gewändern; interessant ist die rückwärtige Bemalung der Figuren, durch die die Gruppe doppelseitig und damit auch vom Chor her anschaubar gemacht wurde. Unter den Werken der mittelalterlichen Plastik im Dom ragen ferner hervor ein Kruzifixus aus der Mitte des 13. Jh. und eine Sitzmadonna Magdeburger Provenienz aus dem Anfang des 14. Jh.; sie gilt als eines der bedeutendsten Bildwerke des Mittelalters in der Mark Brandenburg. Der Vollständigkeit halber sei noch hingewiesen auf den kleinen böhmischen Altar, der jetzt an der Stelle des Kreuzaltars vor der Krypta steht, auf zwei Leuchterengel aus Messing von 1441 und auf den Taufstein im Chor vom Ende des 14. Jh. Erwähnt seien ferner die barocken Grabdenkmäler, die Orgel mit dem größten erhaltenen Werk des Berliner Orgelbauers Joachim Wagner und dem von Johann Georg Glume 1723–25 geschnitzten Prospekt – charakteristisch die Karyatiden unter den seitlichen Türmen – sowie die ganz ansehnliche Kanzel von 1691.

Weitere Kunstwerke, die zum Domstift gehörten, werden im neu eingerichteten *Dommuseum* in der nördlich anschließenden Klausur ausgestellt. In dem Gebäudeflügel an der Ostseite, der sich nach der Rekonstruktion wieder in annähernd ursprünglicher Form zeigt und im Untergeschoß Kapitelräume, im Obergeschoß das Dormitorium beherbergte, sind Museum und Archiv eingerichtet. Zu den wertvollsten Schätzen gehören die Gründungsurkunde des Bistums aus dem Jahre 948, das Hungertuch, eine Leinenstickerei des ausgehenden 13. Jh. mit 26 Szenen der Heilsgeschichte – man verhängte mit ihm die Altarmensa während der Fastenzeit –, und als wertvollstes Stück das Brandenburger Evangelistar, ein Perikopenbuch, das Evangelienauszüge, geordnet nach den Festen des Kirchenjahres, enthält und die dazugehörigen Illuminationen, ganzseitige Malereien in leuchtenden Farben auf Goldgrund; das Werk entstammt einer niedersächsischen Malschule und ist zu Beginn des 13. Jh. entstanden. Weiter sind noch zahlreiche Werke mittelalterlicher Plastik zu sehen und eine umfangreiche Sammlung liturgischer Gewänder.

Die **Domherrenkurien,** die das Domkloster an der Nordseite und an der Westseite umgeben und die als Gebäude galten, die zwischen dem 16. und dem 18. Jh. entstanden sind, enthalten im Kern weitaus ältere Reste.

Südlich des Stiftsbezirks steht die **Petrikapelle,** ein Backsteinbau des 13. Jh. mit bemerkenswert gegliedertem Ostgiebel, ehedem ein Saal, der um 1520 zweischiffig umgebaut und mit Zellengewölben eingedeckt worden ist. Ursprung und Zweck der Kapelle sind ungeklärt, man vermutet einen Nachfolger der Burgkapelle des 12. Jh. und den Begräbnisort des 1150 verstorbenen Hevellerfürsten Pribislaw-Heinrich.

Auf dem Weg vom Dom nach Süden überquert man den *Mühlendamm* – die noch funktionstüchtigen Mühlenwerke sind zu besichtigen – und betritt beim Mühlentor die Neustadt Brandenburg. Von der **Stadtmauer,** die aus Backstein im 14. und 15. Jh. um Alt- und Neustadt gezogen worden war, haben sich einige Abschnitte mit Strebepfeilern und Wiekhäusern erhalten, dazu auch vier Türme bei den ehemaligen Toren, die selbst im 19. Jh. verschwunden sind. Der **Mühlentorturm** ist ein achteckiger Backsteinturm mit einem Zinnenkranz, hinter dem der achtseitige Pyramidenhelm aufsteigt. Er ist inschriftlich 1411 von einem Nikolaus Krafft aus Stettin, wohl doch einem Gehilfen des Hinrich Brunsberg aus Stettin, erbaut worden.

Durch etwas unübersichtlich geführte Straßen gelangt man bald auf den großen Freiraum des *Marktes,* der eigentlichen Mitte der geplanten Stadt der Markgrafen. Von der historischen Bebauung ist hier viel verloren, vor allem das Neustädter Rathaus, vor dem einst der Roland stand; er hat heute seinen Platz vor dem Altstädter Rathaus gefunden. Mittelalterliche Substanz aber ist allenthalben in den Wohnhäusern der Neustadt noch zu finden, so daß man sich, bei genauer Kartierung der festgestellten Reste, ein Bild von der ehemaligen Parzellierung der Stadt wird machen können. Die Neubebauung am und im Umkreis des Marktes stört die nur noch zu erahnende eigentliche stadträumliche Struktur. Dennoch behauptet sich der Chor der Katharinenkirche als Architekturbild aus dem Blickfeld des Marktes.

Vom Gründungsbau der **Katharinenkirche** aus der Zeit um 1200 sind nur geringfügige Anhaltspunkte zu gewinnen. Er müßte ein Feldsteinsaal mit breiterem Westquerbau gewesen sein. Von ihm könnten die Feldsteinreste des Turmbaus stammen, der 1582 eingestürzt und durch den jetzigen Aufbau ersetzt worden ist, den Johann Baptist Sala, ein aus Mailand gebürtiger Gehilfe des Grafen Lynar, 1585 gebaut und Balthasar Richter, Ratszimmermeister in Leipzig, 1592 mit der Renaissancehaube versehen hat. Der Erstbau wurde Ende des 14. Jh. (1395) abgerissen, und an seine Stelle trat der großartige Bau des Hinrich Brunsberg aus Stettin. Die Inschrift auf einer Tonplatte neben dem Portal der Nordkapelle nennt den Meister und das Datum 1401. Begonnen wurde die dreischiffige, im ganzen siebenjochige Hallenkirche zunächst ohne den polygonalen Umgangschor. Nach fünf Jochen bereits schloß man den Bau im Osten gerade oder benutzte einen niedrigeren älteren Chor; der Giebel der neuen Abschlußwand ist unter dem Dach des später (um 1430/40) angefügten Chores noch vollständig erhalten, und er trägt eine noch sehr gut bewahrte dekorative Malerei, Maßwerke in Rot und Schwarz auf weißem Grund.

Brandenburg, St. Katharinen

Doch scheint für Langhaus und Chor ein einheitlicher Plan vorgelegen zu haben. Jedenfalls ist die Architekturkomposition der mit Umgangschor vollendeten Kirche aus einem Guß. Die brunsbergische Art, Strebepfeiler nach innen zu nehmen, sie laufgangartig zu durchbrechen und mit schmalen Gewölbebaldachinen zu verbinden, ist an Chor und Langhaus gleichermaßen durchgeführt. Den Außenbau gliedern Lisenenbänder, die mit Stabprofilen und Figurennischen (Figuren von 1864/65) unter Maßwerkbaldachinen

höchst dekorativ belebt sind. Ein Maßwerkfries unterhalb des sich um die Lisenen ver-
kröpfenden Dachgesimses schließt die flächige, beinahe wie eine Säulenordnung wir-
kende Wandgliederung gebälkartig ab. Der Schichtenwechsel aus roten und grün glasier-
ten Ziegeln wirkt wie Inkrustation. Man wird wohl an Gestaltungsformen italienischer
Frührenaissance denken dürfen, wenn man Vergleichbares aufzeigen will.

Hinrich Brunsberg hat seinen Dekorationsstil an den Kapellen voll entfaltet, an der
Fronleichnams- oder *Marienkapelle* an der Nordseite und der *Schöppenkapelle* an der Südseite. Die Flächen der Sockelwände um die Portale sind von einem Filigran aus aneinan-
dergereihten Vierpässen überzogen, und die freistehenden Wimpergreihen der Giebel mit
zahlreichen Rosetten bieten feingesponnene Maßwerknetze dem Auge des Betrachters
dar, der die Einzelheiten nicht wahrnimmt, sondern nur das flimmernde Spiel dekorativer
Formen auf der Schauwand.

Im Inneren tragen Achteckpfeiler mit Eckdiensten die Gewölbe, Kreuzrippen- und
Sterngewölbe in den Seitenschiffen, ein Parallelrippengewölbe böhmischer Prägung im
Mittelschiff. Interessant und eigenwillig sind die Gewölbefigurationen im Chor, die die
fünfseitige Brechung des Umgangs räumlich aufheben. Die mit der Wölbart erzielte
Raumeinheit ist der Einrichtung des Langhauses zum Predigtsaal mit umlaufender
Empore um 1730 mehr entgegengekommen als in anderen Hallenkirchen. Die geschwungenen Emporenbrüstungen, die in der Mitte aufgestellte Kanzel von 1668 mit einem Altartisch davor und der hochgetürmte Orgelprospekt (1726 vermutlich von Johann Georg
Glume) über der Westempore tun ein übriges, um das Innere der Katharinenkirche als
barocken Quersaal erscheinen zu lassen. Bei der Restaurierung 1910–12 ist dieser Charakter zum Glück bewahrt worden und nicht einer gotisierenden Bereinigung gewichen, die
ja durch die Aufdeckung von Wand- und Gewölbemalereien aus der spätgotischen Bauzeit hätte ausgelöst werden können. Die Gewölbemalerei im Chor aus der Zeit um 1430,
dekorativ wie auch figürlich, steht noch in einer böhmischen Tradition, die auch in Herzberg bei Bad Liebenwerda ihre Zeugnisse hinterlassen hat.

Mittelalterliche Ausstattungsstücke sind im Chor aufgestellt. Der große vierflügelige
Schnitzaltar, anno 1474 von Gerard Weger geschaffen, zeigt im Schrein die Madonna zwischen Heiligenfiguren und in den Flügeln geschnitzte Szenen aus der Kindheitsgeschichte
Jesu; auf den gemalten Außenflügeln sind die Legenden der Schutzheiligen Katharina
und Amalberga dargestellt. Im ganzen wirken die Figuren und Gemälde etwas steif und
unbeholfen, doch sind die genrehaften Szenen der Katharinenlegende in der Predella
recht reizvoll. Ein Hedwigsaltar steht in der Schöppenkapelle, im Schrein die Figuren der
Hedwig zwischen Georg und Rochus, auf den Flügeln die Legende der wie die heilige Elisabeth karitativ tätigen Herzogin von Schlesien. Im nördlichen Chorumgang ist ein Sand-
steinretabel mit einer Madonna und vier Heiligen im Weichen Stil der Zeit um 1430
bemerkenswert. Am Fuß der Bronzefünte steht geschrieben: »Meister tyterich molner
aus Erphort hat gegossen desse toufe.« Die Inschrift unter der Reihe vollplastischer Figuren, die in einer Blendarkatur das achtseitige Becken umstehen, nennt das Entstehungs-
jahr 1440. Den Deckel bildet ein durchbrochener Baldachin, in dessen Stabwerk eine

Madonnenfigur erscheint. Auf der krönenden Fiale symbolisiert ein Pelikan das Blutopfer Christi. – Der Reichtum an Epitaphien, Grabdenkmälern und Grabsteinen kann nur festgestellt werden. Ihre Bedeutung für die Stadtgeschichte hat zu Beginn des 18. Jh. Alphonse des Vignolles, ein Hugenotte, erkannt und 1704 eine Sammlung der Grabinschriften, ›Inscriptions de l'Église de Ste-Catharine‹, angelegt. Die Glasmalereien im Scheitelfenster des Chores stammen aus der zerstörten **Kirche des Dominikanerklosters St. Pauli.**

Um dessen *Ruine* zu besichtigen, wendet man sich von der Katharinenkirche nach Südosten. Die Predigermönche vom Orden des hl. Dominikus siedelten in der Nähe der Stadtmauer, wie es für die Bettelorden in den Städten des Mittelalters typisch war. In Brandenburg, und das gilt für die gesamte Mark in der Zeit askanischer Herrschaft, kommt noch etwas bei dieser Ortswahl hinzu: Der Landesherr und nicht die Kommune ist der erste Protektor der Bettelmönche gewesen. Auf seinem Grund wurde das Kloster errichtet. Deshalb haben diese ihre Kirchen und Klöster in der Mark Brandenburg auch von Anfang an mit Backsteinen bauen können, und die Gestalt der Baulichkeiten hatte oft einen für die Bettelorden ungewöhnlich hoheitsvollen Charakter. Die Kirche der Dominikaner in Brandenburg hielt sich als dreischiffige Halle von sechs Jochen mit einem einschiffigen Chor von drei Jochen und ⅝-Schluß im Rahmen eines in Norddeutschland gebräuchlichen Typs; die Klostergebäude selber aber, der Südgiebel des Ostflügels vor allem mit seiner gestaffelten Dreifenstergruppe, rufen Erinnerungen wach an die Kirchenfassaden in Lehnin oder Chorin. Die Regelmäßigkeit der Anlage, eine Klausur im klassischen Sinne quadratisch um den Kreuzgang geordnet, macht deutlich, daß man relativ freien Baugrund nutzen konnte und sich nicht schon vorgegebener Bebauung der Stadt anpassen mußte. Man datiert die Bauten zwischen 1300 bis 1340 gewiß etwas zu spät. Der schlanke Turm an der Südseite des Chores wurde erst 1469 hinzugefügt.

Einmal in der Nähe der südlichen Altstadtgrenze, kann man diese nach Westen weiter im Halbkreis umgehen, vorbei am **Steintorturm,** einem runden Pendant

Brandenburg, Rolandfigur vor dem Altstädter Rathaus

zum achteckigen Mühlentorturm aus etwa der gleichen Zeit, bis zur *Langen Brücke*, die Neustadt und Altstadt über den Havelarm hin verbindet. Gleich am jenseitigen Ufer fällt die Ruine der **Franziskanerkirche St. Johannis** ins Auge, ein einschiffiger Saalbau des 13. Jh. – die Mönche vom Orden des hl. Franziskus von Assisi kamen, aus Ziesar hierher verlegt, 1237 in die Stadt –, der im 14. Jh. erhöht und für Wölbung an den Außenwänden durch Strebepfeiler verstärkt wurde und dem angeblich erst zu Beginn des 15. Jh. sein Polygon als östlicher Abschluß aus sieben Seiten eines Zehnecks angefügt sein soll.

Geradeaus führt die Straße in der Altstadt linker Hand an dem sogenannten **Frey-Haus** vorbei, in dem sich das *Stadtmuseum* mit guten Sammlungen zur Vor- und Frühgeschichte sowie zur Stadtentwicklung befindet, bevor sie die Hauptstraßenachse trifft, in der man rechts weiter zum Markt und dem **Altstädter Rathaus** geht (Farbabb. 5). Die Giebelfassade tritt bald in das Blickfeld, mit dem vorgestellten mittleren Turm beinahe von sakraler Wirkung, das große Spitzbogenportal flankiert von schmaleren, aber gleichgestalteten Fenstern, in den Bogenfeldern mit dem zierlichen Blendmaßwerk in der Nachfolge dessen, was wir von Hinrich Brunsberg an der Katharinenkirche in der Neustadt gesehen haben. Die ebenso geschmückten Blendrosetten haben am Südseitenschiff des Doms ihre Entsprechungen, man erkennt eine städtische Bauhütte mit einem eigenen Formenschatz am Werk. Die angegebene Datierung lautet auf 1470/80, die Restaurierung von Erich Blunck, 1910–12, mag zur geschlossenen Erscheinung des Architekturbildes einschließlich neuer Anbauten beigetragen haben; der Turmaufsatz stammt von 1826. – Der *Roland*, schon 1402 vor dem Neustädter Rathaus bezeugt und 1474 erneuert, steht seit 1946 hier.

Erst ein geraumes Stück weiter nordöstlich, in eigentlich peripherer Lage zur Altstadt, aber bedingt durch die Entstehungsgeschichte im 12. Jh. als Prämonstratenserstiftskirche, der zwischen 1161 und 1166 sogar die Funktion als Kathedralkirche zugedacht war, finden wir die **Pfarrkirche St. Gotthard.** Vom Baukonzept des Erstbaus als Stiftskirche rührt der zweitürmig angelegte Westbau aus Feldsteinquadern her, mit rundbogigem Portal und großem Rundfenster darüber. Weitergebaut wurde später nur ein Mittelturm, der 1767 seinen Aufsatz mit Laterne erhielt. Sonst ist St. Gotthard vom Typ her wie St. Katha-

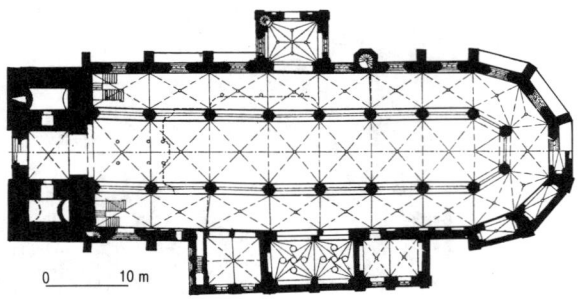

Brandenburg, St. Gotthard, Grundriß

rinen eine dreischiffige Backsteinhalle von
sieben Jochen mit Umgang, der sich fünfseitig um den dreiseitigen Binnenchor-
schluß legt. Aber der 1456 mit Anlage der
Chorpfeiler durch Heinrich Reinstorp
angefangene und um 1475/80 vollendete
Bau stellt gegenüber dem Brunsbergbau
etwas völlig anderes dar. Rundpfeiler mit
spiralig gedrehten Diensten tragen kräftig
gegliederte Arkaden mit Schildwänden,
zwischen die hochgebuste Kreuzrippengewölbe gespannt sind; die Scheitelhöhen
in den Seitenschiffen liegen bei gleich-
hohem Rippenansatz beträchtlich tiefer als
im Mittelschiff, die Wände sind ungegliedert, die Strebepfeiler stehen konventio-
nell außen, und lediglich an den Polygon-
seiten des Umgangs sind Kapellennischen
zwischen sie gestellt, die aber nur die Höhe
der Wandsockelzone haben. Es ist das
Schema des Chores der Berliner Nikolaikirche, allerdings wesentlich vereinfacht
und hier mehr einem altmärkischen Vor-

Brandenburg, St. Gotthard, Triumphkreuz

bild folgend, wie denn auch die Formensprache im einzelnen und die Altertümlichkeit
im ganzen auf die Altmark weisen. Das Rippenmuster der Gewölbe im mittleren Kapel-
lenanbau an der Südseite kann das Vorbild namhaft machen: es gleicht dem in der um
1470 entstandenen Taufkapelle an der Marienkirche in Stendal.

Von der mittelalterlichen Ausstattung haben sich in der Gotthardkirche einige wert-
volle Stücke erhalten. Bedeutend ist die Bronzefünte mit spätromanischem Dekor aus
Blattranken an der von vier Figuren getragenen Kuppa des kelchartigen Geräts. Der
Renaissancebaldachin als Deckelaufbau ist 1623 gearbeitet worden. Bemerkenswert ist
auch die spätgotische Triumphkreuzgruppe, die wohl in Zusammenhang mit dem Kir-
chenneubau entstanden ist. Der Wandteppich mit der Darstellung der Einhornjagd wird
als niedersächsische Arbeit angesprochen und soll als Altarbehang von der Liebfrauen-
gilde 1463 gestiftet worden sein. Von der reichen Ausstattung aus nachreformatorischer
Zeit muß die Kanzel, 1623 von Georg Zimmermann, an erster Stelle genannt werden, ein
äußerst bedeutsames Sandsteinwerk mit Figuren und Reliefs an der Brüstung von Treppe
und Korb; letzterer ruht auf einer hervorragend gearbeiteten bärtigen Gestalt, die in ein
aufgeschlagenes Buch blickt und sich auf einen Stab stützt. Das Werk soll in Nürnberg
entstanden sein, trägt aber durchaus Züge der Magdeburger Plastik des frühen 17. Jh. Die
Tuchmacher der Altstadt Brandenburg haben die Kanzel gestiftet; sie wollten mit dem

Brandenburg, Plauer Torturm

kostbaren Werk ihr Andenken verewigt wissen und haben zu diesem Zweck ihre Konterfeis, Namen und Hausmarken auf einer Tafel am Kanzelpfeiler anbringen lassen.

Das Altarretabel, Gemälde mit Szenen aus dem Leben Jesu, ist 1559–61 von Wilhelm Gulden aus Leipzig geschaffen worden, ein gutes Werk der Reformationskunst wie auch die Epitaphien für die Bürgermeister Hans Trebow (1549), Thomas Matthias (1549) und Joachim Damstorff mit seiner Frau Anna During (1559) sowie der Schmerzensmann im Epitaph für Andreas und Anna Hartwich (um 1560, wiederverwendet 1736), die als Werke des sonst in Berlin tätigen Hans Schenck-Scheutzlich aus Schneeberg in Sachsen gelten. Die Epitaphien stehen an stadtgeschichtlicher Aussagekraft denen in St. Katharinen nicht nach. Auf dem des Pastors Paul Weitzke (1585) findet sich ein Bild vom Innenraum der Gotthardkirche.

Verläßt man die Gotthardkirche durch das Westportal, dann blickt man auf ein zweistöckiges **Fachwerkhaus** aus dem Jahre 1552, angeblich die *älteste Schule* Brandenburgs. Man geht zurück zum Markt, um von dort nach Westen am **Plauer Torturm** vorüber außerhalb der Altstadt die **Nikolaikirche** aufzusuchen. Was deren Substanz angeht, ist sie in Gänze das älteste Bauwerk der Stadt. Ihre Lage dort, wo die von Magdeburg kommende Fernstraße auf die Furt über die Havel stößt, und ihr Patrozinium lassen darauf schließen, daß hier ein bedeutender Markt lag oder angelegt werden sollte. Ihre Bauform wie auch die Anwendung des Baumaterials Backstein ist dagegen für eine Pfarrkirche ungewöhnlich, eine Basilika ohne Querschiff mit einer betonten Ostpartie dergestalt, daß das Mittelschiff längsrechteckig verlängert ist und mit Halbkreisapsis schließt, die Seitenschiffe ebenfalls mit Apsiden enden und das östliche Joch des basilikalen Schiffs durch Bögen auf Pfeilern abgesetzt und gewölbt ist, desgleichen der gestreckte Chor in

102

zwei Jochen. Der westliche Teil des Schiffs mit stumpfspitzbogigen Arkaden blieb flach-gedeckt, der Westabschluß in Gestalt eines Riegels trägt Hinweise auf eine Empore.

Folgt man der Fernstraße nach Westen, gelangt man nach etwa 10 km in die Stadt **Plaue**. Gleichfalls an einem Havelübergang gelegen, war der Ort vermutlich schon seit der Mitte des 12. Jh. ein Burgplatz von entscheidender Bedeutung und deshalb von den verschie-densten Interessenten, zu denen sowohl der niedere Adel, wie die Quitzows, als auch die Territorialgewalten Magdeburg und Brandenburg gehörten, begehrt. Die Siedlung ent-wickelte sich entlang dem Straßenverlauf, die **Kirche** steht abseits davon erhöht, ein spät-romanischer Backsteinsaal mit charakteristischen Details (erste Erwähnung 1217), der im 16. Jh. zu einer zweischiffigen gewölbten Halle umgebaut worden ist. An der Westwand sind Malereien von bedeutender Qualität aus der ersten Hälfte des 15. Jh. erhalten, zum Teil auch über den später entstandenen Gewölben. Vor geraumer Zeit sind auch im Chor Malereien aufgedeckt worden, aus dem 15. Jh. an den Wänden (Kreuzigung, Apostel und Propheten) und im Gewölbe von 1571 (Engel mit den Arma Christi). Das Epitaph der Familie von Arnim vom Anfang des 17. Jh., das lange (seit 1862) als Altaraufsatz diente und jetzt an der nördlichen Chorwand steht, mit szenischen Reliefs und allegorischen Figuren in einem mehrgeschossigen Säulenaufbau aus Sandstein und Marmor, wird den Bild-hauerbrüdern Jonas und Michael Grünberger aus Freiberg in Sachsen zugeschrieben (zu vergleichen das Schulenburg-Epitaph in Lieberose). Der hölzerne Altaraufsatz von 1618 erfüllt jetzt wieder seine ursprüngliche Funktion. Von den Grabmälern der Familien von

*Plaue, Kirche, Blick
zum Chor*

Saldern, Arnim, Görne und Königsmark mit ganzfigurigen Darstellungen der Verstorbenen weist das Epitaph des Christian von Görne (1638) auf jene Patronatsfamilie hin, die Plaue seit 1620 besaß und im frühen 18. Jh. eine Wollwaren- und eine Porzellanmanufaktur gründete. Die von Görne waren es auch, die das Plauer Schloß 1711–14 anstelle der mittelalterlichen Burg erbauten, einst eine stattliche Dreiflügelanlage.

Nördlich vom Ortskern des alten Plaue, das 1411 zur Stadt erhoben worden war, hat Heinrich Tessenow 1915–20 eine *Reihenhaussiedlung* bescheidenster Art angelegt, eigentlich eingeschossige Wohneinheiten unter einheitlich durchlaufendem Satteldach mit großen Fledermausgaupen, die auf bogenförmig geschwungenem Straßengrundriß eine dörflich gestaltete Gartenstadt ergeben.

Zauche und Fläming

Abgesehen von der linkselbischen Altmark, die als vorkolonisatorisches Reichslehensgebiet Grundlage für die Belehnung Albrechts des Bären 1134 mit der Nordmark war, sind die Zauche und der Fläming durch schriftliche Überlieferung die ältesten historischen Landschaften der Mark. Die Zauche fiel Albrecht dem Bären, angeblich als Patengeschenk des christlich getauften Hevellerfürsten Pribislaw-Heinrich für seinen Sohn Otto schon um 1130 zu; die Askanier betrachteten dieses Gebiet als Allodium, als ihr Eigengut. Albrecht und Otto I. gründeten am Ufer der Havel, welche die nördliche Begrenzung des Territoriums bildet, die Neustadt Brandenburg, ›ihre‹ Stadt, um 1170, und ein Jahrzehnt später legte Otto I. mitten in diesem sandreichen, heute von ausgedehnten Kiefernwäldern bedeckten Landstrich, umgeben von Seen und sumpfigem Gelände, den Grund für das erste märkische Zisterzienserkloster. Lehnin blieb bis zur Gründung von Chorin im letzten Drittel des 13. Jh. das einzige Hauskloster der Markgrafen.

Die Anfänge des **Klosters Lehnin** sind in der üblichen Weise von Legenden umwoben, man kann daraus auf Schwierigkeiten mit der unwirtschaftlichen Gegend und mit einer noch feindlichen einheimischen Bevölkerung schließen; archäologisch ist allerdings die schon zur Gründungszeit angenommene reichere Besiedlung der Umgebung Lehnins

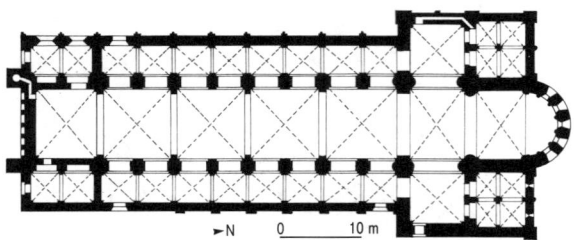

Lehnin, Klosterkirche, Grundriß

Die Gründung des Klosters Lehnin

Die Sage von der Erbauung Kloster Lehnins erzählt der böhmische Schriftsteller Pulkava (wie er ausdrücklich beifügt, »nach einer brandenburgischen Chronik«) wie folgt: »Otto I., der Sohn Albrecht des Bären, jagte einen Tag lang in den dichten Waldrevieren der Zauche und warf sich endlich müd und matt an ebender Stelle nieder, wo später Kloster Lehnin erbaut wurde. Er schlief ein und hatte eine Vision. Er sah im Traum eine Hirschkuh, die ihn ohne Unterlaß belästigte. Endlich ergriff er Bogen und Pfeil und schoß sie nieder. Als er erwachte und seinen Traum erzählte, drangen die Seinen in ihn, daß er an dieser Stelle eine *Burg* gegen die heidnischen Slawen errichten solle – die andrängende, immer lästiger werdende Hirschkuh erschien ihnen als ein Sinnbild des Heidentums, das in diesen Wäldern und Sümpfen allerdings noch eine Stätte hatte. Der Markgraf erwiderte: ›Eine Burg werde ich gründen, aber eine Burg, von der aus unsere teuflischen Widersacher durch die Stimmen *geistlicher* Männer weit fortgescheucht werden sollen, eine Burg, in der ich ruhig den Jüngsten Tag erwarten will.‹ Und sofort schickte er zum Abt des Zisterzienserklosters Sittichenbach, im Mansfeldischen, und ließ ihn bitten, daß er Brüder aus seinem Konvente, zur Gründung eines neuen Klosters, senden möchte. Die Brüder kamen. Markgraf Otto aber gab dem Kloster den Namen Lehnin, denn Lehnije heißt Hirschkuh im Slawischen.« So der böhmische Geschichtsschreiber.

Theodor Fontane, Wanderungen durch die Mark Brandenburg, Berlin 1862–82

nicht nachgewiesen. Die endgültige Niederlassung von Zisterziensermönchen aus Sittichenbach bei Eisleben erfolgte erst 1183, nachdem das Generalkapitel des Ordens von Cîteaux schon 1182 die Stiftung bestätigt hatte. Der 1184 gestorbene Gründer wurde bereits im Kloster bestattet. Mit der Errichtung steinerner Gebäude des Klosters muß noch vor dem Ende des 12. Jh. begonnen worden sein.

Die **Kirche** wurde als eine langgestreckte kreuzförmige Pfeilerbasilika aus Backstein gebaut. Das Chorjoch erhielt eine halbkreisförmige Apsis mit Fenstern in zwei Reihen übereinander, die von zweigeschossigen Kapellen auf quadratischem Grundriß eingefaßt wird, welche sich östlich an die Arme des Querschiffs anlehnen, eine Besonderheit märkischer Zisterzienserarchitektur, die sich in Chorin wiederholt. Der stattliche Dachreiter ist eine Zutat der Wiederherstellung des 19. Jh. Die Kirche ist im ganzen mit Kreuzrippengewölben gedeckt, das Langhaus nach dem ›gebundenen‹ System mit fünf quadratischen Jochen im Mittelschiff. Eine baugeschichtliche Zäsur ist im östlichen Langhausjoch festzustellen: Während die Ostteile den Stil der Spätromanik rheinischer Provenienz und den

Lehnin, Ostchor der Klosterkirche und Mittelschiff nach Osten

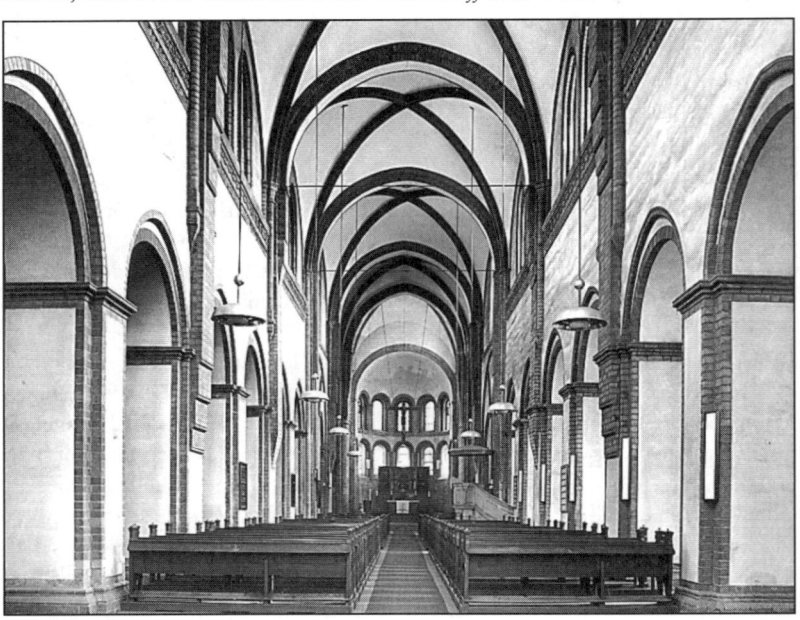

Einfluß der Bauschule von Jerichow zeigen, haben die westlichen Joche frühgotischen und durchaus zisterziensischen Charakter. Die Schlußweihe fand 1262 oder 1270 statt. Die Westfassade läßt trotz ihrer Erneuerung im 19. Jh. ein Gestaltungskonzept durchscheinen, das mit dreigeschossigem Aufriß und einfassenden turmartigen Strebepfeilern (der linke ist tatsächlich zum Treppenturm ausgebildet) eine dem Mönchsorden fremde Repräsentation verrät. Die ›bildhafte Darstellung‹ einer Dreitürmigkeit der Fassade, die an der Klosterkirche in Chorin weiterentwickelt ist, weist auf einen entsprechenden Anteil des Landesherrn an diesem Gestaltungskonzept. – Von der Ausstattung der Kirche sind hervorzuheben der Schnitzaltar von 1476 mit dem Tod und der Krönung Mariä im Schrein, das Triumphkreuz aus der Zeit um 1230/40, ein niederländisch beeinflußtes Tafelbild mit figurenreicher Kreuzigungsdarstellung von ca. 1470/80 und der Grabstein für Markgraf Otto IV. den Reichen, der 1303 als Ordensmitglied starb.

Nach der Aufhebung des Klosters 1542 wurde es zu einem Domänengut umgewandelt, die Baulichkeiten verfielen allmählich. Die Kirche, die zunächst noch als Gottesdienststätte gedient hatte, wurde erst im 18. Jh. zur Ruine. Die Erneuerung und Rekonstruktion erfolgte 1871–78 mit einigen Abweichungen von der durch alte Ansichten überlieferten ursprünglichen Gestalt. Von der Klausur sind noch Teile des romanischen Ostflügels mit dem Kreuzgang erhalten, im Klosterbezirk die Reste einer Toranlage mit einer Kapelle sowie das Kornhaus und das Abtshaus (›Königshaus‹) mit reicherem Fialengiebel.

Der Name **Zauche** soll sich vom slawischen ›sucha‹ ableiten und würde dann zutreffend Trockenland bedeuten. Es ist tatsächlich, als der südliche Teil des Höhenlandes um den großen Havelbogen zwischen Potsdam und Brandenburg, eine trockene Hochfläche, die im Süden und Westen vom Verlauf des *Baruth-Luckenwalder Urstromtals* begrenzt (flachmoorige Zone um und nordwestlich von Brück) und im südöstlichen Teil vom sogenannten *Beelitzer Sander* eingenommen wird.

Hat die Zauche ihren Landschaftsnamen von der geographischen oder geomorphologischen Beschaffenheit her erhalten, so der Fläming von der historischen Rolle, die er im Zeitalter der Kolonisation des 12. Jh. gespielt hat. Und zwar besagt der Name nichts anderes, als daß es Flamen waren, die hier gesiedelt haben. Es ist bekannt, daß die am Landgewinn östlich der Elbe interessierten Territorialgewalten Siedler im Westen des Reiches geworben haben, neben dem Markgrafen auch die Bischöfe. Die Siedler im Fläming hatte der Erzbischof von Magdeburg ins Land geholt. Ihm scheint es darum gegangen zu sein, südlich des von den Askaniern in Besitz genommenen Herrschaftsgebiets ein eigenes Territorium zu bilden. Er tat es wie diese mit der Gründung einer Stadt 1174, Jüterbog, und eines Zisterzienserklosters 1171, Kloster Zinna, und die Aussagen in den erhaltenen Gründungsurkunden machen seine territorialplanerischen Absichten überaus deutlich.

Der **Fläming** ist der westliche Teil jenes Höhenzugs, der als südlicher Höhenrücken das märkische Zwischenstromland von den mitteldeutschen Landschaften trennt. Er fällt im Norden zum Baruth-Luckenwalder Urstromtal oder zur Baruth-Brücker Niederung steil ab; die Nuthe scheidet den *Niederen Fläming* im Osten vom *Hohen Fläming* im

Westen, wo er mit dem 201 m hohen *Hagelberg* bei Belzig seine höchste Erhebung erreicht.

Kunstlandschaftlich ist der Fläming reich an Zeugnissen früher Landnahme. Die Fülle erhaltener romanischer Dorfkirchen gibt Kunde von einem gezielten siedlerischen Vorgehen zum Ausbau der territorialen Herrschaft. Die spartanische Bauweise mit dem granitenen Feldstein, vollendet im Quaderschnitt der Klosterkirche von Zinna anzutreffen – bemerkenswert der Gegensatz zu dem dagegen prunkvoll in Erscheinung tretenden Backsteinbau der Klosterkirche von Lehnin –, besticht in ihrer Zweckmäßigkeit und scheinbaren Dauerhaftigkeit; der bisweilen wehrhafte Eindruck, den die Bauten machen, könnte aus der Entstehungssituation heraus beabsichtigt gewesen sein.

Am äußersten Westrand der Zauche, in Ziesar und Wusterwitz, und unweit in *Buckau*, *Bücknitz* oder *Glienicke*, in *Gollwitz* oder *Viesen* begegnen romanische Feldsteinkirchen. Aber im Binnenland der Zauche fehlen solche Zeugnisse. Hier begegnen meist Kirchbauten aus weit jüngerer Zeit, barocke Putzbauten vor allem, die wohl meist Fachwerkkirchen ersetzt haben, wie sie in *Pernitz* bei Golzow oder in *Bergholz* und *Ferch* bei Potsdam in reizvoller Form noch erhalten sind und die vielleicht Hinweis darauf sein könnten, daß frühe Steinbauten nur in strategisch wichtigeren Teilen der Landschaft errichtet wurden und ansonsten der Holzbau, die Bauweise der Slawen und ohne Zweifel auch die der ersten Siedler – die archäologischen Nachweise dafür sind kürzlich in der Niederlausitz überzeugend geführt worden –, viel länger beibehalten worden ist als immer angenommen wird.

Landsitze mit bemerkenswerten barocken Schloßanlagen finden sich mehr in Havelnähe, in Reckahn und Großkreuz oder nahe der Nuthe in Blankensee, zahlreich aber in der Potsdamer Umgebung direkt an der Havel und ihren Seen – mit Schloß Caputh machte der Große Kurfürst selbst den Anfang jener Landschaftserschließung durch herrschaftliche Schlösser und Gärten, die schließlich in der Verschönerungsabsicht Friedrich Wilhelms IV. im 19. Jh. hypertrophe Ausmaße annahm.

Doch zurück in die Anfänge der Kunst- und Landesgeschichte der Mark Brandenburg von Zauche und Fläming. Südlich von Plaue bei Brandenburg liegt das Dorf **Wusterwitz**. Das auch und wohl zu Recht Groß-Wusterwitz genannte Dorf gehört aufgrund einer urkundlichen Erwähnung von 1159, die mitteilt, daß es flämischen Siedlern übergeben worden ist, zu den ältesten Orten askanischer Herrschaft. Die **Kirche,** ein um 1200 datierter Feldsteinbau, macht eine ursprünglich höher geplante Bedeutung als die der Pfarrkirche eines Dorfes wahrscheinlich. Bemerkenswert ist die Kreuzform, jene archaische Form mit einem Querschiff ohne ausgeschiedene Vierung. Das Langhaus ist einschiffig, ebenso der gestreckte und mit einer Halbkreisapsis geschlossene Chor. Beide Raumteile sind durch Bögen von dem Querschiff getrennt, an dessen Armen sich nach Osten ebenfalls halbkreisförmige Apsiden finden. Der ganze Innenraum ist mit einer flachen Holzdecke abgeschlossen, nur die Apsiden decken Halbkuppeln. An der Westseite steht ein Turm auf querrechteckigem Grundriß, wie er typisch ist für frühe Stadtkirchen in askanischen Gründungen. Sie begegnen in der gesamten Markgrafschaft und sind eine Leitform der askanischen Gründungszeit. Die Kirche ist stark überformt, zuletzt 1909, aber die außergewöhnliche Form und die zu vermutende Bedeutung für die Besiedlungsgeschichte lohnt, daß man ihr Aufmerksamkeit schenkt.

Ganz ähnlich ist die **Stadtkirche** in dem noch etwas weiter südwestlich gelegenen **Ziesar.** Schon von weitem tritt deren Kirchturm vom gleichen Typ, die Stadt hoch überragend, landschaftsbeherrschend in Erscheinung, und man spürt etwas von der ursprünglichen Bedeutung eines solchen Architekturbildes: Hier war der Bergfried der als Burg in übertragenem Sinne verstandenen Stadt gemeint. Als Entstehungszeit für den Granitquaderbau wird wiederum der Anfang des 13. Jh. angegeben. Deutlicher als in Wusterwitz tritt die Saalform hervor, deren Ostteile kreuzförmig ausgebildet sind, hier innen derart, daß die Querarme und das Chorjoch durch Bögen vom Schiff abgesetzt sind und den Charakter von Annexen bekommen. Die Decken sind auch hier hölzern und flach und nur die Apsiden halbkuppelig gewölbt. Erneuerungen haben seit dem 14. Jh. stattgefunden. 1860–62 hat sich das 19. Jh. in einer Romanisierung versucht, die noch heute bestimmend wirkt. Zwischen 1330 und 1340 wurde die Kirche einem Zisterziensernonnen-Kloster angeschlossen, von dem bauliche Reste westlich der Kirche erhalten sind.

Stadtrecht erhielt Ziesar nach Magdeburger Vorbild erst 1337. Seine Siedlungsgestalt ist geprägt durch den Straßenmarkt und ein gitterförmiges Straßennetz, recht langgestreckt in West-Ost-Richtung.

Südlich und durch eine Niederung deutlich von der Stadt getrennt liegt die **Burg,** die an einem Paß der Wege von Magdeburg und Zerbst nach Brandenburg zwischen dem Fiener Bruch und einem heute nicht mehr vorhandenen See angelegt worden war. 948 wird der Platz als Burgward in der Ausstattung des von König Otto I. gleichzeitig gegründeten Bistums Brandenburg erstmalig erwähnt. Seit der zweiten Hälfte des 12. Jh. gehört die Burg Ziesar zum bischöflichen Tafelgut und war zunächst neben Brandenburg und Pritzerbe, seit 1337 nahezu allein Residenz des Bischofs. In dieser Zeit ist mit dem Ausbau zu rechnen, doch sind an bedeutenderen Resten nurmehr spätgotische Teile der Hauptburg aus dem 15. Jh. erhalten, mit Ausnahme des *Bergfrieds,* eines Rundturms der Zeit um 1200 aus regelmäßig geschnittenem Feldsteinmauerwerk; der Zinnenaufsatz und die verputzte Kuppelbekrönung stammen aber erst aus der Ägide des letzten Bischofs und Reformators Matthias von Jagow (1526–1544). Von einst fünf Türmen der Vorburg ist nur noch ein aus Backsteinen aufgeführter Rundturm mit gemauerter Dachkegelspitze vorhanden.

Von der *Hauptburg* sind der östliche Trakt, der als Palas angesprochen wird, und der anschließende nördliche Kapellentrakt sowie zwischen ihnen der überbaute Torweg bewahrt worden. Die Hofseite der 1470 geweihten *Kapelle* ist als Schauwand reich mit Bändern aus vorgeblendetem Maßwerk geschmückt und flächig gegliedert. Das spitzbogige Portal mit profiliertem Gewände wird von einem mit Krabben besetzten Kielbogen überfangen, der in ein nahezu quadratisches Maßwerkgitterfeld eingebettet ist; ein Segmentbogen über dem Durchgang trägt das mit einer Maßwerkrosette geschmückte Tympanon. Die diffizil ausgebildeten Maßwerkformen aus Terrakotta sind Zeugnis der hoch-

entwickelten Backsteinzierkunst, die seit dem Wirken des Hinrich Brunsberg am Anfang des 15. Jh. in Brandenburg Schule gemacht hat.

Das für die dekorative Wirkung ausgenutzte Licht-Schatten-Spiel kehrt in der illusionistischen Gewölbemalerei des Inneren wieder. Der Innenraum nimmt mit vier Gewölbejochen die gesamte Gebäudehöhe und -tiefe ein und hat auf der Nordseite über hohen Bogennischen eine Empore. Diese Empore ist sowohl vom Schiff als auch vom Palas aus zugänglich. Dennoch handelt es sich vom Bautyp her nicht mehr um die Doppelkapelle einer mittelalterlichen Burg, sondern um den Vorläufer von Schloßkapellen der Renaissance. Die illusionistische Gewölbemalerei in selten guter und vollständiger Erhaltung stammt möglicherweise vom Meister der Turmhallenmalerei des Magdeburger Doms. – Zur Ausstattung der Kapelle gehört ein Votivrelief aus Kalkstein, inschriftlich auf 1470 datiert und durch das Wappen als Stiftung des Bischofs D. v. Stechow ausgewiesen; dargestellt sind die Sitzfiguren der Heiligen Petrus, Ägidius, Paulus, Andreas und Wenzeslaus; das Relief wird als Retabel auf dem Altar verwendet. An der Wand darüber hängt ein Triumphkreuz aus dem Anfang des 16. Jh., es wurde 1952 aus Weißenfels hierher übertragen.

Weiter östlich in der Zauche treffen wir in **Beelitz** auf einen 1216 als askanischer Burgward bezeugten Ort. Er besaß Bedeutung durch seine Lage am Übergang eines Handelsweges von Wittenberg über das Nieplitzbruch in das Havel-Spree-Gebiet. Seinen strategischen Wert für den askanischen Landesausbau verlor Beelitz aber bald an die Grenzfeste Briezen, das später Treuenbrietzen genannt wurde. Die 1247 als oppidum und 1341 als civitas urkundlich bezeugte Siedlung entstand vermutlich schon vor 1200 aus der Vereinigung zweier Kirchdörfer, deren Anlagen durch ein regelmäßiges Straßenschema im Stadtgrundriß später verwischt worden sind. Die **Stadtkirche St. Marien** wurde im 13. Jh. aus Feldsteinquadern errichtet. Erhalten sind davon der charakteristische Westquerbau und Teile der Längsmauern eines zugehörigen, nur annähernd gleichbreiten Schiffs. Der Umbau zur dreischiffig gewölbten Halle mit einschiffigem, dreiseitig geschlossenem Chor erfolgte im 15. und 16. Jh. An die Nordseite des Chors lehnt sich eine achteckige *Kapelle*, die um 1370 für die in Beelitz schon seit dem 13. Jh. nachweisbare Wunderblut-Wallfahrt errichtet wurde und ein reiches Sterngewölbe aus dem Anfang des 16. Jh. besitzt. Nach einem Brand im Jahre 1700 fanden Erneuerungen statt, von denen der verputzte quadratische Turmaufsatz herrührt. Eine größere Restaurierung brachte 1889 eine neugotische Überformung mit sich. Das Innere mit Emporen in den Seitenschiffen, an der Westseite und im Chor bietet zusammen mit der äußerst qualitätvoll geschnitzten Kanzel von 1656 dennoch ein malerisches Bild. – Um den Kirchplatz reihen sich noch einige einfache Putzbauten aus dem 18. und dem frühen 19. Jh. Hervorzuheben ist die ehemalige **Posthalterei**, Poststraße 16, von 1789 mit klassizistischem Stuckdekor an der Fassade. Im Treppenhaus trifft man auf zopfige Dekorationsmalerei und im Obergeschoß auf einen Saal mit auf Putz gemalten Landschaften.

◁ *Ziesar, Hofseite der Kapelle mit Portal*

Soviel zu den mittelalterlichen Orten. **Reckahn,** ein allerdings auch schon im 13. Jh. bezeugter Ort, interessiert heute aber wegen seiner barocken Bauten, der Dorfkirche und dem Schloß. Beide sind axial aufeinander bezogen, bilden also eine kompositorisch für die Zeit typische Einheit. Das **Schloß** wird um 1720 datiert und einem Baumeister aus dem Berliner Schlüter-Umkreis zugeschrieben. Es handelt sich um einen eingeschossigen Putzbau mit hohem Mansarddach. Der polygonal vortretende Mittelrisalit ist garten- und hofseitig um ein Geschoß erhöht und enthält den Gartensaal und das Treppenhaus mit Vestibül zum oberen Festsaal. Durch zur Hofseite vorgezogene Seitenrisalite entsteht der Eindruck einer Dreiflügelanlage. Abseits des Schlosses steht ein Wirtschaftsgebäude, auch als *Altes Schloß* bezeichnet, aus dem späten 16. Jh. mit einem Renaissancegiebel.

Die **Dorfkirche** von Reckahn, ein Saalbau mit dreiseitigem Ostschluß und einem mittleren, ins Schiff einbezogenen Westturm, soll 1739 von einem Baumeister Heins aus Brandenburg errichtet worden sein. Äußerlich ist der Bau in aufwendiger Form durch Lisenen, geschwungene Gesimse und Eckquaderungen gegliedert, der Turm wird von einer zwiebelförmigen Haube bekrönt, sein Abschlußgesims beschreibt über der Uhr in charakteristischer Weise einen Halbkreis. Die Anlage hat Verwandtschaft mit Schloß und Kirche in Prötzel bei Strausberg, wo man Schlüter selbst im Auftrag der Kameckes am Werke glaubt. Das Innere mit Chorempore, Kanzelaltar und einer Patronatsloge an der Westseite wird gerühmt. Aus der Kirche in Meßdunk stammen drei spätgotische Schnitzfiguren vom Meister des Brandenburger Katharinenaltars, Gerard Weger signiert und datiert 1474.

Groß Kreutz zwischen Werder und Brandenburg verfügt gleichfalls über einen Ableger Berliner Barockbaukunst, allerdings erst aus der zweiten Hälfte des 18 Jh. Der in der Nachfolge Georg Wenzeslaus von Knobelsdorff stehende Friedrich Wilhelm Dietrichs, dessen bekanntestes Berliner Werk das Ephraimpalais nahe der Nikolaikirche ist, soll 1765 das **Gutshaus** in Groß Kreutz für die Familie von Hacke erbaut haben, einen eingeschossigen Putzbau auf hohem Souterrain und unter abgewalmten Mansarddach. Die mittleren der im ganzen elf Achsen treten beidseitig halbrund vor und bilden einen Risalit. Auch die äußeren Achsen sind risalitartig betont. Innen wird der Mittelrisalit von einem querovalen Vestibül und einem längsovalen Gartensaal eingenommen; in letzterem gab es Wandmalereien von Karl Friedrich Fechhelm, die übertüncht sind.

Das **Schloß** in **Blankensee,** noch westlich der Nuthe bei Trebbin, dem Übergang zum Teltow, gelegen und so gesehen noch dem Gebiet der Zauche zugehörig, ist weniger durch seine Baugestalt aus der Zeit des beginnenden 18. Jh. (1701) bemerkenswert, als vielmehr durch die Tatsache, daß es von 1902 bis 1928 Landsitz des Schriftstellers Hermann Sudermann war. Er hatte das Anwesen den Herren von Thümen abgekauft und Schloß und Garten mit den Stücken seiner Sammlung meist italienischer Kunstwerke versehen. Dazu gehören das schmiedeeiserne Rokokogitter an der Toreinfahrt, Marmorbüsten entlang der Zugangsallee zum Schloß, die Florastatue im Gartenparterre vor dem Schloß und weitere Skulpturen im Nordteil des Parks und im sogenannten Italienischen Garten. Einen venezianischen Brunnenstein aus dem 12. Jh. stiftete Sudermann der **Dorfkirche** als Taufstein. Die Kirche selbst ist ein Bau des 17. Jh., reich ausgestattet mit Epitaphien vom 16. bis zum 18. Jh., darunter das des Chr. W. v. Thümen († 1741), aus dem Umkreis des Johann Georg Glume d. Ä. Am Kanzelaltar, an der Patronatsloge und der Empore finden sich Malereien des 1693 bis 1721 in Blankensee tätigen Pfarrers Johann Georg Kresser.

Im Süden der Zauche, gleichsam im Vorland des die Mark am Südrand begrenzenden Fläming, liegen als größere Orte die Städte Luckenwalde und Treuenbrietzen. Während Treuenbrietzen askanischer Herrschaft seine Entstehung verdankt, gehörte **Luckenwalde** seit 1157 zu Magdeburg und kam erst 1680 an Brandenburg. Ausgang der Siedlung war ein deutscher Burgward, vielleicht bei einem slawischen Wall. Im 13. Jh. bildete sich eine bäuerliche Marktsiedlung, die 1285 dem Kloster Zinna übereignet wurde. Förmliches Stadtrecht erhielt Luckenwalde erst 1808. Der Stadtgrundriß zeigt eine Angeranlage um die Breite Straße, an die sich östlich der Markt anschließt, möglicherweise unweit der ehemaligen Burg, die schon bald nach 1285 verschwunden zu sein scheint. Daß der **Marktturm** ein Rest von ihr sei, ist unbewiesen. Über seinen Ursprung und Zweck weiß man nicht mehr, als daß er seit 1484 als Glockenturm für die zwischen Markt und Breiter Straße stehende Stadtkirche St. Johannes fungiert. Aus dieser Zeit dürfte wohl auch sein Backsteinobergeschoß – der Unterbau ist aus Feldstein gebaut – mit den spitzbogigen Schallöffnungen stammen. Das Mansarddach mit dem Dachreiter erhielt der Turm 1723.

Die **Kirche** ist eine spätgotische Halle, zweischiffig bei fünf Jochen mit einem einschiffigen, dreiseitig geschlossenen Chor, ein Backsteinbau, der unter Verwendung von Feldsteinresten eines Vorgängers errichtet worden ist. Die südliche Kapelle mit dem charakteristischen Zierrippengiebel wurde 1520 angefügt, an der Nordseite eine Kopie 1905. Das Kreuzrippengewölbe des Inneren tragen gedrungene Pfeiler, der Chor besitzt ein Stern-

Luckenwalde, Chorraum der Pfarrkirche

113

gewölbe. An den Pfeilern und an der Nordwand befinden sich Wandmalereien, darunter Darstellungen der Heiligen Sebastian und Katharina. Von der mittelalterlichen Ausstattung sind die spätgotischen Schnitzfiguren auf dem Altar, der Taufstein und eine eisenbeschlagene Truhe zu erwähnen. Gegenwärtig befindet sich hier auch der Schnitzaltar aus Stülpe, ein schönes Beispiel des Weichen Stils der Zeit um 1420/30.

Das Stadtbild war geprägt von zweigeschossigen Reihenhäusern aus Fachwerk, wie sie jetzt nur noch am Markt und in der Baruther Straße vereinzelt zu finden sind. Das *Rathaus* ist ein spätklassizistischer Putzbau von 1844. 1841 wurde Luckenwalde der Anhalter Bahn angeschlossen, was der Industrialisierung, die sich schon seit den zwanziger Jahren des 19. Jh. angebahnt hatte (1828 wurde die erste Dampfmaschine für die Textilbranche in Betrieb genommen), sehr förderlich war. Entsprechend wuchs die Stadt über ihre mittelalterlichen Grenzen hinaus. Seit 1871 ist die Hutfabrikation in Luckenwalde ansässig. Die für die *Hutfabrik* 1919/20 von *Erich Mendelsohn* errichteten Gebäude, die *Färberei* und der *Trockenturm*, zählen zu den wesentlichen Zeugnissen der Industriearchitektur der zwanziger Jahre dieses Jahrhunderts. Ferner sind die *Wohnsiedlung Mendelsohns* am östlichen Stadtrand wie auch die *Schule* und das *Theater* von Stadtbaumeister Graf (1928) gute Beispiele der Sachlichkeitsarchitektur dieser Zeit. – Über die Stadtgeschichte und die Geschichte der Luckenwalder Industrie geben die Sammlungen, vor allem der Werkzeuge der Hut- und Tuchmacher, im *Heimatmuseum* am Markt Auskunft. Ebenda finden sich Ausstellungen zur Vor- und Frühgeschichte des Umlandes.

Treuenbrietzen verdankt, wie schon mehrfach erwähnt, seine Entstehung einer Grenzfeste, die die Askanier gegen die Magdeburger und auch gegen die Wettiner als Konkurrenten bei der Kolonisation zu Beginn des 13. Jh. am Nordrand des Fläming anlegten. Sie ist als Burg Bricene 1209 und 1217 bezeugt. Aus dem Suburbium mit der Marienkirche und einer westlich davon entstandenen Marktsiedlung mit der Nikolaikirche wuchs die langgestreckte Stadt zusammen, die am Ende des 13. Jh. ihr Stadtrecht erhielt. 1296 wurde die Erlaubnis zum Mauerbau erteilt und bei der Errichtung Steinmaterial von der damals bereits geschleiften Burg verwendet. Der Stadtgrundriß ist oval und wird von zwei Hauptstraßen mit gitterförmigen Querstraßen gebildet. In der Mitte des 14. Jh. hat die Stadt in den Wirren um den Falschen Waldemar zu den Wittelsbachern als den rechtmäßigen Landesherren gehalten und soll deshalb ihren heutigen Namen tragen.

Von den beiden Kirchen der Stadt gilt die am Ostrand bei der ehemaligen Burg gelegene **Marienkirche** als die ältere, eine um 1220 begonnene, ursprünglich turmlose spätromanische Pfeilerbasilika mit Querschiff, Chorjoch und (um 1720 abgetragenen) nebenchorartigen Kapellen, die wie der Chor mit halbkreisförmigen Apsiden geschlossen waren. Chor und Querhaus sind aus Feldsteinen errichtet, die Apsis zeigt zweigeschossige Anordnung rundbogiger Fenster, die ihr Vorbild an der Klosterkirche in Lehnin haben ebenso wie die Gestalt der Querhausgiebel mit Zierfriesen und Blendrosetten. Die sorgfältige Granitquadertechnik hat der Bau mit der Klosterkirche in Zinna gemeinsam. Doch nicht nur die wohl für einen ungewölbten Bau konzipierten Ostteile machen den Zusammenhang der Treuenbrietzener Kirche mit den Klosterkirchen deutlich, auch das

Treuenbrietzen,
Marienkirche

aus Backsteinen errichtete und im gebundenen System kreuzrippengewölbte Langhaus steht unter dem Einfluß frühgotischer Zisterzienserbaukunst. Die glatten Hochwandflächen, die Vorlagen für die Gewölbebögen, die Runddienste und Konsolen mit den schräggestellten Kapitellen für die Diagonalrippen, all das findet sich ähnlich in den Zisterzienserkirchen von Lehnin oder Doberlug. Der Westturm wurde erst nach 1452 angefügt, originell mit vier Zierrippengiebeln und sich durchdringenden Satteldächern.

Bei einer Restaurierung nach 1959, auf die die gegenwärtige Farbgebung des Inneren zurückgeht, hat man die neugotische Ausstattung beseitigt. Geblieben sind der barocke Altaraufsatz und die Kanzel, die wohl die Schlüterkanzel in der Berliner Marienkirche zum Vorbild hatte, und die Orgel mit einem Werk von Joachim Wagner aus dem 18. Jh.

Die heute von der katholischen Gemeinde genutzte **Nikolaikirche** im Westteil der Stadt ist ein reiner Backsteinbau, von vornherein als im gebundenen System rippengewölbte Pfeilerbasilika in Kreuzform mit halbkreisförmigen Apsiden an Querhaus und Chorjoch errichtet. Vermutlich waren die Bauleute dieselben, die das Langhaus der Marienkirche gebaut und im ganzen gewölbt haben. Das ›Zisterziensische‹ tritt an St. Nikolai nicht so deutlich zutage wie an St. Marien, dafür aber das damit zusammenhängende Importformengut, zu dem auch der in der Mark einmalige Vierungsturm gehört.

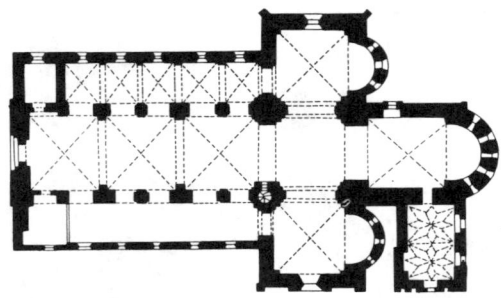

Treuenbrietzen, St. Nikolai, Grundriß

Für ihn sind die Vierungspfeiler so stark geraten. Im südwestlichen Pfeiler befindet sich eine Treppe. Der hohe verputzte Aufsatz mit Schweifhaube datiert von 1776. In der Hauptapsis sind Malereien aus dem 15. Jh. freigelegt worden.

Der spätgotische Rundbau der ehemaligen **Heilig-Geist-Kapelle** aus Feldsteinen mit einer straßenseitigen Backsteinfassade ist 1936 unter Hinzufügung eines Fachwerkgeschosses zum *Heimatmuseum* ausgebaut worden. Es werden Exponate zur Stadtgeschichte gezeigt sowie vor- und frühgeschichtliche Funde ausgestellt.

Unweit östlich von Treuenbrietzen liegt **Pechüle**, ein mit Bauerngehöften recht gut bewahrtes Dorf. Es verfügt über einen hier selteneren spätromanischen Backsteinbau als **Kirche,** und zwar nach dem Muster, wie es für die Feldsteinkirchen sonst üblich ist, ein Schiff mit schmalerem Chor und Halbkreisapsis. Erst im 15. Jh. wurde der westliche Querturm angefügt und das bislang flachgedeckte Innere auf Mittelstützen kreuzrippengewölbt. Im Chor finden sich 1960 freigelegte Wandmalereien, ein Christophorus und ein bogenschießender Kentaur. Unter der Ausstattung ist die sogenannte Böhmische Tafel bemerkenswert, ein querrechteckig langgestrecktes Tafelbild (um 1380) mit 16 doppelreihig angeordneten Szenen der Passion Christi (vgl. die Malereien des Böhmischen Altars im Dom zu Brandenburg), ferner ein Schnitzaltar mitteldeutscher Provenienz mit der Madonna zwischen vier Heiligen im Schrein und mit der Verkündigung an Maria und einer Gregorsmesse auf den gemalten Außenflügeln. Weiter gehören zur Ausstattung ein spätgotischer Taufstein und eine Kanzel vom Anfang des 18. Jh. sowie ein Kruzifix und einzelne Schnitzfiguren des 15. Jh.

Die Stadt **Belzig** kann als der Hauptort des Hohen Fläming angesprochen werden. In unmittelbarer Nähe, westlich der Stadt, liegt dessen höchste Erhebung, der 201 m hohe *Hagelberg*, auf dem seit 1849 eine Sandsteinfigur der ›Borussia‹ an die Schlacht vom 27. 8. 1813 erinnerte, in der die kurmärkische Landwehr eine napoleonische Division entscheidend schlug. Der Ort Belzig wird 997 in Magdeburger Besitz erwähnt. Damals war eine Burg auf dem Bricciusberg mit dem ganzen Distrikt durch Kaiser Otto III. dem Erzstift übertragen worden. Nach zwischenzeitlich wieder slawischer Herrschaft erscheint Belzig als burgwardium 1161 und 1216 in markgräflich-askanischer Hand. 1298 jedoch kam es an das askanisch-wittenbergische Herzogtum Sachsen, später an Kursachsen (1423) und erst 1815 zur preußischen Provinz Brandenburg. Am Fuße des Burgberges entstand das Suburbium Sandberg, während die Stadt (1269 oppidum, volles Stadtrecht erst 1702) sich am gegenüberliegenden Ufer des Belziger Baches auf rechteckigem Grundriß und mit regelmäßigem Straßenraster entwickelte. Für Markt und Kirche gibt es platzartige Erweiterungen der in West-Ost-Richtung geführten Parallelstraßen.

Die **Stadtkirche St. Marien** ist ein spätromanischer Feldsteinbau in besonderer Form, ein Saal mit querrechteckigem Westturm und symmetrischen Annexen zu seiten des Triumphbogens vor dem gestreckten Chor. An den Annexen, die den Eindruck eines Querschiffs erwecken und dem Bau Kreuzform verleihen, befanden sich halbkreisförmige Apsiden (Fundamente ergraben), die Hauptapsis des Chors wurde nachträglich durch eine rechteckige Erweiterung ersetzt. Die im ganzen archaische Form hat ihre Entsprechungen im benachbarten Wiesenburg, in Wusterwitz und Ziesar. Die Querdächer und Giebel auf dem südlichen Seitenschiff entstammen dem 15. Jh., die welsche Turmhaube wurde 1697 aufgebracht. Die Ausstattung ist im 17. Jh. entstanden; die Orgel, 1747 von J. A. Papenius aus Halberstadt, wurde erst 1974 hier aufgestellt (aus Hordorf bei Oschersleben). Seit 1984 steht der Renaissancetaufstein aus Jüterbog (vgl. S. 126) hier.

In der Stadt, entlang der Hauptstraße und um den Markt, ist noch die Wohnhausbebauung aus dem 17. Jh. (nach Zerstörungen 1636) und aus dem 18. Jh. erhalten, meist zweigeschossige Trauf- und Giebelhäuser, Fachwerk- und Putzbauten mit charakteristischen Krüppelwalm- oder Mansarddächern. Im Hof des Hauses am Knick der Hauptstraße (mit Giebel und Sitznischenportal) befindet sich ein ehemaliges Brauhaus mit umlaufender Oberlaube. Von den Hospitälern ist noch die *Gertraudenkapelle* auf dem Friedhof (Grabmäler des Barocks und des Klasssizismus) von 1615 und ein Gebäude des *Heilig-Geist-Hospitals* von 1776 vorhanden. Die *Bricciuskapelle* auf dem Burgberg, jetzt ein schlichter Bau des 15. Jh. mit Erneuerungen von 1619, wird schon 1161 erwähnt und gilt als eine der ältesten Kirchengründungen aus der Kolonisationszeit.

Die **Burg Eisenhardt** auf der Anhöhe südöstlich der Stadt wird ebenfalls 1161 erstmals urkundlich genannt, hat aber ihre heutige Gestalt erst aufgrund einer Zerstörung im frühen 15. Jh. nach 1465 unter Kurfürst Ernst von Sachsen bekommen und auch ihren bis heute gebräuchlichen Namen. Von der älteren Burg wurde nur der romanische Bergfried, ein Rundturm aus Granitquadern, in die neue Anlage übernommen. Die mächtigen Ringmauern umfassen ein Areal auf trapezförmigem Grundriß und verfügen über fünf runde Eckbastionen. Gebäudeflügel sind nur an die Südmauer gelehnt. Das mittlere Torhaus wird von vorspringenden Halbrundtürmen flankiert. Die Durchfahrt ist mit Zellengewölben gedeckt, westlich schließt unmittelbar die Burgküche mit großem Kamin an. Der Speicherflügel zwischen Torhaus und südöstlicher Bastion bestand möglicherweise im Inneren ursprünglich aus zwei großen Sälen. Einige Burgräume sind museal genutzt und

Burg Eisenhardt bei Belzig, mittleres Torhaus und kursächsische Postmeilensäule ▷

öffentlich zugänglich. – Unweit des Eingangs zur Burg steht eine sächsische *Postmeilen-säule* in Form eines Obelisken, datiert 1725 und mit den Initialen Augusts des Starken geschmückt.

Wie Belzig wird das etwa 10 km südöstlich gelegene **Wiesenburg,** 177 m über NN im Hohen Fläming, 1161 zum ersten Mal als Burgward urkundlich genannt, aber nicht in askanischem Besitz, sondern als erzbischöflich-magdeburgisches Lehen. Es dürfte also in die Geschichte der Landnahme durch Erzbischof Wichmann im 12. Jh. gehören. Im 14. Jh. ging es an Kursachsen über und befand sich seit 1456 als Mittelpunkt einer Standesherr-schaft im Besitz der Familie Brandt von Lindau, die im 16. Jh. für den Bau des Renais-sanceschlosses an der Stelle der ›alten Burg‹ wie auch für die Ausstattung der Pfarrkirche sorgte. Die Siedlung legt sich um die Ostseite des erhöhten Schlosses, die Kirche befindet sich in auffälliger Randlage südlich davon. Heute stellt sich das stattliche **Schloß** (Farb-abb. 6), das nur bedingt zugänglich ist, als eine Anlage der Neurenaissance dar, die 1864–80 durch Oskar Mothes erbaut und mit einem ausgedehnten italianisierenden Park verse-hen worden ist; letzterer ist wegen zahlreicher dendrologischer Seltenheiten berühmt. Von der mittelalterlichen Burg ist der wuchtige, runde *Bergfried* erhalten und dient als Unterbau für den mit umlaufender Galerie versehenen Turmaufbau. Er steht neben dem stattlichen Torhaus, dessen Durchfahrt und Giebel reich geschmückt sind (1864–66) und auf das ein von Balusterreihen flankierter Brückenweg zuführt. Der Brunnen im Hof ist auf 1609 datiert, weitere Renaissancefragmente stammen von 1574 und 1600.

Die **Kirche** ist ein einschiffiger Feldsteinbau auf dem Grundriß eines griechischen Kreuzes (Folge einer späteren Verkürzung des Langschiffs?) aus der ersten Hälfte des 13.

Wiesenburg, Innenhof des Schlosses mit Bergfried

Jh. Die breite kuppelgewölbte Apsis am Chorarm schließt innen halbkreisförmig, tritt außen aber fünfseitig in Erscheinung. Die übrigen Raumteile haben flache Holzdecken. Bögen im Bereich der Vierung gibt es nicht, aber die Querhauswände stoßen mit Zungenvorlagen in den Chor und das Schiff vor; die Form des ›durchgehenden‹ Querschiffs wird dadurch besonders betont. Im ganzen stellt der Bau einige entwicklungsgeschichtliche Probleme, auch innerhalb der originellen Gruppe, die er mit den Kirchen in Belzig, Wusterwitz und Ziesar bildet. Der Westturm aus Backstein von 1879/80 nimmt sich recht fremd aus.

Im Inneren haben mehrere Grabsteine und Epitaphien der burgsässigen Familie und deren Verwandten Aufstellung gefunden. An der Brüstung der hufeisenförmig umlaufenden Empore im nördlichen Quer-

Burg Rabensstein bei Raben, Bergfried aus dem 12. Jh.

arm von 1594 sind 16 märkische Adelswappen gemalt (1623, restauriert 1929?). Die kleine Orgel stammt aus Wittenberg von Johann Ephraim Hübner, 1775. Das bedeutendste Ausstattungsstück ist das steinerne Altarretabel, das 1561 aufgerichtet wurde. In Form eines Triptychons mit Predella und Aufsatz gegliedert, sind auf den drei Relieffeldern die Verkündigung, das Abendmahl und die Auferstehung Christi dargestellt. Vermutlich ist es ein Werk der Torgau-Wittenberger Bildhauerschule (Simon Schröter?). Die Bemalung stammt von 1677.

Der Hohe Fläming ist reich an Resten hochmittelalterlicher Burgen. In Belzig und Wiesenburg sind wir auf die runden Bergfriede aus dem späten 12. oder frühen 13. Jh. gestoßen, ein besonders schönes Beispiel findet sich auch in **Raben** südlich von Belzig. Die **Burg Rabenstein** liegt auf steiler Erhebung südöstlich vom Dorf. Im 14. und 15. Jh. war sie sächsisches Lehen. Nach einer Zerstörung durch den Erzbischof von Magdeburg übernahm man sie im 16. Jh. endgültig in kurfürstlichen Besitz; Aufenthalte des Kurfürsten August von Sachsen sind mehrfach bezeugt. Erst seit 1815 ist die Burg bei Brandenburg-Preußen. Der *Bergfried* geht auf das 12. Jh. zurück und ist aus Feldsteinen errichtet, 28 m hoch und 12 m im Durchmesser. Der Einstieg liegt bei ca. 15 m Höhe, im dortigen Geschoß befindet sich ein Kamin. Die Geschosse darunter sind gewölbt.

Die **Dorfkirche** von Raben ist ein spätromanischer Feldsteinbau, der, aus einem Schiff mit eingezogenem Chorquadrat und halbkreisförmiger Apsis bestehend, als typischer Vertreter der frühen Kirchen in kleineren dörflichen Siedlungen der Kolonisationszeit angesehen werden kann, wie sie gerade im Fläming noch zahlreich zu finden sind. Über

121

dem Westgiebel erhebt sich ein barocker Fachwerkturm, die Ausstattung stammt aus der Zeit um 1700.

Niemegk, südöstlich von Belzig auf Jüterbog zu gelegen, ist wieder einer von den 1161 genannten askanischen Burgwarden am Nordrand des Fläming. Eine Kirche St. Johannis (vgl. Luckenwalde) ist bereits 1186 bezeugt, nicht ganz so sicher das Stadtrecht 1228. An der Hauptstraße, die sich im Kern der Siedlung zum Markt erweitert, steht das **Rathaus,** ein stattlicher zweigeschossiger Renaissancebau von 1570 mit hohen Volutengiebeln über den Schmalseiten und Zwerchhäusern an den Langseiten; die innere Raumeinteilung mit gewölbten Kellern und flachgedeckten Sälen ist noch gut erkennbar.

Von älteren Kirchbauten hat sich trotz des bezeugten Alters nichts erhalten. Der Grundstein zur heutigen **Stadtkirche St. Johannis** wurde 1852 gelegt, die Weihe erfolgte im Jahr darauf. Obwohl der Neubau im Œuvreverzeichnis Friedrich August Stülers fehlt, gilt die Kirche als sein Werk. Sie ist ein früher Vertreter jenes Bautyps, der seit der Mitte des 19. Jh. vor allem im ländlichen und kleinstädtischen Bereich auf Empfehlung der Berliner Oberbaudeputation gern gebaut worden ist, ein geräumiger Saal, der durch zwei Reihen spitzbogiger Arkaden auf schlanken Stützen in drei Schiffe unterteilt wird, von denen die schmalen Seitenschiffe mit Emporen versehen sind. Das hölzerne Stützwerk trägt eine Bretterdecke, die über dem Mittelschiff satteldachartig gebrochen ist. In Niemegk ist das östliche Joch über kräftigen gemauerten Pfeilern im Mittelschiff und in den Abseiten gewölbt, ebenso die polygonale Apsis. Nach außen stellt sich die Kirche als unverputzter Backsteinbau dar; sehr zurückhaltend sind die gotischen Formen zur Anwendung gekommen, spitzbogige Fenster, Bogen- und Maßwerkfriese, Blenden und Eckfialen. Das Fehlen von Strebepfeilern läßt den Außenbau besonders kompakt erscheinen. Auch die innere Hervorhebung des Ostteils ist außen nicht kenntlich gemacht. Die Langseiten sind lediglich durch die zweigeschossige Fensterordnung den Emporen im Inneren entsprechend gegliedert. An der Ostseite tritt das Polygon der Apsis hervor, an der Westseite, symmetrisch dazu, drei Seiten vom Unterbau des Turms, der über dem Dach achteckig aufsteigt. Mit drei Portalen über einem umlaufenden Stufensockel ist die westliche Eingangsseite recht repräsentativ ausgebildet. Die etwas erhöhte Lage der Kirche innerhalb des von sumpfigen Wiesen umgebenen Städtchens bewirkt, daß das mächtige Satteldach und der schlanke Turm weithin im Lande als ein typisch märkisches Architekturbild aus der Mitte des 19. Jh. in Erscheinung treten. Die farbigen Fenster im Chor und das Altartriptychon von Gerhard Olbrich wurden 1953 (aus Anlaß des Jubiläums der Kirchweihe) geschaffen, die übrige Einrichtung stammt aus dem vorigen Jahrhundert.

Zum Hauptort des Niederen Fläming, an dessen Nordwestrand in der Niederung der Nuthe gelegen, avancierte das in der Chronik des Thietmar von Merseburg zum ersten Mal als ›iutriboc‹ erwähnte **Jüterbog.** Es ist davon die Rede, daß 1007/08 die Polen unter Bolesław Chobry bis an die Elbe vorgedrungen, aber von Erzbischof Tagino wieder zurückgeworfen und bis an die Nuthe verfolgt worden seien. Vielleicht hat es schon Anfang des 11. Jh. magdeburgische Eroberungsabsichten gegeben, doch erst im 12. Jh., zur gleichen Zeit, als Albrecht der Bär Brandenburg in Besitz nahm, hat Erzbischof Wich-

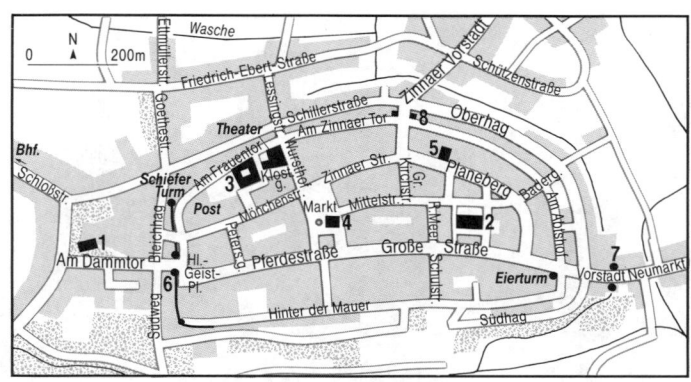

Jüterbog
1 *Liebfrauenkirche*
2 *St. Nikolai*
3 *Franziskaner-*
* kloster und*
* ›Mönchenkirche‹*
* (Bibliothek)*
4 *Rathaus*
5 *Stadthof der Äbte*
* des Klosters Zinna*
* (Heimatmuseum)*
6 *Dammtor*
7 *Neumarkter Tor*
8 *Zinnaer Tor*

mann das Gebiet um Jüterbog dem Erzstift einverleibt. Eine Burg lag westlich der späteren Stadt auf dem ›Damm‹, in unmittelbarer Nähe wurde die Dammkirche gegründet (um 1173). Als Mutterkirche des Landes ist sie bezeichnenderweise mit Prämonstratensern (aus Gottesgnaden) besetzt worden, die für Mission und Seelsorge zuständig waren. Erst 1282 wurde sie Kirche eines Zisterzienser-Nonnenklosters. Zur agrikulturellen Erschließung dagegen hat der Erzbischof Zisterzienser aus Altenberg bei Köln geholt und nördlich bei Dorf Zinna angesiedelt, ferner zur Besiedlung des Landes vor allem Flamen ins Land gerufen. 1174 verlieh Wichmann der östlich vom Damm entstehenden Marktsiedlung Madgeburger Stadtrecht und erklärte sie zur Hauptstadt der gleichnamigen Provinz. Dieser so deutlich planmäßige Vorgang territorialpolitischer Aneignung und Erschließung wurde 1178–80 angeblich durch einen Aufstand der bedrängten slawischen Bevölkerung unterbrochen. Tatsächlich aber ist es Heinrich der Löwe gewesen, der die Erhebung gegen den stauferfreundlichen Erzbischof in Gang gesetzt hatte. Erst Anfang des 13. Jh. waren die Verwüstungen überwunden.

Im Zuge des Ausbaus der Stadt kam es östlich von ihr zur Gründung von **Neumarkt** mit einer 1218 zum ersten Mal erwähnten *Jakobikirche*, möglicherweise an der Stelle eines slawischen Kultplatzes. Neumarkt und auch die Burgsiedlung auf dem **Damm** blieben außerhalb, als Anfang des 13. Jh. mit dem planmäßigen Aufbau der Stadt begonnen wurde. Die Anlage erfolgte auf ellipsenförmigem Grundriß mit rechteckigem mittleren Markt zwischen zwei gekrümmten, in West-Ost-Richtung geführten Längsstraßen. Von der **Stadtmauer** sind umfangreiche Teile aus Backstein mit Wiekhäusern sowie drei Stadttore mit Haupttor und Vortor erhalten, das *Dammtor* im Westen, das *Neumarkter Tor* im Osten und das *Zinnaer Tor* im Norden, alle aus der Zeit zwischen 1480 und 1490. Jüterbog gehörte 1635 bis 1815 zu Kursachsen, danach erst zur preußischen Provinz Brandenburg und bekam als Garnisonstadt Bedeutung.

Die **Liebfrauenkirche** in der Dammvorstadt ist die älteste Kirche der Stadt. Anfang des 13. Jh. wurde sie als dreischiffige flachgedeckte Pfeilerbasilika mit einem Querschiff

Jüterbog, Blick auf die Doppelturmfassade der Nikolaikirche

ohne ausgeschiedene Vierung (!) und einem Hauptchor mit zwei Nebenchören errichtet. Diese Ostteile sind gotisch verändert, die Seitenschiffe um 1800 abgetragen worden. Restaurierungen fanden 1890 (Friedrich Adler) und 1936 statt. Bemerkenswert ist die Westfassade aus Feldstein im Gegensatz zum übrigen Backsteinmauerwerk. Der Altaraufsatz im Chor besitzt Gemälde von 1710. Die Kanzel aus Sandstein ist ein vorzügliches Werk der Renaissance und wurde mit figürlichen Reliefs 1575 von dem Torgauer Bildhauer Georg Schröter geschaffen. Die Orgel hat Joachim Wagner aus Berlin 1737 gebaut.

Die Hauptpfarrkirche der Stadt, **St. Nikolai**, erscheint als ein Bau im Charakter des späten 13. Jh., doch ist der Dachstuhl dendrochronologisch auf 1330/40 datiert. Es handelt sich um eine dreischiffige gewölbte Halle, die gegen Ende des 14. Jh. nach Westen erweitert und mit einer stattlichen Doppelturmfassade (vollendet erst im 16. Jh., die Haube des Nordturms 1563) versehen wurde. Am Mittelpfeiler des aufwendig gestalteten Westportals befindet sich ein Standbild des hl. Nikolaus. Zwischen 1475 und 1488 wurde die Halle nach Osten mit einem Umgangschor erweitert. Von den Kapellenanbauten stammt der im Süden von 1447, der im Norden erhielt 1493 einen Staffelgiebel durch Meister Merten. In der südlichen Kapelle, der ›Neuen Sakristei‹, finden sich beachtliche Wand- und Gewölbemalereien, die die Heiligen zeigen, denen der Altar der Kapelle geweiht war: Fabian, Sebastian, Valentin, Christoph und Antonius. Die Reste der mittelalterlichen Ausstattung in der Kirche sind bedeutend, Gemälde und Schnitzfiguren eines unter böhmischem Einfluß arbeitenden Meisters vom ehemaligen Hochaltar aus der Zeit um 1430, besonders schön eine Sitzmadonna, die eigentlich zu einer früheren Datierung auffordert, ferner ein spätgotischer Taufstein und ein steinernes Sakramentshaus in Form eines Fialenbaldachins, figürlich geschmückt und auf 1507 datiert, ein gemalter Flügelaltar aus der ersten Hälfte des 16. Jh. (Beweinung Christi) von einem Meister aus der Cranachschule, eine Mondsichelmadonna um 1500 und eine Marienfigur aus einer Kreuzigungsgruppe um 1510. Dennoch ist das Bild des Inneren der Nikolaikirche bestimmt durch die Einrichtung aus nachreformatorischer Zeit: die Spätrenaissancekanzel von 1608, der Säulenaufbau des Hochaltars von 1700, die umlaufenden Emporen mit den Logen für die Ratsherren und der mächtige Orgelprospekt, für den Joachim Wagner 1728 das heute nicht mehr erhaltene Werk lieferte. An das Auftreten des Ablaßpredigers Tetzel 1517 erinnert der ›Tetzelkasten‹, eine eisenbeschlagene Baumtruhe.

Die *Franziskaner* haben sich erst sehr spät in Jüterbog niedergelassen. Ihr **Kloster** fand an der Stadtmauer im Norden der Stadt seinen Platz. Die ›Mönchenkirche‹, eine dreischiffige Backsteinhalle mit einschiffigem Chor, die zwischen 1480 und 1510 errichtet wurde, dient heute als *Bibliothek*. Erhalten blieben im Mittelschiff Gewölbemalereien aus dem

Jüterbog, St. Nikolai, Kapelle an der Südseite und Schiff mit Orgel und Kanzel

Jüterbog, Rathaus
mit Gerichtslaube

späten 15. Jh. – dargestellt sind ›Christus als Weltenrichter‹ und die ›Stigmatisation des heiligen Franz von Assisi‹ – sowie eine steinerne Renaissancekanzel, die Georg Schröter aus Torgau 1577 gearbeitet hat (der reliefgeschmückte Taufstein aus der Zeit um 1600 ist jetzt in der Belziger Marienkirche, s. S. 117). Von den Klostergebäuden an der Nordseite der Kirche ist noch der in mehreren Geschossen kreuzrippengewölbte Ostflügel der *Klausur* erhalten.

Das in seinem Erscheinungsbild wesentlich spätgotische **Rathaus** wurde um 1500 (urkundlich 1507) unter Einbeziehung eines Vorgängerbaus errichtet. Der zum Markt hin vortretende Teil, die *Gerichtslaube,* wurde 1493 von Meister Merten (siehe Nikolaikirche) mit einem Staffelgiebel versehen. Das Äußere bestimmen paarige Vorhangbogenfenster und das mächtige Satteldach. An der Nordostseite des Rathauses steht die Kopie einer Figur des hl. Mauritius (das Original von Meister Michels von 1508 im Heimatmuseum), der an die Herrschaft des Erzbistums Magdeburg gemahnt. Im Inneren sind die meisten Räume des zweigeschossigen Baues gewölbt. Die Zellengewölbe des Bürgermeisterzimmers ruhen auf einem gewundenen Mittelpfeiler. Man betritt den Raum durch eine schöne spätgotische Tür mit Rankenschnitzerei und einer Landsknechtsfigur im Mittelfeld.

Der **Stadthof** der *Äbte des Klosters Zinna* Am Planeberg 9 ist ein spätgotisches Gebäude aus Backstein mit Treppengiebeln und Kreuzrippengewölben im Inneren. Es beherbergt das *Heimatmuseum.* Unter den Exponaten befindet sich ein Stadtmodell, das Jüterbog um 1790 zeigt, sowie ein Diorama der Schlacht bei Dennewitz mit über 2 000 Zinnfiguren. Am 6. 9. 1813 wurde Marschall Ney dort vom preußischen General Bülow (von Dennewitz) geschlagen. Auf einem Hügel zwischen *Dennewitz* und *Niedergörsdorf* südwestlich von Jüterbog erinnert ein nach Schinkels Entwurf 1817 errichtetes *Denkmal* in Form eines gotischen Fialenturms aus Gußeisen auf einem Feldsteinsockel an die Schlacht. Am Fuß der Anhöhe steht ein ebenfalls in gotischen Formen gehaltenes *Wärterhaus*.

Nun zum 4 km nördlich von Jüterbog gelegenen **Kloster Zinna.** Das ehemalige Zisterzienserkloster hat der Magdeburger Erzbischof Wichmann 1171 gegründet und mit Mönchen aus Altenberg bei Köln besetzt. Offenbar sollte es wie die Stadt Jüterbog ein Stützpunkt für den Ausbau eines magdeburgischen Territoriums werden. Mit dem steinernen Bau der Kirche konnte aber erst nach Beendigung der kriegerischen Auseinandersetzungen in der Umgebung, die den Streit zwischen Heinrich dem Löwen und dem staufertreuen Erzbischof zur Ursache hatten, begonnen werden. Man datiert den Baubeginn um 1220. Die **Kirche** wurde als eine frühgotische kreuzförmige Pfeilerbasilika errichtet. Das Chorjoch wird von je zwei parallelen Kapellen an den Querschiffarmen eingefaßt. In dieser Form vertritt die Zinnaer Klosterkirche einen frühen und zur Entstehungszeit eigentlich schon überholten Typ von Zisterzienserkirchen des 12. Jh. Die Bauweise mit Granitquadern ist in ihrer Einfachheit und Exaktheit hier ganz besonders eindrucksvoll, verleiht aber dem Erscheinungsbild im ganzen etwas Archaisches. Chor und Kapellen sind innen

Kloster Zinna, ehem. Klosterkirche von Südosten

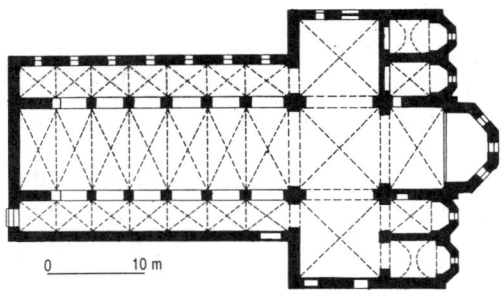

0 _____ 10 m

Kloster Zinna, Klosterkirche, Grundriß

halbrund, außen polygonal geschlossen und waren von Anfang an gewölbt, vielleicht auch das Querschiff. Das Langhaus mit spitzbogigen Arkaden auf quadratischen Pfeilern war ursprünglich flachgedeckt, seine Gewölbe stammen aus dem 15. Jh. Die Stuckkonsolen mit Laubrankenornament aber dürften von der ersten Bauzeit herrühren und dokumentieren möglicherweise bereits die Absicht einer Wölbung, zumindest in den Seitenschiffen.

Von der Kirchenausstattung seien die Reste des Chorgestühls aus der zweiten Hälfte des 14. Jh. hervorgehoben. Das Schriftfeld aus Fliesen im Chorfußboden ist eine in Zisterzienserkirchen beliebte Schmuckart. Es gibt den Englischen Gruß nach Lukas 1,28 wieder und dürfte im 13. oder frühen 14. Jh. entstanden sein. Die Sakramentsnische mit begleitenden Engelsfiguren gehört dem beginnenden 15. Jh. an. Die Glasmalereien in den Seitenfenstern der Hauptapsis aus dem frühen 16. Jh. stellen die Heiligen Benedikt und Bernhard dar. Ein barockes Wandgrab datiert aus der ersten Hälfte des 18. Jh., das schmiedeeiserne Gitter vor der Nordkapelle von etwa 1700.

Von den Klostergebäuden sind noch das *Siechen-* und *Gästehaus* aus dem 14. Jh. und das Abtshaus aus dem 15. Jh., die *Alte* und *Neue Abtei* (Farbabb. 8) erhalten. In der Kapelle des Abtshauses befinden sich qualitätvolle Wandmalereien. Im selben Gebäude ist das *Heimatmuseum* untergebracht, in dem die Geschichte des Klosters und der Weberkolonie dargestellt sind.

Das Kloster wurde 1553 aufgehoben und ging an die kurfürstliche Domänenkammer über, die Kirche wurde Pfarrkirche des Ortes. 1764 ließ Friedrich der Große eine Weberkolonie anlegen, aus der die Stadt *Kloster Zinna* hervorging. Bis 1777 wurde die neue Siedlung geometrisch kreuzförmig um einen achteckigen Marktplatz mit gleichförmig eingeschossigen Kolonistenhäusern aufgebaut. Hervorgehoben ist nur die Oberförsterei an der Westseite des Marktes, ein neunachsiger Bau mit Seitenflügeln und Mansarddach.

Verfolgt man den Höhenweg im Niederen Fläming nach Osten, so gelangt man nach Wiepersdorf und Dahme. Das **Herrenhaus** von **Wiepersdorf**, als Arnimschloß bekannt, wurde 1731–38 an der Stelle eines Festen Hauses aus dem 16. Jh. für den General Graf von Einsiedel neu erbaut, ein zweigeschossiger barocker Putzbau, dem später kurze eingeschossige Flügelbauten angefügt worden sind (1760 oder 1784). Achim von Arnim und Bettina von Arnim, geborene Brentano, bezogen Wiepersdorf erst 1814. Ihr Enkel, der

128

Wiepersdorf, das Schloß von der Gartenseite

Historienmaler Achim von Arnim, ließ die Gartenseite des Hauses 1880 entscheidend verändern, auch den im 19. Jh. zum Landschaftsgarten umgewandelten Park teilweise rebarockisieren und in Süddeutschland und Italien erworbene Freiplastiken darin aufstellen. Sein von ihm eingerichtetes Atelier in altdeutscher Manier mit einem selbst gemalten Deckengemälde hat sich erhalten, aus der ersten Bauzeit noch zwei Kamine und einige Rokokodekorationen. 1958 wurde das Innere restauriert und für die Nutzung als Schriftstellerheim (Bettina-von-Arnim-Heim) ausgebaut und eingerichtet. Dabei sind Graphiken, Gemälde und Familienbildnisse aus dem 18. Jh. und von der Hand Achim von Arnims museal in den Räumen angeordnet worden.

Die **Dorfkirche** ist im Ursprung spätmittelalterlich, aber 1894/95 neuromanisch überformt worden. Beim Chor der Kirche befindet sich der Begräbnisplatz der Familie von Arnim, auf dem auch das Dichterpaar bestattet ist. Die Grabsteine tragen eingravierte Schriften und sind mit Wappen- oder Inschriftplatten aus Bronze geschmückt. Von der älteren Ausstattung der Kirche seien der Kanzelaltar von 1711, ein Wappenrelief der Familie von Einsiedel aus vergoldetem Messing von 1745 und ein großes Wandbild in Grisailletechnik in der Herrschaftsloge von 1847, Flucht nach Ägypten, besonders erwähnt.

Dahme war Ziel des Magdeburger Vorstoßes entlang des Flämings. 1185 konnten die Erzbischöfe ihr Land Jüterbog um den 1164 schon einmal genannten einstigen slawischen Burgort am Übergang über eine Sumpfniederung der Dahme erweitern. Magdeburger Lehnsleute sind seit 1193 dort nachweisbar. Erst 1635 fiel Dahme an Sachsen und ging 1815 an Brandenburg-Preußen über. Aus einem dörflichen Suburbium wurde 1265 schon eine Stadt (civitas). Die Stadtanlage hat ein langgestrecktes Straßensystem in Rippenform mit drei Längs- und mehreren Querstraßen. Sie besaß eine Mauerbefestigung und zwei Tore, wovon größere Teile noch erhalten sind. Eine Nikolaikirche soll als die ältere Markt- und Kaufmannskirche an der Stelle gestanden haben, an der 1894 das Rathaus in prächtigen Neurenaissanceformen errichtet worden ist.

Die **Stadtkirche St. Marien** liegt abseits vom Markt nahe dem Stadtschloß. Von einem mittelalterlichen Feldsteinbau sind Reste mit frühgotischen Details (Portal und Fenster) vor allem am Ostteil vorhanden. Sollte auch der Westturm auf den Erstbau zurückgehen, dann müßte es sich um eine sehr langgestreckte Anlage gehandelt haben. Entscheidend für die jetzige Gestalt war die Erweiterung um einen südlichen Querarm, die dem Innenraum barocken Zentralcharakter auf T-förmigem Grundriß verliehen hat. Dem Erweiterungsteil, in den die Langhausemporen hufeisenförmig einbuchten, steht die Spätrenaissancekanzel gegenüber. Im Mittelfeld des Altaraufbaus, eine Stiftung aus dem Jahre 1678, findet sich die gemalte Darstellung der Stadt Jerusalem mit plastischen Figuren einer Kreuzigungsgruppe. Der Taufstein hat die Form einer Balustervase. Der reizvolle Charakter der Inneneinrichtung wird verstärkt durch drei sehr schöne Kronleuchter, von denen einer die Jahreszahl 1682 trägt. Im übrigen ist die malerische Wirkung von Raum und Ausstattung wohl erst durch die Restaurierung aus der Zeit um 1905 hervorgerufen worden, die das Ganze im Sinne einer ländlichen Handwerklichkeit stilisiert und vereinheitlicht hat.

Die Kirche ist umgeben von einer parkähnlichen Anlage des ehemaligen Friedhofs (Tor 1913); auf der Wiese stehen noch vereinzelt Grabmäler des 18. Jh. in Form von Sarkophagen und urnenbekrönten Säulen.

Dahme war von 1657 bis 1756 Residenz der Herzöge von Sachsen-Weißenfels. Das **Schloß** wurde 1713–19 nach dem Abriß der älteren Burg als große Anlage erbaut, die heute nur eine Ruine ist. Ein *Kavaliershaus* an der Nordseite und ein dreigeschossiges *Speichergebäude* aus Fachwerk an der Südseite stehen aber noch unter Dach. Der ehemals barocke *Schloßgarten* wurde 1924 als Stadtpark landschaftsgärtnerisch neu gestaltet.

Unter den Häusern der Stadt fällt das stattliche **Fachwerkhaus** in der *Töpferstraße 76*, wohl aus dem 18. Jh., auf. In ihm ist das *Heimatmuseum* untergebracht mit Exponaten zur Stadtgeschichte, zur Volkskunde des Fläming und zur Entwicklung des Blaudrucks. Zur geschichtlichen Bedeutung der Stadt sei abschließend bemerkt, daß um 1300 der Minnesänger Heinrich von Dahme hier lebte, der Lehrmeister des Sängers Frauenlob, daß 1503 der märkische Reformator Georg Buchholzer in Dahme geboren ist und daß sich während des Dreißigjährigen Krieges zeitweise Wallensteins Hauptquartier in Dahme befand.

Nordwestlich von Dahme trifft man in **Gebersdorf** noch einmal auf einen romanischen Granitquaderbau einer *Dorfkirche* nach dem üblichen Schema, ein Saal mit eingezogenem Chor und halbkreisförmiger Apsis.

Die kunstlandschaftliche Betrachtung des Fläming endet mit einem Blick auf die kleine Stadt **Baruth** an der Grenze zur Niederlausitz. In der Senke des ehemaligen Luckenwalder-Baruther Urstromtals war wohl schon in slawischer Zeit ein Wegepaß am nördlichen Rand des Niederen Fläming durch eine Burg gesichert. Im 12. Jh. hat sich das Erzbistum Magdeburg auch dieses Ortes bemächtigt. Im 13. und 14. Jh. ist die Burg nachweisbar Sitz eines nach ihr benannten Rittergeschlechts gewesen. Nahe der Burg bildete sich eine Marktsiedlung entlang einer ursprünglich als Knüppeldamm angelegten Hauptstraße mit in der Mitte gelegenem Markt- und Kirchplatz. Ende des 16. Jh. erwarben die Grafen Solms neben anderen Orten im Grenzgebiet zwischen Brandenburg und Lausitz auch Baruth und begründeten eine mit Sonderrechten ausgestattete Standesherrschaft, die sich bis ins 19. Jh. erhielt.

Die Grafen Solms waren auch die Patronatsherren der **Pfarrkirche St. Sebastian.** Als diese, eine dreischiffige spätgotische Halle, 1671 durch einen Brand stark beschädigt wurde, ließ sich das Grafenpaar mehrfach als Stifter und Geldgeber für den Wiederaufbau an der neuen Ausstattung, an Altar, Kanzel und Emporen, mit seinen Porträts verewigen. Diese neue Ausstattung, um 1680 von den Meistern Abraham Jäger und Michael Scheibe, besticht durch die Einheitlichkeit ihres Stils, geprägt durch die Vorherrschaft des hier doch etwas verspätet auftretenden Knorpelwerks und Ohrmuschelornaments sowie durch Spätrenaissancegliederungen aus manieristisch geformten Pilastern, Säulen und Hermen. Die Farbigkeit wird bestimmt durch eine Schwarz-Grau-Marmorierung, die alle rahmenden Teile einschließlich der Gestühlswangen überzieht und gleichsam den Grund bildet, von dem sich die Gemälde mit leuchtenden Farben abheben, die Altarbilder – Abendmahl, Kreuzigung und Auferstehung –, die Zwölf Apostel an der Kanzel und die auf die Buße hinweisenden Szenen am Beichtstuhl. Das Ganze steht delikat in einem weiß getünchten Raum, dessen dunkle Balkendecke von weiten spitzbogigen Arkaden auf massigen achtkantigen Pfeilern getragen wird. An der Nordseite ist eine mit der Halle gleichhohe und in zwei Jochen sterngewölbte Kapelle angebaut. Ursprünglich zum Schiff hin offen, hat man sie im vorigen Jahrhundert mit einer neugotischen Verkleidung als Patronatsloge abgetrennt. Im Untergeschoß befindet sich die Solmssche Gruft. Im Turmraum finden sich zwei spätgotische Altarflügel, die beidseitig bemalt sind mit den Heiligen Antonius und Magdalena sowie mit Christus als Schmerzensmann und Maria als Schmerzensmutter. – Nach außen wirkt der schlichte Baukörper vor allem durch das große, über dem dreiseitigen Ostschluß abgewalmte Satteldach. 1909 erhielt die Kirche einen zweitürmigen Westbau, um damit ein landschaftstypisches Architekturbild aus dem Mittelalter zu schaffen.

Östlich der Stadt erstreckt sich ein großer *Landschaftspark*, der, wie es ein Plan von 1838 überliefert, nach einem Entwurf von Peter Joseph Lenné gestaltet wurde. Das **Schloß** ist stark verändert, geht aber im Kern wohl noch auf das 17. Jh. zurück.

Das Havelland

Mit seltener Deutlichkeit läßt sich das geschichtliche Werden der Mark Brandenburg auch in ihren Teillandschaften verfolgen. Die Zauche ist schon vor der Belehnung Albrechts des Bären mit der Nordmark 1134 durch Schenkung in die Hand der Askanier gekommen. Der Fläming, der die Zauche im Süden begrenzt, leitet seinen Namen ab von Einwanderern aus den Niederlanden, die als Flamen 1174 und 1185 in und um Jüterbog schriftlich bezeugt sind und auf welche das Sprachgut der Gegend bis heute hinweist. Die Havel, deren Namen germanischen Ursprungs sein soll, verschaffte dem westslawischen Stamm der Stodoranen die Benennung Heveller; das ihnen gehörende Land beidseits des Flusses ist als Heveldun seit dem 9. Jh. im Altsächsischen belegt. Albrecht der Bär nahm es nach 1150, nach dem Tod des letzten Hevellerfürsten Pribislaw-Heinrich als dessen Erbe endgültig in Besitz, und seit 1244 ist auch die Bezeichnung terra Havellant überliefert. Sie meint das Gebiet nördlich der Zauche und der Havel, jene Landschaft, die vom Fluß in großem, von Oranienburg bis Rathenow nach Süden schwingendem Bogen umschlossen wird und an ihrer Nordseite die ›Ländchen‹ Glin (Kremmen), Bellin (Fehrbellin), Friesack und Rhinow einbezieht. An der Ostseite sind größere Teile des später in Ost- und Westhavelland unterteilten und begrenzten Gebiets 1920 an Groß-Berlin übergegangen, so auch der einstige Hauptort Spandau. Brandenburg, von der Gründung her mit der Neustadt zur Zauche und mit der Altstadt zum Havelland gehörig, wurde nach der Vereinigung beider Städte 1715 mehr zum Havelland gezählt und schied 1881 als kreisfreie Stadt aus dem Verwaltungsverband aus. So gelten schließlich Nauen als Hauptort des Ost- und Rathenow als Hauptort des Westhavellandes.

Die Städte des Havellandes liegen peripher und an den Gewässern. In dieser Lage hatten sie Bedeutung für die Landnahme und Kolonisation im 12. und frühen 13. Jh., bisweilen wird ihre strategische Rolle schon im 10. Jh. sichtbar. So wurde **Pritzerbe** in der Gründungsurkunde des Brandenburger Bistums 948 als ›civitas Pricervi‹ geführt, später von den Bischöfen nur oppidum oder gar villa (1227), auch Städtlein genannt. Offenbar hat es sich um einen

Rathenow, Stadtansicht. Zeichnung von Daniel Petzold, um 1710

132

schon in ottonischer Zeit angelegten Burgward gehandelt, der dem Schutz einer Fähr-
stelle über die Havel auf dem Wege von Havelberg nach Brandenburg diente. Zeitweilig
war Pritzerbe bischöfliche Residenz, die aber schließlich zugunsten von Ziesar aufgegeben worden ist. Die Siedlung bei der Burg wurde nach Bränden 1689 und 1773 wiederaufgebaut und erhielt dabei ihren heutigen, veränderten Grundriß. Die **Kirche** ist ein Putzbau mit quadratischem Westturm, und ihre Ausstattung ist das Ergebnis von Erweiterungen des 17. und 18. Jh. (1690 und 1740). Das Innere ist als Emporensaal ausgebildet. Die
schöne Rokokoorgel mit einem Werk von Joachim Wagner wurde um 1730 für das Potsdamer Militärwaisenhaus erbaut und kam durch königliche Schenkung (1789) hierher.

Auch in **Rathenow** ist eine Havelfurt Ausgang der Siedlungs- und Stadtentstehung.
Dicht bis an die Havel heranreichende Hochflächen bilden die Voraussetzung für einen
günstigen Übergang über den sonst von sumpfigen Niederungen eingefaßten Fluß. Eine
Burg muß schon früh zur Sicherung vorhanden gewesen sein, ebenso slawische Fischer-
siedlungen an beiden Flußufern. Die Anlage der deutschen Siedlung des 12. Jh. erfolgte
am Ostufer, eine Stammsiedlung um die Kirche mit radialer Straßenführung und Markt
auf einer Anhöhe am Fluß ist noch heute erkennbar. Die eigentliche Stadtgründung mit
planmäßig gitterförmigem Straßennetz kam möglicherweise erst gegen Mitte des 13. Jh.
nördlich davon zustande. Das Stadtrecht wurde 1288 verliehen. Doch bereits 1216
erscheint Rathenow mit Plaue und Pritzerbe als Grenzort des Brandenburger Archidiako-
natsgebiets, und märkischer Grenzort gegen das Erzbistum Magdeburg blieb es bis ins 17.

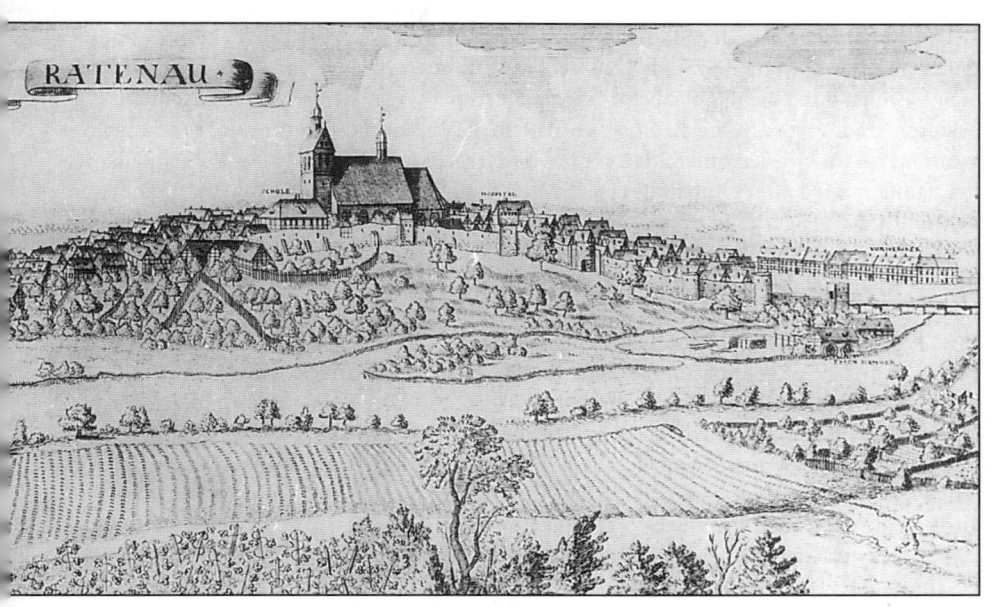

Rathenow, Denkmal des Großen Kurfürsten

Jh. Nach dem Dreißigjährigen Krieg und dem Schwedenkrieg 1675 erlebte die Stadt einen Aufschwung unter Friedrich Wilhelm I. durch die Anlage der Neustadt als Garnisonstadt zwischen 1733 und 1740 mit Paradeplatz und neuem Markt. In dieser Zeit wurde auf dem ehemaligen Garnisons- und heutigen Schleusenplatz, der von zweigeschossigen Typenhäusern, fünfachsig unter Walmdächern, umstanden ist, das **Denkmal für den Großen Kurfürsten** aufgestellt, eine Sandsteinfigur auf hohem Sockel in der Kleidung eines antiken Herrschers, am Postament mit Schlachtenreliefs und Sitzfiguren gefesselter Sklaven, darin deutlich das Vorbild von Schlüters Kurfürstendenkmal in Berlin erkennen lassend. 1736–38 schuf Johann Georg Glume d. Ä. dieses Werk, das zu den bedeutendsten brandenburgisch-preußischer Barockplastik zählt, angeblich nach einem Modell von Berthold Damart.

Der romanische Bau der **Stadtkirche St. Marien und Andreas** dürfte zum Zeitpunkt der ersten Erwähnung der Stadt 1216 bereits gestanden haben, eine kreuzförmige Backsteinbasilika mit einem querrechteckigen Westturm, von deren Querhaus noch Teile erhalten sind. An das Querhaus ist im frühen 15. Jh. ein Hallenumgangschor angefügt worden, der im Norden und Süden symmetrisch recht originell von zwei Polygonalkapellen flankiert wird. Der Umbau des basilikalen Langhauses zur Halle soll erst 1517 begonnen und 1562 vollendet worden sein. Als Baumeister ist Andreas Lindemann überliefert.

Den romanischen Westturm hatte man damals beibehalten, eine in märkischen Städten immer wieder zu beobachtende Erscheinung. Stadtansichten des 17. Jh. zeigen ihn, erst 1727 wurde an ihm verändernd gebaut. Doch führte seine zunehmende Baufälligkeit 1818/19 zum Abbruch. Schinkel erhielt den Auftrag zum Entwurf für einen neuen Turm. Mit großem Engagement konzipierte er ihn in klassischen Formen wie ein Denkmal, wie eine Siegessäule für die Befreiungskriege, bekrönt mit einer Statue des mit dem Drachen kämpfenden Erzengels Michael. Schinkel empfahl »die Konstruktion aus dem schönen Rathenower Backstein«. Zweifellos hatte er für die kleine Stadt mit seinem monumentalen Entwurf nicht das Richtige getroffen, man wünschte sich einen verputzten gotischen Turm und führte den Entwurf von Ziller und Redtel aus.

Von der mittelalterlichen Ausstattung ist der *Flügelaltar* erhalten, ein Schrein mit fünf geschnitzten Figuren und zwei beidseitig mit Heiligenfiguren bemalten Flügeln. Diese

Malereien werden als Werk eines Meisters angesehen, der sie unter dem Einfluß der böhmischen Kunst in den siebziger Jahren des 14. Jh. geschaffen hat. Doch zeigt das Fehlen des Räumlichen, ganz im Gegensatz zur böhmischen Malerei der zweiten Hälfte des 14. Jh., die Rathenower Malereien noch ganz in der Tradition des frühen 14. Jh. und kölnischen Malereien nicht unähnlich.

Ein zweites bemerkenswertes Stück aus dem Mittelalter besitzt die Rathenower Kirche in dem spätromanischen *Abendmahlskelch,* ein Prachtwerk niedersächsischer Goldschmiedekunst der Zeit um 1260. Der Fuß ist mit Reliefbildern geschmückt, die die Geburt und die Kreuzigung Christi sowie die Madonna und den thronenden Christus, dazwischen die Symbole der Evangelisten zeigen. An der Kuppa finden sich gravierte Darstellungen, der Sündenfall und drei alttestamentliche Szenen, die auf das Kernstück der Messe hinweisen, die Opferung Isaaks, die Anbetung der Ehernen Schlange und Abraham und Melchisedek vor dem Altar. Erklärende Inschriften in lateinischer Sprache rahmen die Medaillons. Die Patene zeigt das gravierte Bild eines Gnadenstuhls, Gottvater mit dem Gekreuzigten und der Taube des hl. Geistes, die seit dem 13. Jh. verbreitete Darstellung der Dreieinigkeit. – Auf dem Dunckerplatz nahe dem Bahnhof steht das *Denkmal für J. H. August Duncker,* eine 1885 von Alexander Calandrelli geschaffene Bronzebüste des Begründers der optischen Industrie in Rathenow; Duncker wurde 1767 in der Stadt geboren und legte den Grund für eine später Weltruf genießende Produktion.

Rathenow, Stadtkirche St. Marien und Andreas, Mittelschrein des Hochaltars

Im Zweiten Weltkrieg erlitt Rathenow schwere Zerstörungen. Die Wiederaufbaupläne, an denen Otto Haesler und Karl Völker beteiligt waren, sind 1950/51 nur zu Teilen realisiert worden. Otto Haesler hatte schon 1928/29 in Rathenow gebaut, eine Wohnsiedlung am Friedrich-Ebert-Ring, deren dreigeschossige Blocks durch verglaste Treppenhausachsen gegliedert werden. Sie gehört zu den namhaften Beispielen der Reformbestrebungen im Wohnungsbau in der Zeit Neuer Sachlichkeit.

Von den romanischen Backsteinbauten der näheren Umgebung sind zu nennen die in Bützer, südlich auf dem linken Havelufer gelegen, und in Hohennauen, nördlich am Hohennauener See gelegen, wo der große Havelländische Hauptkanal einmündet. In **Bützer** ist es ein flachgedeckter Saal mit eingezogenem kreuzgratgewölbtem Chor und halbkreisförmiger, kuppelig gewölbter Apsis, in der sich spätgotische Wandmalereien befinden; unter den Darstellungen ein Michael als Seelenwäger. In **Hohennauen** ist nur noch der spätromanische Turm erhalten, das Schiff dagegen ist durch einen barocken Putzbau 1710–20 ersetzt worden. Zu seiner Ausstattung mit bedeutenden Schnitzwerken als Altar und Kanzel gehören auch mehrere Epitaphien der Familie von der Hagen, die von Angehörigen der Berliner Bildhauerfamilie Meyer, Friedrich Elias d. J. und Wilhelm Christian, ausgeführt wurden.

Das östlich havellandeinwärts liegende **Buckow** besitzt eine außergewöhnlich große gotische **Backsteinkirche,** einen Rechteckbau, der einen Westturm einbezieht und dessen Langseiten mit einer Reihe schlanker Spitzbogenfenster und Blenden gegliedert sind; das mächtige Satteldach wird an der Ostseite durch einen Pfeilergiebel abgeschlossen.

Der **Rhin,** ein von fremden Siedlern in Erinnerung an ihre Heimat benannter Fluß, kommt ähnlich wie die Havel selbst aus dem seenreichen mecklenburgischen Grenzgebiet. Vom Rheinsberger See nimmt er in gewundenem Lauf seinen Weg nach Süden zum

Buckow, gotische Backsteinkirche

Neuruppiner See, den er dann in westlicher Richtung verläßt, um mehr als Kanal denn als natürliches Gewässer durch das langgestreckte, landschaftlich überaus reizvolle und im Mittelalter auch Schutz bietende, weil unwegsame Rhinluch in den Gülper See und unweit flußaufwärts von Havelberg in die Havel zu münden. Die Regulierung des Rhin geht auf Meliorationen zurück, die Friedrich der Große 1779 veranlaßt hat. Vor dem See, am Fuße des 110 m hohen Gollenberges – auf dem Otto Lilienthal seine Flugversuche unternahm und 1896 den Tod fand, woran ein Denkmal erinnert – liegt das Städtchen **Rhinow** als Hauptort des gleichnamigen und westlichsten der ›Ländchen‹, die der Rhin verbindet und die im Norden die Grenze des Havellandes begleiten.

Sogenannte Freiedle hatten sich im Zuge der Erstbesiedlung das Ländchen Rhinow angeeignet, doch muß es später in den Besitz der Markgrafen gekommen sein, die wohl auch die Gründung der Stadt vorgenommen haben. Offenbar ist eine ältere Siedlung am Ende des 13. Jh. von ihrem ursprünglichen an den heutigen Platz verlegt und erst dabei die *Stadtkirche* mit dem für landesherrlich-askanische Gründungen typischen Westquerturm aus Granitquadern errichtet worden. Das Schiff der Kirche wurde 1734–45 erneuert, und daher rührt auch ihre Innenausstattung.

Östlich von Rhinow, auf einer Inselerhebung im Luch, legten Adlige, in denen man die magdeburgischen Ministerialen von Jerichow vermutet, im Verlauf des Wendenkreuzzugs 1147 die **Burg Friesack** an, von der aus sie die Herrschaft über das Ländchen gleichen Namens mit allen landesherrlichen Rechten ausübten und sich nach ihm Edle Herren (nobiles) von Friesack nannten. Nach dem Erlöschen ihres Hauses fiel das Gebiet an die Markgrafen, die 1335 die Familie von Bredow mit Friesack belehnten. Damals wurde der Ort bereits ›stat du frisac‹ genannt. Neben der Burg war eine durch rippenförmig angeordnete Straßen erweiterte Angersiedlung entstanden, deren **Kirche** zwischen Markt und Burg ihren Platz hatte. Der ältere Bau der Stadtkirche wurde 1841 Opfer eines Stadtbrandes und 1844 durch einen Backsteinbau im Rundbogenstil der Zeit mit halbkreisförmiger Apsis und quadratischem Westturm ersetzt.

Nordöstlich von Friesack erhebt sich eine Grundmoräneninsel zwischen dem Havelländischen und dem Rhinluch, das *Ländchen Bellin*. Am Nordrand liegt ein unter diesem Namen 1216 bezeugter askanischer Burgward. Die Burg schützte den Rhinübergang mit der ›Fähre Bellin‹, wovon sich der spätere, wohl erst im 16. Jh. üblich gewordene Name **Fehrbellin** ableitet.

Das heute als **Stadtkirche** des Hauptortes im Ländchen geltende Gotteshaus wurde 1867, angeblich nach einem Entwurf des 1865 verstorbenen Friedrich August Stüler, für das erst 1928 eingemeindete Dorf Feldberg gebaut. Die Kirche steht auf der höchsten Stelle des von Ost nach West ansteigenden Dorfangers und nimmt den Platz eines älteren Kirchbaus des bereits 1238 nachweisbaren Ortes ein. Aus diesem ist das Grabdenkmal des 1555 verstorbenen Hans von Arnim in die neue Kirche übernommen. In etwas reicher angewendeten neugotischen Formen folgt der in gelben Backsteinen über einem Feldsteinsockel errichtete Bau dem bekannten Schema eines weiträumigen Saals (vgl. Niemegk), der durch ein eingestelltes Stützensystem in drei Schiffe unterteilt wird. Die Stüt-

Fehrbellin, Büste des Großen Kurfürsten am Sockel des Siegesdenkmals bei Hakenberg

zen tragen die Emporen der Seitenschiffe und über spitzbogigen Gurten die Bretterdecke mit einem ›basilikal‹ gebrochenen Querschnitt. Nach Osten schließt ein rippengewölbtes Chorpolygon den Bau ab. Vor der Westseite steht der charakteristische schlanke Turm mit hoher achtseitig gemauerter Haube.

Die Fähre bei *Bellin* ist seit 1616 durch Brücke und Dammstraße ersetzt. Der Übergang war im Dreißigjährigen Krieg mehrfach umkämpft, die Schwedenschlacht des Großen Kurfürsten, von der die Berühmtheit des Ortsnamen herrührt, fand 1675 7 km südöstlich bei dem Dorf *Hakenberg* statt. 2 km südlich davon wurde um 1800 ein *Denkmal* für die Schlacht in Form eines seit 1857 von einem Gitter umgebenen Vasenpostaments aufgerichtet. Zum 200. Jahrestag der siegreichen Schlacht wurde unweit auf einem künstlichen Hügel ein *Aussichtsturm* in Form einer Säule errichtet, den ein Bronzenachguß der Viktoria von Christian Daniel Rauch krönt. Am Sockel fand eine monumentalisierte Nachbildung der Büste des Großen Kurfürsten von Andreas Schlüter durch Albert Wolff 1879 ihren Platz.

Noch weiter östlich stößt man in **Kremmen** auf den Hauptort des *Ländchens Glin,* einer Landbrücke zwischen Havelland, Ruppin und Barnim im äußersten Nordosten des Havellandes, zu dem die Kette der Ländchen ja gezählt wird. Die heute recht abseits gelegene Stadt Kremmen war schon 1217 erwähnt und hatte in der Zeit der Landnahme offenbar größere Bedeutung. Albrecht der Bär hatte dort eine Burg, das Haus Kremmen, an den Zugängen der durch das Luch führenden Dämme anlegen lassen. Die Stadt nahm von einer Kaufmannssiedlung mit einer Nikolaikirche im Zentrum eines radialen Straßensystems und mit einem Straßenmarkt (Hohe Straße) ihren Ausgang, erhielt ihr Recht vermutlich von Spandau um 1232 und wurde schließlich unter Einbeziehung eines wendischen Kietzes ummauert.

Der erste Bau der **Stadtkirche St. Nikolai** aus Feldsteinen scheint ein einschiffiger frühgotischer Saal gewesen zu sein, mit eingezogenem, gerade geschlossenem Chor, in dem zwei spätgotische Sterngewölbejoche Platz fanden. Das dreischiffige Langhaus aus Backstein entstammt dem 15. Jh., der Westturm ist das Ergebnis eines Wiederaufbaus im Jahre 1928. Die außergewöhnlich vollständige Barockausstattung rührt von Stiftungen der Bürger und des ›Churfürstlich-Brandenburgischen General-Wachtmeisters von der Lüttken‹ her, der nach dem Brand von Stadt und Kirche im Jahre 1680 Patron war. Die Altargemälde hat der Bürgermeister und Maler in Kremmen, Clemens Colas, 1687 geschaffen. Die Kanzel wurde 1690 getischlert und 1694 bemalt. Gleichzeitig wurden die Taufe und ein Gedächtnisbild für den Sohn Lüttkes, der 1691 in den Türkenkriegen gefallen war, angefertigt. Älter sind die Emporen im Chor, laut Inschrift von 1603, an deren Brüstung die Zwölf Apostel dargestellt sind. Unter der südlichen Empore steht der Lüttkesche Patronatsstuhl.

Südöstlich von Kremmen liegen Vehlefanz und Velten. Beide Orte spielen schon im Mittelalter eine Rolle, Vehlefanz als Burgort – Reste sind erhalten –, Velten als ein um 1180 von fremden Siedlern angelegtes Dorf. In **Vehlefanz** ist die **Dorfkirche** samt ihrer Ausstattung bemerkenswert, ein spätmittelalterlicher Saal, der im 18. Jh. kreuzförmig erweitert worden ist. Im Altaraufsatz finden sich acht Schnitzfiguren des 15. Jh., besonders beeindruckend ist das Triumphkreuz aus der zweiten Hälfte des 14. Jh., ausdrucksstark der Corpus und seine Farbfassung, ikonographisch außergewöhnlich die Thematik der kreisförmigen Medaillons an den Kreuzesenden (Gottvater mit der Seele des verstorbenen Sohnes?). – **Velten,** ein Angerdorf, das 1935 zur Stadt erhoben wurde, ist seit der Entdeckung der mächtigen Lager von weißem Töpferton zum Industrieort für die Ofenfabrikation herangewachsen. Heute ist dort mehr die kunsthandwerkliche Produktion durch Hedwig Bollhagen, der namhaften Reformerin in der Gestaltung von Gebrauchsgut, vertreten. Einblick erhält man im *Keramikmuseum.*

Nauen verdankt seine zentrale Lage im Havelland der geographischen Situation am Rand des Havelländischen Luchs und am Beginn eines Damms durchs Luch nach Nordosten auf Kremmen zu. Um den Anfang dieses Übergangs zu sichern, soll schon im 10. Jh. hier eine Burg bestanden haben. Gesichert ist sie für die Zeit Albrechts des Bären und war Ausgang einer städtischen Siedlung. Die Anlage erfolgte neben der Burgsiedlung mit unregelmäßiger Straßenführung im Zweistraßensystem und einem ausgesparten Quartier für die **Kirche St. Jakobi.** Von einer nicht erhaltenen Nikolaikirche vor dem Dammtor, also wohl einer Marktkirche, ist im 14. Jh. die Rede, möglicherweise der Hinweis auf einen frühen, nördlich außerhalb der Burgsiedlung gelegenen Markt, der erst später in die Marktstraße verlegt und in die Stadt einbezogen worden ist. Der stehende Kirchbau, eine dreischiffige Backsteinhalle mit polygonalem Umgangschor, geht auf das spätere Mittelalter zurück. Das Innere ist mit Kreuzrippengewölben gedeckt, die von kräftigen Achteckpfeilern getragen werden. Das sterngewölbte Erdgeschoß des südlichen Anbaus dient als Sakristei. Erneuerungen fanden 1695, 1742 und 1785 (barocker Turmaufsatz mit geschweifter Haube) sowie 1845 und 1875 statt (Erneuerung der Fenster und Portale). Die neugotische Einrichtung – Gestühl, Emporen, Kanzel und Orgel – stammt von 1875. Die liturgischen Ausstattungsstücke im Chor dagegen, der Altaraufsatz und die marmorne Taufe, sind qualitätvolle Barockwerke aus dem ersten Viertel des 18. Jh., wie man sie im östlichen Havelland mehrfach findet.

Mit ihren winkeligen oder am Altstadtrand im Bogen geführten Straßen und einer noch mehr oder weniger gut erhaltenen Bebauung mit ein- bis zweigeschossigen Häusern bietet Nauen den Eindruck einer älteren Landstadt und läßt wenig ahnen, daß es im Einzugsbereich des im 20. Jh. zur Weltstadt gewachsenen Berlin liegt. Doch hat gerade diese

Nähe zu einer wichtigen baulichen Anlage bei Nauen geführt, die mit dem ›Nauener Zeit-zeichen‹ den Ort in Deutschland bekannt gemacht hat. Etwa 5 km nördlich wurde 1905 die erste deutsche *Großfunkstelle* eingerichtet. 1917–19 erbaute Hermann Muthesius neue Gebäude für die Station, einen symmetrischen Klinkerbau mit einer kreuzförmigen Maschinenhalle. Die zugehörige Werksiedlung ist gleichfalls ein Werk von Muthesius.

Havellandwestwärts von Nauen liegt **Pessin**, dessen **Herrenhaus** zu den ›festen‹ Wohnsitzen des niederen Landadels der Mark im späten Mittelalter gerechnet wird. Die Datierung der Erbauung in das Jahr 1419 würde den Kern des historistisch überformten zweigeschossigen Fachwerkhauses zu einer Inkunabel der märkischen Herrenhäuser überhaupt machen. Die zu erschließende räumliche Gliederung enthielt eine mittlere Diele mit dem Zugang an der Langseite des Hauses. Ihre Größe, auch die Heizbarkeit, machte sie zum Hauptraum des Hauses, der von der Herrschaft und dem Gesinde gemeinsam benutzt wurde. Gleichzeitig konnten die anderen hier asymmetrisch zur Diele angeordneten Räume des Hauses über sie erschlossen werden. Zu vermuten ist, daß sich bei diesem frühen Haustyp die Küche mit in der Diele befand; erst später wurde sie in einen axial zu ihr liegenden Anbau verlegt. Ebenso kann es für die Treppe zum Obergeschoß in einer späteren Phase einen Anbau gegeben haben wie an den Schlössern und Herrenhäusern der Renaissance, auf deren Grundrißgestalt und Raumverteilung die in Pessin zu ermittelnde Form eines spätmittelalterlichen Wohnhauses eingewirkt hat (vgl. Bagow, Demerthin u. a.).

Begegnen somit in den Randgebieten des Havellandes meist in ihrer Geschichte bis auf die Anfänge der askanischen Landnahme im 12. Jh. zurückgehende Orte, so erfuhr das zu großen Teilen sumpfige Binnenland seine Erschließung erst im 17. und 18. Jh., vornehm-lich aber unter König Friedrich Wilhelm I. zwischen 1718 und 1724 durch Entwässerung und Urbarmachung von Wiesen und Äckern. Von da ab nahmen auch hier bekannte mär-kische Adelsfamilien ihren Sitz und hinterließen bemerkenswerte Zeugen ländlicher Herrschaft: Herrenhäuser, Schlösser und Gärten, auch beachtliche Ausstattungen in den Patronatskirchen ihrer Dörfer. So zeichnet sich gerade die **Dorfkirche** des südlich von Nauen gelegenen **Markau** (Markee-Markau) durch eine üppige Barockausstattung mit einem hohen Altaraufbau, einer Kanzel und zwei Herrschaftslogen aus. Der Figuren-reichtum des Altars, die Evangelisten und ihre Symbole, der Triumph der Trinität und weitere Allegorien, ist für die märkische Kunstlandschaft ungewöhnlich. Das Entste-hungsdatum 1758 ist relativ spät, die Herkunft der Künstler wird aus Niedersachsen, viel-leicht aus der halberstädter-magdeburgischen Gegend angenommen. Prächtig auch die Kanzel mit geschweiftem Korb, den eine bewegte Engelsfigur trägt. Die Patronatsloge an der Nordseite ist zweigeschossig, angeblich unten für die Gutsbeamten und oben für die Herrschaft. Die Kirche selbst ist ein Backsteinbau auf kreuzförmigem Grundriß und an der Ostseite polygonal geschlossen. Der Westturm mit Feldsteinmauerwerk stammt

Markau, barocker Altaraufbau und Patronatsloge in der Dorfkirche ▷

wohl vom mittelalterlichen Vorgängerbau. Über dem Sandsteinportal am nördlichen Querarm findet sich das Allianzwappen der Familie von Bredow.

Älter, aber nicht weniger kunstlandschaftliche Ausnahme ist die **Dorfkirche in Tremmen**, ein Backsteinbau des frühen 15. Jh., der auf gestreckt rechteckigem Grundriß in fünf Jochen kreuzrippengewölbt ist. Das zweite Joch von Westen ist beidseitig kreuzförmig erweitert durch Kapellen, über denen sich Türme erheben. Die Turmobergeschosse haben ihre barocken Schweifhauben 1724 erhalten. Am Westgiebel wird in Dachgesimshöhe eine Außenkanzel von einem mittleren Strebepfeiler gestützt. Sie wird als Reliquienbühne gedeutet und würde Tremmen somit als Wallfahrtsort ausweisen. Der von reich geschnitzten Akanthuswangen eingefaßte Kanzelaltar mit einer erneuerten Farbfassung ist auf 1715 datiert. Die Sandsteintaufe mit einem Blattfries als Dekor ist spätromanischen Ursprungs.

Die Herrensitze von Bagow, Ketzür und Roskow liegen wieder in Gewässernähe, nordöstlich von Brandenburg am Beetzsee oder nahe der Havel. In **Bagow** ist das ehemalige **Gutshaus** durch Inschrift auf 1545 datiert, eines der seltenen erhaltenen Beispiele des frühen Renaissanceschloßbaus in der Mark Brandenburg, ein beeindruckend hoher unverputzter Backsteinbau von zwei Geschossen mit steilem Satteldach im Charakter eines Festen Hauses. Das durch Übergiebelung besonders hervorgehobene Portal steht außerhalb der Achse der Mitteldiele im Inneren, wo rechts zwei Räume mit reicheren Sterngewölben gedeckt sind. Die symmetrisch auf der linken Seite angeordneten Räume haben flache Decken; die Keller sind tonnengewölbt. Eine Sandsteinsupraporte trägt das Bildnis des Bauherrn von Schlieben.

Bagow und Päwesin, zu dem ersteres heute eingemeindet ist, besetzen gleichsam den Wegepaß zwischen dem nördlichsten Ausläufer des *Beetzsees* und dem in der eiszeitlichen Rinne sich anschließenden *Riewendsee*, und das Feste Haus zu Bagow mag einst für den Schutz gesorgt haben. Die barocke *Dorfkirche* in **Päwesin** hat der auch in Reckahn tätige Baumeister Heins aus Brandenburg 1727/28 errichtet. Ihre einheitliche Ausstattung aus der Bauzeit fällt durch das naturfarben belassene Eichenholz besonders auf.

Ketzür liegt am Nordufer des Beetzsees weiter auf Brandenburg zu. Das **Gutshaus**, ein zweigeschossiger Putzbau, geht auch auf das 16. Jh. zurück, an einem Erkervorbau hat sich ein Schweifgiebel der Spätrenaissance erhalten, im Ganzen aber ist es 1752 und später entscheidend verändert worden. In der **Kirche** dagegen hat sich ein bedeutendes Denkmal der ehemaligen Gutsherrschaft erhalten, das große Epitaph für die Familie von Brösicke, das Christoph Dehne aus Magdeburg 1611–13 geschaffen hat, ein raumhoher Aufbau aus Sandstein, Marmor und Alabaster. Adam und Eva tragen als kniende Atlanten das Podest, auf dem die lebensgroß dargestellten Mitglieder der Familie vor den Bildern der Erlösung nach einem interessanten Programm protestantischer Ikonographie beten. Die Dorfkirche selbst, ursprünglich ein Oktogon mit Apsis aus dem 13. Jh.,

◁ *Tremmen, Westfront der Dorfkirche mit Außenkanzel*

Ketzür, Epitaph der Fam. von Brösicke in der Dorfkirche

wurde im 15. Jh. erhöht und durch einen Turm ergänzt. 1599 schließlich wurde das stattliche Schiff angefügt mit einem mehrgeschossigen Schweifgiebel über der Ostwand. Die malerische Ausstattung aus dem beginnenden 17. Jh. ist in der originalen Polychromie sehr gut bewahrt worden, insbesondere die bemalte Balkendecke.

Das bedeutsame Aussehen des **Herrenhauses** in **Roskow** zwischen Havel und Beetzsee ist die Folge einer historistischen Überformung von etwa 1880/90. Erst aus dieser Zeit stammt der aufwendige Dekor der dreiachsigen Mittelrisalite und ihrer Giebel. Die 1723–27 errichtete zweigeschossige Dreiflügelanlage war bedeutend schlichter. Der Festsaal im Obergeschoß zeigt noch Reste der ursprünglichen Stuckarbeiten. Die *Dorfkirche* aus der gleichen Zeit ist einer der seltenen kreuzförmigen Zentralbauten in der Kirchenbaukunst des 18. Jh. im Brandenburgischen. Sie besitzt im Inneren Emporen und Stuben und einen Kanzelaltar von 1724.

Eine stattliche barocke Dreiflügelanlage von 1737 war einst auch das **Schloß** in **Nennhausen** bei Rathenow. Sie wurde im 19. Jh. um den rechten Seitenflügel reduziert und durch den Architekten Ferdinand von Arnim 1860 gotisierend verändert im Sinne eines englischen Landsitzes im Tudorstil. Einiges von der originalen Innenausstattung ist noch erhalten, Wappenkartuschen, Kaminaufsätze etc. In der **Dorfkirche** begegnet abermals ein Werk des Christoph Dehne aus Magdeburg, das Epitaph für G. von Lochow († 1612), welches auf 1614 datiert ist. Der Aufbau in mehreren Geschossen aus den gleichen Materialien und mit einer ähnlichen Ikonographie wie das Epitaph Brösicke in Ketzür, die phantastischen Formen der Gliederungen und des Dekors sowie bewegte Haltungen im Figürlichen machen die Stellung der Arbeit zwischen Spätrenaissance und Barock in besonders eindrücklicher Weise deutlich. Weitere Grabmäler der Familie von Rochow vervollständigen die auch sonst interessante Ausstattung der Roskower Dorfkirche, darunter eines von 1854, das den Architekten Friedrich Adler als Schöpfer auch plastischer Werke zeigt.

Nicht eigentlich zum Havelland gehörig, aber durch die neue Gebietseinteilung dem Lande Brandenburg zugeschlagen, sind einige Ortschaften westlich von Premnitz und Rathenow. Davon besitzt **Schmetzdorf** eine hervorragend erhaltene **Backsteinkirche** des frühen 13. Jh. mit hohem Westturm, kurzem Schiff, schmalerem Chor und halbkreisförmiger Apsis. Das Äußere ist mit Ecklisenen und Konsolfriesen charakteristisch gegliedert. Im Inneren sind Turmhalle und Schiff flachgedeckt, der Chor besitzt ein Kreuzgratgewölbe auf Eckdiensten. In Schiff und Chor sind die Reste mehrerer spätgotischer Schnitzaltäre, Figuren und Malereien verteilt.

Die **Dorfkirche** von **Milow** ist ein größerer Fachwerkbau aus dem Jahre 1695, den an der Westseite ein Dachturm unter einer geschweiften Haube ziert. Das Innere ist durch eine Emporenanlage dreischiffig gestaltet und die hölzerne Felderdecke mit einer bemerkenswerten Bemalung versehen: Christus ist umgeben von Engeln, die die Marterwerkzeuge der Passion tragen. An den Emporenbrüstungen finden sich Halbfigurenbilder von alt- und neutestamentlichen Personen. Der Altaraufbau und die Kanzel sind ebenfalls Werke des ausgehenden 17. Jh. An die Familie von Treskow erinnern Epitaphien vom 16. bis zum 18. Jh.

Prignitz und Ruppin

Die Landschaften der Prignitz, des Landes Ruppin und der Uckermark unterscheiden sich in ihrem geschichtlichen Werden von dem des Havellandes und der Zauche. Während diese durch Schenkung und Erbe den Askaniern auf friedliche Art zufielen, ist der nördliche Teil des Gebiets, mit dem die Markgrafen belehnt worden waren, nur durch kriegerische Handlungen zu gewinnen gewesen. Den ersten Vorstoß auf Havelberg unternahm Albrecht der Bär 1136, der zweite 1147 ist als Wendenkreuzzug in die Geschichte eingegangen und galt der Unterwerfung slawischer Kleinstämme sowie der Abwehr der von Nordosten andrängenden Pommern. Der Markgraf und der Bischof von Havelberg waren begleitet von harzländischem Kleinadel, von Edelfreien und Ministerialen, die im gewonnenen Land ihren Sitz nahmen, den sie oft sehr lange, zuweilen bis in unser Jahrhundert, behaupteten. Sprichwörtlich stehen dafür die ›Gänse‹ von Putlitz. Die stärksten waren die Grafen von Ruppin, die, nach ihrem Stammsitz am Harz, von Arnstein, später von Lindow hießen, bis sie schließlich den Hauptort ihrer Herrschaft zum Namen wählten. Das Geschlecht erlosch 1524, und sein Territorium im Norden der Mark um den Rhin zwischen Dosse und oberer Havel fiel an das markgräflich-kurfürstliche Haus.

Die kleinadligen Herrschaften derer von Putlitz und Plotho verkleinerten sich schon im 13. Jh. zugunsten der Markgrafen. Aber zunächst gründeten die Freiedlen wie die Markgrafen Städte und Klöster, um Territorien zu bilden. So waren auch die meisten größeren, später markgräflichen Städte der Prignitz Gründungen der Herren von Putlitz. Dieselben riefen 1231 das Zisterzienserinnen-Kloster Marienfließ an der Stepenitz ins Leben; es erlitt das gleiche Schicksal wie die anderen Putlitzschen Gründungen und fiel schon am Ende des 13. Jh. in markgräfliche Hand. Anders verhielt es sich im Land Ruppin. Die Grafen von Arnstein bauten Burgen wie Altruppin, Rheinsberg oder Wildberg, gründeten als Hauptort ihres Territoriums die Stadt Neuruppin und legten das ebenfalls mit Zisterzienserinnen besetzte Kloster Lindow an. Im frühen 14. Jh. (um 1314) konnten sie ihre Herrschaft im Westen um Wusterhausen und im Osten um Gransee erweitern. Die Stabilität der Landesherrschaft der Ruppiner Grafen sicherte im Grenzgebiet zwischen Mecklenburg und Brandenburg das Gleichgewicht.

Die Prignitz gilt als historische Landschaft erst um 1350 ausgebildet, ihr Name ist seit 1349 schriftlich überliefert. Aber unter den hier siedelnden westslawischen Kleinstämmen der Linonen, Dossanen, Neletici gab es auch die Brizanen (um die Havelmündung). Das 948 durch Otto I. gleichzeitig mit Brandenburg gegründete Bistum Havelberg mit dem Sitz auf dem dortigen Burgberg war mit drei Burgwarden in der Landschaft ausgestattet. Bischofsitz und Burgwarde mußten 983 beim Slawenaufstand wieder geräumt werden. Im 12. Jh. waren sie dann das erste Ziel der rechtselbischen Eroberungen. Zwischen 1136 und 1147 scheint Havelberg noch umkämpft gewesen zu sein, um 1150 war der neue Dom gewiß schon im Bau, denn 1170 fand eine Weihe statt, die den fertigen romanischen Dom voraussetzte. Es ist eines der eindrucksvollsten märkischen Architekturbilder, der **Dom** zu **Havelberg** (Umschlagvorderseite) auf der Anhöhe über dem Steilhang an der Havel, wehrhaft aufragend der Westturm, mehr Bergfried einer Burg denn Kirchturm, und giebelreich umgeben von den Gebäuden des Domklosters. Die Anlage ist weithin sichtbar in den Flußniederungen, und man glaubt gern, daß die mächtigen Bauten ein Zeichen sein sollten im eroberten Land, ein Zeichen auch des Sieges der Christen über die Heiden, denn wie in Brandenburg der Harlunger Berg, auf dem eine viertürmige Marienkirche thronte, ist auch der Havelberg Sitz einer Kultstätte der bis ins 12. Jh. heidnischen Slawen gewesen.

Der 1129 zum Bischof ernannte Anselm – das Bischofsamt ist seit 948 kontinuierlich, also auch in der Zeit des Exils nach 983 besetzt gewesen – war wie sein Amtsbruder Wigger in Brandenburg ein Prämonstratenser. Der Reformorden regulierter Kleriker war der missionierende Begleiter des landnehmenden Adels. In Jerichow, dem schon 1144 gegrün-

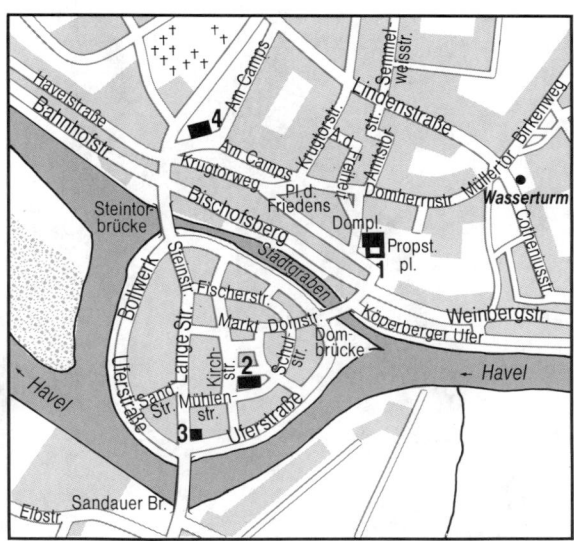

Havelberg
1 *Dom und Stiftsgebäude*
  (Prignitzmuseum)
2 *Stadtkirche St. Laurentius*
3 *Hospitalkapelle des*
  Hl.-Geist-Spitals
4 *Hospitalkapelle St. Anna*

deten Stift, aus dem dann das Domkapitel von Havelberg hervorging, sowie in Leitzkau, dem 1128 mit der Funktion des Brandenburgischen Domkapitels eingerichteten Konvent, finden wir Albrecht den Bären als Vogt. Die Bauten lassen in ihrer Gestalt Zeichen der Landesherrschaft erkennen, Westbauten an den Stiftskirchen, denen die Dreitürmigkeit reichsherrschaftlicher Westwerke zugrunde liegt, eine Form- und Bedeutungstradition, die später in geistreich abgewandelter Weise an den Zisterzienserkirchen in Lehnin und Chorin wieder begegnet. Nicht so die Dome, die sich eher als Kathedralen darstellen, eben mit dem eigenwilligen Westriegel in Havelberg oder mit einer zweitürmigen Fassade wie in Brandenburg, wo sie allerdings nie zu Ende gebaut worden ist.

Die Besitznahme des Havelbergs um 1150 war also eine Wiederherstellung des Bischofssitzes aus dem 10. Jh. Diese Tatsache hatte zu der Annahme geführt, der romanische Dom, die im heutigen Bau unter Überformungen des späten 13. und des frühen 15. Jh. vollständig erhaltene Pfeilerbasilika aus Grauwackebruchstein, sei auf den Grundmauern, ja sogar mit Substanz einer ottonischen Anlage errichtet worden. Trotz aller Altertümlichkeiten und Merkwürdigkeiten – die bemerkenswerte Längsstreckung von zehn Arkaden, das Fehlen eines Querschiffs, die Mündung der überaus breiten Seitenschiffe in zwei Kapellen, über denen sich Türme erheben – liegt dem Havelberger Dom kein Baukonzept des 10., wohl aber eines des frühen 11. Jh. zugrunde, möglicherweise angelehnt an das des Magdeburger Doms, der zwischen 1004 und 1051 an der Ostseite umgebaut worden war und zwei Türme erhalten hatte, die die große Halbkreisapsis flankierten. Die Halbkreisapsis in Havelberg ist dem Chorpolygon gewichen, die flachen

Havelberg, Westwerk des Doms (links) und Lettner und Triumphkreuz im Dom

Decken in Mittel- und Seitenschiffen Kreuzrippengewölben, die, von einem frühgotischen Dienst- und Bogensystem getragen, dem so erhöhten romanischen Bauwerk übergestülpt worden sind. Neuzeitliche Zutaten hat es vor allem am Westbau gegeben, das Portal und das obere Geschoß stammen von 1908.

Den Ruhm des Havelberger Doms macht nicht seine Architektur aus, sondern sein plastisch geschmückter *Lettner*. Es handelt sich um etwa drei Meter hohe Wände, die die östlichen Joche des Mittelschiffs und das Polygon vom übrigen Kirchenraum trennen. Vor der Wand in der Achse des Mittelschiffs steht der Kreuzaltar für die Laien. Zu seinen Seiten führen Pforten mit skulpierten Bogenfeldern in den Chor der Stiftsherren. Die unteren Wandteile der Lettnerwand sind an den Außenseiten glatt oder mit Blendbogen gegliedert, im oberen Teil zieht sich unter einer Maßwerkbalustrade der Relieffries mit den Bildern von Christi Passion hin, unterbrochen von Statuen der Apostel, der Madonna und eines Bischofs, in dem man den Stifter und Erbauer des Ganzen, den von 1385 bis 1401 regierenden Johann Wöpelitz sieht.

Die Havelberger Lettnerplastik ist ein Lehrstück für Studien an mittelalterlicher Skulptur. Man erkennt schnell unterschiedliche Hände am Werk, einen etwas statischer entwerfenden und arbeitenden Meister, der mit gleichzeitigen mitteldeutschen Arbeiten in Zusammenhang gebracht wird (Erfurt, Querfurt, Barby), und einen expressiv gestaltenden, bei dem man die Anlehnung an Prager Plastik des ausgehenden 14. Jh. behauptet (Teynkirche). Der Figurenreichtum der Bilderwand assoziiert die Aktion auf einer Bühne, und das geistliche Schauspiel mag tatsächlich bei der Intention Pate gestanden haben. Heute steht dieser Lettner für sich und ohne Parallelen, doch könnte er auf eine Tradition zurückgehen, die bis ins 12. Jh. reicht. Es ist auch nicht ausgeschlossen, daß dieser einen Vorgänger hatte. Die Figuren, die als Leuchter im Chor stehen, könnten dazu gehört haben, und die hoch über der Lettnerwand auf dem Triumphbalken schwebende monumentale Kreuzigungsgruppe aus dem späten 13. Jh. auch.

Zu der Einrichtung, die der Dom offenbar im ausgehenden 13. Jh. in Zusammenhang mit dem Umbau, der gotischen Einwölbung und der Anfügung eines Chorpolygons bekam, gehören das *Chorgestühl*, das im 14. Jh. erweitert worden ist und dessen Wangen Figuren, Tiere und Ranken schmücken. Besonders reizvoll geschnitzt ist auch ein Zweisitz aus dem 15. Jh. (um 1430), dessen Pultdach seitlich von musizierenden Engeln eingefaßt wird und an dessen linker Wange die Aufrichtung der Ehernen Schlange dargestellt ist. Die barocke Bekrönung zeigt überraschenderweise noch die Bistumsinsignien vor.

Weiter ist im Havelberger Dom der reiche Bestand an *Glasmalereien* aus dem frühen 15. Jh. zu erwähnen. Über sechs Fenster im nördlichen Seitenschiff hinweg erzählen sie die Geschichte von Christi Kindheit und Passion. Sie entstammen dem Kreis der Stendaler Werkstätten, in denen Meister aus Halberstadt und Lübeck gearbeitet haben sollen. Eine Besonderheit befindet sich in den beiden westlichen Fenstern des nördlichen Seitenschiffs: Scheiben mit Grisailleornamenten. Sie haben sich wohl ursprünglich in den Chorfenstern befunden und sind im frühen 14. Jh. entstanden. Sie wären ein Zeugnis dafür, daß auch die Prämonstratenser wie die Zisterzienser auf figürliche Glasmalerei anfangs verzichtet haben.

Verläßt man die Domkirche durch eines der Portale an der Südseite, dann gelangt man in den *Kreuzgang* der *Stiftsgebäude*. Man vermutet den Ostflügel mit dem Kapitelsaal im Erdgeschoß und mit dem Dormitorium darüber als einen um 1170 bereits vollendeten Teil, auch der Südflügel mit Winter- und Sommerrefektorium scheint schon im 12. Jh. angelegt zu sein, im 13. Jh. gefolgt vom Westflügel, dessen Erdgeschoß, wie bei Klosteranlagen üblich, einst die Vorratskeller enthielt. Die Wölbungen aller Raumteile der Domklausur stammen jedoch erst aus dem 15. Jh.

Die Stiftsgebäude beherbergen das *Prignitzmuseum* mit sehr guten Sammlungsbeständen in ansprechender Präsentation, darunter auch eine Ausstellung mit kirchlicher Kunst und zur Baugeschichte des Doms.

Der Dombezirk auf der Anhöhe war lange Zeit selbständig und sogar befestigt. Den Dom umgaben die Häuser der Domherren, die *Domschule,* heute ein klassizistisches Gebäude dem Westturm des Doms gegenüber, die barocke *Dechanei* hinter dem Chor und das Haus des Vizedechanten, das heutige *Dompfarrhaus,* das über mittelalterlichen Grundmauern und Gewölben 1664 neu erbaut worden ist. Von der Terrasse an der Westseite von Dom und Klausur blickt man auf die Stadt unterhalb des Burgbergs, von dem sie durch einen künstlichen Havelarm getrennt und so in eine Insellage gebracht worden ist. Ihrer Anlage nach gehört sie dem 12. Jh. an. Schon Albrecht der Bär zählte sie als ›urbs‹ unter seine Herrschaft. Die Bürgerstadt existierte, auch stadtherrlich getrennt – die Markgrafen haben Ansprüche des Havelberger Bischofs auf das Gemeinwesen entschieden abgewiesen –, neben der bischöflichen Höhensiedlung auf dem Domberg. Das Havelberger Straßensystem folgt einem Radialschema um den zentral gelegenen Markt, der Kirchplatz ist südlich davon eingefügt.

Die **Stadtkirche St. Laurentius** ist eine dreischiffige Halle aus dem 15. Jh. Die Gewölbe scheinen ursprünglich nicht ausgeführt gewesen zu sein, die jetzigen aus Holz von 1854 imitieren die für die Prignitz typischen spätgotischen Kreuzrippengewölbe. Der Außenbau verfügt allerdings über Strebepfeiler. Dem quadratischen Westturm ist eine spätgotische Eingangshalle vorgebaut; die behäbige, im Stadtbild vorherrschende Turmhaube stammt von 1660. Unter den Ausstattungsstücken sind die 1691 geschnitzte und 1704 von Christian Ludwig Schlichting bemalte Kanzel, der Orgelprospekt von 1754 mit einem Werk von Gottlieb Scholtze aus Ruppin sowie ein origineller bronzener Taufständer mit der Inschrift H. Rollet me fecit A. Berlin 1723 hervorzuheben. Interessant ist auch das Altarziborium von 1817 mit einem älteren Gemälde von Bernhard Rode mit der Darstellung der Kreuzabnahme.

Im Wohnhausbau der Stadt finden sich noch ansehnliche Fachwerkhäuser des 17. und 18. Jh. sowie schlichte klassizistische Putzbauten. Bemerkenswert sind zwei **Hospitalkapellen,** die 1390 gestiftete des **Heilig-Geist-Spitals** vor dem *Sandauer Tor* im Süden und die von **St. Anna** vor dem ehemaligen *Steintor* im Norden, letztere ein achteckiger Backsteinbau des 15. Jh. mit entsprechendem Pyramidendach.

Die Prignitz scheint eine geradezu eigenständige Kunstlandschaft zu bilden, sehr konservativ, mit einer engen Bindung an die Altmark. Entlang von Elbe und Havel liegt eine Reihe von Dörfern mit giebeltragenden Dorfkirchen, die beim Durchfahren der Auenlandschaft der Wische auffallen, mit bisweilen imposanten querrechteckigen Türmen, die unschwer das Vorbild des Havelberger Doms erkennen lassen. Unter den Orten befindet sich auch **Quitzöbel**, dem Theodor Fontane als Stammburg der Quitzows ein literarisches Denkmal gesetzt hat (1888: ›Fünf Schlösser‹).

Als Havelberg benachbarter Wallfahrtsort ist durch Bischof Wöpelitz **Wilsnack** zu besonderer Bedeutung gelangt. Als im Jahre 1383 der dortige Pfarrer Johannes Cabuez – so will es die Legende – von einer Reise nach Havelberg zurückkehrte, sah er seine Kirche in Flammen und Rauch, ein Ritter von Bülow hatte Feuer gelegt. Doch auf dem Altar lagen drei unversehrte Hostien, und eine jede trug einen Tropfen von Christi Blut. Schon im Jahr darauf wurde das ›Wunderblut‹ von Wilsnack kirchlich anerkannt. Der Erzbischof von Magdeburg und die beiden märkischen Bischöfe forderten die Gläubigen auf, das Hostienwunder zu verehren. Die Havelberger Bischöfe begannen eine domgleiche **Kirche** mit beträchtlichen Ausmaßen zu bauen, Bischof Johann Wöpelitz vollendete Chor und Querschiff noch vor 1400. Das Langhaus in Wilsnack wurde als dreischiffige Hallenkirche von drei Jochen später weitergebaut. Die Kürze des Langhauses und die Einbeziehung des Westturms der alten Kirche könnte Absicht, ein Akt der Erinnerung, gewesen sein. Was tatsächlich nicht vollendet wurde, ist der Westabschluß im ganzen. Im Mauerwerk vorbereitete Anschlußstellen weisen auf geplante Bauteile, vermutlich stattliche Türme, hin, die den Kathedralcharakter erst vollständig gemacht hätten. Doch die Kirche ist turmlos geblieben, und ausgangs des 16. Jh., als der Wallfahrt durch die Reformation längst ein Ende gemacht worden war, erhielt die Westfassade den mächtigen Renaissancegiebel.

Die Bedeutung des Ortes ging damals schon wieder zurück. Die Wallfahrt hatte nach 1384 aus dem Dorf eine Stadt gemacht. 1424 stand bereits auf dem Markt eine Kaufhalle, die 1508 als Rathaus anzutreffen ist. Stadtrecht und Marktgerechtigkeit sind erst 1513 nachweisbar. Der Stadtgrundriß des ehemaligen Straßenangerdorfes wurde nur wenig um einige Querstraßen erweitert. Nachdem die Attacken der Reformatoren, Martin

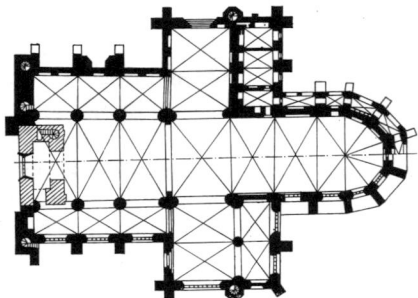

Wilsnack, Wallfahrtskirche,
Grundriß

Luther allen voran – im frühen 15. Jh. war Jan Hus unter den Kritikern –, gegen die Wallfahrt mit der Verbrennung des Wunderbluts endlich Erfolg hatten, war die Stadt ihrer wirtschaftlichen Grundlage beraubt und geriet in die Abhängigkeit der Herren von Saldern auf Plattenburg; für das bescheidene Landstädtchen war die ehemalige Wallfahrtskirche viel zu groß.

Der Typ der Wilsnacker Kirche, eine dreischiffige Halle mit Querschiff und gestrecktem einschiffigem Chor, ist aus niedersächsischer und altmärkischer Tradition erwachsen; die Johanneskirche in Lüneburg wird als ein eng verwandtes Beispiel genannt. Die Rundpfeiler mit den dünnen vorgelegten Diensten sind typisch für die Kirchen des 15. Jh. in der Altmark. Die Wilsnacker Kirche wurde zum direkten Vorbild für den 1423 begonnenen Stendaler Dom. Die doppelgeschossigen Kapellen an den Querschiffarmen dienten der Reliquienaufbewahrung und -ausstel-

Wilsnack, Chor der Wallfahrtskirche

lung. Der Schrein zur Aufbewahrung des Wunderbluts ist noch vorhanden, seine Türen sind mit einer Darstellung der Gregorsmesse bemalt. Außen verlief um den Chor durch die Strebepfeiler hindurch ein gewölbter und vermutlich auch verglaster Umgang.

Die Kirche verfügt noch über Teile einer ursprünglich weitaus reicheren Ausstattung, ein spätgotisches Taufbecken, den Fuß eines Osterleuchters, einen Christuskopf von einem Kruzifix oder einem Schmerzensmann, die fast lebensgroße Figur des eigentlichen Schöpfers der Wallfahrt, des Bischofs Wöpelitz in prächtig dekoriertem Ornat – alles Werke aus Sandstein, die dem Kunstkreis der Bildhauer nahestehen, die kurz vor 1400 die Plastik am Havelberger Lettner geschaffen haben. Als Altarretabel dient ein Kompositstück, aus drei Altarschreinen zusammengesetzt. Von besonderem Wert sind die Glasmalereien im Chor, auch nur die Reste eines ursprünglich weitaus umfangreicheren Zyklus.

Um noch im unmittelbaren Wirkungskreis des Havelberger Bischofs zu bleiben: Unweit östlich von Wilsnack liegt, heute zum Ort Kletzke, einem Quitzowdorf gehörig, die **Plattenburg,** die als im 13. Jh. von den Markgrafen angelegte Burg 1319 in den Besitz des Bistums überging, ursprünglich eine von Wällen und Gräben umgebene Wasserburg. Der Bischofsflügel im Südwesten des Hofs erhielt bei Umbauten zu Beginn des 17. Jh. getischlerte Wand- und Deckenverkleidungen und aufwendig geschnitzte Türen. Zu

Die Elbe bei Wittenberge

erwähnen sind auch stuckierte Kreuzgratgewölbe im Rittersaal und figurengeschmückte Kamine. Die Qualität entspricht bester niederdeutscher Handwerkskunst aus der Zeit der Spätrenaissance. Der bis 1991 recht ruinöse Zustand ist inzwischen behoben und die Burg wieder zugänglich gemacht worden.

Das unweit gelegene **Kletzke** besitzt eine **Dorfkirche** aus dem 13. Jh. mit halbkreisförmiger Apsis. Im 17. Jh. erfuhr die Westseite eine fassadenartige Gestaltung mit drei Portalen, gerahmt von Spätrenaissancedekor und eingefaßt von Grabsteinen der Familie von Quitzow. Weitere beachtliche Grabmäler derer von Quitzow befinden sich im Inneren der Kirche, besonders hervorzuheben das des Philipp von Quitzow (gest. 1616) aus schwarzem Marmor mit Figuren aus Alabaster, vermutlich von Christoph Dehne aus Magdeburg (vgl. Ketzür bei Brandenburg).

Im weiteren Verlauf des Elbeflusses stößt man auf die Industriestadt **Wittenberge,** die als einzigen mittelalterlichen Rest den **Steintorturm** der ehemaligen Stadtbefestigung besitzt. Die **Stadtkirche** von 1870–72 paßt mit dem maschinell gefertigten Backsteinmaterial gut in das Stadtbild früher Industrialisierung. Interessant ist die radial auf den **Bahnhof** mit spätklassizistischem Empfangsgebäude von 1846 ausgerichtete Stadterweiterung, in der öffentliche Bauten wie Wohnhäuser aus der Zeit vor dem Ersten Weltkrieg das Straßenbild bestimmen. Außerdem verfügt Wittenberge über qualitätvolle Industriearchitektur des früheren 20. Jh.

Lenzen im nordwestlichsten Zipfel der Mark Brandenburg gehört bereits in die Geschichte der ottonischen Ostbewegung des 10. Jh. Die *Burg Lenzini* deckte den Elbübergang zum slawischen Stammesgebiet der Livonen. Die Schlacht im September 929 brachte sie in die Hand der erobernden Sachsen. Mit dem Aufstand 983 geriet sie wieder unter slawische Herrschaft. Obwohl im 11. Jh. durch den christianisierten Obotritenfürsten Gottschalk Sitz eines Klosters, blieb Lenzen nach der Ermordung Gottschalks – angeblich in der von ihm gegründeten Kirche – 1066 bis in das zweite Viertel des 12. Jh. heidnisch. Im 12. Jh. fiel Lenzen zunächst in den Machtbereich der Edlen Gans von Putlitz. 1252 war es in markgräflichem Besitz und erhielt das wohl schon früher verliehene Stadtrecht bestätigt. Die Burg verblieb abseits der um 1300 mit einer Mauer befestigten Siedlung.

Die **Stadtkirche** ist eine dreischiffige Hallenkirche mit Querschiff, Chorquadrat und 5/8-Polygon. Sie wird als spätgotisch bezeichnet, und tatsächlich sind zahlreiche Formen vorhanden, die ganz der Prignitzarchitektur des 15. Jh. entsprechen. Eine frühere Datierung scheint nicht möglich zu sein, so sehr auch die Gesamterscheinung wie auch der Charakter der Einzelformen, die Kreuzform des Grundrisses, die zum Quadrat neigenden Gewölbejoche, die durch Rundbögen ausgeschiedene Vierung, kreuzförmige Pfeiler und abgestufte Arkaden an einen Bau des 13. oder frühen 14. Jh. denken lassen. 1751 stürzte der alte Turm ein. Bis 1760 wurde der neue Turm als ein schlichtes Werk der Berliner Schule durch den aus Berlin stammenden Maurermeister Weidner aufgeführt. Unter den Ausstattungsstücken ragt die Bronzetaufe des Braunschweiger Meisters Heinrich Grawert von 1486 heraus.

Obwohl ein urmärkischer Ort, gehört Lenzen heute nicht mehr zum Land Brandenburg. Die Grenzziehungen zu Zeiten der Bezirkseinteilung in der ehemaligen DDR wirken hier nach, die Stadt verblieb beim mecklenburgischen Kreis Ludwigslust.

Perleberg dagegen, das durch die gleiche Bezirkseinteilung Schwerin nahe gerückt war, hat nun wieder seine einstige Rolle als Hauptort der Westprignitz zurückerhalten. Die ursprünglichen Herren der Prignitz und Gründer der Stadt hatten diese auch dafür vorgesehen. In einer für den Handel zu Lande und zu Wasser günstigen Lage entwickelte sich Perleberg auf einer von der *Stepenitz* umflossenen Insel rasch und behauptete seine Stellung in der Landschaft auch, als 1275 das Gebiet der Familie Gans von Putlitz verkleinert wurde und die Stadt an die Markgrafen fiel. Als älteste Siedlungskerne werden der Südteil mit einer inzwischen verschwundenen Nikolaikirche und der Stadtteil um den jetzigen Markt mit Rathaus und Jakobikirche in einem Ring- und Radialstraßensystem vermutet. Zwischen beiden liegt der *Schuhmarkt*, der als der älteste Markt gilt. 1239 ist das Salzwedeler Stadtrecht überliefert. Während Stadt- und Kirchengründung noch das Werk derer von Putlitz waren, erfolgte die Vereinigung der verschiedenen Stadtteile und ihre gemeinsame Ummauerung erst in markgräflicher Zeit.

Von dem Gründungsbau der **Stadtkirche St. Jakobi** aus dem 13. Jh. ist nur noch der querrechteckige Westturm erhalten. Sonst ist die heutige Kirche ein 1361 mit dem einschiffigen, polygonal geschlossenen Chor begonnener Neubau aus Backstein als dreischiffige Halle. Die Fertigstellung zog sich bis ins 15. Jh. hin. Das mächtige Satteldach des Schiffs schließt nach Osten, zum Markt in Gegenüberstellung mit dem Rathaus eine Gruppe bildend (Farbabb. 7), mit hohem Blendengiebel. Unter den Ausstattungsstücken ragt der fünfarmige Messingleuchter hervor, dessen Inschrift das Datum 1475 und den Meister Harmen Bonstede als Gießer nennt. Drei Löwen tragen den runden Fuß.

Das **Rathaus** ist ein strenger neugotischer Bau von 1839. Es steht frei auf dem langgestreckten Marktplatz, in den der Kirchplatz, der von einer Reihe Giebelhäuser im Halbkreis umgeben ist, nahtlos übergeht. Am Ostende des Marktes steht die steinerne, 5,40 m hohe Sandsteinfigur eines **Roland,** die 1546 an die Stelle einer gleichen Figur aus Holz getreten ist. – So verfallen die Stadt in einzelnen Bereichen auch erscheinen mag, ihr Bestand an Fachwerkhäusern von zum Teil beachtlicher Qualität ist noch sehr groß. Was Perleberg aber besonders auszeichnet, sind die bewahrten Straßenführungen und Platz-

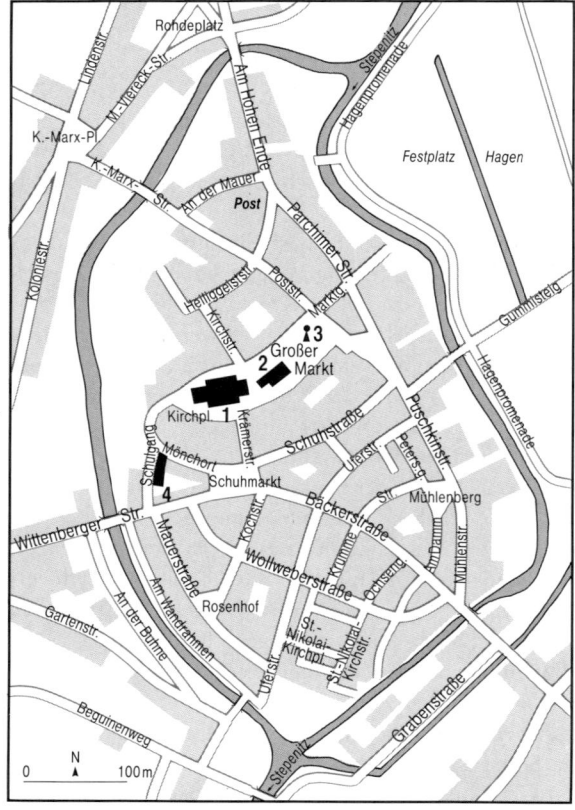

Perleberg
1 Stadtkirche St. Jakobi
2 Rathaus
3 Roland
4 Heimatmuseum

Perleberg, Stadtkirche St. Jakobi, Schiff und Chor

raumbildungen, die eine originale mittelalterliche Stadtstruktur darstellen. Und an der Peripherie sind ebenfalls bemerkenswerte Architekturen des 19. und frühen 20. Jh. anzutreffen.

Die Westprignitz reichte ursprünglich entlang der Elbe nach Nordwesten bis weit über die Elde (Lenzen), heute ist schon **Pröttlin,** ein 22 km nordwestlich von Perleberg gelegenes Dorf, Grenzort zu Mecklenburg. In seiner spätgotischen *Feldsteinkirche* steht ein Schnitzaltar vom Anfang des 16. Jh. Die im Schrein stehende Mondsichelmadonna ist umgeben von den Wundmalen Christi und von Engeln mit Weihrauchfässern. Eine reizvolle Dorfkirche findet sich auch in dem nur 5 km westlich von Perleberg gelegenen **Sükow,** ein *Feldsteinsaal* des 13. Jh. mit einem stattlichen querrechteckigen Westturm. Das auffallend steile Walmdach besitzt einen Dachstuhl, der in das Jahr 1546 datiert ist. Der Kanzelaltar stammt aus dem Jahr 1726, das Gestühl mit von Meister Klaus Bake geschnitzten Wangen von 1562.

Erst 1817 sind die Kreise *Westprignitz* (mit Perleberg als Kreisstadt) und *Ostprignitz* (mit Kyritz als Kreisstadt) im Zuge der Bildung der preußischen Provinzverwaltungen entstanden. Neben Kyritz sind die Städte Pritzwalk und Wittstock in der Ostprignitz bedeutend. **Pritzwalk** gilt als Neugründung an der alten Handelsstraße von Wittenberge nach Stettin, dort, wo diese sich zwischen Perleberg und Wittstock mit einer Nord-Süd-Verbindung von Mecklenburg kreuzt. Sie mag in gewisser Hinsicht strategische Bedeutung gehabt haben, und der regelmäßige Abstand der Städte auf der Linie Wittenberge – Wittstock läßt an die frühe Anlage befestigter Plätze auf jenem Wege denken, den die ersten militärischen Vorstöße im 10. Jh. wie dann auch die im 12. Jh. einschließlich des Wendenkreuzzugs 1147 in Richtung auf die Uckermark und Pommern genommen hatten. Eine Burg war wie in allen Städten der Prignitz auch hier Ursprung der Siedlung. Das Nikolai-patrozinium der Stadtkirche, dem nachträglich ein Marienpatrozinium zur Seite trat, könnte ebenfalls ein Hinweis auf eine kaufmännische Siedlung höheren Alters sein, trotz der Regelmäßigkeit des Stadtgrundrisses. Dieser ist ohne Zweifel erst das Ergebnis einer planmäßigen Stadtanlage um die Mitte des 13. Jh., auch wenn die Bestätigung des altmär-kischen Seehausener Stadtrechts 1256 durch die Markgrafen Johann I. und Otto III. kein Gründungsakt gewesen sein, sondern auf ein voll ausgebildetes bürgerliches Gemeinwe-sen bezogen sein sollte. In der Mitte des Rasters ist der Kirchplatz ausgespart, der Markt ist nur in Straßenform überkommen.

Die heutige **Stadtkirche St. Nikolai und St. Marien** geht in ihren Anfängen auf diese Zeit der Stadtanlage zurück, ein frühgotischer, vermutlich basilikaler und kreuzförmiger Feldsteinbau mit querrechteckigem Westturm, ein typischer Bau der askanischen Städte-gründungszeit. Im 15. Jh. ist der stehende Backsteinbau entstanden, 1441 der Chor geweiht und die Gewölbe 1451 vollendet worden, eine Hallenkirche mit Umgangschor, dem einzigen in der Prignitz. Die ungegliederten Rundpfeiler und die hochgebusten Kreuzrippengewölbe halten sich aber im Rahmen des Typischen der Kunstlandschaft. Den hohen Turm mit spitzem Helm hat Friedrich Adler mit den zeitüblichen Charakteri-stika des exakten Historismus seines Spätstils entworfen: das 1880 bis 1882 errichtete Werk steht fremd, als Ableger großstädtischer Neugotik, weithin sichtbar im Land. Die gleichzeitige neugotische Einrichtung wurde bei einer Restaurierung um 1960 erheblich reduziert. Geblieben ist die Altargarnitur nach Entwurf von Karl Friedrich Schinkel aus der Berliner Eisengießerei. Der spätgotische Schnitzaltar stammt aus Alt Krüssow.

Pritzwalk verfügt noch über eine bescheidene Wohnhausbebauung aus dem 19. Jh., vorwiegend aus Fachwerk, die recht einheitlich nach dem Brand von 1821 entstanden ist. Das *Rathaus* gehört mit in diese Stadtbauperiode. Von der mittelalterlichen *Stadtmauer* sind Reste erhalten.

Nördlich von Pritzwalk reihen sich in einem Bogen an der Grenze nach Mecklenburg die Orte Putlitz, Stepenitz, Meyenburg und Freyenstein. Hier an der nördlichen Peri-pherie finden sich noch die sonst in der Mark nur selten erhaltenen Burgen mittelalterli-chen Ursprungs. So stehen auf einer von der Stepenitz umflossenen Insel die ansehnli-chen Reste der Burg der Edlen Gans zu Putlitz, die auch die Stadt am Flußübergang gegründet haben. Die Anlage der *Burg* war die einer Rundburg. Der mächtige runde Berg-fried aus Backstein dient gegenwärtig als Aussichtsturm. Seit der Landnahme im 12. Jh. war **Putlitz** Grenzfeste gegen Mecklenburg und Mittelpunkt der Herrschaft. Zwischen Stadt und Burg steht die *Nikolaikirche*. Der gegenwärtige Bau verfügt über ein neugoti-sches Schiff von 1854 und einen Turm von 1909, dessen Gotik seine Entstehung zur Zeit des Jugendstils nicht verleugnet. Ein *Rathaus* aus Fachwerk mit Krüppelwalmdach ent-stammt dem 18. Jh.

Unweit von ihrem Burgort Putlitz, ebenfalls an der Stepenitz – flußaufwärts –, haben die Edlen Gans 1231 das *Zisterzienser-Nonnenkloster* **Marienfließ** gegründet. (Es wurde

Stepenitz, Klosterkirche des Zisterzienser-Nonnenklosters Marienfließ

1928 nach dem Dorf **Stepenitz** eingemeindet.) Obwohl das Kloster 1287 bereits der markgräflichen Landesherrschaft unterstand, übte die Stifterfamilie weiterhin Einfluß auf ihre Gründung aus und stellte mehrere Äbtissinnen. Die **Klosterkirche** besitzt ein einschiffiges Langhaus mit flacher Decke. Ursprünglich war es in voller Länge mit der Nonnenempore ausgefüllt, worauf eine Reihe von spitzbogigen Lanzettfenstern weit unterhalb der größeren, dreigeteilten Hochgadenfenster hinweist. Im übrigen sind die Langhauswände reich mit hohen Bogenblenden gegliedert. Marienfließ gehört zu jenen Frauenklöstern, die sich in frappierender Weise dem Heilig-Blut-Kult zu verschreiben versuchten, nachdem das Kloster Heiligengrabe bei Wittstock vorangegangen war. In Marienfließ behaupteten die Nonnen, ihnen seien die Tropfen Heiligen Blutes als Reliquie von denen übereignet worden, die Kaiser Otto IV. im Heiligen Land von einem Sultan erworben habe. Zur Wallfahrt ist es jedoch in Marienfließ nicht gekommen. Nach der Reformation wurde das Kloster evangelisches Damenstift.

Im Winkel zwischen Putlitz und Stepenitz liegt das Dorf **Porep**, das wegen seines Schnitzaltars, der in der **Fachwerkkirche** aufbewahrt wird, Erwähnung finden sollte. In seinem Schrein sind die Mutter Anna mit Maria und dem Jesuskind dargestellt, dazu die Heiligen Laurentius und Dionysius. Höchst beachtliche Malereien trägt die Predella, Halbfiguren der vier Kirchenväter und Christi. Man vermutet in dem Altar das Werk einer in der Prignitz ansässigen Werkstatt und verweist auf verwandte Werke im benachbarten Mecklenburg (Nätebow-Bollewick) und in der Pfarrkirche von Wittstock. Die Renaissanceelemente in der Kleidung der Heiligen Ursula und Thomas auf dem rechten Flügel lassen eine Datierung um 1520 gerechtfertigt erscheinen.

Östlich von Stepenitz liegt **Meyenburg,** ebenfalls eine einstige Grenzfeste gegen Mecklenburg, bei der eine Stadt auf rechteckigem Grundriß und mit einer rippenförmigen Straßenanlage entstand. Die Stadt war stark befestigt, Reste der Mauern sind erhalten, jedoch haben sonst keine mittelalterlichen Bauten den Stadtbrand von 1795 überstanden. Auch die etwas abseits stehende **Stadtkirche** läßt keinen mittelalterlichen Kern erkennen. Das **Schloß** geht auf eine Wasserburg zurück und war mit der Stadtbefestigung verbunden. Es birgt noch einen substantiellen Kern aus dem 16. Jh. – die mittlere Einfahrt in den Hof mit flankierenden Halbrundtürmen und die Rundtürme an den Ecken der Gebäudeflügel –, ist aber im ganzen von der Überformung durch Friedrich Adler geprägt (1860–70).

Die östlichste dieser Prignitzgrenzfesten gegen Mecklenburg war **Freyenstein.** Die erste Siedlungsanlage im frühen 13. Jh. hatte keinen Bestand (Ausgrabungen im Westen der Stadt auf der Anhöhe). Schon 1287 erfolgte die Verlegung in die Dosseniederung und die neue Anlage auf rechteckigem Grundriß mit einer Bebauung symmetrisch zu seiten der Nord-Süd-Straße mit zwei Parallelstraßen. Im südlichen Teil blieb ein querrechteckiger Platz frei, auf dessen von Westen nach Osten abfallendem Gelände im höheren Teil der Kirchhof, im niedrigeren der Markt liegt. Die Besitzer der Stadt wechselten, zunächst sind Interessen des Bischofs von Havelberg zu erkennen, zum Zeitpunkt der Siedlungsverlagerung war sie in markgräflichem Besitz, und als einzige Stadt der Prignitz erhielt Freyenstein brandenburgisches Recht. 1359 fiel sie an die Herren von Rohr. Auf diese gehen wohl auch die Schloßbauten zurück.

Das sogenannte **Alte Schloß,** das 1556 als Wasserburg anstelle einer schon älteren Anlage erbaut worden war, steht nur noch in Resten. Das Ende des ehemaligen Westflügels erscheint als mehrgeschossiger Turm mit halbrund vortretenden Erkern, an denen sich reicher Terrakottaschmuck entfaltet (Bildnismedaillons aus der Werkstatt des Statius van Düren in Lübeck). Als Baumeister ist Dominicus Parr, ein Angehöriger der in Mecklenburg und Schweden tätigen Architektenfamilie, ermittelt worden. Das **Neue Schloß** – es gibt Anzeichen, daß dieses das ältere ist – wurde auf jeden Fall um 1650 erneuert, ein schlichter dreigeschossiger Putzbau mit einigen Stuckdecken im Inneren. An der Westseite ist der im ganzen recht ungegliederte Bau mit dem Turm des Wittstocker Tores verbunden. Die **Stadtkirche** ist eine dreischiffige Halle auf rechteckigem Grundriß aus dem späten 13. Jh. Pfeiler und Wölbung könnten später entstanden sein. Im Inneren finden sich drei bemerkenswerte Grabdenkmäler der Familie von Winterfeld.

Wittstock ist ohne Zweifel die bedeutendste Stadt der Ostprignitz. Eine *Burg* am Zusammenfluß von *Glinse* und *Dosse,* die wohl schon im 10. Jh. Mittelpunkt eines Burgwards gewesen war und auf jeden Fall Ort einer größeren slawischen Niederlassung, bildete den

1 POTSDAM   Schloß Sanssouci mit Weinbergterrassen   ▷
2 POTSDAM   Park Sanssouci, Blick von Schloß Charlottenhof zum Neuen Palais ▷▷

3 POTSDAM Wasserwerk (›Moschee‹) für Sanssouci an der Neustädter Havelbucht

4 POTSDAM Nikolaikirche und Obelisk am Alten Markt

6 WIESENBURG Schloß

7 PERLEBERG Marktplatz mit Roland, Rathaus und Stadtkirche ▷

5 BRANDENBURG Altstädter Rathaus mit Roland

8 KLOSTER ZINNA Alte und neue Abtei

10 WITTSTOCK Stadtkirche von Südosten ▷

9 GRANSEE Stadtkirche von Nordosten

11 RHEINSBERG Schloß, Blick auf den Klingenbergflügel ▷

GALERIE
IUNGE
KUNST

17 LIEBEROSE Barockflügel des Schlosses
16 NEUZELLE Zisterzienserkloster von Westen
18 BRANITZ Seepyramide im Park

20 DOBERLUG-KIRCHHAIN Klosterkirche, Blick nach Osten   21 Im Spreewald bei Lübbenau ▷
19 LUCKAU Stadtkirche, Blick zur Orgelempore

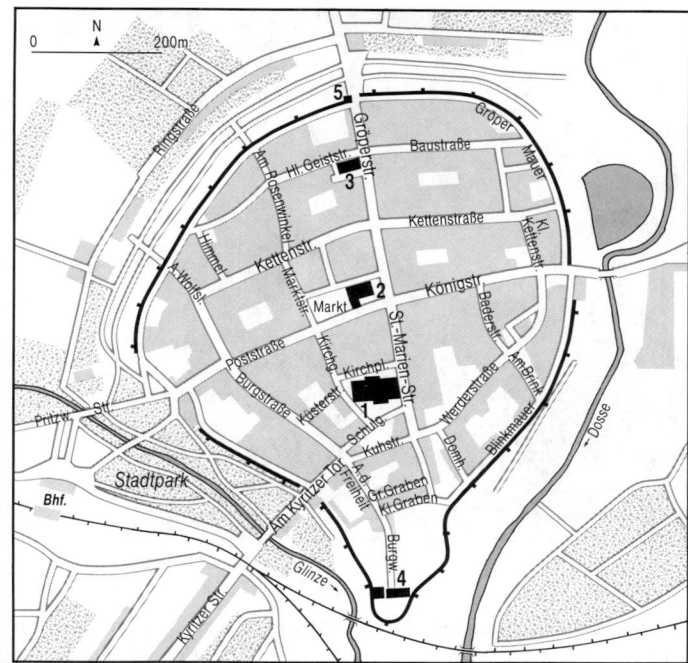

Wittstock
1 Stadtpfarrkirche
2 Rathaus und
  Gerichtslaube
3 Heiliggeist-
  kapelle
4 Unter- und Ober-
  burg (Heimat-
  museum)
5 Gröper Tor

Ausgangspunkt für ihre Entwicklung. Die Burg kam in der zweiten Hälfte des 12. Jh. in den Besitz der Havelberger Bischöfe. Die Siedlung dehnte sich im Norden aus und wurde schließlich mit der Burg im Süden vereinigt. Nach 1240 erfolgte die planmäßige Neuanlage der Stadt auf kreisförmigem Grundriß und mit gitterförmigem Straßennetz in den Koordinaten eines Straßenkreuzes mit zentralem Markt. 1248 erhielt Wittstock Stadtrecht. Um 1270 machte Bischof Heinrich die neue Stadt zur Residenz des Havelberger Bistums, sie blieb es bis 1548. Um 1270 war die **Stadtmauer** bereits im Bau, zunächst in Feldstein begonnen, dann in Backstein vollendet mit einer Höhe von über 7 m. Noch heute sind wesentliche Teile davon erhalten.

Der große Backsteinbau der **Stadtkirche** (Farbabb. 10) ist in zwei Abschnitten entstanden. Der ältere, frühgotische umfaßt den Turmbau und die vier westlichen Joche, der jüngere mit den fünf östlichen Jochen ist nach 1451 an die Stelle eines einschiffigen Chors mit polygonalem Schluß vom Erstbau getreten. Über dem nunmehr geraden Ostschluß der im ganzen dreischiffigen Halle erhebt sich ein hoher stattlicher Blendengiebel wirkungsvoll im Straßenbild, flankiert von achtseitigen Ecktürmchen. Das Innere ist mit Kreuzrippengewölben weiträumig überdeckt und weist die für Kirchen der Prignitz und Altmark typische leichte Überhöhung des Mittelschiffs auf. Der Westbau ist auf querrechteckigem

Wittstock, Rathaus mit Gerichtslaube

Grundriß wohl zunächst als Querturm geplant, dann aber nur im mittleren Teil erhöht und mit einem Aufbau versehen worden. Ursprünglich mit einem Spitzhelm bedacht (1512–19 von Meister Christoph aus Lüneburg), trägt er seit 1704 die kupfergedeckte, dreifach gestufte Haube mit offenen Laternen.

Das Innere ist verhältnismäßig reich an mittelalterlicher Ausstattung. Hervorzuheben sind ein aus Eichenholz geschnitztes Sakramentshaus (1516), eine Marienfigur aus Sandstein, die dem Umkreis der Havelberger Lettnerplastik entstammt, und die Kopie einer Bischofsfigur aus der Mitte des 14. Jh. (Original im Märkischen Museum in Berlin). Das Hauptwerk aber ist der spätgotische *Schnitzaltar,* in dessen Schrein die Krönung Mariens zwischen den Heiligen Anna und Dorothea und in dessen Flügeln die Zwölf Apostel dargestellt sind. Der Stil der Apostelfiguren weist auf den Lübecker Bildhauer Claus Berg. Die Entstehungszeit müßte demnach nach 1532 liegen, weil Claus Berg damals aus dem bereits protestantischen Dänemark in das noch katholische Güstrow zurückgekehrt war, von wo aus er die Aufträge für das ebenfalls noch katholische Brandenburg und dessen Bistümer ausgeführt haben könnte. Die Malereien der Flügel und der Predella verraten süddeutschen Einfluß. Über dem Altar hat ein kleinerer, etwas älterer Schnitzaltar seinen Platz gefunden. Werke der Spätrenaissance in der Kirche sind die Kanzel (1608) und die hölzerne Taufe (1634).

Das **Rathaus** ist 1905 unter Verwendung mittelalterlicher Teile neu gebaut worden. An der östlichen Schmalseite steht noch die *Gerichtslaube* aus dem 15. Jh. – Im Nordteil der Stadt stößt man auf die **Heiliggeistkapelle,** die einst eine stattliche zweischiffige und in drei Jochen gewölbte Halle war, jetzt aber ein etwas ungestalter Raum mit flacher Decke ist. Von der **Burg** im Süden der Stadt bietet die *Unterburg* noch die westliche Mauer mit drei Wiekhäusern und die *Oberburg* die erneuerte Ringmauer dar. Der Stadt zugewendet ist der mächtige quadratische Torturm, der auf das 13. Jh. zurückgeht und nur im oberen Abschluß aus dem späten Mittelalter stammt; in ihm befindet sich das *Heimatmuseum*.

Die noch immer zu großen Teilen von der mittelalterlichen Mauer umschlossene Stadt hat eine schöne Wohnhausbebauung, wesentlich aus Fachwerk, reizvoll in den Straßenführungen und Platzräumen stehend und Blickpunkte bildend. Wittstock gehört zu den besser erhaltenen Städten des Landes Brandenburg, deren Sanierung eine strenge Bewahrung der gestalterischen Struktur in der historischen Anlage verlangt.

Südlich von Wittstock sind zwei Ortschaften einen Besuch wert. Königsberg wegen seines Ortsbildes und Rossow wegen der Ausmalungen und des Altars in seiner Dorfkirche. In **Königsberg** steht die *Dorfkirche* eindrucksvoll auf einer Erhebung neben dem Dorf, ein flachgedeckter Saal mit Emporen im Inneren und einer schönen Renaissance-Ausstattung, einem Altaraufbau aus Holz mit vier Gemälden (Geburt Christi, Abendmahl, Kreuzigung und Himmelfahrt Christi) von 1631 und einer Kanzel mit bäuerlich gemaltem Dekor. In **Rossow** ist der spätgotische *Feldsteinbau* im 16. Jh. an allen Wänden bemalt worden. In drei horizontalen Streifen sind Apostel und Heilige, die Passion Chri-

Rossow, Altarschrein der Dorfkirche

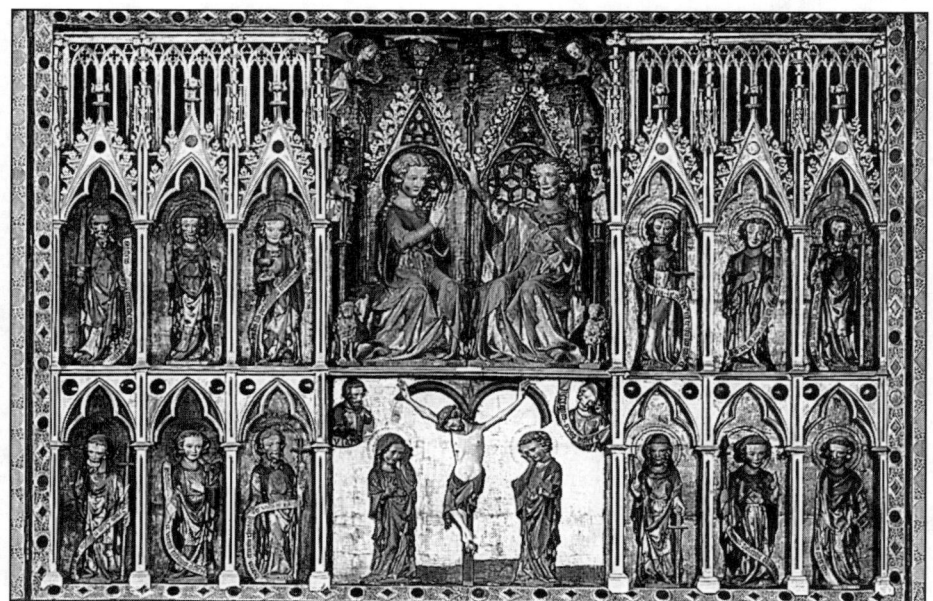

sti, Dämonen u. a. dargestellt Noch bedeutender aber ist der Altar, der viel zu groß für diese Kirche jetzt an der Westseite steht. Die Figuren des Schreins (in der Mitte eine Marienkrönung und darunter die Kreuzigung Christi) gelten als kölnische Arbeiten und werden um 1330 datiert. Die Malereien dagegen sind böhmische Arbeiten und gehören dem ausgehenden 14. Jh. an. Hervorzuheben ist die gut erhaltene orginale Polychromie der Figurenfassung. Es ist zu vermuten, daß dieses Retabel zum Hochaltar des Havelberger Doms gehört hat.

Westlich von Wittstock liegen zwei Orte, die zu den nicht gerade wenigen Wallfahrtsstätten der Prignitz gehören, die der hl. Anna gewidmete in Alt Krüssow und die des Heiligen Blutes in Heiligengrabe. **Heiligengrabe** war der Name eines 1287 durch Markgraf Otto V. gegründeten *Zisterzienser-Nonnenklosters*, legendenumwoben an der Stelle, an der sich ein Hostienwunder ereignet hatte. Die Sage berichtet folgendes: Eines Tages war, angeblich von einem Juden, aus der Kirche des Dorfes das Sakrament entwendet worden. Die Hostie wog dem Räuber schwer, und er zerstückelte und vergrub sie schließlich an einer Stelle, wo sonst die dem Gericht anheimgefallenen Diebe und Mörder verscharrt wurden, also auf einer Richt- oder Galgenstätte. Die Hostie hatte zu bluten begonnen und die Hände des Frevlers gezeichnet. So konnte er von seinen Verfolgern entdeckt werden. Er gestand seine Tat und führte die Bauern zum ›Grab‹ der Hostie; dann erlitt er den Tod am Rade. Die blutende Hostie aber wurde nach Pritzwalk gebracht. Man wartete dort allerdings vergebens auf Wundertaten. Erst als Bischof Heinrich von Havelberg (1270–90) von einer Krankheit in Pritzwalk genas, nachdem er das Gelöbnis getan hatte, die Hostie wieder an die Stelle ihres ›Grabes‹ zurückzubringen, begann die Geschichte von Heiligengrabe. Markgraf Otto V. (1244–98), der Lange, besichtigte die heilige Stätte, an der nun bereits Opfergelder gespendet wurden. Die Speisen, die er für sich und sein Gefolge bereiten ließ, verwandelten sich in Blut, und eine Stimme befahl ihm im Traum, ein Nonnenkloster vom Orden der Zisterzienser am Ort des Wunders zu stiften. Aus dem Kloster Neuendorf in der Altmark kamen die ersten elf Nonnen mit ihrer Äbtissin in das im Jahre 1287 so begründete neue Kloster.

Das Wunder des Heiligen Blutes scheint der Ausgang der Klostergründung gewesen zu sein und die Wallfahrt der wesentliche Inhalt seiner Existenz. Doch muß die Gründung auf markgräflichem Boden der Prignitz auch einen strategischen Zweck erfüllt haben. Es fällt eben auf, daß die Nordgrenze der Mark mit Frauenklöstern besetzt war, die den örtlichen Adel zu Stiftern hatten, westlich an der Stepenitz das putlitzsche Marienfließ und östlich das ruppinsche Lindow. Der Markgraf durfte dazwischen nicht fehlen, und mit Hilfe der Wallfahrt zum Heiligen Blut oder zum Heiligen Grab wurde sein Kloster das bedeutendste unter ihnen. Das Wunderblut von Wilsnack tat im 15. Jh. dem Ruf und Ruhm von Heiligengrabe Abbruch. Aber offensichtlich erholte sich das Kloster bald und gab seiner weitaus älteren Tradition mit dem Bau einer prächtigen **Kapelle** vor der eigentlichen Klosterkirche neuen Ausdruck, ein einschiffiger, in vier Jochen sterngewölbter Bau mit reich gegliederten Staffelgiebeln, der 1512 geweiht worden ist. Die heutige Ausmalung rührt von der Erneuerung 1903/04 her, sie hat an den Wänden die Geschichte des Klosters und späteren Damenstifts zum Inhalt. Wie sich bei Ausgrabungen jüngst herausstellte, ist die Kapelle nicht die erste an diesem Ort, sie hatte einen Vorgänger von fast der gleichen Ausdehnung.

Die Archäologie brachte aber ein noch weit mehr Aufsehen erregendes Ergebnis: Etwa in der Mitte des rechteckigen Schiffs vom Erstbau, den man ins Ende des 13. Jh. datieren müßte, fand sich unter einem rötlich gefärbten Estrich ein aus Ziegeln gemauertes Grabgewölbe, an der vorderen Seite gänzlich unverschlossen und mit einem Meter Länge zu klein, um einen menschlichen Leichnam aufzunehmen. Münzen, die im Umkreis gefunden wurden, sprechen für Opfergaben an dieser Stelle, so daß man das entdeckte Gruftgewölbe mit dem verehrten Grab in Verbindung bringen möchte. Demnach wäre hier tatsächlich die Hostie als Corpus Christi bestattet gewesen. Unter den Fun-

Heiligengrabe, Heiliggrabkapelle, Westgiebel

damenten der ersten Kirche legte man verstümmelte Skelette frei, offenbar von gewaltsam zu Tode gebrachten Menschen, was bedeuten würde, daß es sich beim Ort des Geschehens wirklich um einen Richtplatz gehandelt haben kann, wie es die Legende berichtet. In einmaliger Weise hätte sich so in Heiligengrabe das an sich häufige Blutwunder – im Brandenburgischen ist noch auf Beelitz als eine der ältesten Kultstätten hinzuweisen – mit der Vorstellung vom Grab Christi auf Golgatha verbunden.

Den Markgrafen bedeutete ihre Stiftung viel, sie statteten sie mit Grundbesitz reichlich aus. Die Lage an der Fernhandels- und Heerstraße war günstig, auch für Aufgaben der Betreuung von Reisenden. Der Klosterbezirk war ausgedehnt, Reste der umgebenden Mauer kennzeichnen ihn noch heute. Gästehäuser sind schon im Mittelalter vorauszusetzen. Inmitten liegen die Klosterkirche und die Klausur. Die **Kirche** ist ein langgestreckter Saal, einschiffig mit fünfseitigem Schluß, in sieben Jochen kreuzrippengewölbt und ursprünglich mit einer die westlichen fünf Joche einnehmenden Nonnenempore versehen. Die Nüchternheit des Innenraumes wird kaum behoben durch die geringen Reste älterer Ausstattung, das Altarretabel von 1420–30 (aus dem Dom zu Brandenburg), der Kruzifixus des 17. Jh. (aus Wilsnack) und das reizvoll geschnitzte Orgelgehäuse. Schließlich wurden in der Klosterkirche auch die ursprünglich 16 Tafelbilder – erhalten sind nur sechs – aufbewahrt, welche die Gründungsgeschichte erzählen, eine naive, neuzeitlich stark übergangene Malerei von 1532, die Holzschnittillustrationen eines 1521 erschienenen Legendendrucks zum Vorbild hatte. Unter den Grabsteinen, die im Chor aufgestellt sind, ist der der 1790 verstorbenen Äbtissin von Winterfeld mit einer Porträtbüste hervorzuheben.

Die Zweckbestimmung der einzelnen **Klausurgebäude,** die im Norden der Kirche den Kreuzgang umgeben, war bei Frauenklöstern anders als bei Männerklöstern. Die Nonnen nahmen am Gottesdienst auf ihrer Empore teil. Um der besseren Zugänglichkeit willen lagen deshalb die Haupträume der Klausur im Westflügel, insbesondere das Dormitorium, der Schlafsaal im Obergeschoß. Im Geschoß darunter befanden sich die wichtigsten Versammlungsräume, von Kreuzgewölben gedeckt und vielleicht in einer etwas anderen Einteilung als heute. Die Küche wird im nordwestlichen Eckraum vermutet, von wo aus dann auch das Dormitorium hätte beheizt werden können. Der Ostflügel wird als ehemaliger Wirtschaftsflügel gedeutet, welche Funktion, also die des Cellariums, des ›Kellers‹ für die Vorräte, in Männerklostern ausschließlich dem Westflügel zukam.

Nach der Reformation gelang es, bei Wahrung des Besitzstands, das Kloster in ein evangelisches Damenstift umzuwandeln. Aus der Äbtissin wurde die Domina, und der das Kloster verwaltende Propst wurde zum Stiftshauptmann. Weiterhin waren Damen des Prignitzadels, von Putlitz und von Quitzow, von Rohr und von Winterfeld, die Insassen. Im 18. Jh. nahmen die Stiftsdamen ihre Wohnung in den Fachwerkhäusern, die östlich der Klausur und der Kirche malerisch den ›Damenhof‹ umgeben. Das Stift Heiligengrabe hat sich auch in den bewegten Geschichtsläuften des 20. Jh. bis heute behauptet.

Im Süden des östlichen Teils der Prignitz, durch die Lage an der B 5 eigentlich schon im weiteren Einzugsbereich von Berlin, liegt **Kyritz,** die ehemalige Kreisstadt des 1817 geschaffenen Verwaltungsbereichs Ostprignitz. Möglicherweise hat Kyritz mit zu den Orten gehört, die in der Stiftungsurkunde des Bistums Havelberg 948 genannt wurden. Eine slawische Siedlung ist als Ausgangspunkt der späteren Stadt zu vermuten. Ihr Recht erhielt sie nach Stendaler Vorbild 1237 durch die Herren von Plotho, jenem Freiadelsgeschlecht aus dem Magdeburger Gebiet, das ähnlich wie die Herren von Putlitz im Zuge der Ostkolonisation im 12. Jh. Land nahm und in der Prignitz eine dynastische Kleinherrschaft ausbaute. Die Stadtanlage bildet ein regelmäßiges System aus drei Parallelstraßen mit einer vierten späteren Erweiterungsstraße an der Westseite. Die Stadtmauer umgibt sie auf längsrechteckigem Grundriß, im ganzen also ein charakteristisches Gründungsstadtschema aus dem 13. Jh., wozu auch das Marienpatrozinium für die Stadtkirche auf einem mittleren Geviert neben dem ausgesparten Markt paßt.

Die **Stadtkirche** selbst ist eine bemerkenswerte dreischiffige Halle, deren langgestreckter Grundriß mit eingezogenem einschiffigem und mit fünf Seiten des Zehnecks geschlossenem Chor eine Gründung des späteren 13. Jh. suggeriert. Auch die Feldsteinsockelmauern weisen darauf hin. Vergleichbar wäre die Berliner Marienkirche. Dennoch ist die Kyritzer Kirche in ihrer heutigen Erscheinung, mit tauartig gedrehten Diensten an den achteckigen Pfeilern des Langhauses und mit den nach innen gezogenen Strebepfeilern an den Außenwänden ein Bau des 15. Jh. Eine Besonderheit ist die zweigeschossige Anordnung der Fenster im Chorpolygon, deren Entstehungsursache ungeklärt bleibt. Ein entscheidender Umbau der Kirche ist im frühen 18. Jh. erfolgt. In den Jahren 1709–14 erhielt das Äußere eine barocke Putzgliederung mit Lisenen und Gebälk. Schließlich bekam die Westseite, anstelle des 1824 durch Brand zerstörten mittelalterlichen Turms, der als »der stattlichste in der ganzen Prignitz« bezeichnet wurde, eine originelle neugotische Fassade, die Doppeltürmigkeit in das Erscheinungsbild bringen sollte. Das Innere hat 1909 seine barocke Verkleidung zugunsten einer damals fälschlicherweise als mittelalterlich verstandenen Backsteinsichtigkeit der Pfeiler, Dienste und Rippen wieder verloren. Barocke Einrichtungsstücke wie die Kanzel blieben jedoch erhalten. Der Taufstein ist wohl mehr ein Werk des 16. als des 13. Jh., ein Meßkelch aus der Zeit um 1430 mit figürlichen Gravuren am Fuß stellt ein Meisterwerk spätgotischer Kleinkunst dar.

Kyritz, Stadtkirche

Die im Mittelalter offenbar bedeutendere Handelsstadt sank später zu einer Ackerbürgerstadt herab. Ihre zum Teil recht stattliche Bebauung mit Fachwerkhäusern läßt von früherem Wohlstand durchaus etwas ahnen (Johann-Sebastian-Bach-Straße). An der Ostseite der Stadt sind Reste der *Stadtmauer* mit Weichhäusern erhalten. Das *Rathaus* am Markt ist ein bemerkenswerter Backsteinbau von 1879, das ältere stand frei auf dem Platz.

In der Umgebung von Kyritz stoßen wir wenige Kilometer westlich auf ein Rundlingsdorf namens **Demerthin**. Die Siedlungsgestalt wird zwar von der Fernstraße bis zur Unkenntlichkeit durchschnitten, dennoch wird ihr eine solche Bedeutung für die dörfliche Siedlungs- und Hausgeschichte beigemessen, daß kürzlich der Anfang mit dem Aufbau eines Dorfmuseums gemacht worden ist. Seinen eigentlichen Ruf in der Kunstgeschichte aber hat Demerthin durch sein **Schloß**. Es ist eines der wenigen, die aus der Renaissancezeit erhalten geblieben sind, wenn auch in einem bis vor kurzem noch trostlosen Zustand; die Sanierungsmaßnahmen sind aber bereits angelaufen. Es vertritt jene charakteristische Form, die an dem Vorbild des mittelalterlichen ›Festen Hauses‹ angelehnt ist (vgl. Badingen bei Gransee). Auf nahezu quadratischem Grundriß erscheint das Gebäude dreigeschossig; das dritte Geschoß entsteht durch Zwerchhäuser, die, an der Hof- und Gartenseite dicht gereiht, über die gesamte Gebäudeausdehnung geführte Satteldächer abschließen. Diese kreuzen sich mit einem quergerichteten Dach zwischen den

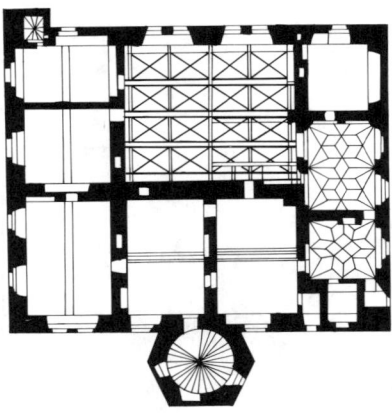

Demerthin, Schloß, Grundriß

Zwerchhausgiebeln über den Querseiten, so daß eine bewegte Dachzone entsteht. Mittig vor der Eingangseite ist ein hoher schlanker Treppenturm gestellt, der die Giebel und Dächer weit überragt. Sein Portal ist inschriftlich auf 1604 datiert, darüber schmückt den Eingang das Wappen derer von Klitzing, die Bauherren waren und das Schloß bis 1945 besaßen. Im Inneren erschließen Mittelkorridore die Geschosse, im Erdgeschoß befinden sich Gewölbe, sonst Spätrenaissance-Stuckdecken in Resten.

Wie Kyritz war auch das wenig südöstlich gelegene **Wusterhausen** an der Dosse eine Gründung der Edlen von Plotho vermutlich aus der Zeit zwischen 1200 und 1232. Die Stadt geriet aber bald in markgräflichen Besitz, aus dem sie 1319 an die Grafen von Ruppin zunächst pfandweise, 1349 als Lehen überging. Als Grenzort zu deren Grafschaft am Grenzfluß Dosse gelegen, gehört es kunstlandschaftlich aber mehr zur Prignitz. Ausgangspunkt soll auch hier ein ›Festes Haus‹ der Plothos am Dosseübergang an der Dossefurt gewesen sein. Es entstand zunächst eine Marktsiedlung, deren einst ursprünglich wohl angerartige Gestalt in einer später erfolgten Überformung mit einem regelmäßigen Straßensystem, das dem Kyritzer vergleichbar wäre, noch zu erkennen ist, die heutige Stadtgestalt geht jedoch mehr auf die Erneuerung nach dem Stadtbrand von 1758 zurück.

Die **Stadtkirche St. Peter und Paul** ist eine spätgotische dreischiffige Hallenkirche mit Umgangschor und gedrungenem Westturm. Eine kreuzförmige Feldsteinbasilika kann als Vorgänger ermittelt werden. Die Marienkapelle an der Südseite besitzt einen reizvollen Staffelgiebel aus der Zeit um 1520. Der ursprüngliche Spitzhelm des Turms ist heute durch das 1764 aufgebrachte Pyramidendach ersetzt. Das Innere ist von malerischem Reiz vor allem durch die nachreformatorische Einrichtung mit bemalten Emporen, einer figurenreichen Kanzel, 1610 geschnitzt und 1694 bemalt, dem barocken Orgelprospekt mit einem Werk von Joachim Wagner und dem zopfigen Altaraufbau mit einem Gemälde von Bernhard Rode (1776). Unter dem Gestühl befinden sich Reste mittelalterlichen Chorgestühls mit qualitätvollen figürlichen Reliefschnitzereien. Mehrere Epitaphien, der

Patronatsstuhl und anderes Mobiliar sowie die Spätrenaissance-Kronleuchter aus Messing vervollständigen das Raumbild. Unter dem liturgischen Gerät ragen ein frühgotischer Kelch mit szenischen Darstellungen am Fuß und eine Patene mit der Ritzzeichnung des Jüngsten Gerichts hervor. Eine Bibliothek verfügt über mittelalterliche Meßbücher in prächtigen Einbänden.

Ebenfalls Grenzort zur Prignitz an der Dosse ist das seit 1407 im Besitz der Grafen von Ruppin befindliche **Neustadt.** Auch hier war der Dosseübergang schon seit der Landnahme im 12. Jh. befestigt, aber es kam im Mittelalter nicht zu einer geschlossenen Siedlungsanlage. Der Ort blühte erst auf, nachdem in der zweiten Hälfte des 17. Jh. mehrere Manufakturen gegründet und das heute noch bestehende Gestüt angelegt worden waren. Dies geschah durch den Landgrafen Friedrich von Hessen-Homburg (der ›Prinz von Homburg‹ aus der Schlacht bei Fehrbellin), der den Ort 1662 erworben hatte und ihn zur Stadt erheben ließ. In dieser Zeit wurde auch die **Kirche** neu gebaut als ein Zentralbau auf

Wusterhausen/Dosse, Marktplatz mit Stadtkirche St. Peter und Paul und Rathaus

dem Grundriß eines griechischen Kreuzes, offenbar nach niederländischem Muster durch den Baumeister Andreas Reinhardt. Die hölzerne Decke des Inneren ist als achtseitige Kuppel ausgebildet. Im östlichen Kreuzarm sind Altar, Kanzel und Orgel übereinander angeordnet. Originell ist die Sandsteinvase im südwestlichen Fenster als Denkmal für den Domänenrat Giese. Die Umgebung der Kirche ist mit klassizistischen Traufenhäusern aus Fachwerk bebaut. – Erwähnenswert sind auch die *Gebäude des Hengstgestüts* vom ausgehenden 18. Jh. und der *Bahnhof* von 1846, einer der seltenen erhaltenen aus der Zeit des Eisenbahnstreckenbaus von Berlin nach Hamburg.

Die Ruppiner Schweiz

Ausgestreckt am Hügelabhang, den Wald zu Häupten, den See zu Füßen, so träumst du hier, bis die wachsende Stille dich erschreckt. Mit angespannten Sinnen lauschest du, ob nicht doch vielleicht ein Laut zu dir herüberklinge, und endlich hörst du die Rätselmusik der Einsamkeit. Der See liegt glatt und sonnenbeschienen vor dir, aber es ruft aus ihm, die Bäume rühren sich nicht, aber es zieht durch sie hin, aus dem Walde klingt es, als würden Geigen gestrichen, und nun schweigt es, und ein fernes, fernes Läuten beginnt. Ist es Täuschung, oder ist es mehr? Ein wachsendes Bangen kommt über dich, bis plötzlich das Klappern der Mühle wieder anhebt und der schrille Ton der Säge den Mittagszauber zerreißt.

Wer will sagen, wenn er die Ruppiner Schweiz durchwandert, wo ihr Zauber am mächtigsten wirkt.

> Und fragst du *doch:* »Den *vollsten* Reiz,
> Wo birgt ihn die Ruppiner Schweiz?
> Ist's norderwärts in Rheinsbergs Näh?
> Ist's süderwärts am Molchow-See?
> Ist's Rottstiel tief im Grunde kühl?
> Ist's Kunsterspring, ist's Boltenmühl?
> Ist's Boltenmühl, ist's Kunsterspring?
> Birgt Pfefferteich den Zauberring?
> Ist's Binnenwalde?« – Nein, o nein,
> Wohin du kommst, da wird es sein,
> An jeder Stelle gleichen Reiz,
> Erschließt dir die Ruppiner Schweiz.

Theodor Fontane, Wanderungen durch die Mark Brandenburg, Berlin 1862–82

Die Dosse im Gebiet um Wusterhausen und Neustadt nach Osten überschreitend, gelangt der Reisende in das *Land Ruppin,* jene Landschaft zwischen Dosse und oberer Havel, zwischen dem Rhinluch und den mecklenburgischen Seen, die ihren Namen von dem Grafen von Ruppin herleitet. Einst waren es die Grafen von Arnstein, die zusammen mit den Askaniern, mit denen sie verwandt waren, die Landnahme östlich der Elbe betrieben und 1214 von den Markgrafen Herrschaftsrechte im Rhingebiet erwarben, die sie im Laufe des 13. und 14. Jh. nach Westen um die ›terra Wusterhuse‹, nach Osten um Gransee und nach Norden um Kloster Lindow und Rheinsberg erweitern konnten. Bis 1524 bestand die ›Herrschaft Grafschaft Ruppin‹, sie behielt ihren Namen, obwohl das Geschlecht ausgestorben und das Gebiet wieder an die Markgrafen gefallen war.

Zunächst gründeten die Grafen zur Festigung der Landesherrschaft Burgen in Altruppin und Wildberg, es folgten Städtegründungen, von denen Neuruppin zum Hauptort der Herrschaft wurde und dessen Anlage offenbar schon bald nach 1214 erfolgte.

Die Grafen haben offensichtlich ihrer neuen Gründung am Nordufer des *Ruppiner Sees*, dort wo der *Rhin* in ihn mündet, das größere Interesse zugewandt. 1256 erhielt **Neuruppin** Stendaler Stadtrecht, und seit 1291 ist es als civitas nove Repin belegt. Die mittelalterliche Stadt war planmäßig auf einem nahezu quadratischen Areal abgesteckt worden und hatte das für die Entstehung im 13. Jh. übliche rechtwinklige Straßennetz erhalten. Die älteste Kirche mit einem Nikolaipatrozinium lag im westlichen Teil der Siedlung, sie verlor später ihre Bedeutung und war schon im 16. Jh. wüst. Als Hauptpfarrkirche dürfte spätestens nach der Erteilung des Privilegs 1256 die Marienkirche errichtet worden sein, die, in der Spätgotik zu einer Hallenkirche um- oder ausgebaut, dem großen Stadtbrand von 1787 mit zum Opfer fiel. Der Wiederaufbau der Stadt 1788 bis 1796 durch Bernhard Matthias Brasch gehört zu den großen Leistungen des frühklassizistischen Städtebaus in Deutschland. Brasch hatte drei große Plätze vorgesehen, jeweils durch ein Häusergeviert voneinander getrennt und dadurch eine rhythmische Platzraumgliederung der Innenstadt geschaffen. Auf den beiden äußeren Plätzen sollten Rundbauten als Kirchen stehen für die Lutherische und die Reformierte Gemeinde, auf dem mittleren wurde das Rathaus plaziert. Vom Bau der Reformierten Kirche ist schließlich abgesehen worden, der Platz

Neuruppin
1 *Heimatmuseum*
2 *Schinkeldenkmal*
3 *Fontanedenkmal*
4 *Ehem. Rathaus*
5 *Ehem. Gymnasium*
6 *Stadtkirche St. Marien*
7 *Klosterkirche der Dominikaner*
8 *Kapelle St. Georg*
9 *Kapelle St. Lazarus*
10 *Amalthea- oder Tempelgarten mit Tempietto*

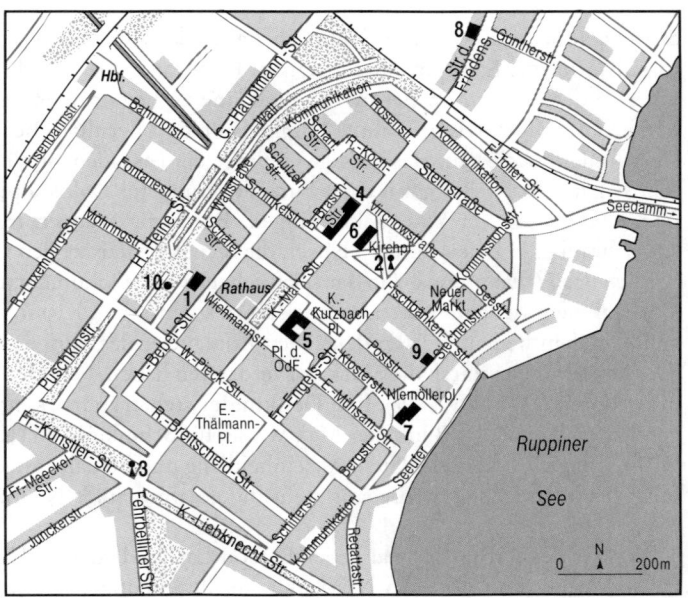

195

Neuruppin, Karl Friedrich Schinkel und Theodor Fontane – beide Denkmäler schuf Max Wiese

diente dem Militär zum Exerzieren. Aber auch das von Brasch geplante Rathaus und der Rundbau für die Stadtpfarrkirche kamen nicht zustande. Das inzwischen eingerichtete Oberbaudepartement in Berlin, das die Pläne zu begutachten hatte, brachte sie zu Fall und ersetzte sie durch neue ihres Mitglieds Philipp Bernhard Berson. Dagegen trägt das Gesicht der Straße ganz das zopfige Gepräge der Fassadenentwürfe von Brasch, zweigeschossig in Traufstellung mit einer Putzgliederung aus Kolossalpilastern, Gebälksimsen, Dachbrüstungen mit Vasenbekrönungen, Fensterbrüstungen mit Medaillon- oder Festonschmuck. In einem dieser Häuser, die beinahe palaisartigen Charakter haben, befindet sich das *Heimatmuseum,* in dem sich sehenswerte Dokumentationen zu *Karl Friedrich Schinkel,* dem bedeutendsten Baumeister des deutschen Klassizismus, und zu *Theodor Fontane,* dem bedeutendsten deutschen Romancier des vorigen Jahrhunderts, dem wir die ›Wanderungen durch die Mark‹ zu verdanken haben, befinden. Beide sind in Neuruppin geboren (1781 bzw. 1819). Ihre **Denkmäler** stehen an markanten Stellen in der Stadt; geschaffen hat sie der Bildhauer Max Wiese, für Schinkel 1883 (Kirchplatz), für Fontane 1907 (Anlage Fr.-Künstler-Str.). Als einheitliche und beinahe ungestört erhaltene Schöpfung des historischen Städtebaus steht die gesamte Stadt Neuruppin verdientermaßen unter Denkmalschutz.

Am Bau des **Rathauses** war neben Berson Carl Ludwig Engel beteiligt, der später nach Helsinki ging und dort die Nikolaikirche, den heutigen Dom, nach einem Schinkelschen Muster errichtete. Das Neuruppiner Rathaus verlor 1881–83 beim Umbau zum Landgericht seine ursprüngliche Erscheinung. Die Dimensionen des ehemaligen **Gymnasiums,** das 1790 von Brasch selbst als zweigeschossiger Putzbau von 25 Achsen erbaut worden ist, antizipiert neuzeitlichen Schul- und Verwaltungsbau. Es gehört zu den Zeugnissen einer Phase in der Architekturgeschichte zwischen Aufklärung und Romantik, in der zweckbetonte Sachlichkeit die Formgebung bestimmte, einer sehr kurzen Phase, wie sich selbst an der Baugeschichte Neuruppins ablesen läßt.

Zu ihr gehört der Neubau der **Stadtkirche St. Marien** auf dem nordöstlichen der drei Stadtplätze, 1801–04 nach dem Entwurf von Berson ebenfalls durch C. L. Engel. Berson hatte für seinen Entwurf im Gegensatz zu Braschs Zentralbau einen sogenannten Quersaal gewählt, einen Kirchentyp, der in Brandenburg-Preußen vor allem unter dem Soldatenkönig Friedrich Wilhelm I. zur Anwendung kam und Anfang des 19. Jh. gewiß schon veraltet war. Sein breit gelagerter, mit einem hölzernen Muldengewölbe überdeckter Innenraum wird an allen Seiten von zweigeschossigen Emporen umgeben, getragen von Säulen dorischen Charakters. Der sparsame, aber vornehme Dekor der Brüstungen hat den Stil des Empire. Die Emporen sind in der Mitte der Langseiten unterbrochen, über dem Eingang durch die Ratsloge, dem Eingang gegenüber durch den von jonischen Säulen flankierten Kanzelaltar mit der Orgel darüber. Außen sind die Langseiten in der Mitte jeweils durch Risalite betont, der an der Nordseite tritt halbrund hervor und ist mit einer kuppeligen Turmhaube bedacht. Wären nicht die etwas sentimentalischen Supraportenreliefs über den Eingängen mit biblischen Themen, Moses mit den Gesetzestafeln, Taufe Christi und Abendmahl, könnte man das Gebäude ebenso für ein Schauspielhaus halten. Die strenge Formensprache der klassischen Architekturglieder aber galten den Zeitgenossen durchaus als Zeichen sakraler Würde, die dem einen wie dem anderen zukommen konnte. Dennoch gab es in Neuruppin Einspruch wegen des ›unkirchlichen‹ Stils. Karl Friedrich Schinkel fand 20 Jahre später das Werk Bersons in seiner Vaterstadt »in vieler Hinsicht mißlungen«. Er gab der »schönen alten Klosterkirche« den Vorzug.

Die **Klosterkirche** nahe dem Seeufer, ein Backsteinbau des 13. Jh., gehörte zur Niederlassung der Dominikaner in der Stadt und hatte wie die Häuser in ihrer Umgebung den Brand von 1787 überlebt. Sie ist eine dreischiffige kreuzrippengewölbte Hallenkirche mit einem langgestreckten einschiffigen Chor, den ein 7/12-Polygon abschließt. In diesem Chor sind Reste des spätromanischen Gründungsbaus nach 1246 enthalten, das Polygon

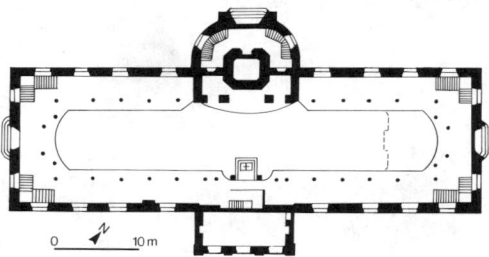

Neuruppin, Stadtkirche St. Marien,
Grundriß

197

ist unter Einfluß des gotischen Baus der Klosterkirche in Chorin hinzugefügt worden. Das Langhaus dagegen zeigt den Einfluß hessisch-westfälischer Hallenkirchen, was sich vor allem in der Stützenform, einer unikalen Backsteinadaption des ›kantonierten‹ Pfeilers, und der Kreuzrippenwölbung mit unterschiedlichen Profilierungen für Gurt-, Scheid- und Diagonalrippen zeigt. 1836–41 wurde die Kirche nach Plänen von Schinkel erneuert. Die Türme neben dem Chorhals aber fügte erst Ludwig Dihm 1904–07 hinzu, ganz offensichtlich, um mit ihnen dem gesamten Stadtbild einen Akzent wiederzugeben, den es durch den Stadtbrand verloren hatte, nämlich die zwei Turmspitzen der mittelalterlichen Stadtkirche so, wie sie Ansichten vor 1787 überliefern. In der Klosterkirche sind einige Werke mittelalterlicher Ausstattung erhalten geblieben, ein bemerkenswertes Altarrelief, das noch der kunstgeschichtlichen Einordnung harrt (Dehio: wohl zum Umkreis des Havelberger Lettners gehörig), und die Figur eines Dominikanermönchs, die um 1370 datiert wird und als Standbild des ersten Abts Wichmann von Arnstein bezeichnet wird. Wichmann war der Bruder Gebhards von Arnstein, der als Begründer der Grafschaft Ruppin gilt. – Neben der Klosterkirche wären noch zwei **Hospitalkapellen** zu nennen, **St. Georg** vor dem Altruppiner Tor und **St. Lazarus** in der Siechenstraße, als mittelalterliche Sakralbauten, die den Stadtbrand überstanden haben, dazu die Reste der **Stadtmauer** im Norden und Nordosten mit den zugehörigen dreifachen Wällen und Gräben.

In unmittelbarer Nähe dieser Befestigungsanlagen hat Georg Wenzeslaus von Knobelsdorff 1732–36 für den damaligen Kronprinzen Friedrich, dem das Regiment in der Garnison zugeteilt worden war, einen Park angelegt, den **Amalthea-** oder **Tempelgarten,** benannt nach dem **Tempietto,** einem Monopteros mit sechs Säulen unter flachem Kuppeldach, der dem Apollo gewidmet sein sollte. 1853–56 ist der Garten durch Karl von Die-

Neuruppin, Portal des Amalthea- oder Tempelgartens und altes Badehaus

Wustrau, Schloß

bitsch mit *türkischer Villa* und einer *Mauer* in maurischem Stil romantisch orientalisiert und gleichzeitig sind mehrere Dresdner Sandsteinfiguren des 18. Jh. aufgestellt worden. Die Terrakotten in der Gartenmauer dagegen sind Werke aus der Berliner Fabrik von Tobias Feilner.

Am Südende des Ruppiner Sees liegt **Wustrau,** ein Sitz derer von Zieten. In der **Dorfkirche** von 1781 sind noch spätgotische Ausstattungsstücke erhalten, ein Schnitzaltar mit einer Verkündigungsgruppe im Schrein von 1470, die Figuren einer Maria und eines Johannes aus einer Kreuzigungsgruppe um 1490 und sechs Apostelfiguren vom Anfang des 15. Jh. Das Epitaph für den bekannten General Friedrichs II., Hans Joachim von Zieten (gest. 1786), schuf der Berliner Bildhauer Wilhelm Christian Meyer nach einem Entwurf von Bernhard Rode; bemerkenswert ist das Porträtmedaillon. Das stattliche, neubarock überformte *Schloß* am Seeufer geht im Kern noch auf das 18. Jh. zurück. An der Dorfstraße steht ein *Eiskeller* mit Skulpturen am Eingang, von F. C. Glume um 1750 geschaffen.

Südöstlich von Neuruppin ist der Ort **Radensleben** für die Kunstgeschichte der Mark und für die Geschichte der Denkmalpflege von Bedeutung. Er war seit dem 17. Jh. im Besitz der Familie von Quast, aus der der erste preußische Konservator der Kunstdenkmäler hervorgegangen ist. Ferdinand von Quast (1807–77) hat die *Dorfkirche* seines Familiensitzes 1865–70 restauriert, neu ausgestattet und auf dem Kirchhof einen Camposanto angelegt, auf dem er auch bestattet wurde.

Im Zuge des Ausbaus ihrer Landesherrschaft legten die Grafen von Ruppin an dem strategisch wichtigen Wegepaß zwischen *Gudelack* und *Wutzsee* schon um 1230 ein *Non-*

nenkloster an, das sie mit Zisterzienserinnen besetzten. Welche Bedeutung der Ort, bei dem sich ein Städtchen entwickelte, für die Grafen besaß, ist wohl der Tatsache zu entnehmen, daß sie sich zeitweilig nach ihm ebenso benannten wie nach ihrem Hauptsitz, nämlich von **Lindow**. Und sie betrachteten das Kloster wie ihre Dominikanerstiftung in Neuruppin als Hauskloster für den weiblichen Zweig der Familie. Nach der Reformation bestand im Kloster bis 1945 ein evangelisches Damenstift; es diente Theodor Fontane als Vorbild für das Kloster Wutz in seinem Roman ›Der Stechlin‹. Die Reste des mittelalterlichen Klosters sind von einem Park umgebene Feldsteinruinen. Die Stadt erhielt ihr förmliches Recht erst 1810. Die **Kirche** steht am Südende des Ortes und ist ein Neubau von 1751–55. Landbaumeister Georg Christoph Berger ließ einen Quersaal errichten, für den auch hier charakteristisch ist, daß sich Kanzel und Loge, die hier den Stiftsdamen vorbehalten war, an den Langseiten gegenüberstehen. Der Außenbau weist sparsame Putzgliederungen auf, der stattliche Turm ist betont an der Ostseite in die Blickachse der Hauptstraße gestellt.

Von Lindow aus nördlich gelangt man in die landschaftlich überaus reizvolle Seen- und Waldlandschaft der *Ruppiner Schweiz*. Es wird kein Zufall sein, daß sich Kronprinz Friedrich, von Neuruppin aus, dort seinen Musenhof schuf, in **Rheinsberg.** Im März 1734 erwarb der preußische König Friedrich Wilhelm I. die im Norden der Mark gelegene

Rheinsberg, Stadtseite des Schlosses

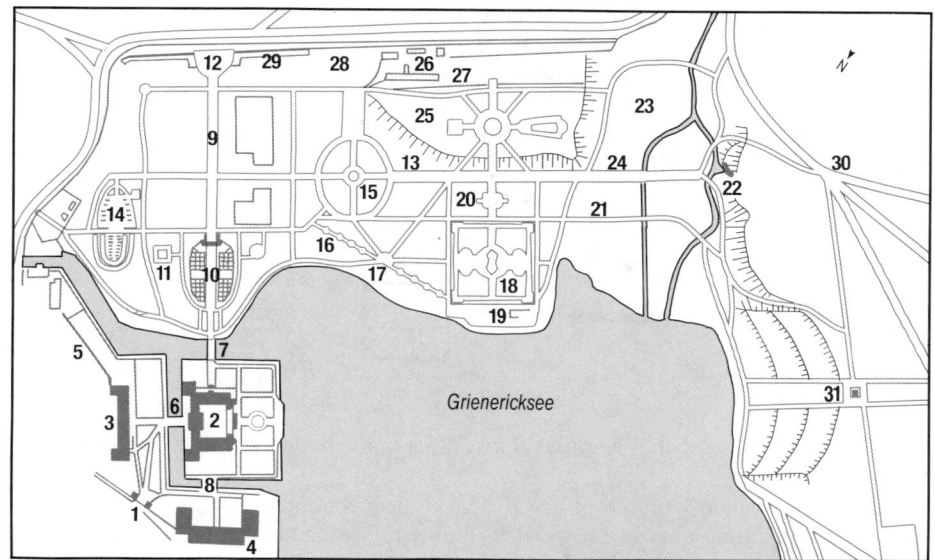

Rheinsberg, Schloß und Garten, Übersichtsplan 1 Stadtportal 2 Schloß 3 Marstall 4 Kava-
lierhaus 5 Stadtmauer 6 Schloßbrücke 7 Schloßgartenbrücke 8 Kavalierhausbrücke
9 Hauptallee 10 Orangerieparterre 11 Grabpyramide 12 Gartenportal 13 Queralle
14 Heckentheater 15 Orangerierondell 16 Nischenweg 17 Sternrondell 18 Heckenboskett
an der Feldsteingrotte 19 Feldsteingrotte 20 Lärchenrondell 21 Kleiner Damm 22 Egeria-
grotte 23 ›Englisches Rasenstück‹ 24 Großer Damm 25 Weinberg 26 Gärtnerei 27 Eis-
grube 28 Rosenplan 29 Grenzgraben 30 Vier-Alleen-Rondell 31 Erdterrassen mit Obelisk

Herrschaft und übereignete sie seinem ältesten Sohn, um diesem mit seiner Gemahlin
Elisabeth Christine von Braunschweig eine eigene Hofhaltung zu ermöglichen. Der
Kronprinz kannte den Ort, und auch der zukünftige Baumeister Friedrich des Großen,
Georg Wenzeslaus von Knobelsdorff, war schon mit zugegen gewesen, als bei Besuchen
in Rheinsberg der Wunsch geboren wurde, in der seen- und waldreichen Gegend eine den
Studien und den Musen gewidmete Idylle zu schaffen. Die jungen Interessenten fanden
am Ostufer des *Grienericksees,* auf einer von Wassergräben umgebenen Insel, eine unregelmäßige Gebäudegruppe vor, deren einziges ins Auge fallendes Architekturmotiv ein
mächtiger Rundturm mit Kuppeldach und Laterne war. Dieser Rundturm, im Kern möglicherweise ein Rest der mittelalterlichen Burg und damit ein Hinweis auf die Gründung
von Stadt und *Feste Rynnsperg* im 13. Jh. durch die Grafen von Ruppin, gehörte zum
Hauptflügel eines Wasserschlosses, das die Familie von Bredow nach 1556 in Renaissanceformen, ebenso wie die Kirche der Stadt, hatte errichten lassen. Der Name Klingenberg
soll von einer Uhr mit Schlagwerk an dem Turm herrühren, der bis heute dem Südflügel
des **Schlosses Rheinsberg,** am Ausfluß des Rhin dem Garten gegenüber, den Namen

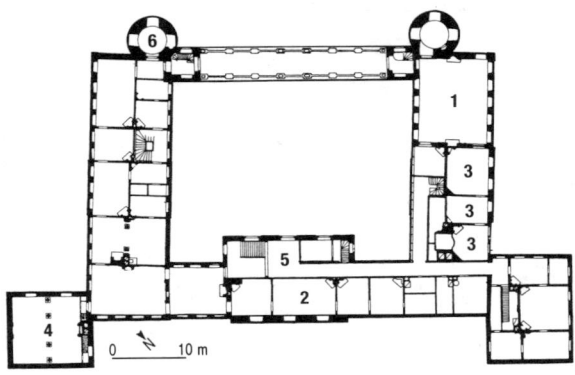

Rheinsberg, Schloß, Grundriß des
Obergeschosses
1 Marmor- oder Spiegelsaal
2 Muschelsaal
3 Amalienzimmer
4 Bibliothek
5 Treppenhaus
6 Turmkabinett (Arbeitszimmer
des Kronprinzen)

gibt und der als wesentliches Kompositionselement in den Neubau nach 1734 mit einbezogen worden war.

Zunächst war dem Baudirektor der kurmärkischen Kammer, Johann Gottfried Kemmeter, die Bauleitung übertragen worden. Ihm hatte der Soldatenkönig größtmögliche Sparsamkeit angeraten. Trotzdem läßt Kemmeters Planung Großzügigkeit nicht vermissen. Er baute als erstes den Renaissanceflügel um und aus und gab ihm auf der Südseite einen Mittelrisalit, von dem dann die Hauptachse des friderizianischen Gartens ihren Ausgang nahm. An der Seite zur Stadt fügte Kemmeter rechtwinklig einen Querflügel an mit vortretendem, von einer figurenbekrönten Attika abgeschlossenen Mittelrisalit. Die Dimension dieses Querflügels – um seinetwillen mußte die Schloßinsel vergrößert werden – und seine Gestalt verraten deutlich die Absicht, ihn zum Hauptflügel, zum Corps de Logis, einer Dreiflügelanlage werden zu lassen. Die Vollendung dieses Plans, der Bau eines Pendants zum Klingenbergflügel, die Wiederholung des Rundturmmotivs an der Giebelseite zum See und die Verbindung der beiden Türme durch eine Säulengalerie sind als Arbeiten von Knobelsdorff überliefert, der, 1737 von einer Italienreise zurückgekehrt, an die Stelle Kemmeters trat. Durch ihn bekam die architektonische Schöpfung ihren eigentlichen künstlerischen Schwung (Farbabb. 11).

Schon 1736 war der kronprinzliche Hof von Neuruppin übergesiedelt. Friedrich versammelte hier die Männer seiner Wahl um sich und pflegte, gemessen an der amusischen und spartanischen Hofhaltung seines Vaters, eine geradezu glänzende, den Künsten und den Wissenschaften gewidmete Geselligkeit. Der Baron Bielfeld berichtet 1739 von den noch nicht fertigen Räumen, der Bibliothek, dem Arbeitszimmer und dem großen Saal, »welcher der Hauptschmuck des Schlosses sein wird; er soll mit Marmor bekleidet und mit großen Spiegeln verziert werden«. Der *Marmor-* oder *Spiegelsaal* hat Türen, die mit vergoldeten Reliefs – Metamorphosen des Ovid – verziert sind. Bielfeld schreibt weiter: »Der berühmte Pesne arbeitet am Plafondgemälde, das den Aufgang der Sonne vorstellt. Man sieht die weißen Pferde des Sonnenwagens und den Apoll, der die ersten Strahlen

Schloß Rheinsberg – der Muschelsaal von C. G. Langhans

Aus diesem Zimmer tritt man auf der Seite, wo die Gemächer des Prinzen Heinrichs anfangen, in einen großen Saal von 7 Fenstern, 4 sind im Corps de Logis nach der Stadt, und 3 im Flügel, welcher nach dem Garten gehet. Ein neuer und sehr anmuthiger Geschmack herschet in den Auszierungen dieses Saales. Pilaster von dunkelgelben Gipsmarmor tragen auf verguldeten Kragsteinen das Hauptgesimse, und zwischen diesen hängen Guirlanden von Stuccaturarbeit, welche mit Vergoldung und natürlichen Muscheln gezieret sind, an welchen runde Basreliefs von spielenden Geniis hängen; das übrige der Wände ist mit dunkelgelben Füllungen und dunkelgrü-

Schloß Rheinsberg, Muschelsaal

ner Einfaßung von eben diesem Marmor bedecket. In der Mitte der Decke siehet man ein Bouquet von natürlichen Muscheln, in einer Cartousche von Stuccaturarbeit mit leichter Vergoldung, eingefasset, von selbiger sind Gehänge mit Vergoldung und natürlichen Muscheln ausgezieret, nach den vier Ecken des Saales gezogen, wo sie sich an eben so vielen Cartuschen mit vergoldeter Stuccaturarbeit und natürlichem Muschelwerk gezieret, anschliessen. Vier schön gearbeitete Vasen von Alabaster stehen unter den Spiegeln in diesem Saale.

Beschreibung des Lustschlosses und Gartens . . . zu Rheinsberg,
Berlin bey Friedrich Nicolai, 1788

sendet.« Bielfeld läßt keinen Zweifel darüber, welche Identifikation hier vorliegt, nämlich der Anspruch Friedrichs, als zukünftiger König dem Roi soleil gleich zu sein.

Im Juni 1740 bestieg Friedrich den Thron, 1744 schenkte er Rheinsberg seinem Bruder Heinrich, von 1753 bis zu seinem Tode war es dessen bleibende Residenz. Bauliche Veränderungen am und im Schloß gab es erst nach dem Siebenjährigen Krieg. Als die bedeutendste sei der Einbau des *Muschelsaales* von 1766 genannt. Der Entwurf stammt von Carl Gotthard Langhans, der sich hier noch als Meister des späten Rokoko zeigt. Zu erwähnen ist auch das Kabinett mit chinesischen Lackmalereien, das schon 1762 eingerichtet wurde und zu einer als *Amalienzimmer* bezeichneten Raumflucht gehört. Die neue Ausstattung der Räume und der Anbau der beiden stadtseitigen *Eckpavillons* am Corps de logis zogen sich bis in die achtziger Jahre des 18. Jh. hin. Später trat eine zopfig-klassizistische Dekorationsweise an die Stelle des späten Rokoko. Auch das leider zerstörte *Theater* im **Kavaliersgebäude** dem nördlichen Schloßflügel gegenüber war ein Beispiel für den neuen Stil, wie heute noch das *Speise-* und *Schlafzimmer* sowie die *Bibliothek* im südöstlichen *Eckpavillon*.

Um 1740 wurde von Knobelsdorff und dem Gärtner Johann Samuel Sello das Gelände südlich des Schlosses jenseits des Rhins zur Anlage eines *Parks* genutzt. Sie beginnt mit einem *Parterre*, im Oval von einer Steinmauer eingefaßt und von einem Laubengang umgeben, steigt dann über eine festliche *Treppe*, von Sphingen flankiert, zum höher liegenden Verlauf der Wegeachse an und endet am *Portal* zwischen korinthischen Säulengruppen und einer im Halbkreis geführten Balustrade.

Die Erweiterung des Parks in die Weite der landschaftlichen Umgebung erfolgte erst nach 1753, von deren architektonischer Ausschmückung nurmehr Reste erhalten sind, die aber durch zeichnerische Überlieferung von der phantasiereichen Gestaltung Kunde geben. Von den erhaltenen Architekturen seien hervorgehoben die *Grabpyramide* für den

Rheinsberg, Grabpyramide des Prinzen Heinrich

Prinzen Heinrich, das *Heckentheater*, das *Gartenportal*, der *Gartensalon* als Rest der Orangerie, die *Feldsteingrotte* und die *Egeriagrotte*. Die Terrassenanlage mit dem Obelisken hat ihre eigene Geschichte.

Nach 1802, dem Todesjahr des Prinzen Heinrich, geriet Rheinsberg im Schatten anderer historischer Ereignisse in Vergessenheit. Theodor Fontane war es, der mit einem interessanten und auch amüsanten Kapitel seiner Wanderungen durch die Mark Brandenburg die Erinnerung an Stadt, Schloß und Park neu weckte. Zu einem Stück Weltliteratur wurde schließlich Kurt Tucholskys 1912 erschienene Erzählung ›Rheinsberg, ein Bilderbuch für Verliebte‹, durch die der Name Rheinsberg vielleicht mehr zu einem Begriff geworden ist als durch seine Geschichte.

Östlich nahe Rheinsberg liegt der Ort **Zernikow**, einst ein Rittersitz, den Kronprinz Friedrich 1737 erwarb und 1740 seinem Kammerherrn Michael Gabriel Fredersdorff schenkte. Naheliegend, daß dieses »grand factotum du roi Frédéric« (Voltaire) versuchte, Knobelsdorff als Architekten für sein Schloß zu gewinnen. Nach dessen Entwurf soll das Herrenhaus schließlich 1746–48 erbaut worden sein, als Friedrich längst in Potsdam und Berlin die königlichen Residenzen bezogen hatte. Der rechteckige, zweigeschossige Putzbau von 8 : 3 Achsen mit einem Mansarddach – die putzgequaderten Lisenen gelten als Zutat des 19. Jh. – ähnelt in der Tat ein wenig dem Schloß in Mosigkau bei Dessau, einem Spätwerk Knobelsdorffs. Zum Garten hin besitzt das Gebäude einen polygonalen Vorbau, der sparsame Stuck im Gartensaal hat den Charakter des friderizianischen Rokokos.

Das ursprünglich seit der Landnahme markgräfliche Land zwischen Gransee und Löwenberg kam in der zweiten Hälfte des 13. Jh. durch Tausch zum Teil in die Hände des Bischofs von Brandenburg und im 14. Jh. als Pfand an die Grafen von Ruppin.

Gransee gilt als Stadtgründung aus wilder Wurzel. Eine Burg oder slawische Vorgängersiedlung ist nicht nachweisbar. Die Anlage am Kreuzungspunkt mehrerer Straßen von Westen und Süden nach Mecklenburg und in die Uckermark dürfte aus strategischen Gründen noch vor der Mitte des 13. Jh. durch die Markgrafen Johann I. und Otto III. erfolgt sein; Stadtrecht vergab Johann I. nach Brandenburger Muster erst 1262. Das Straßennetz hat die für Gründungsstädte typische und bestechend regelmäßige Gitterform; die heutige Rechtwinkligkeit der Straßenführung resultiert jedoch mehr aus dem Wiederaufbau nach dem Stadtbrand von 1711. Die Hauptstraße zwischen parallel geführten Seitenstraßen durchquert die Stadt in West-Ost-Richtung vom *Lindower* oder *Ruppiner Tor* (um 1890 erneuert) bis zum *Zehdenicker Tor* (1822 abgerissen). Von der die Stadt auf längsrechteckigem Grundriß einfassenden **Mauer** aus Feldsteinen sind noch beachtliche Teile erhalten und bis heute von den ansprechenden ›Wallgärten‹ umgeben. Unmittelbar an die Nordmauer lehnte sich das nur in Resten überkommene **Franziskanerkloster** aus dem späten 13. Jh. an, von dem sich der Ostflügel der Klausur erhalten hat, und die nördliche Chorwand, die zu einem langgestreckten einschiffigen Chor mit polygonalem Schluß gehört hat, wie er für die Kirchen der Bettelorden in der Mark Brandenburg in dieser Zeit typisch war. Die Stelle des Marktes nimmt heute eine schmale rechteckige Aussparung aus dem Geviertplan in der westlichen Stadthälfte ein, der heutige *Schinkelplatz* mit dem

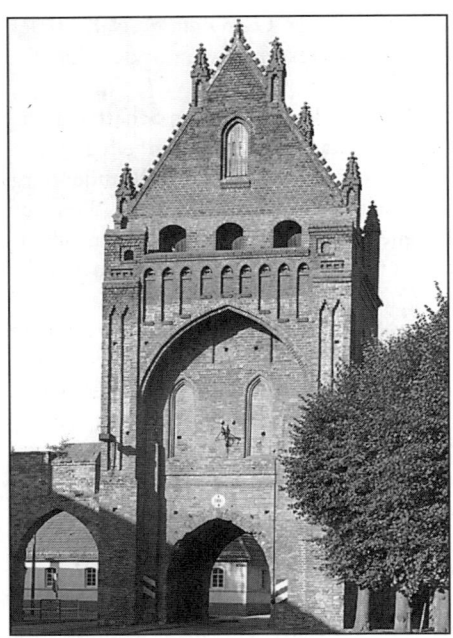

Gransee, Ruppiner Torturm

vom Berliner Baumeister 1811 geschaffenen gußeisernen **Denkmal,** das an die Aufbahrung der *Königin Luise* bei ihrer Überführung von Hohenzieritz, wo sie am 19. Juli 1810 gestorben war, nach Berlin erinnert. Das einfache **Rathaus** stammt aus dem 18. Jh. In der **St.-Spiritus-Kapelle** des gleichnamigen Hospitals nahe dem Ruppiner Tor aus der ersten Hälfte des 14. Jh. befindet sich das *Heimatmuseum* mit frühgeschichtlichen Funden und Möbeln und Hausrat.

Den Kirchplatz bildet das mittlere Straßengeviert, und die **Stadtkirche St. Marien** steht parallel in den Straßen. Ihr ungegliedert querrechteckiger Westbau aus Granitquadern mit dem typisch abgetreppten Spitzbogenportal signalisiert die askanische Gründung; ab dem ersten Obergeschoß, etwa in Dachhöhe des Schiffes, beginnt der Backsteinaufbau einer Zweiturmfassade von faszinierender Gleichmäßigkeit: Nach einem gemeinsamen, aber schon teilend gegliederten Geschoß steigen die quadratischen Obergeschosse der Türme getrennt auf, setzen unterhalb des Abschlusses ins Achteck über und enden mit gemauerten achtseitigen Pyramiden. Diese Beschreibung trifft nur auf den Südturm zu, der nördliche blieb unvollendet und erhielt seine Schieferhaube, allerdings mit dem deutlichen Bemühen um eine Angleichung, erst 1709. Das Konzept einer Zweiturmfront gehört einer Bauphase an, als an die Stelle einer Feldsteinbasilika des 13. Jh. die langgestreckte dreischiffige Backsteinhalle von sieben Jochen trat.

Der Neubau des Kirchenschiffs begann mit den drei Ostjochen, ein Treppentürmchen an der Südseite markiert die Zäsur. Den östlichen Abschluß bilden drei polygonale Apsiden, über denen sich ein einheitlicher, durch gestaffelte spitzbogige Maßwerkblenden gegliederter Giebel aufbaut (Farbabb. 9). Dieses Ostwandkonzept ist nicht weniger bedeutsam als das des Westbaus; die Anregung dürfte vom Giebel der Prenzlauer Marienkirche herrühren. Als Entstehungszeit werden die Jahre nach 1370 genannt. Im 15. Jh. sind dann die weiteren Hallenjoche ergänzt worden. Der Anbau der Kapelle an der Südseite ist der letzte Bauvorgang im Mittelalter.

An mittelalterlicher Ausstattung sind zwei Altäre vorhanden; das Retabel auf dem Hauptaltar enthält das Relief einer figurenreichen Kreuzigungsdarstellung und Heiligen-

Das Luisendenkmal in Gransee

Am 19. Julio 1810, neun Uhr früh, war die Königin zu Hohenzieritz gestorben. Die Leiche verblieb daselbst noch sechs Tage. Am 24. wurde sie in Silberstoff gekleidet und in einem schwarz drapierten Zimmer in Parade ausgestellt. Am 25., in glühender Sonnenhitze, begann die Überführung: Gransee sollte an diesem Tage noch erreicht werden. . . .

An der preußischen Grenze, bei Fischerwall, dort, wo jetzt am Rande des Waldes ein einfacher Denkstein steht, wurde der Trauerzug von der Leib-Eskadron des Regiments Garde du Corps, von dem Landrat des Ruppiner Kreises, späterem Grafen von Zieten, und einer Deputation der Ritterschaft erwartet. In allen Ortschaften, welche von dem Zuge berührt wurden, wie auch in allen denen, welche bis auf eine Meile von der Landstraße entfernt lagen, wurde mit allen Glocken geläutet. So schritt man auf Gransee zu. Hier war bereits vorher, von Berlin aus, ein gotisch verziertes, mit schwarzem Tuch bekleidetes Langzelt eingetroffen, das man mit Hülfe von Vorhängen in drei Abteilungen geteilt hatte. In der vordersten standen die Wachtposten der Garde du Corps, in der zweiten der Leichenwagen; in der dritten befanden sich die Personen des Hofes.

An der Stadtgrenze von Gransee, bei der sogenannten Baumbrücke, wurde der Zug von den städtischen Behörden empfangen und auf jenen oblongen Platz geleitet, der jetzt den Namen »Luisen-Platz« führt. Die Stelle, wo der Lei-

chenwagen inmitten des Zeltes stand, ist bis heute durch ein paar eiserne Fackelhalter (hart links neben der Straße) markiert. Am 26. Juli früh setzte sich der Kondukt, auf Oranienburg zu, wieder in Bewegung; am 27. traf er in Berlin ein.

Zur Erinnerung an die Nacht vom 25. auf den 26. wurde seitens der Stadt Gransee wie des Ruppiner Kreises, das »Luisen-Denkmal« errichtet. Es ist von Eisen; einzelnes vergoldet. Schinkel entwarf die Zeichnung; die Berliner Königliche Eisengießerei führte sie aus.

Theodor Fontane, Wanderungen durch die Mark Brandenburg, Berlin 1862–82

207

Gransee, Stadtkirche
St. Marien, Langhaus

figuren von einem spätgotischen Schnitzaltar, die seit 1965 zusammenstehen. Ein gemaltes Triptychon in der Apsis des nördlichen Seitenschiffs zeigt auf dem Mittelbild die Gruppe der Anna Selbdritt, auf den Flügeln die Franziskanerheiligen Bonaventura und Bernhard von Siena mit Maria Magdalena und Sebastian sowie Erasmus und Martin. In den Medaillons über ihnen eine ikonographische Besonderheit: die vier Kirchenväter mit den Symbolen der Evangelisten. Der Altar stammt gewiß aus der Franziskanerkirche und wird um 1520 entstanden sein. Bemerkenswert ist auch die Kreuzigungsgruppe und die Orgel mit einem Werk von Joachim Wagner aus Berlin.

Südlich von Gransee liegt das Städtchen **Löwenberg.** Ähnlich wie Gransee verdankt es offenbar seine Entstehung dem Vorstoß der Askanier entlang der Havel nach Norden und der Sicherung dieses Weges. Eine mittelalterliche Burg war an der Stelle des heutigen *Barockschlosses* vorhanden, ein 1375 genanntes castrum. Der Ort kam 1267 an den Bischof von Brandenburg, zu einem Zeitpunkt, zu dem seine strategische Bedeutung sich schon verloren hatte. Die *Kirche* aus Feldstein mit dem für Stadtkirchen charakteristischen Querturm ist schon vor dem Besitzwechsel begonnen worden und dank der nicht vollzogenen Entwicklung zur Stadt erhalten geblieben (Inneneinrichtung von 1832).

Zu den Orten, die dem Lande Ruppin angehörten und bemerkenswerte Adelssitze waren, gehören Meseberg und Hoppenrade. Das **Schloß** in **Meseberg** ist ein stattlicher zweigeschossiger Putzbau und wurde 1738/39 erbaut. Seit 1744 war es im Besitz des Ch. L. v. Kapphengst, des Günstlings des Prinzen Heinrich von Preußen. Fontane berichtet über diese Beziehung recht amüsant. Die Langseiten des Schlosses sind mit säulengegliederten und übergiebelten Mittelrisaliten versehen. Im Gartensaal befindet sich ein Deckenbild von Christian Bernhard Rode aus Berlin mit der Darstellung einer Apotheose des Prinzen Heinrich (1790). Der prächtige *Barockgarten* ist durch Zeichnungen überliefert und heute nur noch in Spuren erkennbar. – Das Dorf mit seiner Kirche liegt etwas abgerückt vom Schloß auf einer Anhöhe. Die *Kirche* ist reich mit Epitaphien der Familie von Gröben ausgestattet, hervorzuheben ist das Votivgemälde von 1588.

Das **Schloß** in **Hoppenrade** gehört zu den bedeutenderen Anlagen in der Mark. Es wurde 1724 als eingeschossige Dreiflügelanlage errichtet und um 1800 in Teilen erhöht und umgebaut. Leider läßt sein Erhaltungszustand sehr zu wünschen übrig. Die Putzgliederungen des Corps de Logis sind zum Teil abgefallen, der Balkonportikus ist dem Einsturz nahe und die Innengestaltung desolat. Das spätbarock-zopfige Treppenhaus gibt noch am besten den ursprünglichen Charakter wieder. Ein Schmuckstück scheint die *Kapelle* im rechten Seitenflügel gewesen zu sein. In ihr sind auch noch Wandstukkaturen aus der ersten Bauzeit und vor allem ein Kanzelaltar mit reicherem Figurenschmuck erhalten. An der Kanzelkonsole ist das Bredowsche Wappen als Hinweis auf die einstigen Besitzer angebracht. Deren Herrschaftsempore gegenüber ist verloren. Vom Park ist die *Allee* noch erkennbar.

Gleichsam auf der anderen Seite von Gransee östlich auf die Havel zu liegen die Orte Badingen und Zehdenick, die zum Kreis Templin gehören und damit verwaltungspolitisch zur Uckermark zu rechnen wären, aber nicht geographisch. Deshalb seien sie hier mitbehandelt. **Badingen** besitzt eine *Dorfkirche* aus Feldstein des 13. Jh. mit schmalerem rechteckigen Chor und gleich breitem westlichen Querturm. Im Norden daneben steht das Feste Haus, das im Kern seiner starken Mauern Treppen enthält und wohl auf einen mittelalterlichen Bau zurückgeht. *Haus Badingen* ist im 16. Jh. zu einem prächtigen **Renaissanceschloß** mit hohen, heute nicht mehr erhaltenen Giebeln vor Zwerchhäusern umgebaut worden. Im Inneren gibt es noch einige Räume mit Stern- und Netzgewölben, die Hofstuben, sowie mit Balkendecken. Ein damals angebauter Wendelstein verlegte die Treppe nach außen. Merians Ansichten geben ein recht anschauliches Bild der einstigen Erscheinung des Schlosses oder Herrenhauses.

Zehdenick ist eine Stadt an der Havel. Als civitas sicherte sie einen Flußübergang seit 1281. Ähnlich Löwenberg – oder auch Liebenwalde – war die Furt durch eine Burg von den Askaniern gesichert worden. Daneben entstand die kleine Marktsiedlung mit einem Straßennetz in Gitterform am westlichen Flußufer. 1250 gründeten die Markgrafen ein *Nonnenkloster.* Aufgrund eines angeblichen Hostienwunders wurde es zum Wallfahrtsort und förderte die Entwicklung der Stadt. Seine Gebäude brannten 1801 aus und sind eindrucksvolle Ruinen bis auf den zweigeschossigen Nordflügel mit Kreuzgang und mehr-

Badingen, Dorfkirche und Festes Haus

schiffig gewölbten Räumen. Das sogenannte Hungertuch, eine Stickerei des späten 13. Jh. aus dem Kloster, befindet sich im Märkischen Museum in Berlin.

Im Westen des Klosters findet man das ehemalige *Amtshaus* und im Norden das sogenannte *Schloß*, beide sind bescheidene Fachwerkbauten des 18. Jh. Das *Rathaus* ist ein schlichter Bau aus der Zeit des Klassizismus. Von der **Stadtkirche** ist aus dem 13. Jh. der Unterbau eines querrechteckigen Feldsteinturms mit dem charakteristischen, in das starke Mauerwerk mehrfach eingestuften Spitzbogenportal erhalten; das Schiff dagegen ist ein Neubau als Quersaal von 1805–12.

Auch noch diesseits der Havel und zum Ländchen Löwenberg zählend, liegen Dorf und Schloß **Liebenberg.** Der mittelalterliche Ursprung – 1267 erwähntes Angerdorf mit Feldsteinkirche aus der 1. Hälfte des 13. Jh. – ist unter den neuzeitlichen Überformungen kaum noch auszumachen. Das Schloß wurde 1743–47 neu erbaut, ist aber nach 1867 historisierend umgebaut und im Innern nach 1945 entstellend verändert worden. Bewahrt blieb die Kopie der ›Alexanderschlacht‹ im Obergeschoß nach dem Mosaik in der Casa del Fauno in Pompeji sowie drei Sandsteinreliefs an der Fassade nach griechischen Originalen. Besser haben ein Wirtschaftsgebäude aus Fachwerk von 1698 und Parkarchitekturen ihren ursprünglichen Charakter bewahrt. Den ehemaligen Barockgarten verwandelte Peter Joseph Lenné 1833–34 (Entwurf schon 1829) in einen Landschaftspark.

Barnim und Lebus

Östlich der Havel und nördlich der Spree bildet eine Grundmoränenplatte mit hügeligen Endmoränenbegrenzungen die Kleinlandschaft des Barnim. Im Norden reicht sie bis an die Senke des Eberswalder Urstromtales, im Osten geht sie ohne deutliche Zäsur in die Lebuser Platte über. Beide fallen zur Alten Oder zwischen Hohenfinow und Kietz steiluferartig ab; hier streicht die breite Niederung des Oderbruchs von Nordwest nach Südost.

Barnim ist ein Landschaftsname, der wohl auf einen slawischen Personennamen zurückgeht (Barnimir?). *Lebus* leitet sich von den slawischen Bewohnern zwischen Oder, Schlaube, Spree, Löcknitz und Stobberow, den Leubuzzi her. Beide Landschaften teilen, wie auch der Teltow, ihre Namen mit denen der Hauptorte, wobei Barnim als Dorf oder Stadt nicht eindeutig zu ermitteln ist; man vermutet es in Biesenthal, dem möglicherweise eine Siedlung mit Namen Barnim vorausgegangen ist und das dann mit zu den slawischen Siedlungskammern im Innern der Hochfläche gehört hätte, während die deutschen Siedlungsgründungen den Peripherien oder den erschließenden Wegeführungen folgen. Interessant ist, daß im östlichen Barnim, dem späteren Oberbarnim in Odernähe, zunächst die meißnischen Wettiner die Landnehmenden waren, während die Askanier den Weg zur Oder in nordöstlicher Umgehung des Barnim suchten und Albrecht II. 1214 die Burg in Oderberg erbaute. Erst der Gewinn von Köpenick (und Mittenwalde) um 1240 sicherte den Askaniern die Herrschaft über den Barnim und ermöglichte auch den Erwerb von Lebus, der um die Mitte des 13. Jh. mit der Stadtrechtsverleihung durch Johann I. an Frankfurt an der Oder Endgültigkeit bekam.

In Lebus, dem heute nicht so leicht auffindbaren Städtchen am hügeligen Rand der Platte zur Oder, war 1124 ein polnisches Bistum gegründet worden, also einige Jahrzehnte vor der Christianisierung der Elbslawen, die dadurch zwischen zwei christliche, sie bedrohende Königreiche gerieten. Nach der askanischen Eroberung verlor der Bischof seine Residenz, die sich offenbar in der dortigen Burg befunden hatte; er erhielt schließlich 1373 eine neue in Fürstenwalde, wohin ihm dann auch das Kapitel folgte. Den Namen Lebus behielt die Diözese aber immer bei.

Zu bemerken wäre noch, daß bis ins 19. Jh. hinein die Teile von Berlin nördlich der Spree zum Kreise Niederbarnim zählten wie die südlich der Spree zum Teltow. Erst mit dem Ausscheiden aus dem Provinzialverband Brandenburg wurde Berlin selbständig. 1920 wurden bei der Bildung von Großberlin weite Teile des Barnim wie auch des Teltow nach Berlin eingemeindet, Dörfer vor allem, aber auch Städte wie das seit dem Mittelalter selbständige Köpenick. Trotzdem hat, so merkwürdig das klingen mag, die Großstadtnähe mancher Stadt am Rande Berlins das ursprüngliche Bild vor einschneidenden Veränderungen bewahrt, von dem Verfall in jüngster Zeit einmal abgesehen. Bernau, das einmal als neue Kreisstadt des Niederbarnim vorgesehen war und dann bis heute die eines nach ihr benannten Landkreises geworden ist, macht dabei eine tragische Ausnahme.

Die kleine Stadt **Bernau** (20 000 E.) nordöstlich von Berlin hat in der Zeit nach dem Zweiten Weltkrieg ein bedauerliches Schicksal gehabt. Vom Krieg nicht in Mitleidenschaft gezogen, sind ihre meist zweigeschossigen Fachwerkhäuser in den ersten Nachkriegsjahrzehnten allmählichem Verfall preisgegeben gewesen und schließlich abgerissen worden. Ein Neubaukonzept mit viergeschossigen Wohnhäusern aus dem seriellen Plattensystem sollte auf dem mittelalterlichen, aber modernen städtebaulichen Ansprüchen durchaus genügenden Grundrißraster rechtwinklig geführter Straßen zum Muster für die Erneuerung mittelalterlicher Klein- und Mittelstädte werden. Tatsächlich ist die Stadt durch diese Erneuerung zerstört worden. Von der Substanz des mittelalterlichen Bernau haben sich nur die *Stadtmauer,* die aus Feldsteinen bestehend den Stadtkern ringförmig umgibt, und die *Stadtkirche St. Marien* erhalten, deren mächtiges Dach auch die neugebaute Stadt gestalterisch bestimmend überragt.

Die Stadt entstand, wie es heißt, aus wilder Wurzel, an einer Heer- und Handelsstraße, die zunächst von der Havel (Spandau), später auch von der Spree (Berlin) kommend, den Barnim erschloß. Die Markgrafen Johann I. und Otto III., die seit 1225 gemeinsam regierenden Brüder, gelten als die Gründer. 1232 soll die Stadtrechtsverleihung erfolgt sein, was aus der Tatsache gefolgert wird, daß in diesem Jahr Spandau zum Rechtsoberhof für den Barnim erklärt worden ist, ein Sachverhalt, der aber nur durch Sekundärquellen belegt ist.

Der Stadtgrundriß, so regelmäßig er auch ist, weist doch um die Stadtkirche herum eine auf das Bauwerk ausgerichtete Straßenführung auf, was auf einen älteren Siedlungskern an dieser Stelle, dem höchsten Punkt des Siedlungsgeländes, auf eine Stammsied-

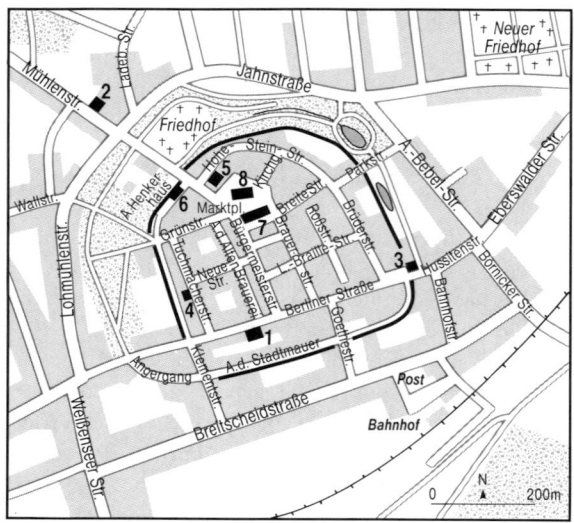

Bernau
1 Haus Schwarzer Adler
2 Kapelle des Georgenhospitals
3 Steintor (Museum)
4 Kantorhaus
5 Alte Lateinschule
6 Henkerhaus
7 Rathaus
8 Stadtkirche St. Marien

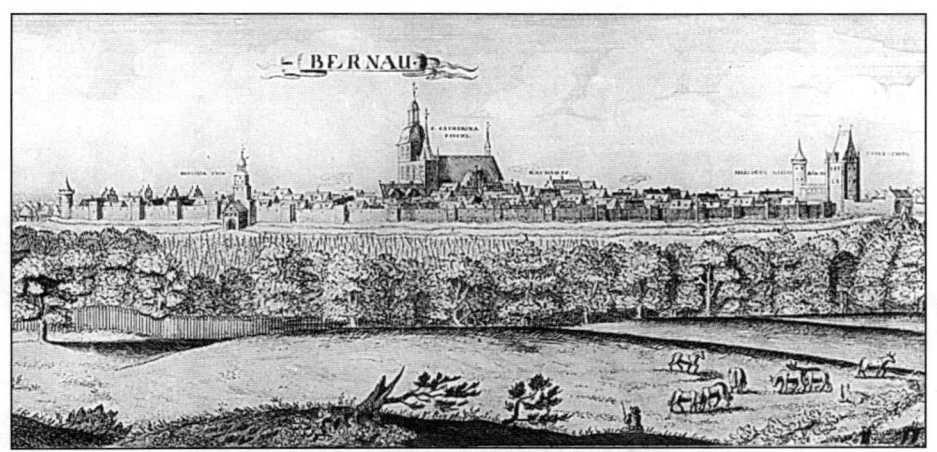

Bernau, Ansicht der Stadt. Zeichnung von Daniel Petzold, um 1710

lung schließen läßt. Im weiteren Verlauf der Siedlungskonsolidierung ist es dann zur Umfestigung, am Ende mit steinerner Mauer und mehreren Wällen, einer Wegegabel mit Markt gekommen, dem Rückgrat des gitterförmigen Straßennetzes, auf dem die planmäßige Anlage der Gründungsstadt mit einer der Maria geweihten Kirche um 1230 erfolgte. 1296 erst ist Bernau als civitas bezeugt.

Im Schatten des schon im Mittelalter schnell aufblühenden Berlins war die Entwicklung Bernaus recht bescheiden. Die Stadt dehnte sich nur wenig über die mittelalterlichen Stadtmauern hinaus aus. Vom 14. bis zum 16. Jh. wuchs die Wohlhabenheit der Stadt dank des stark anwachsenden Tuchmachergewerbes und der Brauerei eines beliebten Bieres. Bekannt wurde die Stadt durch den Widerstand gegen die Hussiten im Jahre 1432. Eine Kalandsbruderschaft hatte ihre Versammlungsstätte im **Haus Schwarzer Adler,** in dessen Erdgeschoß netz- und sterngewölbte Räume erhalten sind. Vor dem ehemaligen *Mühlentor* im Norden der Stadt steht die **Kapelle des Georgenhospitals,** ein spätgotischer einschiffiger Backsteinbau. Von den Stadttoren hat nur das **Steintor** (Steintormuseum) im Osten überdauert, dazu zwei Mauertürme des 15. Jh. aus Backstein. Von der alten Bebauung der Stadt sind, abgesehen von einigen Gebäuden des vorigen Jahrhunderts, das **Kantorhaus** in der Tuchmacherstraße, die **Alte Lateinschule** bei der Stadtkirche und das **Henkerhaus** (Heimatmuseum) am Rand der nördlichen Stadtmauer in die neue Zeilenbebauung einbezogen worden, ferner das **Rathaus** von 1805 an der Südseite des durch nachträgliche Aufsiedlung verkleinerten Marktes.

Nördlich des Marktes, hinter einer Häuserzeile, erhebt sich die Stadtkirche und überragt mit ihrem hohen Ziegeldach und einem Zierrippengiebel die Stadtdächer. An der Westseite ist der Turm in die Sichtachse der Mühlenstraße gestellt, an der Ostseite führt

Bernau, Steintor
(Steintormuseum)

eine schmale Gasse vom Markt zum Chor der Kirche. Auf der Nordseite hat es die platzartige Erweiterung wohl schon immer gegeben (Friedhof?). Die Giebelreihe über der nördlichen Seitenschiffwand ist ein Hinweis darauf. Schließlich führt auch die Verbindungsgasse zwischen der Mauerringstraße und diesem Kirchplatz genau auf einen Zierrippengiebel der Sakristei zu, so daß sich die Gesamtgestalt der Stadtkirche noch immer in die Straßen- und Platzräume der Stadt integriert zeigt.

Ihr heutiges Aussehen hat die **Stadtkirche St. Marien** von Bernau erst durch Bauvorgänge des 15. und 16. sowie des 19. Jh. erhalten. Aus einem vermutlich spätromanischen, dann gotisch veränderten Feldsteinbau ist eine weiträumige Backsteinhallenkirche geworden mit vierschiffigem Langhaus, dreischiffigem Umgangschor und einem quadratischen Westturm. Der Umbau zur Hallenkirche begann mit der Erweiterung des Mittelschiffs vom Vorgängerbau durch die beiden nördlichen Seitenschiffe, vermutlich in der Zeit um 1400. Die Datierung des Umgangschors auf um 1480 ist durch den Fund einer Altarweihinschrift von 1479 bestätigt. Eine Bauinschrift im östlichen Langhausjoch besagt ferner, daß ein Meister Peter den Bau 1519 vollendet habe. Diese Inschrift ist immer wieder auf die Wölbung des Langhauses im Mittel- und südlichen Seitenschiff bezogen worden, könnte aber auch die einheitliche Ausmalung des bis dahin unterschiedlich farbig gefaßten Innenraumes meinen. Hinweise auf ältere Ausmalungen geben heute das Obergeschoß des südlichen Anbaus (wohl um 1480) und die Reste der Darstellung eines Christophorus an der nördlichen Außenwand (wohl Anfang 15. Jh.). Die einheitliche Fassung, ein weißer Anstrich mit einem Fugennetz aus schwarzen Doppelstrichen, deren restauratorischer Nachweis auch der jüngst erneuerten Kirchenausmalung zugrunde liegt, überdeckt die älteren Farbschichten auf einer Putzschicht seit etwa 1520.

Die Bernauer Kirche hat im 19. Jh. keine Purifizierung erfahren. Nur der ehemalige Querturm an der Westseite, der noch vom Erstbau herrührte, wurde durch den quadratischen Turm des Architekten Manger ersetzt. So ist die Kirche eines der am reichsten ausgestatteten Gotteshäuser der Mark geblieben. Im Langhaus ist noch ein großer Teil des Gemeindegestühls aus dem 17. Jh. erhalten, auch die Emporen an der Nord- und der Westwand, die ›Chöre‹ der Tuchmacher und Schuster, mit einer Vielzahl auf Leinwand gemalter biblischer Szenen an den Brüstungsfeldern. Reste eines aufwendigeren Gestühls, darunter der Bürgermeisterstuhl, stehen im Chor. Am Kanzelkorb von 1609 haben spätgotische Schnitzfiguren Verwendung gefunden. Zwischen den beiden Eingangspfeilern zum Chor trägt der Triumphbalken das angeblich inschriftlich auf 1490 datierte Triumphkreuz mit den Figuren der Maria und des Johannes. Die 1606 geschnitzte Taufe mit turmartigem Deckelaufsatz steht jetzt im Chorumgang, hinter dem Kreuzaltar dagegen ein pokalförmiger Taufstein, der wohl aus dem Vorgängerbau stammt. In den Wandnischen des Chorumgangs sind noch die Mensen der Nebenaltäre vorhanden. Ansonsten werden die Wandflächen unter den Fenstern von großen Epitaphien und Pastorenbildnissen eingenommen. Das Sakramentshaus ist aus Backsteinen gemauert, eingefügt ist der eigentliche Schrein aus Holz mit eisenbeschlagenen Türen. Zwei weitere Türblätter sind bemalt. Unter der sichtbaren Malerei aus dem 16. Jh. ist eine ältere aus dem frühen 15. Jh. mit gleicher Thematik festgestellt worden, die demnach älter ist als der Chorumgang, an dessen Nordostpfeiler das Sakramentshaus steht. Noch ein Werk aus dem frühen 15. Jh. steht an der Ostwand der nördlichen Seitenschiffe, ein Relief, das Christi Gebet am Ölberg zum Inhalt hat.

Das bedeutendste Ausstattungsstück aber ist zweifellos der *Hochaltar,* auch einer der besten spätgotischen Altäre der Mark überhaupt. Die Predella, die mit kühn geschwungenen Wangen das Schreinwerk trägt, zeigt vier Gemälde mit Szenen der Nikolauslegende. Der eigentliche

Bernau, Stadtkirche St. Marien, Hochaltar

215

Schrein hat sechs Flügel, die zwei äußeren feststehend, die inneren beweglich. Ist der Altar ganz geöffnet, so bieten sich im Schrein die Szene der Marienkrönung, eingefaßt von posauneblasenden Engeln, und in den Flügeln je drei Reihen von Heiligenfiguren dar. Die Einteilung ist stereotyp, jedoch das Detail der Schnitzereien, vor allem der rahmenden Rankenleisten, von höchster Qualität. Das Gesprenge hat bizarre Formen und die Figuren darin manieristische Proportionen. Bei der ersten Wandlung des Altars, der Schließung der Innenflügel, erscheinen Gemälde mit 32 Szenen des Lebens Christi, in ihrer Vollständigkeit an Holzschnittfolgen der Dürer- und Cranachzeit erinnernd. Die Reihen der Bilder sind von oben nach unten zu ›lesen‹, und es fällt auf, daß die äußeren Tafeln der Marien- und Kindheitsgeschichte, die inneren der Passion gewidmet sind. Bei der zweiten Wandlung folgen ebenso viele Szenen aus verschiedenen Heiligenlegenden. Interessant ist, daß auf dem Christuszyklus als Himmel der in der mittelalterlichen Malerei traditionelle Goldgrund verwendet wurde, während im Heiligenzyklus zu der liebevoll gemalten Lanschaft der natürliche Himmel getreten ist.

An der Straße nach Wandlitz, 5 km nordwestlich der Stadt, liegt in einem Waldgelände typisch märkischer Prägung die *ehemalige Bundesschule des Allgemeinen Deutschen Gewerkschaftsbundes,* die Hannes Meyer, ein Bauhausarchitekt, 1929 bis 1930 errichtet hat, ein Musterkomplex von Lehr-, Wohn und Wirtschaftsgebäuden in Stahlbetonbauweise mit Klinkerverblendmauerwerk, um einen See gruppiert, von nüchternster Sachlichkeit und dem Ausdruck sparsamster, im Detail aber bestechend durchgestalteter Mittel. Erweiterungsbauten aus den 60er und 70er Jahre beeinträchtigen leider das ursprüngliche Ensemble.

Lindenberg, Dorfkirche

Südlich von Bernau sind eine Reihe von Dörfern mit ihren Feldsteinkirchen aus der Besiedlungszeit des 13. Jh. von Interesse. Sie sind für die Landschaft des Barnim typisch und auch weiter östlich um Strausberg zu finden.

Die **Dorfkirche** in **Börnicke** ist ein stattlicher einschiffiger Saalbau mit eingezogenem längsrechteckigem Chor und einem westlichen Querturm, der aber nicht wie bei größeren Orten, Städten oder solchen, die es werden sollten, die Breite des Schiffes übertrifft, sondern dessen Seitenwände mit den Langhauswänden fluchten und im Verband stehen. Wie bei den größeren Quertürmen allerdings verläuft die Treppe nach oben in der Dicke der Mauer. Charakteristisch ist die spätgotische Einwölbung auf zwei Mittelstützen, so daß eine zweischiffige Halle entstanden ist; die östliche der beiden Rundstützen aus Backstein kommt unter dem Triumphbogen zu stehen.

Von gleichem Typ und gleicher Baugeschichte zeigen sich die *Dorfkirchen* in **Schwanebeck** und **Blumberg**. Die von **Lindenberg** ist ohne Unterteilung durch Stützen mit spätgotischen Netzgewölben gedeckt, die Kalotte der hier die gestaffelte Gesamtgestalt bereichernden Halbkreisapsis rührt noch aus dem 13. Jh., ihre Bemalung (Christus in der Mandorla als einer Majestas Domini) erst aus dem 15. Jh. her.

Rein erhalten geblieben ist die **Dorfkirche** in **Hönow** nahe der Berliner Stadtgrenze als klassische Verkörperung des Bautyps aus der Kolonisationszeit: massiver westlicher Querturm, ein kurzes Schiff, ein schmalerer quadratischer Chor und eine halbkreisförmige Apsis; allerdings erhielt auch hier das Innere eine spätgotische Wölbung.

Reicher ausgestattet ist nur die **Kirche** in **Blumberg**. Dort finden sich zwei bemerkenswerte Epitaphien, eines für Ph. L. v. Canstein (gest. 1708) in der Art des Johann Georg Glume, mit einer auf den Sarkophag des plastischen Aufbaus gestellten Porträtbüste, und das andere für H. J. v. Goldbeck und seine Frau mit den Reliefmedaillons aus Marmor, die Porträts der Verstorbenen darstellend, von Johann Gottfried Schadow 1820 gearbeitet. Blumberg besaß einen großen *Landschaftspark,* den Peter Joseph Lenné entworfen hatte. Das *Schloß* vom Baumeister Stüler aus der Mitte des vorigen Jahrhunderts wurde 1945 zerstört und ist so gut wie vergessen.

Auf dem Barnim westlich von Bernau bis an die Havel sind zwei Ortschaften zu nennen, von denen die eine durch die jüngste deutsche Geschichte unangenehm ins Gerede gekommen ist, **Wandlitz.** Das Dorf ist völlig unschuldig an diesem Ruf. Es liegt am Südufer des Wandlitzsees, weit ab von der berüchtigten Prominentensiedlung der DDR-Regierung, in DDR-Zeiten ein Fischerdorf, das ein agrarhistorisches *Heimatmuseum* beherbergt, in dem landwirtschaftliche Arbeitsgeräte und Fischereigeräte zu sehen sind und das darüber hinaus durch eine große Zinnfigurensammlung berühmt geworden ist. Auf dem Weg zwischen Wandlitz und dem Badeort **Wandlitzsee** liegt **Basdorf** mit einem malerischen Straßenbild. Die **Kirche,** ein spätgotischer Saal mit einem dreiseitigen Schluß, steht auf dem ummauerten Friedhof. Ihr verbretterter Turm trägt eine Schweifhaube von 1737. Das sterngewölbte Innere bietet sich mit Sterngewölben, einer Sakramentsnische und einem barocken Altarretabel reich und reizvoll dar.

Oranienburg (29 000 E.) gilt, obwohl auf dem westlichen Havelufer entstanden, zum Niederbarnim gehörig. Beim Flußübergang zum Ländchen Glin haben die Askanier um 1200 zur Sicherung ihres Vorstoßes havelaufwärts eine Burg angelegt. Die zugehörige Pfarrsiedlung *Bötzow* wird 1216 erstmalig genannt. Im 16. Jh. trat an die Stelle der Burg ein kurfürstliches Jagdhaus und im 17. Jh. ein Schloß für die erste Gemahlin des Großen Kurfürsten, Luise Henriette, geborene Prinzessin von Nassau-Oranien, welche 1653 dem Ort ihren Namen gab. Eine Dreistrahlanlage der Straßen, die vom Schloß ausging, überformte nach einem Brand 1688 das alte Angerdorf, ist heute aber kaum noch verifizierbar.

Das **Schloß** selbst, das 1651–55 durch Johann Gregor Memhard und Michael Matthias Smids erbaut wurde, stand als Wasserschloß auf einer von der Havel umflossenen Insel

Oranienburg, Schloß

und konnte das holländische Muster nicht verleugnen. 1688–91 erfolgte ein Umbau durch Johann Arnold Nering zu einer Dreiflügelanlage französischen Charakters. Bauarbeiten bis 1704 und 1706–09 unter Leitung von Martin Grünberg und Johann Friedrich Eosander erweiterten den Bau zu einer H-Form im Grundriß des Ganzen. Vom Neringschen Bau stammt der pilastergegliederte Mittelrisalit zur Stadtseite mit der figurengeschmückten Attika (vier Jahreszeiten). Von den Innenräumen ist seiner guten Erhaltung wegen das *Porzellankabinett* zu nennen mit einer Stuckdecke von Johann Michael Döbel und einem Deckengemälde, datiert und signiert von Augustin Terwesten 1697: Allegorie auf die Einführung des Porzellans in Europa. Der ehemalige *Schloßpark* wurde westlich des Schlosses 1651 von Memhard angelegt und durch Nering und Eosander später verändert, bis 1878/79 die Umgestaltung zum Landschaftsgarten erfolgte. Nering schuf auch das *Gartenportal* um 1690, das Spiegelmonogramm Friedrichs III. ziert das schmiedeeiserne Gitter. Die *Orangerie* errichtete Georg Christoph Berger 1754/55. Auf dem Schloßvorplatz stehen das bronzene *Denkmal* für die baufreudige *Kurfürstin Luise Henriette* (1858 von Wilhelm Wolf) und die ›*Anklagende*‹, eine Granitskulptur von Fritz Cremer (1948), die Bezug nimmt auf das in **Sachsenhausen** nahe Oranienburg gelegene ehemalige *Konzentrationslager*.

Auf dem ursprünglichen Anger des Dorfes **Bötzow,** am Ende der westlichen der einstmals drei Straßen, errichtete Friedrich August Stüler, anstelle eines kreuzförmigen Baus aus dem 17. Jh., die **Pfarrkirche St. Nicolai,** eine Basilika im Rundbogenstil mit einem mittleren Westturm, der von zwei offenen Bogenhallen flankiert wird. Wie es heißt, gab es schon 1848 Neubauabsichten für die Kirche, Friedrich Wilhelm IV. scheint beteiligt gewesen zu sein, er soll als Vorbild die venezianische Romanik empfohlen haben. Ausgeführt wurde der Bau aber erst 1864–66. Beim Wiederaufbau der im Kriege zerstörten Kirche wurde die basilikale Gestalt nicht erneuert und das Innere modern ausgebaut.

Der Vorstoß der Askanier nach Norden entlang der Havel führte nordöstlich der zuvor angelegten Burg Bötzow zur Anlage einer Burg auf einem Talsandhügel im Havelbruch, bei der die Stadt **Liebenwalde** entstand. Sie gehörte zu einer Kette von zeitweiligen Grenzfesten – weitere um den Barnim wurden Eberswalde und Oderberg –, auf denen Vögte zur Schutzaufsicht über Wegepässe saßen. Sie verloren ihre strategische Bedeutung mit der Ausdehnung des askanischen Herrschaftsgebiets nach Norden in die Uckermark, doch hatte gerade die Burg Liebenwalde bis ins 15. Jh. Grenzsicherungsfunktionen und bildete bis ins 17. Jh. einen umfänglichen Gebäudekomplex. Die Stadt Liebenwalde, etwas abseits der Burg, wurde um 1230 gegründet und besaß wohl aufgrund des natürlichen Schutzes durch die einst die Siedlung umgebenden Gewässer und Sümpfe nie eine Mauer, auch der Grundriß gleicht mehr dem eines Angerdorfes als dem einer Gründungsstadt. Auf der angerartigen Erweiterung der in Ost-West-Richtung verlaufenden Hauptstraße stehen *Rathaus* und Kirche. Ein Stadtbrand zerstörte 1832 die alte Stadtkirche bis auf den Grund. Den Neubauentwurf des Bauinspektors Hermann aus Zehdenick korrigierte seinerzeit Karl Friedrich Schinkel seitens der Oberbaudeputation. Danach erhielt die **Kirche** ihre doppelgeschossige Fensteranordnung an den Langseiten des rechteckigen Saals entsprechend der inneren Emporenanlage und einen vom Kirchenschiff getrennt gestellten Turm, »um den Nachteil verschiedenen Setzens der Mauern von verschiedener Höhe zu vermeiden«. Mit der von 1833 bis 1835 erbauten Liebenwalder Stadtkirche haben wir eine der besterhaltenen Leistungen des städtischen Sakralbaus auf dem Lande aus der späten Schaffenszeit Schinkels vor uns. Auch die Ausstattungsstücke, Taufbecken, Kanzel, Altartisch sowie Standleuchter und Kronleuchter, gehen auf Schinkelsche Entwürfe zurück und stellen Kostbarkeiten klassizistischer Handwerkskunst dar.

In Eberswalde und Oderberg sind etwa gleichzeitig mit Liebenwalde Burgen angelegt worden, die zunächst an strategisch wichtigen, dann wohl mehr an verkehrsbedingt wichtigen Orten Städtegründungen nach sich zogen. Die *Burg* an der Furt über die Finow, an der Straße aus der Mittelmark (Spandau/Berlin) nach Stettin, wird 1261 erstmals erwähnt zusammen mit einem Suburbium Ebersberg und einer dörflichen Siedlung Jakobsdorf. Beide Siedlungen wurden um 1300 zu der Stadt **Eberswalde** vereint, während die Burg, bedeutungslos geworden, seit dem 14. Jh. verfiel.

Die Stadt (53 000 E.) ist planmäßig angelegt und besitzt ein gitterförmiges Straßennetz mit zentral gelegenem Markt. Südlich davon auf ansteigendem Gelände erhebt sich nahe der einstigen Burg die **Stadtkirche St. Maria Magdalena,** ein bedeutender Backsteinbau der zweiten Hälfte des 13. Jh., deutlich verwandt mit den Bauten im Kloster Chorin, im Kern aber sicher älter, auch älter als die Gründung der Stadt und möglicherweise für eine überregionale Bestimmung gebaut. Es handelt sich um eine gotische Basilika mit einer Vorhalle unter dem Westturm, mit einschiffigem Chor, der wie in Chorin mit einem 7/12-Polygon schließt und von zwei doppelgeschossigen Kapellen flankiert wird. Alle drei Portale haben figürlichen Terrakottaschmuck in den Kapitellzonen des Gewändes. Den Turm baute Hermann Blankenstein 1874–76 neugotisch aus, wobei er Entwürfe von Friedrich August Stüler verwendete. Auch das Innere wurde damals neugotisch überformt. Nur ein sehr guter Renaissancealtar von 1606 blieb erhalten und ein Christophorusbild. Aus dem 13. Jh. stammt noch das Bronzetaufbecken, an dessen pokalförmiger

Kuppa der brandenburgische Wappenschild mit dem Adler zwanzigmal erscheint und das Ausstattungsstück als eine markgräfliche Stiftung ausweist.

Eberswalde hatte unter Kriegszerstörungen schwer zu leiden. Von der Innenstadt blieb nicht viel mehr als die *Rathäuser* am Markt, eines von 1775 und eines von 1903–05, und der Marktbrunnen mit einem liegenden Löwen aus Gußeisen, 1836 von Christian Daniel Rauch, in Anlehnung an Schadows Scharnhorstgrabmal in Berlin übrig. Von der ursprünglichen Bebauung mit zweigeschossigen Fachwerkhäusern kann noch die *Adler-Apotheke* an der Steinstraße erwähnt werden, 1663 mit einer hölzeren Hofgalerie, ferner die weitgehend eingeschossige Bebauung der *Schicklerstraße* von der 1752 angelegten Ruhlaer Vorstadt für die Arbeiter der sich entwickelnden eisenverarbeitenden Manufakturen. Kaum zerstört sind dagegen die Villen im Süden der Stadt, darunter auch Kurhäuser mit schönen Gärten.

Im Westen der Stadt auf das Dorf *Finow* zu, wo auch die *Kupfer- und Eisenhämmer* am *Finowkanal* angelegt waren, sind seit Anfang des 20. Jh. bemerkenswerte *Wohnhausensembles* in einheitlicher Planung von Paul Mebes entstanden, auch der am nördlichen Ortsrand markant in der Landschaft stehende *Wasserturm*, der zum Kriegerehrenmal umgestaltet worden ist.

Der Burgort **Oderberg**, wie Eberswalde schon zu Beginn des 13. Jh. in askanischem Besitz, war 1231 Sitz eines markgräflichen Vogtes und eines von Prämonstratensern betreuten Marienhospitals, dessen Bedeutung als Raststätte für Reisende urkundlich belegt ist. Die Stadt besaß 1313 das Stapelrecht für die Oderschiffahrt, verlor dies aber 1317 an Eberswalde. Die langgestreckte und mit einem Straßenwinkel angelegte Stadt besaß nie eine Ummauerung, nur die Straßenausgänge waren befestigt. Die frühgotische **Kirche** nordwestlich des Marktes wurde 1853–55 durch einen Neubau von Friedrich August Stüler ersetzt, eine neugotische Emporenbasilika mit fünf Arkaden im Schiff und einem abgesetzten Chorpolygon. Staffelgiebel verblenden die Fronten im Osten und Westen. Am Ostende des nördlichen Seitenschiffs steht ein sehr schlanker achteckiger Turm, der in den Blickachsen der Hauptstraßen und in der Fernsicht wie ein bewußt in die Oderlandschaft komponiertes Architekturbild wirkt. Die neugotische Inneneinrichtung ist von beachtlicher Qualität, darunter ein gußeisernes Altarkreuz von 1855.

Die Wasserwegverbindung zwischen Eberswalde und Oderberg muß ursprünglich die *Finow* gewesen sein als einer der wenigen Flußläufe, die auf die Oder zufließen. Der *Kanal* hat gewiß schon eine weit zurückreichende Geschichte, der jetzige, der die Havel mit der Oder verbindet und nördlich oberhalb des Urstromtales verläuft, stammt von 1906–14 und ist bei **Niederfinow** mit einer heute nicht mehr benutzten **Schleusentreppe** von vier Doppelkammern versehen worden, um einen Höhenunterschied von 36 m zu überwinden. 1927–34 wurde das **Schiffshebewerk** errichtet, das ermöglicht, Schiffe in einem 85 m langen Trog vertikal zu bewegen und damit den Höhenunterschied in einem Hubvorgang zu überwinden.

Bötzow, Liebenwalde, Eberswalde und Oderberg sind die Stationen, die den Weg der Askanier nach Norden und zur Oder an der Peripherie des Barnim markieren. Sie sind

Niederfinow, Schiffshebewerk

relativ früh entstanden, ihre Ersterwähnungen oder die zeitliche Ermittlung ihrer Entstehung ergaben den Anfang des 13. Jh. Die Binnenerschließung des Barnim erfolgte später, erst, als andere Prätendenten wie die Markgrafen von Meißen aus dem Feld geschlagen waren. Unter den in diesem Zusammenhang zu nennenden Hochbarnimorten fällt **Biesenthal** eine Sonderrolle zu. Die Lage des Ortes an der Briese-Finow-Rinne als einer Verbindungsmöglichkeit zwischen Havel und Oder machte ihn schon in slawischer Zeit strategisch wichtig. Eine slawische Wallanlage könnte den Askaniern als Befestigung gedient haben, bevor sie eine eigene Burg gebaut haben. Erst 1258 wird ein Vogt aus altmärkischem Adel genannt, der vielleicht auch der Lokator, der markgräflich beauftragte Stadterbauer, war. Man vermutet, daß erst jetzt der aus der Altmark stammende Ortsname für die schon ältere Siedlung gewählt wurde und ein slawischer Ortsname zweifelsohne vorauszusetzen sei. Aus dem Straßendorf entwickelte sich bis zum 14. Jh. eine Marktsiedlung ohne steinerne Befestigung. Die **Kirche** liegt erhöht am Nordrand der Stadt und folgte dem Typ aus der Kolonisationszeit mit dem charakteristischen westlichen Quer-

221

turm. Der Neubau entstand nach einem Stadtbrand 1756–67 als Emporensaal mit reichem Putz- und Stuckdekor, hohen korbbogigen Fenstern und Turmaufsatz (Helm 1858). Bemerkenswert ist der Kanzelaltar in den schweren Formen des Berliner Spätbarock.

Ebenfalls in die spätere Phase der Barnimerschließung gehört **Heckelberg,** eine bemerkenswerte Siedlungsanlage, deren **Kirche,** ein großer Saal mit eingezogenem Rechteckchor und wenig breiterem westlichen Querturm, im ganzen aus Granitquadern, eine beabsichtigte größere Bedeutung des Ortes erwarten läßt. Die Kirche verfügt über einen schönen spätgotischen Schnitzaltar. In **Hohenfinow** am Rand der Barnimhochfläche im Nordosten ist es eine **Basilika** aus Feldsteinen – dreischiffig mit einschiffigem rechteckigen Chor und Halbkreisapsis, an der Westseite der Querturm –, die auf eine ursprünglich beabsichtigte Stadtgründung hinweist. Die Seitenschiffe sind abgetragen, ein Schicksal, das die Hohenfinower Kirche mit anderen teilt, die für nicht zustande gekommene Stadtgründungen gebaut worden sind.

Von den einst zahlreichen Herrensitzen des brandenburgisch-preußischen Adels auf dem Hohen Barnim und im Oderbruch ist mancher ein Opfer der Nachkriegszeit geworden. Das *Schloß* in *Hohenfinow* wurde nach 1945 abgerissen. Es besaß beachtliche Stuckdecken von in Berlin tätigen Meistern aus dem späten 17. Jh. Wie dort, so sind auch die Schlösser in Kunersdorf oder Friedersdorf so gründlich vom Erdboden verschwunden, daß es schwer fällt, den historischen Ort zu finden. Andere haben trotz einer zerstörenden Fremdnutzung die Zeiten überstanden, oftmals allerdings bis zur Unkenntlichkeit verbaut, so in **Trampe** zwischen Eberswalde und Heckelberg, ein *Schloß,* von dem bekannt ist, daß es in der Renaissancezeit entstanden war und im 18. Jh. verändert wurde; ein größerer Park hatte durch Peter Joseph Lenné seine Gestalt erhalten. Ähnlich verhält es sich in **Lichterfelde.**

Hohenfinow, Dorfkirche

Prötzel, Dorf, Schloß und Park von Norden gesehen. Gouache von Alberti, um 1790

Etwas deutlicher, wenn auch zur Genüge verbaut und verwachsen, ist die Anlage von *Schloß und Garten* in **Prötzel** östlich von Strausberg zu erkennen. Dorf und Gut sind schon im Landbuch Kaiser Karls IV. 1375 genannt. Die Besitzer wechselten häufig, 1707 kam der Ort an den preußischen Oberhofmeister Paul Anton von Kamecke. 1713 schrieb der Ortspfarrer, »im vorigen Jahr« habe Prötzel von seinem Patron »ein schönes wohlmeubliertes Schloß mit herrlichem Lustgarten und auch sehr kunstreichen Fontänen« erhalten. Trotz entscheidender Veränderungen, die im 19. und 20. Jh. an dem **Schloß** vorgenommen worden sind, ist sein ursprünglicher Charakter noch gut ablesbar, eine Dreiflügelanlage mit zweigeschossigem Hauptbau (Corps de Logis) und ausladenden Seitenflügeln. Der dreiachsige Risalit an der Gartenfassade war mit toskanischen und ionischen Pilastern und einer mit Bildsäulen gekrönten Attika geziert, berichtet Johann Bernoulli im späten 18. Jh. von seiner Reise dorthin. Man ahnt, welch großartigen Anblick die langgestreckte Fassade mit einer Reihe spiegelnder Fenster auf der hohen Terrasse über einem ausgedehnten Gartenparterre geboten haben muß. Man geht wohl nicht fehl, wenn man bei einer Entstehung um 1712 und bei der Bauherrenschaft eines Kamecke die Urheberschaft von Andreas Schlüter in Anspruch nimmt. Schlüter hatte für einen Bruder des Paul Anton die Villa Kamecke in der Berliner Dorotheenstadt gebaut. Und die auffallende Ähnlichkeit der Gesamtanlage von Prötzel mit den Schlössern am Meer um Sankt Petersburg, wohin Schlüter 1713 einem Ruf Peters des Großen von Rußland folgte, legt den Gedanken nahe, daß Schlüter hier den Grund gelegt hat für die grandiosen Anlagen vor allem von Schloß Peterhof. Wie dort gab es auch in Prötzel Grottenkaskaden an der

Böschung der Terrasse und Springbrunnen im Parterre. Das Parterre reichte bis an einen See, am jenseitigen Ufer auf ansteigendem Gelände bestand eine Anlage aus Rasenterrassen, »eine über die andere«, wie Bernoulli schreibt, mit einem Obelisken auf der Anhöhe als point de vue.

Von den zahlreichen und bemerkenswerten Dorfkirchen aus der Kolonisationszeit auf dem *Hohen Barnim,* die alle aus Granitquadern, bisweilen vermischt mit solchen aus Kalkstein, errichtet sind, seien noch einige aus der Umgebung von Strausberg, einem weiteren Hauptort der Landschaft hervorgehoben. Die Verwendung von Kalkstein geht auf die Nähe der Brüche von Rüdersdorf zurück. Diese befanden sich wie das gesamte Gebiet zwischen Strausberg, dem Roten Luch, der Löcknitz und der Spree seit der ersten Hälfte des 13. Jh. im Besitz des Zisterzienserklosters Zinna bei Jüterbog, und die Dörfer der Gegend sind als die sogenannten Klosterdörfer bekannt.

In **Gielsdorf** nördlich von Strausberg steht die **Kirche** eindrucksvoll in erhöhter Lage im Dorfbild. Sie besteht aus den klar gestaffelten Bauteilen eines rechteckigen Schiffs oder Saals mit eingezogenem Chorraum und einer halbkreisförmigen Apsis. Sie ist turmlos wie sehr viele Dorfkirchen der Gegend. Das Schiff ist mit einer Holzdecke versehen und besitzt eine Renaissanceempore von 1610. Der Taufstein ist auf 1551 datiert, die Kanzel entstammt dem 17. Jh. Ein figürlicher Grabstein eines F. v. Pfuel befand sich ursprünglich in der Berliner Dominikanerkirche, der schöne spätgotische Schnitzaltar im benachbarten Wilkendorf. Er enthält im Mittelschrein eine Mondsichelmadonna zwischen der hl. Anna selbdritt und dem hl. Jakobus d. Ä. und in den Flügeln die Figuren der Apostel.

Die **Dorfkirche** in **Reichenow** östlich von Strausberg kann schon als frühgotisch angesprochen werden. Sie besteht aus einem geräumigen Schiff und einem gerade geschlossenen, eingezogenen Chor. Beide sind flach gedeckt und von den ursprünglichen Lanzettfenstern noch zwei an der Ostseite erhalten. Im Chor befindet sich ein qualitätvoller Altaraufsatz der Spätrenaissance aus dem Jahre 1622, der in vier Relieffeldern übereinander die Darstellungen des Abendmahls, der Kreuzigung, der Auferstehung und der Himmelfahrt zeigt. Die Rahmung besteht aus einem architektonischen Aufbau aus paarig gestellten Balustersäulen, die figürlich besetzte Muschelnischen einfassen.

Unweit südöstlich liegt das Dorf **Ringenwalde,** dessen **Kirche** ein flachgedeckter Saal mit eingezogenem Rechteckchor ist. An der Westseite verfügt sie über den üblichen Querturm, der innen durch zwei Spitzbögen mit dem Schiff verbunden ist. In der barocken südlichen Vorhalle befindet sich die ehemalige spitzbogige Priesterpforte, deren Tür noch ihren spätgotischen Beschlag besitzt. Im Chor steht ein dem in Reichenow ähnlicher Spätrenaissancealtar, der wohl auch mit diesem gleichzeitig entstanden, ihm aber an Qualität im Figürlichen überlegen ist. Wie dort sind in vier Reliefs übereinander Abendmahl, Kreuzigung und Auferstehung Christi, als letztes die Auferstehung der Toten dargestellt. Im architektonischen Säulenaufbau stehen, die Umrißsilhouette belebend, Figuren der Evangelisten und Allegorien.

Auch die **Dorfkirche** von **Herzfelde,** südlich von Strausberg an der B 1, folgt dem üblichen Muster der spätromanischen oder frühgotischen Anlagen aus dem zweiten und dritten Viertel des 13. Jh., ein westlicher Querturm mit gleich breitem Schiff, schmalerem Chor und halbkreisförmiger Apsis. Der Chor hat ein gratiges Kreuzgewölbe, das Schiff ist flach gedeckt. Bis auf zwei rundbogige Fenster in der Apsis sind alle Fenster im 19. Jh. spitzbogig erneuert worden.

Inmitten der eben beschriebenen Dörfer mit ihren Kirchen aus der Kolonisationszeit liegen die Städte Strausberg und Altlandsberg. Bei **Strausberg** überquerte der alte Handelsweg, 1247 als via vetus, später auch als Heerstraße bezeichnet, einen schon in slawischer Zeit befestigten Barnimpaß. Der bei Köpenick die Spree überschreitende und bei Wriezen die Oder erreichende Weg war zwischen den landnehmenden Mächten, den wettinischen Markgrafen von Meißen und den askanischen Markgrafen von Brandenburg, im 13. Jh. umkämpft. Eine *Burg* auf der Anhöhe am See und eine Kaufmannssiedlung mit einer Nikolaikirche um den heutigen Lindenplatz hat es schon unter den Wettinern gegeben. Zur Stadtgründung kam es erst nach 1240 unter den Askaniern, als diese Köpenick und Mittenwalde den Meißnischen abgerungen und damit die Herrschaft über den Barnim und den Teltow gewonnen hatten. Als Lokatoren werden die Strucze von Pfuel angegeben. Erst jetzt entstand das Parallelstraßensystem mit dem Kirchplatz und dem Marktplatz in der Mitte, wobei das ältere *Nikolaiviertel* östlich der Großen Straße durch das rechtwinklige Straßennetz überformt wurde. 1258 wurde in der Burg ein *Dominikanerkloster* angesiedelt, gegründet vermutlich durch Otto III., der im Kloster 1267 bestattet wurde. Die askanische Landesteilung zwischen Johann I. und Otto III. in johanneische und ottonische Linie soll 1258 hier vollzogen worden sein. Wenig später wurde die noch zu großen Teilen und in beträchtlicher Höhe erhaltene **Stadtmauer** aus Feldsteinen mit einer Vielzahl von rechteckigen Wiekhäusern errichtet. An der Westseite des Marktes steht seit 1825 ein schlichter zweigeschossiger Putzbau als das neue *Stadt-* oder *Rathaus*. An die Stelle des einstigen Dominikanerklosters ist 1787 das ehemalige *Invalidenhaus* getreten, zwei langgestreckte dreigeschossige, durch eine Pilasterreihung gegliederte Gebäudetrakte von echt preußisch-militärischer Nüchternheit. In den Straßen Strausbergs findet man noch einige recht gute frühklassizistische Wohnhausfassaden mit dem charakteristischen Dekor vom Ende des 18. Jh. aus der Schule Gillys.

Die *Pfarrkirche* der askanisch neu gegründeten Stadt erhielt das übliche Marienpatrozinium. Die *Nikolaikirche* verlor ihre Bedeutung und ist seit dem 18. Jh. gänzlich verschwunden. Die **Marienkirche** gehört zu den nicht mehr sehr zahlreich erhaltenen Feldsteinbasiliken aus der Städtegründungszeit der Markgrafen Johann I. und Otto III. Sie besitzt kein Querschiff, der Chor ist auffallend langgestreckt und rechteckig geschlossen, den westlichen Abschluß bildet ein über die Gesamtbreite des Langhauses vortretender Turmquerbau. Die Strausberger Kirche vermittelt das Bild jenes Kirchentyps, der für die Stadtgründungen des 13. Jh. üblich war, aber in den meisten Städten im weiteren Verlauf des Mittelalters zugunsten aufwendigerer Backsteinbauten verändert worden ist, wobei, das gilt es immer wieder zu betonen, der westliche Querturm der Gründungsbauten meist beibehalten blieb. An die Stelle einst flacher Holzdecken sind laut Inschrift 1448 die jetzt vorhandenen Gewölbe getreten, Kreuzrippen im Langhaus, Sternmuster im Chor,

*Strausberg, Marien-
kirche, Langhaus mit
westlichem Turmquer-
bau*

dort in den Kappen reich bemalt mit Darstellungen des Weltenrichters, mit Maria und Johannes dem Täufer, der Marienkrönung, dazu musizierende Engel und Heilige.

Die baulichen Veränderungen des 15. Jh. waren wohl die Folge von Zerstörungen, die Stadt und Kirche 1432 durch die hussitische Besetzung erfahren hatten. Die Ostfassade des Chores aber steht mit ihren drei hohen Spitzbogenfenstern in hoheitsvoller Strenge noch wie in der Gründungszeit, und auch der Westquerbau. Er springt nach dem ersten und zweiten Geschoß leicht zurück, das Erdgeschoß war bis auf das abgetreppte spitzbogige Portal geschlossen (die Fenster an den Schmalseiten sind neu), das erste Obergeschoß hat Öffnungen an drei Seiten. Im oberen Teil, der aus grobem Feldsteinmaterial besteht, durchbrechen schlanke Zwillingsöffnungen, spitzbogig auf dünnen Kalksteinsäulen, die Wände. Zusammen mit den heute verschwundenen Baulichkeiten des Dominikanerklosters muß die Stadtkirche auf der Anhöhe über dem See einen beeindruckenden Anblick geboten haben, wie er heute vom Uferweg aus nur noch geahnt werden kann.

Die liturgische Ausstattung ist vom Barock geprägt, die kräftige Kanzel aus dem 17. Jh., der Orgelprospekt mit zierlich geschnitztem Rokoko-Ornament von 1773. Ein spätgotischer Schnitzaltar aus dem frühen 16. Jh. steht als Retabel auf dem Altarblock. Im Schrein ist die Madonna auf der Mondsichel im Strahlenkreuz, umgeben von Engeln mit den Leidenswerkzeugen Christi, eine ikonographisch bemerkenswerte Darstellung. Pfarrerbildnisse, Epitaphien und Grabsteine bereichern das Bild.

Auch das westlich von Strausberg gelegene **Altlandsberg** gehört zu jenen Städten, die im Zuge der Binnenerschließung des Barnim entstanden sind. Altlandsberg bestand zunächst nur aus Burg und Suburbium, aber noch vor 1257 erhielt die südlich davon entstandene Marktsiedlung brandenburgisches Stadtrecht. Der rechteckige Stadtgrundriß ist bestimmt durch ein gitterförmiges Straßennetz, in dem zwei parallele, von Norden nach Süden geführte Hauptstraßen ein mittleres Marktgeviert einfassen. Da die Stadt nur kurze Zeit ihre ursprüngliche Bedeutung behielt, ist sie über die mittelalterliche Befestigung kaum hinausgewachsen und bietet vor allem von der Südseite her noch heute das charakteristische Bild einer alten märkischen Stadt. 1657–62 wurde die mittelalterliche Burg beseitigt und durch eine barocke Schloßanlage ersetzt, die, 1709 zur Residenz für König Friedrich I. ausgebaut, nach dessen Tod aber verfiel und nach einem Brand 1757 abgetragen wurde. An der Stelle des Kopfbaus vom südlichen Seitenflügel ist 1768 eine Kirche für die reformierte Gemeinde gebaut worden, die 1802 ihren Turm erhielt und landläufig als **Schloßkirche** geführt wird. Sie dient heute als künstlerische Werkstatt. Die mittelalterliche **Stadtbefestigung** aus Feldsteinmaterial ist fast vollständig erhalten, auch die Wälle und Gräben blieben bestehen, nur die Tore nicht. Vom *Berliner Tor* im Süden und vom *Strausberger Tor* im Osten sind aber die quadratischen Türme mit gemauerten Helmen noch vorhanden.

Im Gegensatz zu Strausberg liegt die **Kirche** nahe der ehemaligen Burg und nicht in der Mitte der Stadt. Sie gehörte als Gründung zum Suburbium, dem späteren Bernauer Viertel, im Gegensatz zum Berliner Viertel um den Markt. Die Kirche mit dem Marienpatrozinium war wie in Strausberg eine dreischiffige Basilika, aus Granitquadern errichtet, besaß kein Querschiff, sondern einen langgestreckten einschiffigen Chor auf rechteckigem Grundriß und an der Westseite einen geringfügig über die Gesamtbreite des Langhauses vortretenden Querturm. Trotz des archaischen Charakters beweisen die spitzbogigen Portale und Fenster sowie die Arkaden im Schiff die jüngere Entstehung. Ursprünglich gab es im Inneren nur flache Holzdecken, die Sterngewölbe im Mittelschiff und die Kreuzrippengewölbe in den Seitenschiffen und im Chor stammen erst aus dem 15. Jh. Durch diesen Umbau entstand eine Art Hallenkirche (›Stufenhalle‹) unter einheitlichem Dach. Der Turm erhielt einen mittleren Aufsatz und im 18. Jh. die eigenartige Haube in Form einer gestaffelten Pyramide oder eines Obelisken. Von der Ausstattung sind ein spätgotischer Taufstein und die Renaissancekanzel erwähnenswert.

Das Erstaunliche an Altlandsberg ist, daß sich unmittelbar neben der Weltstadt Berlin, die sich mit ihren Satellitenstädten aus Betonhochhäusern auf den Barnim ausbreitet, eine solche Idylle beinahe noch mittelalterlichen Charakters bewahren konnte. Leider ist die bauliche Substanz der Wohnhäuser aufgrund jahrzehntelanger Vernachlässigung derartig desolat, daß der Verlust der überkommenen stadträumlichen Struktur zu befürchten steht. Wie bei zahllosen anderen Städten mit der gleichen Problematik wird es eine denkmalpflegerische Aufgabe ersten Ranges sein, auf diese Gefahr hinzuweisen und sie abwenden zu helfen.

Im unmittelbaren Einzugsbereich von Berlin liegen die Barnimorte südlich der B 1 um Rüdersdorf. Der Name **Rüdersdorf** selbst steht heute für die Kalksteinbrüche und die Zementwerke. Auf die Erschließung der Brüche seit dem 13. Jh. konnte schon hingewiesen werden. Ursprünglich war der Ort ein Angerdorf, das wie die Brüche selbst zum Besitz des Klosters Zinna bei Jüterbog gehörte. Die Kalksteinablagerungen eines großen

Binnenmeers der Trias sind hier nur mit einer dünnen Decke eiszeitlichen Geschiebes bedeckt, so daß ein Tagebau möglich ist. Rüdersdorfer Kalkstein kann bereits im 13. Jh. am Kirchen- und Befestigungsbau in der Umgebung nachgewiesen werden. Die erste schriftliche Erwähnung findet sich im Landbuch Kaiser Karls IV. um 1375. Seit der zweiten Hälfte des 17. Jh. nahm der Abbau zu, und es kam zur Gründung von *Bergarbeiterkolonien: Hinterste Kalkberge* am Ende des 17. Jh., *Hortwinkel* 1784/85 und *Kalkberge* zu Beginn des 19. Jh. Sie wurden 1934 mit Rüdersdorf vereinigt. 1773 wurde ein Königliches Bergamt in Rüdersdorf eingerichtet. 1777 übernahm die Preußische Bergwerks- und Hüttenadministration unter dem Minister von Heinitz die Verwaltung. Anfang des 19. Jh. wurden die Kanäle angelegt, die es ermöglichten, die Brüche vom Wasserspiegel der schiffbaren Gewässer der Umgebung aus zu erschließen: der *Heinitzkanal* 1804, der *Redenkanal* 1806 und der *Bülowkanal* 1816/17. Die Eingänge zu den tunnelartigen Kanalunterführungen waren als klassizistische Toranlagen gestaltet worden. Das noch zugängliche Bülow-Portal ist wie die anderen als Durchfahrtsbogen zwischen Pylonen in den strengen kubischen Formen der französischen Revolutionsarchitektur gestaltet und entstammt einem Entwurf von Johann Gottlieb Schlätzer. Die Inschrifttafel und die Löwenköpfe sind Werke der Berliner Eisengießerei. An den Entwürfen der anderen Portale, die gleichfalls plastisch geschmückt waren, haben Karl Friedrich Schinkel und die Bildhauer Christian Daniel Rauch und Christian Friedrich Tieck aus Berlin Anteil.

In der Heinitzstraße bestanden eine Reihe von Amtsgebäuden, deren Substanzerhaltung letzthin sehr in Frage stand, das **Bergamt** um 1820 ist als zweigeschossiger Putzbau Schinkel im Entwurf zugeschrieben, der originelle **Uhrturm** stammt von 1844. Ebenfalls in nahezu ruinösem Zustand befinden sich die beiden **Rumfordschen Kalköfen,** die mit

Rüdersdorf, Portal des Redenkanaltunnels. Stich von Julius Stentz

Torf und Kohle und nicht mehr mit Holz beschickt werden konnten, achteckige Pyramidenstümpfe aus Kalkstein, die im Inneren mehrgeschossig gewölbt sind. Als Zugang zu den oberen Plattformen diente die Förderbrücke. Die *Wohnsiedlung ›Landhof‹* am Mühlenfließ aus der Mitte des 19. Jh., eine Reihe von eingeschossigen Häusern aus Kalkstein, kann als Zeugnis der Wohnkultur der Bergarbeiter gelten. Selbstverständlich mußte die evangelische **Pfarrkirche** in *Kalkberge* auch als Kalksteinbau in Erscheinung treten. Die stattliche neugotische Hallenkirche mit schlankem Westturm (1871) trägt den Kalkstein allerdings nur als Verkleidung von Ziegelmauerwerk.

Das südlich von Rüdersdorf gelegene **Erkner,** die Endstation der Berliner S-Bahn in Richtung Osten (Frankfurt/Oder), sei aus folgendem Grunde mit erwähnt. Hier wohnte der Schriftsteller Gerhart Hauptmann (1862–1946) in der unteren Etage eines Landhauses von 1885 bis 1889. Hier wurden seine drei Söhne aus erster Ehe geboren, hier schrieb er die Novellen ›Fasching‹ und ›Bahnwärter Thiel‹ sowie das Drama ›Vor Sonnenaufgang‹. Gestalten und Ereignisse aus dieser Zeit bilden den Stoff für sein berühmtes Schauspiel ›Der Biberpelz‹ (1893). Heute ist in dem Haus eine **Gerhart-Hauptmann-Gedenkstätte** mit einem Forschungsarchiv eingerichtet. Hier ist auch sein Arbeitszimmer zu sehen, das sich ursprünglich in seinem Haus in Agnetendorf in Schlesien befand. – In einem Fachwerkhaus von 1760 in der Heinrich-Heine-Straße ist die *Heimatgeschichtliche Sammlung des Dorfes* untergebracht. Ausgestellt sind eine komplette Schuhmacherwerkstatt und bronzezeitliche Fundstücke.

An der Linie der Straßenbahn von Rüdersdorf nach Berlin-Friedrichshagen liegt das Dorf **Schöneiche** mit einer **Dorfkirche,** die aus einem frühgotischen Granitquaderbau 1725 als barocker Putzbau und mit einem pilastergegliederten hölzernen Turmaufsatz zur Schloßkirche ausgebaut worden ist. Aus der Umbauzeit stammt der Taufstein. Die Spätrenaissance-Grabsteine gehören der Familie von Krummensee, das marmorne Wandgrab für Fr. W. Schütze († 1794) schuf Johann Gottfried Schadow 1797, die Allegorie der Hoffnung als weibliche Figur, die sich auf eine Urne stützt, hat im Schadowschen Oeuvre einen festen Platz. Die Torpfeiler am Kirchhof stammen aus der Barockzeit, die ganz ähnlichen nahebei bildeten einst den Zugang zu Schloß und Park, die es beide seit 1945 nicht mehr gibt. – Ein bemerkenswertes *Speichergebäude,* 1749 erbaut, mit einem Aufzugserker auf dem mansardartig gebrochenen Dach steht ›An der Reihe‹.

Im Ortsteil **Kleinschönebeck** wird ein eingeschossiges Doppelstubenhaus des 18. Jh. in Fachwerk als *Heimatstube* genutzt (Dorfaue 8), mit Schwarzer Küche und zugehörigem Hausgerät.

Ebenfalls zum Vorstadtbereich des östlichen Berlins, aber nicht eingemeindet, gehört **Woltersdorf** am Nordende des *Flakensees* unweit von Erkner. Das ursprünglich slawische Wald- und Fischerdorf hat sich im 19. Jh. zur Stadtrandsiedlung und zum Ausflugsziel (Woltersdorfer Schleuse) entwickelt. 1908 ließ sich hier der Jugendstilkünstler *Fidus* (Hugo Höppener) ein *Haus mit Atelier-, Wohn- und Gästeräumen* in einem skandinavisch beeinflußten Heimatstil bauen (Köpenicker Straße 46), das er bis zu seinem Tode 1948 bewohnte. Sein Nachlaß ist auf Anfrage noch dort zu besichtigen.

Um noch auf dem oder am Barnim zu bleiben, kehren wir an die Oder zurück. Die Hochflächen des Barnim und der Lebuser Platte fallen am Nordostrand relativ steil zur Niederung des Oderbruchs ab. Man spricht von einem einstigen Delta, das die Oder zwischen Reitwein im Süden und Oderberg/Hohensaathen im Norden auf eine Länge von etwa 60 km und bei einer Breite von 20 km gebildet hat. Geographisch und dadurch auch kulturgeschichtlich bildet dieses Gebiet eine Art Biotop, verwaltungsmäßig gehörte der nördliche Teil dem alten Kreis Oberbarnim an, der südliche dem Land Lebus.

Die Kolonisierung des Oderbruchs

Werfen wir noch einen Blick auf jene ersten Jahre nach der Trockenlegung des Bruchs. 1300 Kolonistenfamilien sollten angesetzt werden, vielleicht waren auch die Häuser dazu bereits aufgeführt. Aber wo die Menschen hernehmen? Das war nichts Leichtes. Eine eigne »Kommission zur Herbeischaffung von Kolonisten« wurde gegründet, und diese Kommission ließ durch alle preußischen Gesandtschaften »fleißige und arbeitsame Ausländer« zum Eintritt in die preußischen Staaten einladen. Diese Einladungen hatten in der Tat Erfolg; an Versprechungen wird es nicht gefehlt haben. So kamen Pfälzer, Schwaben, Polen, Franken, Westfalen, Vogtländer, Mecklenburger, Östreicher und Böhmen, die größte Anzahl aus den drei erstgenannten Ländern. Neubarnim ist eine Pfälzerkolonie, ebenso Neutrebbin. Neulewin wurde mit Polen, auch wohl mit Böhmen, jedenfalls mit slawischen Elementen besetzt. Die Unterschiede zeigen sich zum Teil noch jetzt in Erscheinung und Charakter der Bewohner. In den Pfälzerdörfern begegnet man einem mehr blonden, in Neulewin einem mehr brünetten Menschenschlag. Auch von der Ausgelassenheit und dem leichten, lebhaften Sinn der Pfälzer hört man erzählen.

Jede Familie erhielt neunzig, sechzig, fünfundvierzig, zwanzig und ein größerer Teil zehn Morgen Ackers von dem entwässerten Boden, bei welcher Verteilung man, wie billig, auf die Stärke der Familie und die Größe des Vermögens Rücksicht nahm. Jegliche Religionsausübung war frei. Der König ließ sechs neue Kirchen bauen, setzte vier Prediger, zwei reformierte und zwei lutherische, ein und gab jedem Dorf eine Schule. Der Unterricht war frei; Pfarre und Schule erhielten Ländereien. Noch andere Vorteile wurden den Ansiedlern gewährt. Allen denen, die sich niederließen, ward eine vollständige Freiheit von allen Lasten auf fünfzehn Jahre gewährt, wie sie denn auch – kein geringes Vorrecht in jenen Tagen – für ihre Person samt Kind und Kindeskind von aller Werbung frei waren. Dem König, wie wohlbekannt, lag vor allem daran, seine dünn besäeten Staaten reicher bevölkert zu sehen.

Theodor Fontane, Wanderungen durch die Mark Brandenburg, Berlin 1862–82

Die *Oderbruchrandstraße* an der Westseite ist einer der ältesten Wege der Gegend. Die an ihr wie an einer Kette aufgereihten Ortschaften zwischen Seelow und Bad Freienwalde haben seit dem Mittelalter eine namhafte Rolle gespielt. Die Randzonen waren fruchtbar und für den Ackerbau zu nutzen. Der Hauptteil des Bruchs aber war durch ständiges Hochwasser unbrauchbar. Erst im 18. Jh. ist eine systematische Trockenlegung erfolgt. Friedrich der Große hat das Unternehmen zu Ende geführt mit der Schaffung der ›Neuen Oder‹ und der Anlage von über 30 Kolonistendörfern, deren Ortsnamen mit dem charakteristischen ›Neu-‹ beginnen.

Die Barnimstädte Freienwalde und Wriezen gelten als Hauptorte. **Freienwalde** ist spätestens seit dem 17. Jh. ein Kurort und deshalb mit dem Zusatz ›Bad‹ im Ortsnamen versehen. Es geht zurück auf eine deutsche Siedlung, die im Schutze einer von den Askaniern schon Anfang des 13. Jh. zur Sicherung des Oderübergangs (Alte Oder) und einer Straßenkreuzung am linken Flußufer entstanden ist. Eine Erwähnung kann 1316 nachgewiesen werden, als oppidum oder civitas kommt Freienwalde aber erst 1373 und 1375 vor. Der unregelmäßige Stadtgrundriß läßt keine planmäßige Anlage erkennen; es gab auch keine Befestigung, eine Eigenart, die Freienwalde mit allen Orten entlang der Oderbruchrandstraße teilt.

Die von Osten, vom Fluß herkommende Straße erweitert sich nach dem südlichen Abzweig der Hauptstraße zum erhöht gelegenen *Markt*, an dessen Nordseite das spätklassizistische *Rathaus* von 1854/55 und weiter westlich die **Stadtkirche St. Nikolai** stehen. Das Nikolaipatrozinium macht deutlich, daß es sich bei Freienwalde wie bei dem benachbarten Oderberg um eine frühe Kaufmannssiedlung handelt, die keine spätere Überformung oder Erweiterung im Zuge der Stadtrechtsverleihung erfahren hat. 1374 erhielt die Familie von Uchtenhagen die Stadt aus der Hand des Markgrafen – es war damals der böhmische König und deutsch-römische Kaiser Karl IV. – zum Lehen, erst 1618 fiel sie an den Kurfürsten von Brandenburg zurück.

Die erste Kirche in Freienwalde war ein Feldsteinbau des 13. Jh., über dessen Form Aussagen kaum gemacht werden können. Der stehende Backsteinbau stammt aus dem 15. Jh. mit einschiffigem Langhaus und gleichbreitem, polygonal geschlossenem Chor. Das Äußere hat durch Anbauten an der Südseite ein malerisch abwechslungsreiches Bild bekommen, in dem der mächtige Turm mit neugotischem Aufsatz von 1867 an der Südwestecke des Baus dominiert. Malerisch ist auch das Innere der Kirche durch die späte Renaissance-Ausstattung mit Altar (1623), Kanzel und Gestühl im Chor und durch die Emporen und die Orgel aus dem 18. Jh. im Schiff, ergänzt durch Messingkronleuchter aus den gleichen Zeiten, durch Barockepitaphien und Pastorenbildnisse. Originell sind die beiden Opferkästchen und die Tür eines Wandschranks in der Sakristei mit spätmittelalterlichen Eisenbeschlägen. Interessant sind ferner zwei Bildnisse des Caspar von Uchtenhagen (als Knabe und auf dem Totenbett), des Letzten aus diesem Geschlecht.

Vor dem *Berliner Tor* am ehemaligen südlichen Ortsausgang steht die **Georgenkirche.** Sie gehörte zu dem gleichnamigen Hospital und wurde 1696 in Fachwerk erbaut. Der Kanzelaltar aus dem Jahre 1698 mit reich geschnitzten Akanthuswangen und figürlich geschmücktem Aufbau gehört zu den qualitätvollsten Arbeiten barocker Skulptur der Gegend (wohl Berliner Einfluß); er befindet sich jetzt in Bliesdorf.

Im Süden vor der Stadt am sogenannten *Apothekerberg* liegt das 1798/99 von David Gilly für die Königin Friederike-Luise von Preußen als Witwensitz erbaute **Schloß.** Es handelt sich um ein schlichtes zweigeschossiges Haus, dessen Langseiten die charakteristische Pilastergliederung des frühen Klassizismus zeigen. Die Exedra an der östlichen Schmalseite ist erst bei einem Umbau 1909 hinzugefügt worden, als das Schloß im Besitz von Walther Rathenau war. Im Inneren ist nur das Treppenhaus mit originell gewundener Stiege erhalten. Von der ehemaligen Schloßausstattung rührt ein Ofen mit einer Nachbildung der Ildefonsogruppe als Aufsatz; er gilt als ein Frühwerk des Eisenkunstgusses aus Lauchhammer. Der *Park* ist nach 1820 durch Peter Josef Lenné umgestaltet worden. Das sogenannte *Teehäuschen* ist ein kleines Schauspielhaus von 1795 (von Friedrich Gilly?), dessen Kernbau von einem hölzernen Säulengang umlaufen wird.

Freienwalde verfügt über einen bemerkenswerten Bestand an Häusern des spätbarokken Zopfstils und des frühen Klassizismus. Eines von ihnen, das **Adelige Freihaus** (auch von Uchtenhagen), ein zweigeschossiges Fachwerkhaus mit einer Putzfassade, angeblich 1775 neu erbaut, beherbergt das *Oderlandmuseum* mit instruktiven Sammlungen zur Ur- und Frühgeschichte sowie zur Kultur des Oderbruchs.

Die *Kuranlagen* befinden sich in dem an das Villenviertel um die Berliner Straße (›Berliner Vorstadt‹) südwestlich anschließenden Brunnental, das parkartig gestaltet und mit Skulpturen ausgestattet ist. Das ehemalige Gästehaus, das **Landhaus,** ist ein Werk von

Freienwalde, Georgenkirche

Rathsdorf, Angerdorf in Oderbruch

Carl Gotthard Langhans, ein zweigeschossiger mehrachsiger Bau von 1789/90 mit Mansarddach und einer Monumentalnische im portikusartigen Mittelrisalit. Die übrigen Kurgebäude entstammen dem 19. Jh. (Kurhotel von 1875). Frühere Bauten werden mit den Namen von Schlüter und Schinkel in Verbindung gebracht. Seit wann die Heilkraft der eisenhaltigen und radioaktiven Quellen bekannt war, ist nicht überliefert. Als ›Gesundbrunnen‹ regelmäßig genutzt werden sie seit 1683, seit der Zeit des Großen Kurfürsten.

Das unweit gelegene **Altranft** ist ein Angerdorf mit zahlreichen Fachwerkhäusern des 18. Jh., eingeschossig und mit Schilf oder Stroh gedeckt, im Inneren vielfach mit Schwarzer Küche. Das Dorf ist zur Anlage eines *Freilicht-Museums* für bäuerliche Hauskultur ausgebaut. In der J.-R.-Becher-Straße ist ein Haus mit hohem verbrettertem Giebel für dieses Museum seit 1977 rekonstruiert worden. Die *Dorfkirche* entstammt dem 18. Jh. (1752), das *Schloß* dem 16. Jh., wurde aber 1678 und 1910 entscheidend umgebaut.

Bei **Wriezen** an der alten Oder kreuzte die von Köpenick über den Hohen Barnim in die Neumark führende Straße, die via vetus, die Oderbruchrandstraße, für die auch der Name via regia üblich war. Die Askanier legten wohl um 1230 bei einer slawischen Siedlung den Grund für die spätere Stadt, die 1337 Strausberger Recht erhielt. Die Stadt wurde im Zweiten Weltkrieg zu 90 % zerstört. Der regelmäßige Grundriß einer planmäßigen mittelalterlichen Stadtanlage mit gitterförmigem Straßennetz und großem zentral gelegenen Markt ist dennoch ablesbar. Die erste Kirche war ein Saal mit westlichem Querturm aus Granitquadern, für sie ist ein Nikolaipatrozinium überliefert. Das Patrozinium wechselte später auf St. Marien, wohl in Zusammenhang mit der planmäßigen Stadtanlage, womit die Stadtentwicklung von Wriezen über die von Freienwalde oder Oderberg hinausging, die beide ihre Nikolaikirchen behielten und eine planmäßige Stadtanlage nicht erfuhren, also ein Frühstadium städtischer Entstehung tradieren.

Wriezen, Ruine der Marienkirche von Südosten

Die Wriezener **Marienkirche** wurde im 15. Jh. zur dreischiffigen sterngewölbten Backsteinhalle umgebaut, auch sie ist seit Kriegsende eine Ruine. – Ein ehemaliges **Speichergebäude** in der Magazinstraße, ein dreigeschossiger Putzbau von neun Achsen mit der charakteristischen Pilastergliederung und einem Krüppelwalmdach, überliefert sehr schön den Stil der preußischen Landbauschule aus der Zeit um 1790. Bemerkenswert ist der jüdische Friedhof.

Auf der Hochfläche des Barnim oberhalb, was soviel bedeutet wie südwestlich von Wriezen, sind die Orte Möglin und Lüdersdorf von Interesse für das Entstehen der wissenschaftlichen Landwirtschaft. **Möglin** war eine Wirkungsstätte des Begründers dieses Wissenschaftszweiges, von *Albrecht Thaer* (1752–1828). Thaer hatte 1806 eine landwirtschaftliche Lehranstalt gegründet, die 1824 in den Rang einer Akademie des Landbaus erhoben wurde und bis 1861 bestand. Vorangegangen war die Einführung der Schlaganstelle der Dreifelderwirtschaft und die Anlage einer Merinoschafzucht. Von den *Akademiegebäuden* ist das sogenannte *Professorenhaus* erhalten. Das *Grab Thaers* befindet sich in der recht unscheinbaren mittelalterlichen *Dorfkirche*, und ein *Denkmal* steht im kleinen Park. An der Dorfanlage fällt die Streulage der Häuser auf.

Das unweit nördlich gelegene **Lüdersdorf,** dessen Anger noch deutlich den Siedlungscharakter bestimmt, war in Thaers Unternehmen mit einbezogen. Kunstgeschichtlich für die Landschaft bedeutsam ist die inmitten stehende **Dorfkirche.** Sie ist im Kern mittelalterlich, aber 1611 umfassend erneuert worden. Aus dieser Zeit stammt die äußerst qualitätvolle Stuckdecke im Inneren. Sie ist in der Art einer Kassettendecke der späten Renaissance gegliedert und mit pflanzlichem Dekor, teils naturalistisch, teils stilisiert, sowie charakteristischen Engelsköpfchen verziert. Rechteckige, achteckige und runde Mittelfelder tragen Darstellungen aus dem Alten und dem Neuen Testament von der Erschaffung der Welt bis zur Ausgießung des Heiligen Geistes (Pfingsten). Das Wappen gehört den Familien von Röbel und von Göllnitz. Ehrentreich von Röbel und seine Frau, geborene von Göllnitz (bestattet ist das Ehepaar in der Berliner Marienkirche) treten in der Zeit um und nach 1600 mehrfach als Stifter von Kunstwerken in Erscheinung, hier im Jahre 1611; der Meister der Stuckdecke signierte mit W S.

Zurück zur Oderbruchrandstraße, nach **Kunersdorf,** das zum Kreis Bad Freienwalde gehört, vormals aber zum Kreis Oberbarnim gerechnet wurde. Es ist also nicht jenes Kunersdorf, bei dem Friedrich der Große 1759 seine Schlacht verlor; dies liegt bei Frankfurt jenseits der Oder und heißt heute Kunowice. Unser Kunersdorf hat sich weniger militärisch in die Geschichte Brandenburg-Preußens geschrieben. Es war Treffpunkt der aufgeklärten Gesellschaft des späten 18. und frühen 19. Jh., jenes Teils des preußischen Adels

Frau von Friedland

»Auf der Grenze ihrer Herrschaft kam uns Frau von Friedland, eine der merkwürdigsten Frauen, die je existiert haben, in vollem Trabe entgegen, sprang vom Pferde und setzte sich zu uns in den Wagen. Nun ging es in vollem Galopp über Dämme und Gräben weg. Wir fuhren vier volle Stunden von einem Ort zum andern. Fünf bis sechs Verwalter, Schreiber usw. waren immer neben und hinter dem Wagen und mußten bald eine Herde Kühe, bald eine Herde Schafe oder Schweine herbeiholen. Da indessen einige der Gesellschaft nicht länger verhehlen konnten, daß ihnen nach einem Imbiß verlange, sagte Frau von Friedland: ›Wir sind sehr bald zu Hause; wollen Sie aber im Freien essen, kann ich Ihnen sogleich etwas schaffen.‹ Als wir letzteres versicherten, ging es sofort in einen prächtigen Wald hinein, einen steilen Berg hinauf, wo wir erst ein Feuer und bald darauf eine gedeckte Tafel erblickten, auf einem Platz, wo wir im Vordergrunde dichte Waldung, zur Seite einen großen See und in der Ferne eine weite Aussicht in das herrliche Oderbruch hatten. Eine Menge von Schüsseln, die schönsten Weine und ein Dessert von Ananas, Weintrauben usw. ward aufgetragen. Aber sie ließ uns zum Essen und Trinken nicht eben viel Zeit. Es ging bald wieder fort, von einer Feldflur zur andern, und so waren wir gewiß funfzehn Meilen die Kreuz und Quer gefahren, ehe wir auf ihrem gewöhnlichen Wohnsitze, auf Schloß Kunersdorf, ankamen.«

Albrecht Daniel Thaer (1752–1828)

235

und Bürgertums, der Reformen und Neuerungen in Politik und Wirtschaft, in Wissenschaft und Kunst erstrebte und dessen Bemühungen unter der napoleonischen Besetzung, in einer Zeit wachsenden Nationalgefühls, erneuten Aufschwung erfuhren. Zwei Frauen waren es, die diese Personenkreise in Kunersdorf, in dem leider nicht mehr erhaltenen Schloß zusammenführten, die als Frau von Friedland bekannte *Helene Charlotte von Lestwitz* (1754-1803) und ihre Tochter *Henriette Charlotte* (1772-1848), die einen von Itzenplitz zum Mann genommen hatte. – Hans Sigmund von Lestwitz, der Vater von Helene Charlotte, kaufte Kunersdorf 1765. Vorher, 1763, hatte er Friedland aus der Hand des Königs für seine Verdienste im Siebenjährigen Krieg – man schreibt ihm den Sieg in der Schlacht bei Torgau zu – übertragen bekommen, so wie Joachim Bernhard von Prittwitz im gleichen Jahr das Dorf Quilitz, das später, seit 1814 im Besitz des Staatskanzlers Karl August von Hardenberg, den Namen Neu-Hardenberg erhielt.

Bei Theodor Fontane lesen wir, wie eng die Geschichte der drei benachbarten Ortschaften im Oderbruch miteinander verbunden war. Angeblich baute Lestwitz seinen Landsitz

Kunersdorf, Begräbnisstätte der Fam. von Lestwitz und von Itzenblitz auf dem Dorffriedhof

in Kunersdorf, weil ihm dessen Besitz sicherer schien als der von Friedland. Dieses, einst ein ›Städtchen‹ mit einem bedeutsamen Zisterzienser-Nonnenkloster, das über viel Besitz auf dem Barnim verfügte, verlor seine Stellung, spielte aber in der Entwicklung der Landwirtschaft, die dann von den Itzenplitz in Zusammenarbeit mit Albrecht Thaer gefördert wurde, eine große Rolle. Helene Charlotte nannte sich ganz offiziell nach Friedland und war als ökonomisch begabte Verwalterin ihrer Güter bekannt. Seit 1788 war sie alleinige Herrin in Kunersdorf. Sie begann, Akademiker und Künstler aus Berlin auf ihr Schloß zu laden.

Die **Begräbnisstätte** der Familien von Lestwitz und Itzenplitz auf dem *Friedhof* des Dorfes ist als einziges Denkmal der großen Zeit von Kunersdorf erhalten geblieben. Fontane nennt sie die größte Sehenswürdigkeit am Ort. Für heute gilt das auf jeden Fall! Sie begrenzt den Friedhof an der Nordostseite. Es handelt sich um eine langgestreckte *Blendkolonnade* aus dorischen Säulenpaaren, die ein durchlaufendes Gesims mit einem Triglyphenfries tragen. Die Säulenpaare fassen rundbogige Nischen ein, in denen die Gedenksteine für die Verstorbenen Aufstellung gefunden haben. Wie Fontane bereits bemerkte, besteht der Vorteil dieser Grabkolonnade darin, daß sie beliebig erweitert werden kann. Heute besitzt sie neun Nischen. Als Baumeister wird Carl Gotthard Langhans, der Erbauer des Brandenburger Tors, vermutet. Die Anfangszeit müßte kurz vor 1790 liegen. Die ältesten Grabdenkmäler gelten den Eltern der Frau von Friedland und sind von Johann Gottfried Schadow nach Fontane »zwischen 1790 und 1803« ausgeführt worden, zwei Marmorurnen mit Porträtreliefs auf altarähnlichen Steinblöcken. Das Denkmal für die Frau von Friedland selbst ist auf Vermittlung Wilhelm von Humboldts von Heinrich Keller in Rom gearbeitet worden, mit viel allegorischem, auf die Landwirtschaft bezogenem Schmuck, wofür antike Vorbilder empfohlen worden waren, ein Zeugnis bereits verbreiteter kunstgeschichtlicher Kenntnisse. Die Denkmäler für Tochter und Schwiegersohn, für Gräfin und Graf Itzenplitz, schuf Christian Daniel Rauch 1834 und 1848 in Form zweier Stelen mit Reliefbildnissen und allegorischen Szenen. Schließlich hat auch Friedrich Tieck eine Stele, angeblich nach einem Schinkelschen Entwurf, für eine weitere Angehörige des Hauses Itzenplitz aus dem Jahre 1831 hinterlassen.

Das eben genannte Friedland ist das heutige **Altfriedland.** Seine **Dorfkirche** war die Kirche des um 1230 gegründeten *Zisterzienser-Nonnenklosters.* Sie ist ein langgestreckter Feldsteinbau, der 1734 verändert und neu ausgestattet wurde. Von den mittelalterlichen Klostergebäuden, die keinen unmittelbaren Zusammenhang mit der Kirche besaßen, ist ein Teil des *Kreuzgangs* mit den anschließenden Räumlichkeiten erhalten, die kreuzrippen- oder sterngewölbt sind. In Backstein errichtet, weisen sie auf eine markgräfliche Förderung hin.

Wenig südlich trifft die Oderbruchrandstraße auf **Neuhardenberg.** Der Ort ist mit dem Namen Quilitz im 13. Jh. am westlichen Rand des Oderbruchs entstanden und galt während des Mittelalters als das größte Dorf im Lande Lebus, dessen Grenze vom Barnim her jetzt überschritten ist. Seit dem 16. Jh. war Quilitz in kurfürstlich-brandenburgischem, später in königlich-preußischem Besitz und gelangte durch Schenkung 1763 an den Oberstleutnant von Prittwitz und 1814 an den Staatskanzler von Hardenberg, der die Umbenennung vornahm. Zwischen 1949 und 1990 hieß der Ort *Marxwalde*.

Am 9. Juni 1801 vernichtete ein Feuer die meisten Bauernhäuser des Dorfes und die Wirtschaftsgebäude des Gutshofs. Karl Friedrich Schinkel, damals ein Zwanzigjähriger, erhielt – wohl auf Empfehlung von David Gilly – den Auftrag zum Wiederaufbau. In der heutigen Dorfanlage und den Hofhäusern des Schlosses sind seine frühesten architektonischen Schöpfungen erhalten. Unter dem Einfluß ähnlicher Arbeiten des älteren Gilly – vergleichbar sind dessen Anlagen der Dörfer Steinhöfel und Paretz – ging Schinkel von der historisch gegebenen Situation des Dorfangers mit zentral gelegener Kirche und dem rechtwinklig zugeordneten Gutshof aus, strebte aber eine Ausdehnung der Siedlung an, um eine größere Entfernung der einzelnen Gehöfte voneinander zu ermöglichen. Der Anger wurde nach Osten verlängert und so zu einer breiten langgestreckten Dorfallee, beidseitig mit Wohnhäusern und Scheunen in regelmäßigem Abstand bebaut. Die Wohnhäuser standen giebelseitig zur Straße, die Scheunen quer zum Felde hin. Heute sind nurmehr Rudimente davon zu finden, der Charakter klassizistischer Landbaukunst hat sich im Dorfbild nicht bewahrt.

Die beim Dorfbrand ebenfalls in Mitleidenschaft gezogene **Kirche** ist angeblich erst später, nach 1814 wiederhergestellt worden. Die persönliche Bekanntschaft des Staatskanzlers Hardenberg mit Schinkel führte diesen erneut in das Oderbruchdorf. Er verwandelte die alte Feldsteinkirche in einen klassizistischen Putzbau. Auch der quadratische Westturm erhielt eine Putzgliederung, die ihm monumentale Wirkung verlieh. Der Turmschaft bildet trotz seiner Höhe nur das Postament für den ovalen tempelartigen Aufsatz. Das Innere der Dorfkirche ist als Emporensaal ausgebildet. Es herrscht eine Art dorischer Ordnung mit kannelierten Stützen und Gebälken vor. Den Ostschluß bildet eine Konche, durch Pilaster zweigeschossig und in fünf Felder gegliedert. Die unteren Felder sind marmoriert, die oberen tragen Gemälde von Josef Bertini mit Darstellungen der Evangelisten. Das mittlere Feld wird von der Kanzel eingenommen. Die Fertigstellung erfolgte erst 1822, die Einweihung fand schon am 13. Oktober 1817 statt. Karl Friedrich Zelter komponierte dafür eine Orgelmusik und eine Kantate nach einem Text von Goethe.

Schinkel hatte noch einmal an der Kirche für den Staatskanzler zu bauen, diesmal zum Gedenken des am 26. November 1822 in Genua Verstorbenen. Schinkel schuf einen dorischen Portikus mit zwei Säulen zwischen Eckpylonen an der Ostwand der Kirche. Dieser und der Turm an der Westseite stehen in den Achsen der jeweiligen Straßenabschnitte der breiten Dorfallee und geben dieser Zielpunkt und räumlichen Halt. Es ist eine bedeutende städtebauliche Leistung Schinkels.

Um 1820 hat Schinkel den Auftrag zum Umbau des alten Herrenhauses auf dem neuen Besitztum Hardenbergs erhalten. Er machte aus dem spätbarocken Landschlößchen des Obersten von Prittwitz ein klassizistisches Palais städtischer Prägung, **Schloß Neuhardenberg** (Farbabb. 12). Obwohl offenbar höher geplant, hatte Prittwitz 1765 – wie Fontane schreibt – auf königlichen Einspruch hin seinen Bau unter hohem Mansarddach eingeschossig belassen müssen. So hatte Schinkel jetzt wenig Mühe, ein zweites Geschoß

Neuhardenberg, Schloß, Ansicht der Stadtseite und Gartensaal

aufzubringen. Er wählte dazu ein Dach mit geringer Neigung, das er hinter einer steinernen Brüstung verbarg. Die Details hatte er einfach und streng genommen, rechteckige Fenster mit immer gleichen Profilfaschen und Verdachungsgesimsen, Putzgliederung mit einheitlicher Quaderung, umlaufendem Geschoßteilungsgesims und von Konsolen getragenes Gebälk. Die guten Proportionen verliehen dem Bau Großzügigkeit und ließen Monotonie nicht aufkommen. 1852 wurde die Steinbrüstung abgenommen und die Attika über dem Eingang durch einen Dreiecksgiebel ersetzt.

Bewahrt blieben im Inneren, das seit 1988 museal eingerichtet ist und besichtigt werden kann, die ursprünglichen Raumgestaltungen des *Vestibüls* und des *Gartensaals*, die um 1785/90 unter dem Einfluß von Carl Gotthard Langhans und angeblich nach Entwürfen von Johann Wilhelm Meil entstanden. Die zopfigen Dekorationen werden in dem etwas kühler, grün und weiß gehaltenen Vorsaal durch Antikenbüsten und Sphingen über den Türen, im farbig abgestimmten Gartensaal durch reliefierte Supraporten und Medaillons belebt. Meil hat auch das 1792 aufgestellte *Denkmal für Friedrich den Großen* entworfen, Athena (Minerva) und ein trauernder Krieger (Mars) vor der Urne mit dem Bildnis des Verstorbenen; erst nach 1820 schuf D. Ch. Rauch den hohen Sockel dazu.

Für den *Landschaftspark* hatte Peter Joseph Lenné 1821 zwei Entwürfe vorgelegt, nach denen man sich bei der Umgestaltung des älteren dann auch im wesentlichen richtete. Es haben aber auch andere namhafte Landschaftsgärtner der Zeit auf die Parkgestaltung Einfluß genommen oder waren zu Rate gezogen worden, darunter Fürst Hermann von Pückler-Muskau. Theodor Fontane schildert, wie Pückler seinen Schwiegervater Hardenberg mit der Veränderung des alten Gartens überlistet hat, eine Geschichte, die wohl nicht ganz aus der Luft gegriffen ist.

Wenn man die Oderbruchrandstraße verläßt, dann trifft man in der flachen, aber überaus reizvollen Niederungslandschaft auf bisweilen recht große Dörfer, die ihre Entstehung und auch ihre gegenwärtige Existenz auf die Meliorationen stützen, die seit dem 18. Jh. durchgeführt wurden und die eine landwirtschaftliche Blüte, vor allem im Hinblick auf den Gemüseanbau, ermöglichten. Die Gemüseproduktion hat heute ausgesprochen industriellen Charakter und deshalb die Eigenart der von Kolonisten besiedelten und trocken gelegten Landschaft zerstört.

In **Wuschewier** aber findet man noch einige sehr schöne und charakteristische Fachwerkhäuser, eingeschossig, manchmal in Giebelstellung zur Straße oder zum Anger. Unter den Wohnhäusern und nur durch einen verbretterten Dachturm von ihnen unterschieden stehen die *Schule* und die *Kirche* zusammen unter einem strohgedeckten Dach. Das Innere des Betsaals, anders kann man die Gottesdienststätte nicht bezeichnen, ist dörflich klassizistisch eingerichtet.

Das unweit gelegene **Letschin** hat diesen Charakter längst verloren. Der Krieg, der im Frühjahr 1945 im Oderbruch ganz schreckliche Ausmaße annahm, hat die 1812 errichtete Dorfkirche bis auf den Turm zerstört. Dieser war der *Kirche* erst 1818 im Sinne märkischer Backsteingotik nach einem Entwurf von Karl Friedrich Schinkel angefügt worden und steht nun etwas vereinsamt in der Dorfmitte. Ein lange Zeit verborgenes *Standbild Fried*

Gusow, Schloß

richs des Großen, das an seine Verdienste um die Trockenlegung des Oderbruchs erinnern sollte, hat nun wieder Aufstellung gefunden.

In **Langsow,** einem Ortsteil des Dorfes **Werbig** unweit von Seelow, der heutigen Kreisstadt vom Hauptteil des Oderbruchs, findet sich wie in Wuschewier eines jener in dieser Gegend mehrfach anzutreffenden Gebäude, die *Schule* und *Kirche* unter einem Dach vereinen, hier von 1832 als Fachwerkbau mit backsteinsichtigen Gefachen, der die klassizistische Entstehungszeit vor allem im Inneren zeigt mit einer von dorischen Holzsäulen getragenen kassettierten Holztonne.

Bevor die Oderbruchrandstraße von der Niederung auf die Hochfläche der Lebuser Platte wechselt, treffen wir in **Gusow** auf ein großes Angerdorf, dessen *Kirche* seit 1945 Ruine ist. Das ursprünglich darin befindliche Epitaph des Generalfeldmarschalls Georg Freiherr von Derfflinger (gest. 1695) ist in die Komtureikirche nach Lietzen überführt worden. Das **Schloß** von Gusow geht auf das 17. Jh. zurück, stammt aber in seiner heutigen Gestalt als Dreiflügelbau in anglisierenden Formen, burghaft in der Erscheinung und von einem Wassergraben umgeben, aus der Zeit nach der Mitte des 19. Jh. Seit kurzem wieder in Privatbesitz, wird es sukzessive restauriert und für Besucher zugänglich gemacht; die Räume des Erdgeschosses sind bereits zu besichtigen. Der große zugehörige *Park* ist im Ursprung barock, jetzt aber als Landschaftspark überformt. Vor dem Schloß fällt das originell geformte Dach einer Pumpstation ins Auge.

Mit der Höhe erreicht die Oderbruchrandstraße, die wir vom Norden nach Süden verfolgt haben, die Stadt **Seelow** und kreuzt hier die B 1, die alte Reichsstraße von Aachen nach Königsberg. Ganz gewiß ist es eine alte Kreuzung von Handels- und Heerstraßen zwischen der Mittelmark und Polen sowie zwischen Schlesien und der Ostseeküste (Stet-

*Seelow, Denkmal-
anlage und Friedhof
für die 1945 gefalle-
nen sowjetischen
Soldaten*

tin), bei der hier am Rand der Lebuser Hochfläche eine Marktsiedlung entstand, deren
Straßennetz von der Kreuzungssituation bestimmt ist. Eine Befestigung hatte auch dieser
Ort nicht. Am Treffpunkt der Straßen liegt der Markt, der unmittelbar in den Kirchplatz
übergeht. Einst war die Stadtkirche ein frühgotischer Bau. 1830–32 wurde an seiner Stelle
eine neue **Kirche** im klassizistischen Stil nach Entwürfen des Bauinspektors Siedler mit
einem großen Anteil Karl Friedrich Schinkels errichtet. Sie war einer der reifsten Sakralbauten aus Schinkels später Schaffenszeit, ein Emporensaal mit monumental gegliederter
Ostapsis und einem quadratischen Westturm. Nach der Beschädigung während der
Kriegsereignisse 1945 wurde sie ohne Turm wieder aufgebaut.

Unweit von Seelow erinnert eine **Gedenkstätte** an diese Kriegsereignisse, die Schlacht
um die Seelower Höhen, die mit Erbitterung geführt wurde. Eine überlebensgroße Statue
des russischen Bildhauers Lew Kerbel krönt die Denkmalanlage, die auch den Befehls-
bunker des Marschalls Tschuikow einschließt.

Südlich von Seelow liegt **Friedersdorf**, bekannt als Sitz derer von der Marwitz, für die
Karl Friedrich Schinkel 1828 das *Schloß* gotisierend umgebaut hatte, welches nach 1945
abgetragen worden ist. Von der **Dorfkirche**, einem Feldsteinbau des 13. Jh., ist der Chor
ruinös, während das 1702 eingreifend umgestaltete Schiff und der Westturm noch unter
Dach stehen, so daß die reich geschnitzten Barockemporen, die Orgel und die Patronatsloge sowie die sehr aufwendig gearbeiteten Barockepitaphe der Familie von der Marwitz
noch erhalten sind.

Im benachbarten **Dolgelin** sind von der *Dorfkirche,* ebenfalls einem frühgotischen
Feldsteinbau des 13. Jh., seit 1945 auch nur noch die Umfassungsmauern erhalten. Beim
Abtragen des neueren Westturms fanden sich an der Westwand der ursprünglich turm-

losen Kirche Rundblenden mit bedeutenden Putzritzzeichnungen aus der zweiten Hälfte des 13. Jh., die Halbfiguren eines Bischofs und einer gekrönten Heiligen (die Hl. Adalbert und Hedwig?).

In dem westlich von Seelow gelegenen **Diedersdorf** ist das ehemalige **Gutshaus** in der Tiefe eines zur Hauptstraße hin offenen Wirtschaftshofs (vgl. Neuhardenberg) eine eingeschossige Dreiflügelanlage aus der Mitte des 18. Jh., die an den Stirnseiten der Flügel frühklassizistisch überformt worden ist – charakteristisch die Halbkreisfenster – und 1876 ein aufwendiges Mittelportal mit einer Freitreppe davor erhielt. Hinter dem Schlößchen schließt sich ein schöner *Park* an. Die *Dorfkirche* ist ein neuromanischer Backsteinbau des späten 19. Jh.

Auf die Kolonisationszeit gehen zwei Templergründungen im Land Lebus zurück, von denen **Neuentempel** dies bis heute im Ortsnamen ausweist. Seine **Dorfkirche** geht auch zu großen Teilen noch auf die Gründungszeit des 13. Jh. zurück. Das Altarbild von 1612 mit einer interessanten Allegorie auf die Erlösung durch Christi Blut im Sinne der protestantischen Lehre stammt aus Friedersdorf.

Lietzen (Nord) war der Sitz einer **Templer-** und späteren **Johanniter-Komturei.** Sie wird 1244 erstmals urkundlich erwähnt und bestand bis 1811. Von den älteren Baulichkeiten sind die Kirche, ein Speichergebäude und das **Herrenhaus** erhalten. Letzteres ist ein zweigeschossiges, um 1690 ausgebautes und im 19. Jh. verändertes Gebäude. Bemerkenswert sind die Stuckdecken, die am Ende des 17. Jh. wohl von italienischen Meistern, wie in Frankfurt an der Oder und in Berlin, geschaffen wurden und auf die Ordenstugenden bezogene emblematische Plafondmalereien tragen. Der noch funktionstüchtige **Speicher** mit beeindruckenden Holzböden wird in das 14. und 15. Jh. datiert. Die **Kirche** stammt mit ihren Feldsteinteilen aus dem 13. Jh. und hat ihre Sterngewölbe und ihren polygonalen Ostschluß aus Backstein im 15. Jh. erhalten. Die Einrichtung gehört dem 18. Jh. an: ein schön geschnitzter Kanzelaltar mit Gehege, der Taufengel, wohl auch das Kastengestühl. Die an der Wand aufgestellten Grabsteine sind aus Friedersdorf und Gusow hierher verbracht, darunter das Derfflinger-Epitaph, das deutlich den Einfluß Schlüters aus Berlin zeigt.

Im südlichen Oderbruch und auf der Hochplatte um Seelow befindet man sich bereits im *Land Lebus.* Es hat seinen Namen vom Slawenstamm der Leubuzzi und reichte in westöstlicher Ausdehnung von der Spree bis über die Oder ins Land Sternberg hinein, während es im Norden sich bis zur Warthe und im Süden bis nahe der Neißemündung erstreckte. Es hat seinen Namen nach einer Stadt nördlich von Frankfurt, die einstmals Bischofssitz war, unmittelbar am Steilhang der zur Oder abfallenden Hochfläche gelegen und zwischen der Bewaldung als Siedlungsorganismus kaum auszumachen. Doch ist dort vorgeschichtliche Besiedlung nachgewiesen. Es bestand von ca. 1000 v. Chr. bis gegen 500 n. Chr. eine Volksburg, die im 9. Jh. von eingewanderten Slawen erneut besiedelt und ausgebaut wurde. Das 1124 gegründete polnische Bistum hatte bis ins 13. Jh. in Lebus seinen Sitz; ein dafür vorauszusetzender Kathedralbau, der dem heiligen Adalbert geweiht war, konnte nicht festgestellt werden. Als Bischofsresidenz ging Lebus am Ende

Alltag im Oderbruch

»Die Verhältnisse, die ich hier vorgefunden, sind die, durch alle Jahrhunderte hin immer wiederkehrenden, einer Viertel- und Halbkultur, Zustände, wie sie zu jeder Zeit und an jedem Orte sich einstellen, wo in noch völlig rohe und barbarische Gemeinschaften, ohne Zutun, ohne Mitwirkung, ohne rechte Teilnahme daran, ein Stück Kultur von außen her hineingetragen wird. Das Wesen dieser Art von Existenzen ist die Disharmonie, der Mißklang, der Widerstreit. Durch gewisse Bildungsmanieren bricht immer wieder die alte Roheit durch, und im Einklange hiermit begegnet man auch in diesen reichen Oderbruchdörfern einem beständigen Gegensatze von Sparsamkeit und Verschwendung, von Kirchlichkeit und Aberglauben, von Ehrbarkeit und Sittenverderbnis. Der Bauer schreitet im langen Rock, ein paar weiße Handschuh an den Händen, langsam und gravitätisch nach der Kirche; aber er sitzt am Abend oder Nachmittag desselben Tages (einige beginnen gleich nach der Kirche) im ›Gasthofe‹ des Dorfes und vergnügt sich bei Spiel und Wein. Die Würfel rollen über das Brett, der sogenannte ›Tempel‹ wird mit Kreide auf den Tisch gemalt, alle Arten von Hasardspiel lösen sich untereinander ab, und um hundert Taler ärmer oder reicher, wüst im Kopfe, geht es weit nach Mitternacht nach Haus.«

Aus einem zeitgenössischen Brief, 1838

des 13. Jh. verloren. Versuche des Bischofs, sich in Frankfurt zu etablieren, scheiterten am Widerstand der von Ludwig dem Bayern unterstützten Oderstadt. 1373 erhielten die Bischöfe von Lebus Fürstenwalde zum neuen Sitz, das Bistum behielt aber seinen Namen bei bis zur Reformation.

Auf dem Burgberg von **Lebus** sind bemerkenswerte Reste einer **Burg** aus der Zeit vom 13. bis zum 15. Jh. ergraben worden. Die unweit gelegene **Stadtkirche St. Marien** ist ein klassizistischer Bau von 1810 gewesen, der nach Kriegszerstörungen nur zum Teil wieder aufgebaut worden ist. Von der Lage her, am Fuße der Burg, könnte sie allerdings den Platz der einstigen Bischofskirche markieren.

Die Altstadt von **Fürstenwalde** (34 000 E.) liegt am Nordufer der *Spree*, die hier die Grenze zwischen dem Land Lebus im Norden und dem ursprünglich zur Niederlausitz zählenden Land Beeskow-Storkow im Süden bildet. Ähnlich wie weiter westlich in Berlin der Teltow und der Barnim stoßen auch hier die Hochflächen weit ins Berlin-Warschauer Urstromtal vor und bilden die Voraussetzung für einen günstigen Flußübergang. Der Grund für die planmäßige Anlage einer Stadt unmittelbar nach der askanischen Landnahme in der Mitte des 13. Jh. war der Warenverkehr spreeaufwärts. Die Schiffahrt ist 1298 schriftlich belegt. Die Güter mußten hier umgeschlagen und auf dem Landweg zur Oder nach Frankfurt geführt werden. Die Stadtanlage erfolgte auf nahezu quadratischem Grundriß mit gitterförmigem Straßennetz und mit einer Befestigung aus Wassergraben und Feldsteinmauer. Die von der Spreebrücke kommende Hauptstraße erweitert sich in der nördlichen Stadthälfte geringfügig zum Markt, die Niederlage befand sich außerhalb der Mauern am Flachufer der Spree. 1354 veräußerte Ludwig der Römer ›Haus und Stadt‹ an den Bischof von Lebus, dessen Mediatstadt Fürstenwalde bis 1555 blieb. Seine Residenz nahm der Bischof erst 1373 und das Kapitel 1385 in der Stadt. Die askanische Burg, das ›Haus‹, lag am Ostrand der Stadt und ist heute gänzlich verschwunden; sie war im 15. Jh. zum bischöflichen Schloß ausgebaut worden. Ebenfalls im 15. Jh. wurde an der Stelle der alten Stadtkirche die **Kathedrale** des Bistums Lebus errichtet, die gleichzeitig als *Pfarrkirche* der Stadt dienen sollte. Sie war neben der Maria auch den Schutzheiligen des Bistums Lebus, Adalbert und Hedwig, geweiht.

Gebaut wurde eine dreischiffige Hallenkirche mit Umgangschor, also eine Kirche vom Typ der großen Stadtpfarrkirchen, wie sie seit dem letzten Drittel des 14. Jh. in den bedeu-

Fürstenwalde, Rathaus und Dom

tenderen Städten der Mark errichtet worden waren. Bemerkenswert ist der Turmbau, eigentlich ein Dreiturmwerk aus quadratischem Hauptbau und flankierenden Polygonaltürmen. Die Vollendung wird auf etwa 1470 geschätzt. Erst 1475 sind die Kapellenanbauten auf der Nord- und Südseite hinzugefügt worden, die ursprünglich die Höhe des Schiffs besaßen und einen querschiffartigen Eindruck machten, also den Pfarrkirchenhabitus zugunsten eines Kathedralcharakters zurückgedrängt haben. Die Kirche hat mehrere Umbauten im 18. Jh. und am Anfang unseres Jahrhunderts erfahren, im April 1945 brannte sie bis auf die Umfassungsmauern aus. Seit 1966 trägt sie ein neues Dach, unter dem bis vor kurzem noch vermauerte Kunstwerke überdauert haben, darunter ein bedeutendes Sakramentshaus, ein zierlicher steinerner Turmaufbau, den Bischof Dietrich von Bülow 1517 gestiftet hatte.

Unweit des Doms erhebt sich das im Kern spätgotische **Rathaus,** ein zweigeschossiger rechteckiger Baublock mit einem Satteldach zwischen Zierrippengiebeln. Der Turm und der Schweifgiebel an der Ostseite stammen von 1624, sind jetzt aber Erneuerungen. Der Keller ist zweischiffig gewölbt, die Gerichtslaube besitzt Sterngewölbe von 1511. Unter den erhaltenen Wohnhäusern ist das Ecke Mühlen/Domstraße hervorzuheben sowie das **Stadt- und Kreismuseum** mit Sammlungen zur Vor- und Frühgeschichte und zur Flachlandgeologie in der Domstraße 1, beides zopfige und frühklassizistische Gebäude. Das ehemalige kurfürstliche **Jagdschloß** (Schloßstraße 13), das heute als Speicher dient, hat 1699/1700 Martin Grünberg aus Berlin errichtet, ein gestreckter Bau mit Walmdach und dreigeschossiger Fassade zum Garten, dessen Parterre sich bis zur Spree erstreckte.

In der Umgebung von Fürstenwalde stoßen wir auf zahlreiche *Dorfkirchen* des 13. Jh. aus Feldstein, von denen die in **Heinersdorf** neben dem sonst üblichen Schiff und abgesetztem Chor auch noch eine halbkreisförmige Apsis aufweist. Die Ausstattungen sind meist jüngeren Datums. In **Alt Madlitz** befindet sich unter Werken des 16. bis 18. Jh. ein Altaraufbau nach einem Entwurf von Franz Schwechten aus der Zeit um 1900. In **Arensdorf** sind eine Sandsteintaufe des 16. Jh. und eine Glocke mit Ritzzeichnungen aus der Zeit um 1300 (?) zu nennen. Die Inneneinrichtung der Dorfkirche von Heinersdorf hat mit Emporen, Kanzelaltar und Patronatsloge einen geschlossenen Charakter aus dem 18. Jh. Die ebenfalls aus dem 13. Jh. stammende Dorfkirche in **Steinhöfel,** deren ursprünglich reichere Ausstattung vorwiegend aus dem 18. Jh. stammt, hatte an der Südseite einen Anbau bekommen, der innen die Patronatsloge enthielt, nach außen aber eine axiale Bezugnahme zum Dorfanger besaß, der zwischen 1790 und 1795 von David Gilly d. Ä. neu und einheitlich gestaltet worden war.

Das Dorf Steinhöfel nördlich von Fürstenwalde gehört zu den seltenen erhaltenen Beispielen der klassizistischen Landbaukunst in Preußen, deren Reform engstens mit dem Namen David Gillys verbunden ist. Die Randbebauung des Dorfangers besteht noch vorwiegend aus den eingeschossigen traufseitigen Landarbeiterkaten, wie sie für die Gillysche Landbaukunst typisch sind. Am Südende des sich dorthin verengenden Angers ist das **Amtshaus** in die Randbebauung mit einbezogen, ein rechteckiger Baublock mit Sokkel-, Haupt- und Mezzaningeschoß unter mächtigem Walmdach. Das Innere des Haupt-

Steinhöfel, Parkansicht mit Sphingentor, Schloß und Bibliothek. Aquatinta nach einem Aquarell von Friedrich Gilly, 1795

geschosses mit Wohn- und Verwaltungsräumen ist durch einen Mittelkorridor erschlossen, das Mezzaningeschoß war mit dem Dachraum als Speicher zusammengezogen. Die Zweckmäßigkeit des Inneren und die sachliche Strenge des Äußeren entsprechen einander, ohne dabei einer architektonischen Würde zu entbehren.

Schlicht und ernst sind auch die Formen des **Guts-** und **Herrenhauses** gewesen, dessen Gestalt die Benennung als Schloß eigentlich verbot, ein ähnlicher Baublock von neun zu drei Achsen, zweigeschossig mit Mezzanin unter verhältnismäßig flachem Walmdach – so zeigen es die Aquatintablätter nach Aquarellen von Friedrich Gilly. Es ist im Verlauf des 19. Jh. zweimal umgebaut worden. In den vierziger Jahren erhielten die beiden äußeren risalitartig betonten Fassadenachsen der zum Park gewendeten Langseite ihre zinnenbekrönten Turmaufsätze, deren englisches Aussehen vermutlich auf die Beziehung des damaligen Bauherren zum Herzog von Wellington zurückzuführen ist. Noch einen Schritt weiter in Richtung auf die Verwandlung des Herrenhauses in ein Schloß gingen die Besitzer von Steinhöfel aus der Familie von Massow um 1880, als sie die drei mittleren Fassadenachsen zu einem wirklichen Risalit umgestalten ließen, barockisierend in den Formen, das Erdgeschoß putzgequadert, die beiden Obergeschosse mit Kolossalpilastern zusammengefaßt und als Abschluß mit einem Giebel versehen. Damals erfolgte die Errichtung eines Tores mit Eisengitter am Eingang des Parks. Bis dahin markierten lediglich zwei laternentragende Sphingen – nach Entwürfen von Gottfried Schadow gearbeitet von Conrad Boy – eine Trennung von Dorf und Schloßbereich. Sie sind bereits auf den genannten Aquatintablättern dargestellt, und es scheint so, als hätten sie ursprünglich weiter auseinandergestanden, mehr eine Verbindung als eine Scheidung von bäuerlicher Siedlung und Schloßpark bewirkend. Der Blick ging ursprünglich vom Dorfanger ungehindert in die Tiefe des *Parks,* einen der frühesten Landschaftsgärten der Mark, der unter dem Einfluß von Johann August Eyserbeck d. J. angelegt worden und zu den seltenen Anlagen gehört, die später nicht von Peter Joseph Lenné überformt worden sind. Eyserbeck war vorher in Wörlitz, dann in Potsdam am Neuen Garten tätig, wo Valentin von Massow, seit 1790 der Besitzer von Steinhöfel, das Amt eines Intendanten der königlichen Schlösser und Gärten inne hatte. Zu der Reformgesinnung und der Reformstimmung dieser Zeit der Regierung Friedrich Wilhelms II. paßte die Art, das Schloß ganz unrepräsentativ aus der Blickachse des Dorfangers zu rücken. Hier führt nur ein Weg in zufällig scheinender Schwingung am Schloß vorbei über das wellige Gelände. Gegenüber, schon von Bäumen halb verdeckt, ist die Tempelfront des *Bibliothekspavillons* sichtbar, vielleicht auch als Badehaus konzipiert, übrigens das einzige bis heute aus der Entstehungszeit erhaltene Parkgebäude.

Das **Gutshaus** in **Heinersdorf** ist ein stattlicher Dreiflügelbau des ausgehenden 17. Jh. und besitzt im Inneren qualitätvolle Stuckdecken der Meister, die gleichzeitig am Berliner Schloß tätig gewesen sind und auch anderwärts auf dem Barnim und im Oderbruch, auch in Frankfurt ihre Spuren hinterlassen haben. Das zugehörige *Vorwerk Behlendorf* stellt eine einheitliche Anlage von Wirtschafts- und Wohngebäuden um einen achteckigen Hof dar, die nach 1802 aus Raseneisenstein errichtet worden sind und als ein Frühwerk Karl Friedrich Schinkels gelten.

Zu den bedeutenderen Orten im Westen des Landes Lebus gehörte die Stadt **Müncheberg** nördlich von Fürstenwalde. Sie ist aus einem Marktort Lubes hervorgegangen, der um 1225 nach deutschem Recht innerhalb eines von Herzog Heinrich I. von Schlesien dem Zisterzienser-Kloster Leubus und den Templern übereigneten Gebiets gegründet wurde. Ortsnamen wie *Neuentempel* und *Tempelberg* weisen in der Umgebung noch heute auf diese Tatsache hin. Als die Stadt in den Besitz des Bischofs von Magdeburg kam, erhielt sie 1253 ihren heutigen Namen. Der Stadtgrundriß zeigt Trapezform, das Leiterschema der Straßenführung, das den Kirchplatz einschließt, erweitert sich im Westteil zum Dreistraßensystem.

Seit 1945 ist die erhöht gelegene **Kirche** eine Ruine. Sie war ein frühgotischer Feldsteinsaal mit schmalerem rechteckigem Chor, der später mit einem $5/10$-Polygon erweitert und mit spätgotischen Sterngewölben versehen wurde, wobei das Langhaus zwei Schiffe erhielt. Den neugotischen Westturm hat kein Geringerer entworfen als Karl Friedrich Schinkel. Die fast vollständig erhaltene **Stadtmauer** von Müncheberg ist urkundlich 1319 angelegt worden; sie besteht überwiegend aus Feldsteinen, aber die Aufsätze der Türme des *Berliner Tores* im Westen und des *Küstriner Tores* im Osten bestehen aus Backstein.

Buckow, Bert Brechts
Wohnhaus

Weiter nördlich von Müncheberg gelangt man in das Buckower Wald- und Seengebiet, das als *Märkische Schweiz* ein vielbesuchtes Ausflugsziel vor allem der Berliner ist. **Bukkow** selbst hat schon am Anfang des 13. Jh. als Burgort Herzog Heinrichs I. von Schlesien eine Rolle gespielt, unter den Askaniern verlor es diese Bedeutung. Heute hat Buckow eine gewisse Berühmtheit durch den Sommersitz Bertolt Brechts und Helene Weigels, die beide seit 1952 hier in der ›**Eisernen Villa**‹, einem Jugendstilhaus mit einem Bildhaueratelier, ihren Sommersitz nahmen. Im Gärtnerhaus schrieb Brecht die ›Buckower Elegien‹. 1977 ist eine *Brecht-Weigel-Gedenkstätte* eingerichtet worden.

Noch einer schlesischen Gründung soll gedacht werden in diesem Land Lebus, das erst in der zweiten Hälfte des 13. Jh. durch die Expansion der askanischen Markgrafen für die Mark Brandenburg gewonnen werden konnte. Der Ort **Falkenhagen** auf dem Wege von Fürstenwalde nach Lebus verfügt über eine **Kirche,** die der Strausberger Basilika glich, heute aber keine Seitenschiffe mehr besitzt. Der breite Westquerturm macht deutlich, daß hier eine Stadtkirche gebaut worden war, die zugehörige Stadt wohl geplant, aber nicht zustande gekommen ist; vielleicht, weil der Weg, an dem sie lag, keine Bedeutung mehr besaß, sie verloren hatte durch Verschiebungen in der Landesplanung. An die Stelle von Lebus als Hauptort des Landes, auf den die Wegeführung zunächst ausgerichtet war, trat Frankfurt an der Oder, das sich aber seine Selbständigkeit gegenüber der Landesherrschaft wahren und seine Unabhängigkeit kraft seiner wirtschaftlichen Stärke ständig ausbauen konnte.

Die Oder bei Frankfurt

Frankfurt an der Oder

Frankfurt an der Oder ist heute Grenzort mit den wichtigsten Straßen- und Eisenbahn-übergängen nach Polen. Im Mittelalter war es durch seine Lage an großen Handelswegen zu Lande und zu Wasser, von West nach Ost und von Süd nach Nord, wohl die bedeutendste Stadt der Mark. Erst in nachmittelalterlicher Zeit verlor es diese Stellung an das zur Residenz heranwachsende Berlin. Die sich zwischen den Hochflächen beidseitig der Oder, zwischen der Lebuser Platte im Westen und dem Sternberger Land im Osten, vom Rand des Berlin-Warschauer Urstromtals im Süden bei Lossow bis zum Beginn des Oder-bruchbeckens im Norden bei Reitwein merklich verengende Niederung des Odertals erleichterte den Flußübergang.

Besiedlung ist um Frankfurt schon früh nachzuweisen: Die ältesten Zeugnisse für die Anwesenheit von Menschen sind Faustkeile aus der mittleren Altsteinzeit, die bei Vogelsang südlich der Stadt gefunden wurden. Ein Siedlungskontinuum auf dem Stadtgebiet scheint sich in der jüngeren Bronzezeit und der frühen Eisenzeit herausgebildet zu haben. Aus der Zeit zwischen 1300 und 400 v. Chr. sind zahlreiche Urnengräberfelder entdeckt und bedeutende Einzelfunde gemacht worden (Funde im Museum für Ur- und Frühgeschichte in Potsdam und im Frankfurter Museum Viadrina). In diese Zeit wird die Entstehung des *Burgwalls* von **Lossow** datiert, in dem man einen politischen, wirtschaftlichen und kulturellen Stammesmittelpunkt vermutet. Es handelt sich um eine 3 ha große befestigte Siedlung mit einem bis heute teilweise erhaltenen, bis zu 6 m hohen Erdwall, der im Kern eine hölzerne Kastenkonstruktion besitzt. Mehrere Meter tiefe Schächte dienten der Opferung von Menschen und Tieren. Im 5. Jh. v. Chr. zeichnet sich ein Ende der prähistorischen Besiedlung ab. Danach eingewanderte germanische Stämme verließen das Gebiet während der Völkerwanderung wieder, und nachrückende Slawenstämme belebten seit dem 7. Jh. n. Chr. die alten Wallburgen neu. Ausgrabungen ergaben den Nachweis einer Ackerbaukultur, die sich durch Rodung von Wäldern vornehmlich auf den Hochflächen und weniger in der Niederung ausdehnte. Der wieder befestigte Wall von Lossow umgab eine dicht bebaute Volksburg. Ihre Zerstörung im 10. Jh. geht wohl auf die Ausdehnung des inzwischen christianisierten polnischen Staates zurück. In der später angelegten kleineren Burg am Südostrand der alten Anlage ist schon ein schlesisch-piastischer Fürstensitz anzunehmen. Nach der Gründung des Bistums Lebus 1124 gehörte die Region zu dieser Diözese und war dem Erzbistum Gnesen untertan.

Das eigentliche spätere Stadtgebiet von Frankfurt auf der Talsandinsel am Fuße des ›Hochufers‹ der zum Fluß hin steil abfallenden Lebuser Platte wird im 13. Jh. in der schriftlichen Überlieferung greifbar. Die Urkunde mit der Verleihung des Stadtrechts an eine schon vorhandene und an eine größere noch zu bauende Siedlung ist in zweifacher Ausfertigung aus dem Jahre 1253 erhalten. Die schon vorhandene Siedlung lag um die heutige Friedenskirche, die ursprüngliche Nikolaikirche, und hatte vermutlich 1225 wie auch andere Orte des Landes Lebus durch den schlesischen Piastenherzog Heinrich I. Niederlage- und Stapelrecht erhalten. Um die Mitte des 13. Jh. verloren die Piasten jedoch

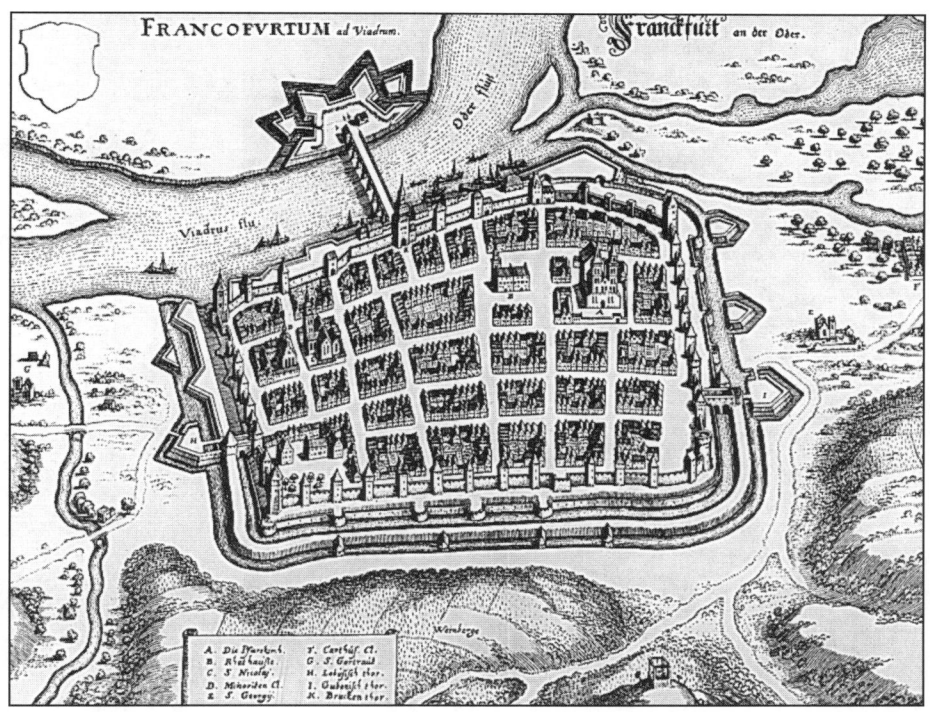

Frankfurt, Plan der Stadt im 17. Jh. Stich nach M. Merian

das Land an der mittleren Oder an die askanischen Markgrafen von Brandenburg, die sogleich die Landnahme durch die Stadtrechtsverleihung für Frankfurt besiegelten und an den Lokator Gottfried von Herzberg den Auftrag richteten, den neuen Teil der Stadt als eine Erweiterung der alten Siedlung nach Süden anzuschließen. Zu dieser Erweiterung gehörten die dann zur Hauptkirche der Stadt avancierende Marienkirche und das Rathaus. Die ältere *Nikolaisiedlung* geriet in den Schatten der neuen *Marienstadt*, wahrscheinlich ist sie mit in das Gitterschema des Straßennetzes der planmäßigen neuen Stadtanlage einbezogen und eine frühere Siedlungsgestalt überformt worden. Der neue Markt wurde zum Zentrum der Stadt, ihn umgaben die Wohn- und Geschäftshäuser des wohlhabenden Bürgertums, des Patriziats. Das verliehene Stadtrecht, nach Aussage der Urkunden das sonst nicht schriftlich überlieferte Recht von Berlin, beinhaltete neben der Abgabefreiheit für sieben Jahre, neben den Zollrechten, den Fischerei- und Jagdrechten und neben der Abgaberegelung für das zu errichtende Kaufhaus als einem Teil des Rathauses auch die Erlaubnis zum Brückenbau über die Oder und zur Errichtung einer Schwesterstadt namens *Sliwitz*. Die große alte West-Ost-Handelsstraße verlief seitdem nicht mehr über

Frankfurt/Oder,
Blick auf die Stadt
mit Ruine der Marien-
kirche

Lebus, den Bischofssitz und einstigen Herrschaftsmittelpunkt, sondern über Frankfurt, was nicht nur für die Stadt, sondern für die ganze östliche Mark von ausschlaggebender Bedeutung war. Frankfurt entwickelte sich zum führenden Fernhandelsplatz im nordostdeutschen Binnenland.

Im Zeitalter der Renaissance war Frankfurt ein aufstrebender Wissenschaftsschwerpunkt. 1502 wurde die erste Druckerei in der Mark eröffnet und 1506 die brandenburgische Landesuniversität gegründet. Unter den Studenten der ersten Jahre waren Ulrich von Hutten und Thomas Müntzer. Die Lehrer kamen aber aus dem der Reformation abholden albertinischen Leipzig, und Johannes Tetzel wurde 1518 hier zum Doktor der Theologie promoviert. Nach der Reformation im Kurfürstentum Brandenburg, nach 1539 war auch die Frankfurter Universität lutherisch, dann, nach dem Konfessionswechsel des Kurfürsten Johann Sigismund 1613, jedoch eine ›Bastion des Calvinismus‹ und führende Ausbildungsstätte für reformierte Theologen. 1811 wurde die ›Viadrina‹ geschlossen und mit der Breslauer Universität zusammengelegt. Als neue Landesuniversität fungierte die 1810 gegründete Universität in Berlin.

Hinsichtlich seiner kulturgeschichtlichen Sehenswürdigkeiten ist Frankfurt von Werken der mittelalterlichen Architektur- und Kunstgeschichte bestimmt. Handelshäuser der Renaissance, die, mit stattlichen Giebeln, vornehmlich um den Markt zu finden waren, und die einst recht zahlreichen Wohnbauten des Barocks sind größtenteils Opfer des Zweiten Weltkrieges geworden, nur wenige Beispiele belegen noch eine rege kommunale und bürgerliche Bautätigkeit des 18. Jh. unter dem von 1764 bis zu seinem Tode 1791 in Frankfurt als Bauinspektor bestallten Friedrich Knoblauch. Etwas zahlreicher sind die Zeugnisse aus der Zeit des späten Klassizismus erhalten, als Baumeister sind Christian Gottlieb Cantian und Emil Karl Alexander Flaminius namhaft zu machen. Erst gegen Ende des 19. Jh. begann sich die Stadt auch auf die nach Westen angrenzende Hochfläche auszudehnen, wo es zu interessanten Bebauungskonzeptionen mit Siedlungen im Gartenstadtcharakter kam. Beim Wiederaufbau der Innenstadt seit dem Ende der fünfziger Jahre wurde die ursprüngliche Straßenführung der Gründungsstadt nur zum Teil beibehalten. Die Hauptstraße folgt in regulierter Form der alten Nord-Süd-Achse, und in ihrem Verlauf bilden Punkthäuser Dominanten der neuen Stadtsilhouette, die von der Wohnblockbebauung auf den Hangrändern des 20 bis 30 m über der Niederung liegenden Plateaus hinterfangen wird.

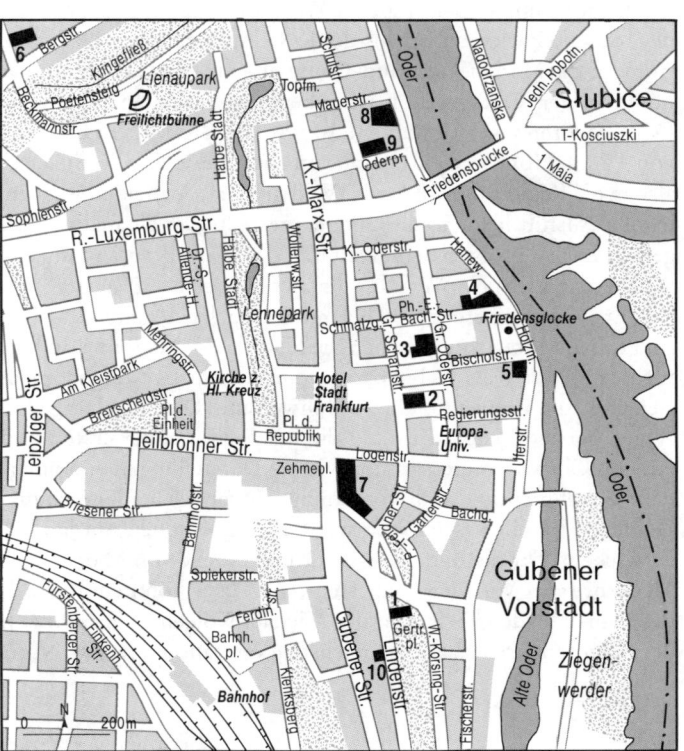

Frankfurt/Oder
 1 *Gertraudkirche*
 2 *Marienkirche*
   (Ruine)
 3 *Rathaus*
 4 *Junkerhaus*
   (Museum Viadrina)
 5 *Kleist-Gedenk-*
   und Forschungs-
   stätte (Museum)
 6 *Pfarrkirche*
   St. Georg
 7 *Hospital ›Zum*
   Heiligen Geist‹
 8 *Ehem. Franziska-*
   nerkirche (Konzert-
   halle ›Carl Philipp
   Emanuel Bach‹)
 9 *Friedenskirche*
 10 *Türmchenhaus*

Diese Hangränder begrenzen an der Westseite den eigentlichen Altstadtkern, der sich auf dem schmalen Streifen des linksseitigen Flußufers erstreckt. Im Süden schließt sich die *Gubener,* im Norden die *Lebuser Vorstadt* an. Den Grundriß bildete ein Rechteck parallel zur Oder mit entsprechender Führung der Hauptstraßen, die von Nebenstraßen rechtwinklig gekreuzt wurden. Aus dem so entstehenden Gitternetz waren im Süden zwei Gevierte ausgespart für Markt- und Kirchplatz. Mit der Errichtung von *Rathaus* und *Marienkirche* ist bald nach 1253 begonnen worden. Bis heute dokumentieren sie die Blütezeit der mittelalterlichen Stadtgeschichte. Im Norden der Altstadt, an der Stelle des älteren Siedlungskerns, sind die ehemalige *Franziskanerkirche,* die heutige *Konzerthalle › Carl Philipp Emanuel Bach‹* und die *Friedenskirche* in ihrer wohlerhaltenen mittelalterlichen Gestalt Zeugnis dafür, wie sich auch ein gesellschaftlich geringer angesehener Stadtteil durch die baukünstlerischen Zeichen im Bild der Stadt zu behaupten wußte. Die Mauer, die das Rechteck der alten Stadt umgab, wie auch jüngere Befestigungen, wurden seit 1815 sukzessive beseitigt und nach einer Planung von Peter Joseph Lenné in Parkanlagen verwandelt.

Wegen der starken Beschädigung der Marienkirche im Zweiten Weltkrieg hat heute die **Gertraudkirche** in der Gubener Vorstadt die Funktion der Hauptkirche der Stadt. Der neugotische Backsteinbau wurde 1878 eingeweiht und 1978–80 zu einem Gemeindezentrum für die Marien-Gertraud-Gemeinde um- und ausgebaut. Der Gottesdienstraum im nunmehrigen Obergeschoß beherbergt das erhaltene Kunstgut aus der Marienkirche. Dazu gehören zwei Monumentalwerke aus Bronze, ein Leuchter in Form eines Baumes von 4,70 m Höhe und eine Taufe von eben dieser Größe, die inschriftlich in das Jahr 1376, also in die Regierungszeit Karls IV., datiert ist. An beiden Werken ist biblische Geschichte in aller Ausführlichkeit im Relief dargestellt. Der ehemalige *Hochaltar* der Marienkirche gehört zu den größten Schnitzaltären der Mark Brandenburg, ist aber sicher kein einheimisches, sondern ein Werk aus einem süddeutschen Kunstzentrum, wohl aus Nürnberg. Das Entstehungsdatum 1489 befand sich nach einer alten Beschreibung auf der Rückseite. Im großen Mittelschrein stehen die Figuren der Madonna und der Heiligen Adalbert und Hedwig, letztere als Nebenpatrone auf die einstige Zugehörigkeit des Landes zu Schlesien und zum Erzbistum Gnesen hinweisend. Die Flügel tragen Gemälde, die Innenseiten zeigen bei geöffnetem Zustand die Kindheit, bei den ersten und zweiten Wandlung die Passion Christi. Interessant ist, wie die Darstellungen von innen nach außen an Lebensnähe zunehmen und sich von streng statuarischer Figurenauffassung vor gemustertem Goldgrund zu bewegten szenischen Kompositionen mit landschaftlichem Hintergrund entwickeln. Für die Bilder wurden Kupferstiche von Martin Schongauer und Israhel van Meckenem als Vorlagen festgestellt, die Maler könnten in den Nürnberger Werkstätten des Hans Pleydenwurff oder des Michael Wolgemut gearbeitet haben, und auch der Stil der Schnitzfiguren hat seine nächsten Verwandten in der Nürnberger Kunst.

Frankfurt/Oder, Ruine der Marienkirche, Blick nach Westen ▷

Georg Dehio hat die heutige *Ruine* der **Marienkirche** in Frankfurt »die räumlich bedeutendste Kirche in den Marken« genannt, und tatsächlich hat sie bis zu ihrer Zerstörung am Ende des Zweiten Weltkrieges mit bedeutenden Dimensionen im Stadtbild gestanden. Sie war eine weiträumige Halle mit breit gedehntem fünfschiffigem Langhaus und langgestrecktem dreischiffigem Umgangschor, dazwischen ein querhausartiger, die gesamte Breitenausdehnung übertreffender Raumteil, der eine im Erstbau, einer dreischiffigen Halle mit Querschiff, grundgelegte Kreuzform bis zum Abschluß der Baugeschichte am Ende des Mittelalters bewahrte. An der Westseite zeigten zwei Türme – der südliche ist 1826 eingestürzt – die höhere Bedeutung. Die Querhausfronten waren durch Giebel hervorgehoben. Der an der Nordseite wurde um 1370 durch eine polygonale kapellenartige Vorhalle verdeckt, deren *Portal* plastischen Schmuck aus Sandstein trägt, eine Besonderheit im norddeutschen Backsteingebiet (Frontispiz S. 2). Das Figurenprogramm hat Hinweise auf die Ankunft Christi zum Inhalt, die in der Anbetung der Heiligen Drei Könige gipfelt. Es ist das Programm der Goldenen Pforten, die dem Empfang des Herrschers in ihrer Kirche dienten. Über dem Eingang sind drei Medaillons mit den Wappen des Reichs, ein Doppeladler des Königsreichs Böhmen, ein Löwe mit zweifach geknotetem Schweif, und der Mark Brandenburg, der (rote) Adler, angebracht. Sie weisen auf die Herrschaft Karls IV., des deutschen Kaisers und böhmischen Königs hin, der seit 1373 auch Markgraf von Brandenburg war.

Dieses Portal stand dem Südgiebel des Rathauses gegenüber, und man muß wohl eine funktionelle Beziehung zwischen diesem herrschaftlichen Kircheneingang und dem Rathaus vermuten. Das **Rathaus** inmitten des Markts, eines Rings, ist ein langgestreckter rechteckiger Baublock mit *Prunkgiebeln* (Farbabb. 13) an beiden Schmalseiten im Süden und Norden. Der gotische Bau ist 1607–09 durch den italienischen Baumeister Thaddäus Paglion verändert, aber 1906–12 im Äußeren regotisiert worden. Im Inneren sind die von Paglion eingebauten zweischiffigen Hallen, auf gedrungenen Säulen im Erd- und Obergeschoß gewölbt, erhalten. Die Kellerhalle, ebenfalls zweischiffig, stammt noch aus dem 13. Jh. Mittelalterlich ist auch noch die Gerichtslaube im nördlichen Gebäudeteil. An die Stelle einer Häuserumbauung an der Ostseite ist zwischen 1911 und 1913 der interessante *Klinkerbau* von Fritz Beyer getreten.

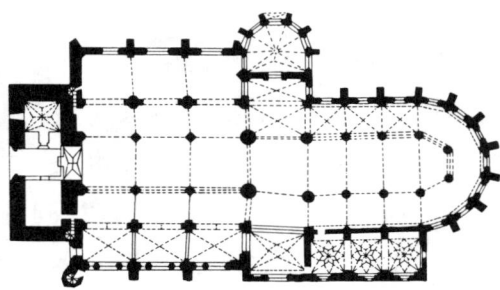

Frankfurt/Oder, Marienkirche, Grundriß

Frankfurt/Oder, Markt mit Rathaus. Zeichnung von Johann Stridbeck, 1691

Im historischen Teil des Rathauses hat sich die erste selbständige Sammlung von Arbeiten jüngerer bildender Künstler der ehemaligen DDR als ›Galerie Junge Kunst‹ etabliert. In dem letzten erhaltenen Barockhaus mit den charakteristischen Stuckdecken des späten 17. Jh., dem **Junkerhaus,** befinden sich die frühgeschichtlichen Sammlungen sowie Exponate zur Stadt- und Landesgeschichte, ferner eine interessante Kollektion historischer Musikinstrumente. An den am 18. 10. 1777 in Frankfurt geborenen Dichter Heinrich von Kleist erinnert die *Kleist-Gedenk- und Forschungsstätte* in der ehemaligen **Garnisonschule,** einem spätbarocken Gebäude von 1777, das Friedrich Knoblauch zum entwerfenden Architekten hatte.

Zwei interessante Gebäude von Friedrich Knoblauch sind auch die beiden **Hospitäler,** im Norden der Altstadt **St. Georg** von 1794 und im Süden **Zum Heiligen Geist** von 1787. Es sind gut erhaltene Mittelkorridorhäuser mit den alten Zimmereinteilungen; bemerkenswert sind die Heizungseinrichtungen in den Gängen und auch die Führung der Schornsteinzüge. Knoblauchsche Häuser finden sich noch in der Gubener Vorstadt, einst Gartenhäuser der Frankfurter Universitätsprofessoren, das ›**Türmchenhaus**‹ in der Oderallee und das **Haus Nr. 6** in der Fischerstraße.

In der Umgebung von Frankfurt findet man in den zum Teil eingemeindeten Ortschaften noch manches interessante Bau- oder Kunstwerk. Das älteste dürfte der *Burgwall* auf der ›Steilen Wand‹ von **Lossow** sein, von dem schon die Rede war. Einen stattlichen Backsteinbau des 13. Jh., offensichtlich ein *Schulbau* von der Frankfurter Marienbauhütte, trifft man in **Güldendorf** südlich der Stadt an. Jünger wird die *Dorfkirche* in **Kliestow** im Norden sein, ein Feldsteinbau, dessen Turm die sonst hier seltenen Schweifgiebel der Renaissance vorweist. Noch weiter nördlich in **Wulkow** ist ein *Grufthaus* vom Ende des 17. Jh. erwähnenswert. Wenden wir uns nochmals nach Süden, dann sollte die *Dorfkirche* in **Hohenwalde** genannt sein mit einem bemerkenswerten Altar der Spätrenaissance aus dem Anfang des 17. Jh., eine Stiftung der Familien Röbel und Göllnitz wie die Stuckdecke in Lüdersdorf bei Freienwalde. Das Altarblatt zeigt eine reformatorische Abendmahlsallegorie nach Jesaia 63, und der architektonische Aufbau fällt durch seine restaurierte Polychromie auf.

Teltow und Beeskow-Storkow

Noch deutlicher als der Barnim ist die Grundmoränenplatte des *Teltow* südlich von Berlin von den nacheiszeitlichen Wasserläufen begrenzt, durch die Nuthe und die Havel im Westen, durch die Spree im Norden und durch die Dahme im Osten. Nur nach Süden zum Fläming und zur Lausitz sind die Grenzen fließend und auch im Laufe der Geschichte wechselnd gewesen. Ähnlich verhält es sich mit dem östlich anschließenden Land *Beeskow-Storkow*, das von der Spree in großem, nach Süden ausgreifendem Bogen umschlossen wird. Östlich bis zur Oder erstreckt sich dann schon der nordöstlichste Teil der Niederlausitz, die seit 1815 vollständig zur Provinz Brandenburg gekommen, aber alles andere als märkisches Land ist. Durch noch jüngere Kreisgrenzziehungen sind diese ursprünglich ganz eindeutigen Zugehörigkeiten, die sich vor allem auch kulturgeschichtlich ausgewirkt haben, stark verwischt worden, so daß man Orte wie Friedland und Lieberose, auch das zu Eisenhüttenstadt zählende Fürstenberg und Neuzelle, die eigentlich zu den lausitzischen Kreisen Lübben und Guben gehören, als zu Brandenburg gehörig versteht.

Der Name für das *Land Teltow* ist schon seit dem 13. Jh. zu belegen. Ohne ihn erklären zu können, dürfte er slawischer Herkunft sein. Und hier trifft noch heute zu, was für den Barnim nur vermutet werden kann, nämlich daß ein Ortsname gleichzeitig Landschaftsname und daß in diesem Ort der ehemalige Hauptort des Landes zu sehen ist. Die kleine Stadt **Teltow** an einer alten Straßenverbindung zwischen Potsdam und Köpenick soll schon 1232 mit Spandauer Recht begabt worden sein, was feste askanische Herrschaft zu diesem Zeitpunkt voraussetzt. Im Ostteil des Teltow ist festgestellt worden, daß die Abgaben der Dörfer sich von denen im Westteil unterschieden. Weiter hat das Archidiakonat Mittenwalde bis 1255 zum Bistum Meißen gehört. Aus diesen Beobachtungen kann geschlossen werden, daß der Ostteil des Teltow, auch *Hoher Teltow* genannt, wohl zunächst von den Wettinern, den seinerzeitigen Markgrafen von Meißen, besessen und erst später von den Askaniern, etwa gegen 1240, ähnlich wie der Oberbarnim, vielleicht

nicht kampflos, übernommen worden ist. Letztlich hat sich die wettinische Grenze südlich von Berlin immer dicht an der Spree gehalten und ist erst durch den Wiener Kongreß
abgedrängt worden. Daß aus solcher Situation bis in die Gegenwart Grenzauseinander-
setzungen resultieren können, hat die Neubildung der Länder Brandenburg und Sachsen
nach 1989 zutage gebracht.

Der nördliche Teil des Teltow ging 1920 einschließlich der Stadt Köpenick an Berlin verloren. Daß Charlottenburg einst zum Teltow gehörte, dürfte nur noch Eingeweihten
bekannt sein. Es schied bereits 1875 als kreisfreie Stadt aus dem Kreisverband aus. Ihm
folgten 1898 Schöneberg, 1899 Rixdorf und 1907 Wilmersdorf. Und die Stadt Teltow, einst
Landschaftsmittelpunkt, geriet in die Randlage zur Metropole.

Die Großstadtnähe hat den historischen Kern der kleinen Stadt Teltow bis zur
Unkenntlichkeit verändert. Sie war eine regelmäßig rechteckige Anlage mit drei parallelen Straßenzügen, durch Querverbindungen unterteilt, und einem ausgesparten Platz in
der Mitte für Markt und Kirche. Die **Stadtkirche St. Andreas** ist ein großer Feldsteinsaal
mit eingezogenem Rechteckchor und westlichem Breitturm, also ein Typ, wie er im 13. Jh.
für kleinere Flecken und Städte in der Mark üblich war. Nach einem Brand 1810 wurde die
Kirche gotisierend erneuert. Der Turm erhielt 1811/12 einen Aufsatz nach einem Entwurf
von Karl Friedrich Schinkel. Das Innere erfuhr Veränderungen 1910, damals entstanden
die hölzerne bemalte Wölbung und die wichtigsten Ausstattungsstücke. – Die Umwandlung der Stadt zu einem Industriestandort begann mit dem Bau des *Teltowkanals* 1901–06.
Die sehenswerte Schleuse wurde nach dem Entwurf der Ingenieure Havestadt und Con-
tag gebaut und 1939 um eine dritte Kammer erweitert.

*Stahnsdorf, Waldfriedhof, Erbbegräbnisstätte Werner von Siemens und expressionistisch gestaltete Grab-
anlage der Familie J. Wissinger von Max Taut*

Noch enger an Berlin liegen die beiden Orte Stahnsdorf und Kleinmachnow. **Stahnsdorf** ist vor allem durch seine Friedhöfe bekannt, den **Südwestfriedhof** und den **Wilmersdorfer Friedhof,** auf denen viele Persönlichkeiten des kulturellen Lebens in Berlin aus dem 19. und 20. Jh. begraben sind. Meist sind es einfache Inschriftgrabsteine, nur selten sind sie mit Bildnisreliefs oder -büsten versehen. Besonders gestaltet ist die *Stätte* des Erbbegräbnisses der *Familie Wissinger,* das Max Taut in Form einer expressionistischen Arkatur aus Beton 1920 geschaffen hat. Die **Dorfkirche** von Stahnsdorf ist ein romanischer Feldsteinbau des 13. Jh. mit Halbkreisapsis. Auf dem Altar steht ein Schrein mit spätgotischen Schnitzfiguren. Die Kanzel ist ein reich ornamentiertes Werk des 18. Jh., das Kastengestühl im Chor trägt Wappenmalerei des 17. Jh.

Kleinmachnows Dorfkirche ist ein stattlicher Backsteinbau der Spätgotik, einschiffig in fünf Jochen netzgewölbt und im Osten sechsseitig geschlossen. Der Schnitzaltar mit vier Flügeln von 1599 – als Meister wird ein Hans Zinckeisen aus Berlin angegeben – gilt als ein Hauptwerk märkischer Kunst dieser Zeit; Schrein und innere Flügelseiten mit Reliefs, äußere Flügelseiten mit Malereien (Passion Christi). Das Taufbecken wird einem Nickel Zinckeisen zugeschrieben. Mehrere Epitaphien des 17. und 18. Jh. vervollständigen das malerische Bild des Innenraumes dieser Kirche. Kleinmachnow gehörte seit dem 15. Jh. der Familie von Hake. Ihr *Schloß* brannte 1943 ab, nur das Tor zum Park aus dem 17. Jh. ist noch vorhanden. Auch ein neues Schloß, das 1803 von David Gilly gebaut wurde, ist nicht mehr erhalten, dagegen aber die 1906–08 von Bodo Ebhardt erbaute *Hakeburg,* neugotisch mit weit sichtbarem Bergfried am Nordende des Machnowsees.

Gedenkpyramide an die Schlacht bei Großbeeren

Großbeeren ist der Ort einer wichtigen Schlacht gegen Napoleon im August 1813. Zur Erinnerung wurde 1817 eine von Karl Friedrich Schinkel entworfene gußeiserne gotische Fiale als *Denkmal* aufgestellt; einen steinernen Sockel erhielt sie erst 1853. Gleichzeitig war der Neubau einer **Dorfkirche** an der Nordseite des Dorfangers von Schinkel geplant. Ein größerer Zentralbau wurde verworfen, ein kleinerer auf dem Grundriß eines griechischen Kreuzes kam 1818–20 in gotisierenden Formen zustande. Der Turm steht an der Nordseite und damit in axialer Beziehung zum Denkmal. Das Innere ist mit hölzerner spitzbogiger Tonnenwölbung versehen, die in der Vierung ein Kreuzgewölbe bildet. Die Kreuzarme werden von Emporen ausgefüllt. Die Ausstattung stammt aus der Schinkelzeit und ist teilweise in diesem Stil 1929/30 erneuert worden. Das Altarbild, um 1460, stellt die Beweinung Christi dar. Abermals zum Gedenken an die Freiheitskriege wurde 1913 ein **Aussichtsturm** von C. Lange erbaut und ein *Museum* eingerichtet. Seit 1906 erhebt sich auf dem Windmühlenhügel die von der Stadt Berlin gestiftete ›*Bülow-Pyramide*‹ zur Erinnerung an den Sieg des preußischen Generals und seiner Armee.

Auf dem Teltow gab es zahlreiche Sitze bedeutender märkischer Adelsfamilien, die zum größten Teil verloren oder durch Verbauungen und Fremdnutzungen soweit vergangen sind, daß nur mehr ihre Nennung die Erinnerung an diese Seite der brandenburgischen Kulturgeschichte wachhalten kann. Von den Hakes in Kleinmachnow war schon die Rede. – **Güterfelde** am Westrand, 1263 dem Kloster Lehnin überlassen, hatte nach der Reformation eine äußerst wechselhafte Besitzgeschichte, wobei ein starker bürgerlicher Anteil zu beobachten ist. Am Ende des 19. Jh. erwarb die Stadt Berlin das Gut. Das *Gutshaus* war 1804/05 nach Entwürfen von David Gilly erbaut worden. Von der klassizistischen Bauperiode ist aber nur noch die mittlere Gartenfront erhalten, im übrigen ist die jetzige Gestalt durch einen Umbau von 1868 bestimmt. Die kleine *Dorfkirche* ist ein spätromanischer Bau des charakteristischen Kolonialzeittyps, flachgedeckt, am Chor mit einer Halbkreisapsis und an der Westseite mit einem Querturm. – **Genshagen** gehörte denen von Hake und besitzt ein neubarockes *Schloß* von 1910 mit einem Landschaftspark sowie eine *Dorfkirche* von 1707 mit zahlreichen Grabdenkmälern der Patronatsfamilie. – Das unweit gelegene **Löwenbruch**, einst im Besitz derer von Thümen, von Alvensleben, von Gröben und von dem Knesebeck, verfügt über eine *Dorfkirche* von 1716, in der die Herrschaftsloge und der Altar die Familie von Alvensleben zu Stiftern hatte. Das *Gutshaus* war wie in Güterfelde ein klassizistisches Gebäude, 1796–1800 erbaut, das aber am Ende des 19. Jh. ebenfalls verändernd umgebaut worden ist.

Die Güter in Großmachnow und Königswusterhausen waren in königlichem Besitz. **Großmachnow** ging allerdings 1807 in den Besitz von J. S. Coste über, der vermutlich die klassizistische *Gutsanlage* mit Wohnhaus, Wirtschafts- und Stallgebäuden neu aufführen ließ. Das ehemalige **Gutshaus** ist ein eingeschossiger Putzbau auf hohem Kellergeschoß und unter Krüppelwalmdach mit Fledermausgaupen. Vor dem Eingang an der Hofseite befindet sich eine Freitreppe, zum Garten ist der Mittelrisalit stärker vorgezogen und durch ein Halbkreisfenster betont. Die Räumlichkeiten des Inneren gruppieren sich um einen ovalen Gartensaal. Bemerkenswert in der Gesamtanlage ist der in der Achse des

Königs Wusterhausen, Schloß

Gutshauses stehende *Uhrenturm.* – Die **Kirche** des Dorfes hat ihre äußere Form aus der ersten Hälfte des 13. Jh. im wesentlichen erhalten, ist aber im Inneren barock ausgestattet worden mit Altar, Kanzel, Emporen und Herrschaftsloge.

Königs Wusterhausen, im Berliner Jargon kurz KW genannt und als Endstation einer weitgeführten S-Bahnlinie Umschlagbahnhof für den Ausflugsverkehr der Hauptstadt in südöstlicher Richtung, hieß, bevor es Friedrich Wilhelm I. in Besitz nahm, *Wendisch Wusterhausen.* Es war ein gewöhnliches Angerdorf, an das sich im Süden ein Gutsbezirk anschloß. Stadtrecht besitzt Königs Wusterhausen erst seit 1935. Die einstige **Dorfkirche** hat ihr Aussehen durch einen Umbau 1822 von Johann Albert Eytelwein erhalten. Im Chor wird ein Prunktisch vom Anfang des 18. Jh. aufbewahrt, eine prächtige Arbeit des Bildhauers Charles King.

Das **Schloß** gehört zu den wenigen aus der Renaissancezeit in der Mark Brandenburg weitgehend unverändert überkommenen Bauten. Allerdings ließ der Soldatenkönig das Innere 1717/18 umbauen, das Äußere hat jedoch die Gestalt des späten 16. Jh. behalten und präsentiert sich als zweigeschossiger Putzbau auf rechteckigem Grundriß mit an der Hofseite aus der Mittelachse verschobenem Treppenturm, durch den die Mittelkorridore, die die Räumlichkeiten erschließen, in beiden Geschossen erreicht werden können. Den Turm flankieren die Giebel zweier Satteldächer, die auch an der Gegenseite das Fassadenbild beherrschen. Der Schloßhof wird seit 1703 von leicht schräg nach außen gestellten zweigeschossigen Flügelbauten eingefaßt, deren Kopfbauten die Einfahrt bestimmen.

Noch am Stadtrand von Berlin und im S-Bahn-Bereich liegend sind die Orte Blankenfelde und Dahlewitz zu erwähnen: **Blankenfelde** wegen einer reichen Ausstattung des 18. Jh. in seiner *Dorfkirche* mit dem Altar, der Kanzel und einem Kastengestühl sowie einer Reihe schöner Epitaphe, **Dahlewitz** wegen des *Hauses Wiesenstraße 13*. Es war im Besitz von Bruno Taut, der es nach eigenem Entwurf 1926–29 über viertelkreisförmigem Grundriß hatte errichten lassen.

Die historischen Städte des Teltow sind, von Teltow selbst abgesehen und soweit sie nicht wie Köpenick seit 1920 zum Stadtverband von Berlin gehören, Trebbin, Zossen, Mittenwalde und Teupitz. Daß Mittenwalde ursprünglich im Interessengebiet der wettinischen Markgrafen von Meißen gelegen hat, aber um 1240 in askanische Hände kam, war schon erwähnt. Auch Zossen und Teupitz gehörten bis ins 15. Jh. zur damals böhmischen Lausitz, fielen dann aber durch die Konsolidierung der Landesherrschaft unter den Hohenzollern an Brandenburg.

Trebbin war ein Grenzort zwischen Zauche und Teltow, der Anfang des 13. Jh. durch eine Burg befestigt war. 1375 ist von ›oppidum‹ und ›civitas‹ die Rede, ohne das von einer regelrechten Stadtgründung Trebbins etwas bekannt wäre. Das Patrozinium der **Stadtkirche St. Marien** spricht aber für eine solche im 13. Jh. Die Marktsiedlung in Form einer Angeranlage schloß sich nördlich an die Burganlage an. Die heutige Stadtkirche entstand zwischen 1740 und 1744 als ein damals zeitüblicher Quersaal, enthält aber im Kern den Feldsteinbau aus der Gründungszeit. Das Innere ist schlicht mit einer umlaufenden Empore ausgestattet, der auf 1744 datierte Kanzelaltar steht an der südlichen Langseite mit einem zentral auf ihn ausgerichteten Gestühl. Der Turm wurde 1743 von Christian Friedrich Feldmann entworfen, aber erst 1755 in bereits veränderter Formensprache ausgeführt, mit reicher Putzgliederung, mit Eckquaderungen, Gesimsen und Gebälken. Der Aufsatz mit schiefergedecktem Helm weckt Reminiszenzen an Berliner und Potsdamer Turmkompositionen. Auch das ausgenischte Gewände des Westportals mit der geputzten Felderteilung und einem Perspektivkämpfer ist ein in der Berliner Barockarchitektur heimisch gewordenes Architekturmotiv italienischer Provenienz. – Am Nordende des

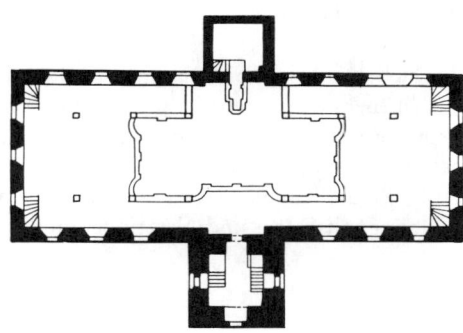

Zossen, Kirche, Grundriß

265

Angers steht die *Annenkapelle* auf dem ehemaligen Friedhof, ein spätgotischer Backsteinbau, in dem sich ein qualitätvolles Kruzifix aus der Zeit um 1520 befindet.

Das weiter östlich gelegene **Zossen** geht auf eine Grenzfeste der Lausitz in der Notteniederung zurück. Bei der im 13. Jh. angelegten Burg entstand ein Marktflecken. 1546
erteilte Kurfürst Joachim II. die städtischen Rechte. Der angerartige Marktplatz bildete
sich entlang der Straße, die östlich an der bis ins 18. Jh. hinein bestehenden Burg vorbei-
führte. Den heutigen Stadtgrundriß aber erhielt Zossen erst nach dem Brand von 1671.
Die alte **Kirche** scheint dabei verschont worden zu sein, denn zu einem Neubau kam es
erst 1739 nach einem Entwurf des Bauinspektors Christoph Gottlieb Hedemann. Es entstand wie in Trebbin ein Quersaal. Hier steht der Turm allerdings an der Mitte der südlichen Langseite über dem Haupteingang. Im Innern faßt eine umlaufende Empore den
Raum zentralisierend zusammen.

Teupitz ist am Südende einer Seenkette gelegen. Auf einer Insel im See war die Burg
Sitz einer adligen Herrschaft, die seit der Mitte des 14. Jh. im Besitz der meißnischen
Schenken von Landsberg war. Vor der Burg, auf festem Ufer, bildete sich in der Art eines
Suburbiums eine städtische Siedlung mit dreieckigem Markt. Die **Pfarrkirche** steht auf
dem Friedhof zwischen Stadt und Burg und ist ein schlichter Backsteinbau des 14. Jh., ein
Saal, der möglicherweise einmal zweischiffig geplant war. Ihre äußere Gestalt hat sie bei
einer gotisierenden Erneuerung 1855–59 erhalten. Die geschnitzte Kanzel ist auf 1692
datiert und von dem Lübbener Meister Friedrich Schenk gearbeitet worden. – Vom *Schloß*
sind Teile der spätmittelalterlichen Ringmauer und Reste eines Backsteinturms erhalten.

Die Stadt des Teltow, die ihr mittelalterliches Gepräge am deutlichsten bewahrt hat, ist
Mittenwalde. Auch sie war eine Grenzfeste zwischen Teltow und Lausitz, am Nordufer
des Unterlaufs der *Notte,* und um 1240, zusammen mit Köpenick, zwischen Wettinern
und Askaniern umkämpft. Das ›castrum Middenwalde‹ fiel schließlich den Askaniern zu.
Die brandenburgischen Markgrafen werden wohl eine schon vorhandene Markt- und
Kirchsiedlung, die sich in der heutigen Stadtmitte mit winkligen Gassen von dem sonst
regelmäßigen Straßengitter deutlich abhebt, um die Mitte des 13. Jh. planmäßig ausgebaut
haben, auch wenn die ›civitas‹ erst 1307 genannt wird. Der ältere Kirchplatz dürfte dabei
übernommen worden sein. Die **Kirche** selbst wird erst mit der Stadt steinern gebaut worden sein, und zwar begonnen mit Feldsteinquadern, aber vollendet mit Backsteinen.
Unter dem neugotischen Turmbau verbirgt sich noch der Westquerturm des 13. Jh., an
den sich, mit dessen Schmalseiten fluchtend, die Umfassungen einer dreischiffigen Halle
anschließen. Die ersten vier Joche der heutigen Kirche mit nachträglich angebauten Strebepfeilern außen und Sechseckpfeilern mit Halbsäulenvorlagen innen gehen auf den
ersten Bau zurück, den man noch vor 1300 entstanden denken kann. Ein Umbau brachte
im 15. Jh. der Kirche die Erweiterung mit einem Umgangschor und die neue einheitliche
Wölbung mit Stern- und Netzrippenmuster. Die schlichte Kirche erhielt 1877/78 durch

Mittenwalde, Mauerturm und Berliner Tor ▷

Eduard Jacobsthal einen mächtigen, reich gegliederten neugotischen Turm, der nicht nur das innere Stadtbild beherrscht. Es war das offensichtliche Ziel des Architekten, den Turm weit in die Landschaft der Notteniederung hinein sichtbar zu machen.

Das Innere der Mittenwalder Kirche war reicher ausgestattet. Von den einst zahlreichen Altären ist ein großer *Flügelaltar* erhalten, ein in das Jahr 1514 datiertes Werk. Die Jahreszahl findet sich an einem Fensterbrett im Gemälde der Verkündigung an Maria, auf der Rückseite eines Schreinflügels. Die Gemälde, die sich zeigen, wenn der Schrein geschlossen ist, haben einen Cranachschen Einschlag. Ist der Schrein geöffnet, dann erscheint in der Mitte eine geschnitzte Beweinungsszene ›Antwerpener Art‹ in einem gesonderten Schrein, für den der übrige Altaraufbau erst geschaffen zu sein scheint, mit den großen Heiligenfiguren und dem rahmenden Beiwerk, in dem die Wappen von Brandenburg und Dänemark auftreten. Schließlich steht über dem Ganzen auf merkwürdigen Sockeln ein Gesprenge mit hohen schlanken Figuren. Es sind mehrere Dominikanermönche als Schnitzfiguren dargestellt, es könnte sich demnach um einen Altar für eine Klosterkirche handeln. Die genannten Wappen weisen auf eine Stiftung des kurfürstlichen Paares Joachim I. und Elisabeth von Dänemark hin. Möglicherweise stammt der Mittenwalder Altar aus der Dominikanerkirche in Berlin.

Von der weiteren alten Ausstattung in Mittenwalde sind noch hervorzuheben: die eisenbeschlagene Sakristeitür und das Chorgestühl, eine volkstümliche Renaissancearbeit mit geradezu witzigen Darstellungen in farbig getöntem Flachrelief, darunter die Hausmarken und Wappen derjenigen, die hier ihre Plätze während des Gottesdienstes einnahmen. Die modernen Chorfenster schuf 1955 Gerhard Olbrich.

Die Abgelegenheit des Städtchens brachte es mit sich, daß die Bebauung mit ein- und zweigeschossigen Häusern des 18. und frühen 19. Jh. noch in recht einheitlicher Weise erhalten ist. Besonders reizvoll sind die Straßenzüge der *Katharinen-* und der *Paul-Gerhardt-Straße* sowie die *Baruther Vorstadt.* Auch von der *Stadtmauer* sind noch Teile mit dem *Berliner Tor* am Nordrand der Stadt vorhanden. – Mittenwalde ist eng mit dem Namen des evangelischen Liederdichters *Paul Gerhardt* verknüpft. Er war hier Propst von 1651 bis 1657. Das Lied ›Befiehl Du Deine Wege‹ ist in dieser Stadt entstanden.

Das gleichsam von Dahme und Spree umschlossene *Land Beeskow-Storkow* galt einst als der nördlichste Teil der Niederlausitz. Es waren ursprünglich Herrschaften sächsischer Adliger, aber 1518 kam es in den Besitz der Bischöfe von Lebus und durch Erbfolge bei entsprechend manipulierter Amtsbesetzung 1575 an Kurbrandenburg. Das Land jenseits, das heißt östlich und südlich der Spree, verblieb bei Böhmen und Sachsen bis 1815. Dennoch wird geographisch das Land zwischen Schwielochsee und Oderniederung, die *Lieberoser Hochfläche,* als ein Bestandteil der Beeskow-Storkower Platte verstanden. Es soll deshalb auch hier in der Betrachtung angeschlossen werden. Doch zunächst die namengebenden Städte. In **Beeskow** waren eine Straßenkreuzung und der Spreeübergang die Ausgangspunkte für die Anlage einer Marktsiedlung auf dem westlichen Flußufer am Anfang des 13. Jh. Der Grundriß ist nahezu quadratisch, die regelmäßige Straßenführung gitter-

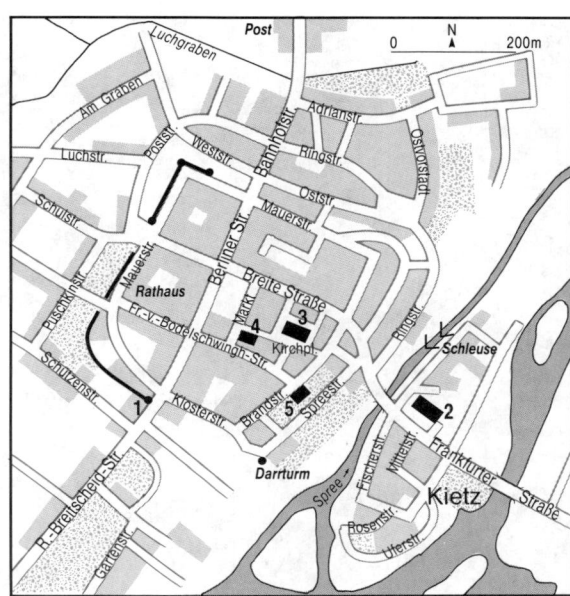

Beeskow
1 *Luckauer Tor*
2 *Burg/Altes Amt (Museum)*
3 *Stadtkirche St. Marien*
4 *Fachwerkhaus Kirchgasse*
5 *Superintendentur*

förmig, ausgespart ist der zentral gelegene Markt. Zu diesem Ausbau ist es wohl erst in der zweiten Hälfte des 13. Jh. gekommen. Stadtrecht ist 1285 nachweisbar. 1272 gab es bereits eine Befestigung aus Wall und Graben, die steinerne Mauer wurde bis 1321 erbaut, mit drei Toren, Türmen und Wiekhäusern. Bis auf die Tore ist die **Stadtmauer** noch zu großen Teilen erhalten, vom **Luckauer Tor** auch noch der runde zinnenbekrönte Backsteinturm. Die **Burg** auf der Spreeinsel dürfte slawischen Ursprungs sein. Sie gehörte von 1518 bis 1556 den Bischöfen von Lebus, die sie zum Residenzschloß ausbauten. Heute beherbergt das sogenannte *Alte Amt* ein *Museum* mit vorwiegend biologischen und ethnographischen Sammlungen.

Die **Stadtkirche St. Marien** liegt auf einer Anhöhe zwischen Markt und Fluß der Burg gegenüber. Vom Gründungsbau des 13. Jh. wissen wir nichts. Der stehende Bau, eine dreischiffige Halle mit einem Umgangschor, der mit einem siebenseitigen Polygon schließt, ist im 15. Jh. errichtet worden, zunächst der Chor (Weihe des Hochaltars 1417), der Westteil gegen Ende des Jahrhunderts. Der Turm wurde 1511 mit einer gemauerten Helmpyramide versehen, wie es häufig in der Lausitz zu finden ist. Auffallend sind die äußerst steilen Proportionen des Inneren, eigentlich auch ein Hinweis auf böhmische Einflüsse, wie sie für die Lausitz in dieser Zeit charakteristisch sind; dennoch glaubt man an eine nachträgliche Erhöhung und eine dann einheitlich erfolgte Wölbung. Die Kirche wurde 1945 bis auf die Umfassungsmauern zerstört und die Ausstattung vernichtet. Ein Seitenschiff

Beeskow, Stadtbild mit Luckauer Turm

war bisher für die gottesdienstliche Nutzung provisorisch erneuert, der gesamte Bau steht vor dem Wiederaufbau.

In der Stadt finden sich noch zahlreiche zweigeschossige Fachwerkhäuser, vielfach verputzt und in Traufstellung, ein für märkische Kleinstädte typisches Straßen- und Platzbild abgebend. In der schmalen Gasse zwischen Markt und Kirche steht ein Fachwerkhaus dem Anfang des 16. Jh., eines der ältesten der Mark; sein Obergeschoß kragt auf abgetreppten Konsolen vor. Hervorzuheben ist auch die **Superintendentur** in der Brandstraße (Nr. 35), ein fünfachsiger Spätbarockbau um 1780.

Storkow bildete wie Beeskow den Mittelpunkt einer Herrschaft, die zunächst zu Sachsen, seit dem 16. Jh. aber zu Brandenburg gehört. Eine Wasserburg in der Niederung des Dolgenseefließes und ein Fischerdorf um den Platz der späteren Stadtkirche dürften die Ausgangspunkte der zwischen ihnen im Parallelstraßenschema mit langgestrecktem Marktplatz angelegten Stadt sein. Eine Gründungsüberlieferung besteht nicht, als Stadt oder Städtlein erscheint Storkow im 15. und 16. Jh. Seit 1518 war die dortige *Burg* wie die in Beeskow in bischöflich-lebusischem Besitz. Die **Stadtkirche** wird 1336 zum erstenmal erwähnt und könnte im Kern auch auf das 14. Jh. zurückgehen, ein einschiffiger, auf vier

Gewölbejoche berechneter Backsteinbau mit abgesetztem polygonal geschlossenen Chor, der 1859–64 stark überformt, 1895/96 erweitert und mit einem Turm an der Nordseite versehen wurde. – Trotz der Bescheidenheit und des beinahe dörflichen Charakters steht die kleine Stadt an Reiz der größeren Schwester Beeskow nicht nach. Beide Städte haben ihr ganz eigenes Flair, zu dem auch eine gewisse Unabhängigkeit gegenüber gestalterischen Zwängen gehört, die seitens der naheliegenden Großstadt als Ansprüche an das Umland gestellt werden könnten. Es ist zu hoffen, daß man sich diese Unabhängigkeit bewahrt und Zerstörungen durch Neubau in diesen Städten nicht zuläßt.

Trotz der herben Landschaft, die allerdings durch Seen zwischen bewaldeten Hügeln aufgewertet wird, sind hier einige bedeutende Schlösser und Landsitze zu finden. Sie stammen aus dem späten 17. und frühen 18. Jh. und gehören zu dem besten, was die Mark auf dem Lande heute noch aufzuweisen hat: Groß Rietz, Lindenberg und Kossenblatt. In **Groß Rietz** ist für H. G. von der Marwitz, den Hofmarschall König Friedrich I., zwischen 1693 und 1700 ein **Schloß** erbaut worden, ein zweigeschossiger Putzbau von neun Achsen, gegliedert durch ionische Pilaster. Der Mittelrisalit ist durch ein Halbgeschoß beidseitig erhöht und mit Dreiecksgiebeln abgeschlossen. Das Innere verfügt über ein stattliches zweiläufiges Treppenhaus und in einigen Zimmern über gute Stuckdecken aus der Erbauungszeit. Als Baumeister ist einer der Niederländer am Brandenburgischen Hof zu vermuten, in Frage kommen Rutger von Langerfeld oder Cornelis Ryckwaert. – Die **Dorfkirche** von Groß Rietz unweit des Schlosses ist ein rechteckiger Saalbau von 1704. Der Westturm bekam seine Gestalt erst 1791 mit einer charakteristischen Zopfverputzung und einem Helm in Obeliskform. Unter der barocken Ausstattung ragt das Wandepitaph für den Erbauer des Schlosses hervor, der 1704 gestorben ist. Es handelt sich um einen Alabasteraufbau vor einer Stuckdraperie in streng symmetrischer Komposition. Eine Vitentafel in der Mitte wird von einem Volutenbogen abgeschlossen. Auf ihr steht die Porträtbüste des Verstorbenen in Allongeperücke; die qualitätvolle Arbeit wird der Schlüterschule zugerechnet. – An einen ehemaligen Schloßgarten erinnern zwei verzierte *Obelisken,* die den ursprünglichen Eingang flankieren.

Groß Rietz, Treppenhaus im Schloß

Kossenblatt, Ehrenhof des Schlosses

Das **Barockschloß** in **Kossenblatt** wurde 1699–1712 für den Feldmarschall J. A. Reichsgraf von Barfuß errichtet. Später war es in königlichem Besitz. Es handelt sich um eine großzügige Dreiflügelanlage an der Stelle einer älteren Wasserburg, zweigeschossig mit Mansarddächern. Der Ehrenhof ist ungewöhnlich schmal und tief, die Fassaden sind durch Putzbänderung streng gegliedert, die Fronten des Corps de Logis treten leicht geschwungen vor. Die mittlere Portalachse wird durch einen Balkon betont. Das Vestibül liegt an der Gartenseite und wird von zwei Ovalsälen flankiert. Die einläufige Treppe mit schwerem geschnitzten Geländer verdeutlicht am besten die Abhängigkeit vom Berliner Barock der Zeit, obwohl eine direkte Zuordnung zu einem Bautenkreis oder einem Architekten nicht erfolgen kann.

In **Lindenberg** ist es mehr die **Dorfkirche,** die in diesem Zusammenhang erwähnt werden muß. Sie ist einer der wenigen Zentralbauten des Barock in der Mark Brandenburg, auf quadratischem Grundriß, dem an jeder Seite ein schmalerer Kreuzarm angefügt ist. Im Aufbau sind die Kreuzarme niedriger als der quadratische Kern. Diese Kirche ist 1667–69 errichtet worden. Nach einer Zerstörung wurde sie 1919 in alter Form wiederaufgebaut, ein Putzbau, dessen Kanten durch Lisenen betont sind. – Das *Schloß* in Lindenberg verbirgt unter neuzeitlichen Überbauungen mittelalterliche Reste. In der Dorfstraße verdient ein Landarbeiterhaus aus der Zeit um 1800 Beachtung, es besitzt einen gerundeten Dachquerschnitt.

Ehe wir die Spreegrenzlinie zur Lausitz überschreiten, noch ein Blick zurück zum *Scharmützelsee,* dem Ziel vieler Urlauber, von Theodor Fontane das ›Märkische Meer‹ genannt und am Nordrand von bewaldeten Höhen, den *Rauenschen Bergen,* eingefaßt. Die Ortschaft, die heute Besucher anzieht, weil sie ein Eldorado Berliner Theater- und Filmschauspieler war, ist **Bad Saarow-Pieskow.** Mußte Fontane noch feststellen: »In Saarow ist nichts und in Pieskow ist gar nichts«, so finden sich heute dort die Villen aus der Zeit vor dem Ersten Weltkrieg im Stil der Heimatverbundenheit der Zeit, Klinker- und Blockhäuser, in denen die Prominenten der Bühne, später auch die der Politik, ihren Sommer- und Landsitz nahmen. Der *Bahnhof* der Nebenlinie von Fürstenwalde ist 1911 im gleichen Stil gebaut worden und bietet einen schönen Auftakt für die Architektur dieses Erholungsortes.

Friedland und Lieberose südöstlich von Beeskow sind Orte, die durch ihre ehemalige Zugehörigkeit zum Kreis Lübben auch nach 1815 als zur Niederlausitz zählend verstanden wurden. Heute gehören sie aber zum Kreis Beeskow. **Friedland** verdankt wie Beeskow und Storkow seine Gründung dem Markgrafen von Meißen, vermutlich in Zusammenhang mit der Gründung von Fürstenberg an der Oder und des Zisterzienserklosters Neuzelle. 1301 wird es erstmals urkundlich genannt. Die Stadt entstand unmittelbar neben der Burg. Sie besitzt zwischen zwei Parallelstraßen einen Marktplatz, auf dem auch die 1336 erwähnte **Kirche** ihren Platz hat. Die für den jetzt stehenden Bau angegebenen Baudaten sind 1809, 1825-29 und 1846. In der Tat handelt es sich um einen gotisieren-

Bad Saarow-Pieskow,
Gorki-Haus

Lieberose, vorn die Stadtkirche, dahinter die wendische Landkirche

den Neubau des vorigen Jahrhunderts, einen langgestreckten Saal mit flacher Decke, umlaufenden Emporen und einem Kanzelaltar im östlichen Polygon. Die Langseiten haben spitzbogige Fenster mit hölzernem Maßwerk. – Das *Schloß* war ursprünglich eine Wasserburg. Nach einem Brand wurde es 1623 neu gebaut, aber später noch vielfach verändert und ist eigentlich nur in Resten, architektonisch nicht relevant, erhalten.

Weiter südlich liegt das gleichfalls markgräflich-meißnisch gegründete **Lieberose**. 1302 hat diese Siedlung Stadtrecht bekommen. Später war sie in der Hand von Adelsgeschlechtern, die eine Standesherrschaft unterhielten. Seit 1519 war sie im Besitz derer von der Schulenburg. Die Anlage der Stadt bei einer Wasserburg, die das Straßenkreuz Cottbus – Frankfurt/Oder und Leipzig – Guben schützte, ist bestimmt von einer Straßenerweiterung in West-Ost-Richtung zu einem dreieckigen Platz. Auf ihm sind die Stadtkirche, die Landkirche und das Rathaus hintereinander aufgereiht. Die **Stadtkirche** war ein bescheidener spätgotischer Hallenbau. Die Ostteile waren erst um 1590 in Form eines Hallenumgangschors angefügt worden. Dieser Bauteil hatte in seinen spärlichen Details ausgesprochenen Renaissancecharakter, der Baumeister war Thaddäus Paglion, der als ›wellischer Meurer‹ im Stadtbuch auftaucht und seit 1586 Bürger von Lieberose war. Er hat am Schloß gebaut und ist Anfang des 17. Jh. in Frankfurt am Rathaus tätig gewesen. Den Umgangschor an der Stadtkirche hat er offenbar als Gruft- und Gedenkstätte für den Stadtherrn errichten sollen, denn das Mittelgewölbe diente als Baldachin für das monumentale *Epitaph* für Joachim von der Schulenburg, der 1594 gestorben war. 1597 vollendeten die Brüder Michael und Jonas Grünberger aus Freiberg in Sachsen den mehrgeschossigen architektonischen Aufbau aus Sandstein, der mit Reliefs und Figuren aus Marmor und Alabaster geschmückt war. Der Zerstörung der Kirche im April 1945 fiel auch dieses bedeutende Werk sächsischer Renaissanceplastik zum Opfer, die Reste sind in der Landkirche als Altarretabel aufgestellt. Von der Kirche blieb außer den Umfassungsmauern allein der *Westturm* erhalten, quadratisch mit Blendgliederungen und dem für die odernahe Landschaft typischen Zinnenkranz um einen gemauerten achtseitigen Helm. – Die **Landkirche,** einst die Kirche der wendischen Bevölkerung, ein schlichter Saalbau von 1824–26 mit polygonalem Ostschluß und schlankem Dachreiter über dem Westgiebel, dient heute der Stadtgemeinde als Gottesdienststätte.

Der Kirch- und Marktplatz in Form einer breiten Straße ist axial auf das **Schloß** ausgerichtet, das in mehreren Bauphasen vom 16. bis zum 18. Jh. zu einer stattlichen Vierflügelanlage im Charakter sächsischer Landschlösser herangewachsen war (Farbabb. 17). Der Ruhm des Lieberoser Schlosses sind seine *Stuckdecken* mit üppigem pflanzlichen und figürlichem Dekor, der noch dem Knorpel- oder Ohrmuschelstil verpflichtet ist. Eine Entstehung wird um 1660 angenommen und dürfte stilistisch unter böhmischem Einfluß stehen.

Zum Gubener Kreis der Niederlausitz gehörten einst auch die dicht an der Oder gelegenen Orte Fürstenberg und Neuzelle. Sie seien mehr aus Gründen der Verkehrsgeographie als aus denen der Historie der Betrachtung des Landes Beeskow-Storkow angeschlossen wie auch schon die Orte Friedland und Lieberose. **Fürstenberg an der Oder** am Rande der Niederung, wo sich auf einer vorspringenden Sandterrasse schon eine slawische Burg befunden haben wird, war 1286 eine civitas mit Magdeburger Recht. Die

Lieberose, Stuckdecke im Schloß

Gründung wird wieder dem Markgrafen von Meißen zugeschrieben und dürfte um die Mitte des 13. Jh. erfolgt sein. Im 14. Jh. war sie im Besitz des südlich benachbarten Zisterzienserklosters Neuzelle, 1370 kaufte sie Karl IV., der seine territorialpolitischen Pläne hier aber zugunsten von Frankfurt an der Oder aufgab, nachdem er 1373 die gesamte Markgrafschaft Brandenburg in Personalunion übernommen hatte, also gleichzeitig deutscher Kaiser, böhmischer König und Markgraf von Brandenburg war. Erhöht über der Stadt und nahe dem Flußufer steht die **Stadtkirche,** eine dreischiffige Backsteinhalle mit Chorumgang und einem quadratischen Westturm, den die charakteristische, hell verputzte Helmpyramide krönt, in der Oderlandschaft ein ausgesprochen reizvolles Architekturbild abgebend. Die Kampfhandlungen im April 1945 beschädigten auch diese Kirche, deren Wiederaufbau im Inneren noch der Vollendung harrt.

Durch die Zusammenlegung von Fürstenberg mit *Stalinstadt,* der 1951 gegründeten Wohnstadt für das Eisenhüttenkombinat J. W. Stalin, entstand 1961 **Eisenhüttenstadt.** Es galt als die erste sozialistische Stadt der ehemaligen DDR. Der Standort für ein Stahlwerk, das für die angestrebte Autarkie der DDR-Industrie als notwendig angesehen wurde, war an den Zubringerwegen zu Lande und zu Wasser ideal. Über die Oder und den Oder-Spree-Kanal sollten die Rohstoffe herangeführt werden, sowjetisches Eisenerz, polnische Steinkohle und als Zuschlagstoff der Kalk aus Rüdersdorf bei Berlin; ab 1950 wurden sechs Hochöfen errichtet. Die Stadtanlage mit der Leninallee (jetzt Lindenstraße) zwischen Zentralem Platz und *Eisenhüttenkombinat,* dessen Haupttor schloßartig geplant war, ist als Hauptachse in mehreren Bauphasen bebaut worden und spiegelt die Architekturentwicklung von den fünfziger bis in die achtziger Jahre in der DDR wider. Die Anfänge waren noch stark dem Neoklassizismus der dreißiger Jahre verpflichtet: das *Haus der Parteien und Massenorganisationen* 1954–58, das *Friedrich-Wolf-Theater* 1953–55,

Eisenhüttenstadt, Hauptstraße mit Eisenhüttenkombinat im Hintergrund

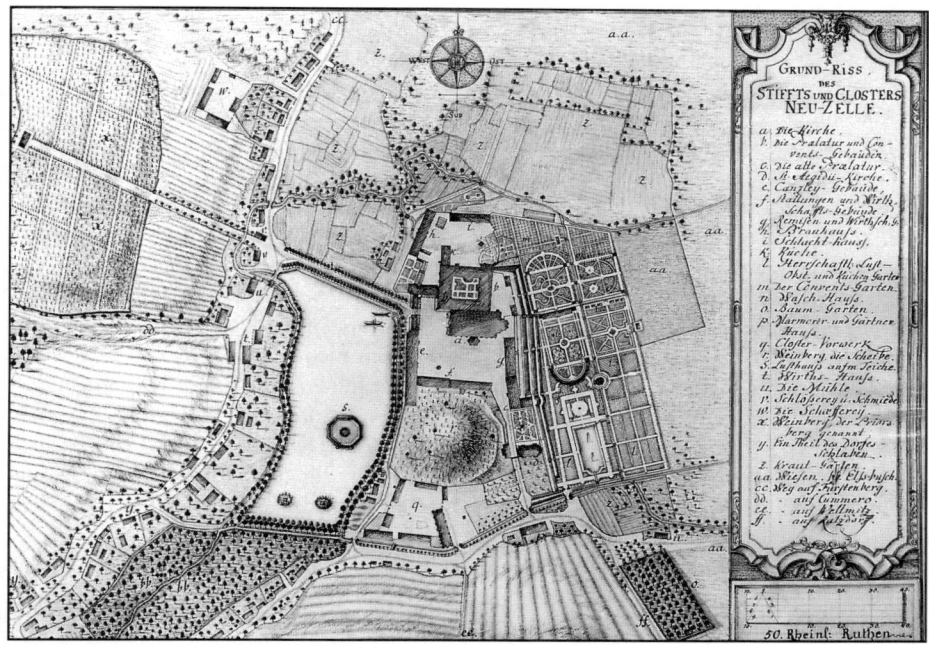

Neuzelle, Plan des Barockklosters. Zeichnung aus dem Stiftsatlas, 1758

der *Kindergarten* in der K.-Marx-Straße, überraschend retrospektiv, 1953–55 und die *Oberschule Erich Weinert* in der F.-Engels-Straße 1953/54. Es folgten die sechziger und siebziger Jahre mit *Punkthäusern* und *Wohnhochhäusern* in Montagebauweise, wobei in den Erweiterungsstadtteilen die städtebauliche Geschlossenheit aufgegeben worden ist.

□ Kloster Neuzelle

Wenige Kilometer südlich des neu entstandenen Industriezentrums und der neuen Stadt Eisenhüttenstadt liegt das ehemalige **Zisterzienserkloster Neuzelle** (Farbabb. 16). Der Ostrand der Lieberoser Hochfläche wird dort von einer zur Oder hin abfallenden Hügel-kette gebildet, die die Flußauen im Halbbogen umschließt. An der alten Handelsstraße am Rande des Odertals ist auf einem Bergsporn im 13. Jh. das Kloster angelegt worden, nach dem das Dorf, das sich aus der alten Siedlung *Schlaben* entwickelt hat, heute seinen Namen führt. 1268 von dem Meißener Markgraf Heinrich dem Erlauchten gegründet, geriet es 1304 mit Teilen der Niederlausitz unter brandenburgische Herrschaft, fiel aber 1370 an das Königreich Böhmen unter Karl IV. Die Bindung an Böhmen blieb für die Geschichte von Neuzelle bestimmend, auch nachdem es 1635 an Kursachsen gekommen war. Im Prager Rezessionsfrieden hatten die damals lutherischen Kurfürsten den Fortbestand der lausitzischen Klöster Marienthal, Marienstern und Neuzelle garantiert, die einer 1616 geschaffenen Ordensprovinz der Zisterzienser ›Böhmen, Mähren und Lausitz‹ angehörten. So konnte es nach dem Dreißigjährigen Krieg in Neuzelle zu einer Erneuerung kommen. Die große Zeit von Neuzelle aber war das 18. Jh. Damals wurde die schon im 17. Jh. veränderte mittelalterliche Klosterkirche abermals umgebaut und neu ausgestattet und an ihrer Südseite die Josephskapelle hinzugefügt. Ferner wurden die Klausurgebäude erweitert und erhöht, die Klostermauer erneuert und das Klostertor neu gebaut, die Arkadengänge im Klosterhof aufgeführt, dazu die Ökonomiegebäude, die Sommerabtei und die Leutekirche. Das Kloster bekam das Aussehen einer fürstlichen Barockresidenz, bei der auch eine Allee und ein Garten mit Orangerie und Lusthaus nicht fehlten.

Neuzelle fiel der Säkularisation geistlicher Besitzungen in den deutschen Ländern durch den Reichsdeputationshauptschluß (1803) noch nicht zum Opfer, aber nachdem die Niederlausitz 1815 an Preußen gekommen war, verfügte König Friedrich Wilhelm III. im Februar 1817 die Aufhebung des Klosters. Schon im Januar fand die Einweihung eines evangelischen Lehrerseminars statt, das in den ehemaligen Klostergebäuden eingerichtet worden war. Die große Klosterkirche blieb Pfarrkirche für die katholische Gemeinde, Wallfahrtskirche für die nähere und weitere Umgebung wurde sie erst 1947. Die ehemalige Leutekirche wurde evangelische Pfarrkirche.

Von der Pracht des einstigen Erscheinungsbildes ist vieles verloren. Dennoch ist der Anblick, der sich von den Wiesenauen oder von der den Hügel an der Nordseite hinaufsteigenden Straße darbietet, bis heute recht eindrucksvoll. Die Gebäudegruppe baut sich in die Höhe staffelnd auf und wird vom mächtigen Dach der Klosterkirche und der welschen Haube des schlanken Westturmes überragt. Auf der Anhöhe kreuzt die Dorfstraße

Neuzelle, Klostertor

Neuzelle, Pfarrkirche
›Zum Heiligen Kreuz‹

eine Allee; sie führt westlich auf den *Priorsberg,* den einstigen Weinberg der Mönche, und östlich, von Kastanien eingefaßt, am Nordufer des künstlich angelegten Teiches entlang zum Klostertor. Unmittelbar an der Kreuzung, am Anfang der Kastanienallee, steht die *Schiefe Kapelle* und am Brauhausplatz die *Christussäule,* beide in ihrer heutigen Gestalt aus dem 18. Jh. In der Achse des Klostertores erscheint das Hauptportal der Kirche, die Gestalt des *Klostertores* in der Perspektive wiederholend, als eine charakteristische Barockkomposition von besonderem Reiz.

Der *Stiftshof* öffnet sich weit und wird von schlichten zweigeschossigen Gebäuden eingefaßt. Der *Fürstenflügel* an der Nordseite hat sein Interieur 1892 bei einem Klosterbrand gänzlich verloren. Als Rest seiner barocken Gestalt besitzt er den Bogengang im Erdgeschoß, der sich an der Westseite des Hofes entlang der Mauer mit dem Klostertor als ›Galerie‹ fortsetzt und auf die einstige *Stiftskanzlei* trifft, die heute das evangelische Pfarramt beherbergt. Die Südseite des Platzes wird von einem langgestreckten ehemaligen *Wirtschaftsgebäude* mit Wohnungen begrenzt. Es verdeckt die *Scheibe,* eine flache Hügelkuppe, die einstmals Weinberg war und nun als Kalvarienberg Ziel der Wallfahrer ist. Am Ostrand steht die *Sommerabtei,* das gegenwärtige katholische Pfarramt, und am Wege zum südlichen Klosterausgang die jetzt evangelische **Pfarrkirche ›Zum Heiligen Kreuz‹,** ein Barockbau, der mit der Kuppel als wesentlichem Architekturelement gegenreformatorischer Sakralbaukunst die große Klosterkirche in dieser Bedeutung übertrifft; ihre zwei Westtürme sind in der Mitte des 19. Jh., angeblich durch Friedrich August Stüler gebaut worden und bilden einen ersten preußischen Formenklang in der ansonsten süd-deutsch-böhmischen Architektursprache des Klosterensembles.

In befremdlichem Maße preußisch-nüchtern geriet die Wiederherstellung der 1892 abgebrannten **Klausurgebäude** 1894–97. Die Aufstockung um ein drittes Geschoß stört die Proportionen empfindlich und verblockt durch flache Dachneigungen anstelle früherer weitaus gefälligerer Mansard- und Walmdächer die Bauteile, worunter besonders die sonst so malerische Nordansicht leidet. Unter dieser anspruchslosen Hülle eines wilhelminischen Schulbaus verbergen sich die Reste der mittelalterlichen *Klausur* mit dem *Kreuzgang* und dem *Brunnenhaus*. Vor allem der Ostflügel war in der Barockzeit nach 1711 beträchtlich erweitert worden. Die *Neue Sakristei* verband ihn mit dem von 1736 bis 1739 neu gebauten Altarraum der Kirche. Diese Umbauten gehörten zu jenen Bauperioden des 17. und 18. Jh., in denen die mittelalterliche Klosterkirche in eine prächtige Halle rauschenden Barocks verwandelt wurde.

Bei der Gründung 1268 wurde das Kloster zunächst an anderer Stelle angelegt, nach 1281 aber auf die Anhöhe am Rand der Flußniederung verlegt. Damals dürfte auch mit dem Bau der Gebäude begonnen worden sein. Die große **Klosterkirche** war als dreischiffige kreuzrippengewölbte Halle mit geradem Ostabschluß gegen 1330 vollendet. Die Klausur, vermutlich wegen der Geländeverhältnisse, die durch aufwendige Einebnungen ausgeglichen werden mußten, ist gegenüber dem Kirchengebäude auffällig nach Westen verschoben. Sie kam erst in der zweiten Hälfte des 14. Jh. zum Abschluß. 1429 verwüsteten die Hussiten das Kloster. Die Wiederherstellungsarbeiten zogen sich bis zu Beginn des 16. Jh. hin.

Dank seiner Zugehörigkeit zum Königreich Böhmen entging das Kloster im Zeitalter der Reformation der Aufhebung. Es besteht Grund zu der Annahme, daß der Umbau der Klosterkirche nach dem Dreißigjährigen Krieg und der Ausbau der Klostergebäude im Charakter einer kirchenfürstlichen Residenz eine Demonstration des Bestehens im Glaubenskampf und des Sieges der wahren Religion sein sollte und nur im Zusammenhang mit dem Triumph der Gegenreformation in den böhmischen Ländern zu verstehen ist. Die bauliche Veränderung der Klosterkirche beschränkte sich im 17. Jh. auf den Innenraum, in dem nun die Stützen und Gewölbe des mittelalterlichen Baues hinter einer Stuckverkleidung verschwanden.

Die Einziehung einer neuen Decke unter die spätgotischen Netzgewölbe, die über den Stukkaturen noch erhalten sind, ist nur erklärlich durch die Absicht, geeignete Flächen für ausgedehnte Malereien mit einem großangelegten Bildprogramm zu gewinnen. Die Ausführung der Gemälde erfolgte zwischen 1654 und 1658 durch Johann Vanet (Giovanni Vanetti), dessen Signatur auf dem Deckenbild mit der Darstellung der Auferstehung Christi zu finden ist. Sein Stil, seine Kompositionen und seine Farbgebung sind dem Manierismus verpflichtet und lassen auf die Verwendung von graphischen Vorlagen schließen. Die Ikonographie des Zyklus' überrascht durch ihre volkstümliche Einfachheit. Das Leben Jesu ist in 24 Bildern wiedergegeben, die mehr erzählerischen an den Wänden, die dem liturgischen Festkreis angehörenden an den Deckenspiegeln des Mittelschiffs. Letztere

Neuzelle, Klosterkirche, Langhaus mit Blick zum Altar

sind durch die Zuordnung von je zwei alttestamentlichen Präfigurationen an den Decken der Seitenschiffe in ihrer Bedeutung zusätzlich hervorgehoben. Die Typologie hatte den Zisterziensern schon im Mittelalter dazu gedient, ihre Abstinenz gegenüber Bilddarstellungen zu überwinden. Es ergibt sich die Frage, ob das typologische Bildprogramm der Deckengemälde in Neuzelle nach dem Muster der Biblia pauperum eine verlorene mittelalterliche Bildausstattung zur Voraussetzung hatte.

Am Anfang der Arbeiten im 18. Jh. stand der Umbau der Klausur, in den zwanziger Jahren folgten die Gebäude des Stiftshofs. 1724 war an der Klosterkirche eine Vorhalle im Bau, die um 1730 bis zur Höhe des Kirchenschiffs aufgeführt und mit einem Uhrengeschoß bekrönt wurde. Der Außenbau der gesamten Kirche erhielt nun Kolossalpilaster anstelle der Strebepfeiler und verkröpfendes Gebälk, nach Zeichnungen von 1758 zu urteilen, auch eine figurenbekrönte Balustrade. Die wesentliche Veränderung aber war die Anfügung eines neuen *Altarraumes*. Dieser schafft Richtungsdetermination im Sinne eines gebauten Weges, dessen Ziel das Erleben der Eucharistiefeier ist.

Der Weg beginnt schon außerhalb des Klosters in Form der Allee, die auf das Klostertor zuführt. Er wird durch die Darstellung der Begegnung Christi mit den Jüngern in Emmaus über der Torfahrt auf das in der Perspektive mit dem Klostertor gestaltgleich erscheinende Kirchenportal gelenkt. Der dort Eintretende trifft in der Vorhalle auf ein Wandbild mit einer Empfangs- und Huldigungsszene und in den seitlichen Durchgängen auf bildliche Hinweise der Lehre und der Buße. Die Szenen ›Der lehrende zwölfjährige Jesus‹ und ›Die Vertreibung der Händler aus dem Tempel‹ sowie die ›Rückkehr des verlorenen Sohnes‹ und ›Die Büßer des Alten Testaments‹ sind nicht nur eine Illustration, sie wirken wie eine gegenreformatorische Aktion, eine Aufforderung an die Abtrünnigen zur Rückkehr und Bußbereitschaft, damit sie am Altar der Vereinigung mit ihrem Gott teilhaftig werden können: Unterhalb des Tabernakels ist dargestellt, wie der Auferstandene mit den Jüngern am Tisch das Brot bricht und diese ihren Herrn erkennen.

Diese im barocken Sinne raumgreifende und axial ausgerichtete ikonographische Komposition wird unterstützt durch die malerische Ergänzung des schon vorhandenen Leben-Jesu-Zyklus an den Wänden der Seitenschiffe, durch die szenischen Allegorien der Litanei zur Verherrlichung des Namens Jesu sowie durch ein Te Deum laudamus und eine Apotheose des Kreuzes in der Wölbung des neuen Altarraums, eine Majestas wie in den Apsiden frühchristlicher Basiliken assoziierend.

Die Maler des 18. Jh. wurden von Georg Wilhelm Neunherz, einem Enkel des Michael Willmann und Sohn des Christian Neunherz in Breslau, geführt; er war seinerzeit in Prag ansässig. Aus Nordböhmen kamen auch die Bildhauer, Jakob Mladek und Caspar Hennevogel mit seinen Söhnen Johann Wilhelm und Johann Michael. Man rechnet sie trotz ihres derzeitigen Wohnsitzes in Leitmeritz zur Schule von Wessobrunn. Sie besaßen die Fähigkeit, die Ausstattungsstücke zu einer Gesamtkomposition zusammenzufassen, die auch dem Inhalt der Bau- und Raumform Rechnung trägt. So wird der behauptete Weg von den zwei Reihen der Nebenaltäre an den Pfeilern der Halle in der Art von Prospekten begleitet, wobei im Zielpunkt von deren Perspektive die Emmausgruppe des Hochaltars

Neuzelle, Kloster-kirche, Bekrönung des Hauptaltars

erscheint. Die ersten Nebenaltäre an der Ostwand der Seitenschiffe sind inhaltlich der Geschichte des Mönchtums und des Zisterzienserordens gewidmet: Zum liturgischen Aspekt der Ikonographie tritt der historische hinzu. Die folgenden Nebenaltäre bilden inhaltlich jeder für sich ein geschlossenes Ganzes, sind aber auch untereinander in einen Zusammenhang gestellt, derart, daß sich von Ost nach West eine Mutter-Kind- und eine Passionsreihe ergibt sowie eine Christusseite im Norden und eine Marienseite im Süden.

Im *Hauptaltar* selbst stehen über der Emmausgruppe die Apostel Petrus und Paulus, die hl. Päpste Clemens und Gregor und die hl. Krieger Florian und Georg, gleichsam Zeugen der missionierenden, lehrenden und den Glauben verteidigenden Kirche. Das stark nachgedunkelte Altarblatt zeigt die Himmelfahrt Mariens. Im Aufsatz über dem Gebälk erscheint in jubelndem Engelschor und von den Strahlenkränzen umgeben die Heilige Dreifaltigkeit, zunächst in leuchtender Sonne (ein gelbes Fenster in der Außenwand) die Taube des Heiligen Geistes, darüber Gottvater und Christus; seitlich gehören zu den

Anbetenden die Märtyrer Laurentius und Ignatius. Die Glorie gipfelt im Te Deum und dem Heilratsschluß der Deckenbilder.

Es fällt auf, daß ein Kreuzaltar an der Grenze zwischen Mönchs- und Laienteil der Kirche fehlt; nur das Kreuzigungsbild an der Decke könnte ein Hinweis darauf sein. Der *Kreuzaltar* steht in der sogenannten **Leutekirche** am Südende des Klosterbezirks, im schmalen Mittelfeld der hochgereckte Kruzifixus, der das bewegt verkröpfte Gebälk durchbricht und durch die Taube im Strahlenkranz und die schwebende Figur Gottvaters zur Darstellung der Trinität im Sinne eines Gnadenstuhls ergänzt wird. Seitlich zwischen gedrehten Säulen stehen Maria und Johannes und vervollständigen ebenso wie Maria Magdalena am Kreuzesfuß die Szene zur Kreuzigung; ihnen assistieren der hl. Bernhard und ein hl. Bischof mit verzückt-verehrenden Gesten. Qualitativ sind diese Figuren denen in der großen Klosterkirche überlegen.

Die Uckermark

Der nördliche Teil der ehemaligen Kurmark zwischen oberer Havel im Westen und dem Randowbruch im Osten hat seinen Namen von dem Fluß *Ucker,* der von Süden nach Norden durch eine Seenkette ins Oderhaff fließt. Sein Tal teilt eine Hochfläche, die bisweilen in Endmoränenzonen recht hügelig eine reizvolle Landschaft bildet. Auch die slawischen Bewohner des Gebiets nannten sich oder wurden nach dem Fluß Ukraner oder Ukrer benannt. Zur Zeit des Pommernapostels, des Bamberger Bischofs Otto, der 1128 auf seiner Missionsreise das Land mied, scheint es noch nicht zum Herzogtum Pommern gehört zu haben, sondern zu Polen. Erst 1172 überließ es nachweislich der Herzog Heinrich von Schlesien den Pommernherzögen. Unter deren Herrschaft ist es offenbar bereits deutsch besiedelt worden. Man vermutet, daß die Siedler über Holstein und Dänemark gekommen sind; dafür sprächen Eigenheiten an frühen Kirchbauten, vor allem die Turmanlagen. Prenzlau ist 1135 als die erste Stadt nach deutschem Recht noch in Pommern gegründet worden. Spätere Einwanderer kamen aussschließlich auf dem Landwege aus dem Süden, aus Franken und Sachsen. In der Mitte des 13. Jh. waren dann die askanischen Markgrafen von Brandenburg im Besitz der gesamten Uckermark, nachdem sie die südlichen Teile im Anschluß an den Barnim schon um 1230 gewonnen hatten. Im Vertrag von Landin trat der Pommernherzog Barnim I. 1250 das Uckerland bis zur Randow und nach Norden bis nach Pasewalk den Markgrafen Johann I. und Otto III. ab. Brandenburgische Vogteiorte waren Liebenwalde, Oderberg und später Stolpe sowie Pasewalk. Im 14. Jh. gingen Teile der Uckermark wieder an Pommern verloren, und erst 1472 unter hohenzollernscher Herrschaft gelangten sie wieder, mit Ausnahme von Pasewalk, an die Mark Brandenburg.

Als Hauptorte der Uckermark kann man an erster Stelle Prenzlau, dann Angermünde und Templin nennen, alle drei bis heute auch Kreisstädte im Land Brandenburg. Während Templin und Angermünde aber askanische Gründungen sind, geht **Prenzlau,** wie schon bemerkt, in seiner Gründung noch auf die Pommernzeit zurück. Bevor es zur Gründung mit magdeburgischem Recht durch Herzog Barnim I. und zur planmäßigen Anlage kam, waren schon mehrere Siedlungen am Ort entstanden. Als die Pommern 1172 die Uckermark besetzten, war am Nordende des unteren Uckersees ein Burgwall bei einer älteren slawischen Siedlung vorhanden. Herzog Bogislaw I. fügte die Kirche des hl. Sabinus hinzu, und gleichzeitig bildeten sich nordwestlich ein Dorf mit der Jakobikirche und südöstlich eine Kaufmannssiedlung mit der Nikolaikirche heraus, letztere vielleicht als Suburbium einer neu angelegten pommerschen Burg. Mit Burg, Markt und Gasthaus (castrum cum foro et taberna) erscheint Prenzlau 1188 erstmalig in einer Urkunde als Bestandteil des bischöflichen Sprengels von Cammin. Zwischen diesen Stammsiedlungen wurde nun nach 1235 die gegründete Stadt mit faszinierender Regelmäßigkeit des gitterförmigen Straßennetzes gebaut. An der mittleren in West-Ost-Richtung verlaufenden Straßenachse, die das Stadtgelände in die nördliche und die südliche Hälfte teilt, reihten sich hinter dem ›Mitteltor‹ das Heiliggeist-Hospital, der Platz der neuen Hauptpfarrkirche und der Markt auf. Unweit am nordwestlichen Stadtrand ließen sich die Franziskaner nieder. Bei der *Sabinuskirche* gründete Barnim I. ein Nonnenkloster, und noch vor der

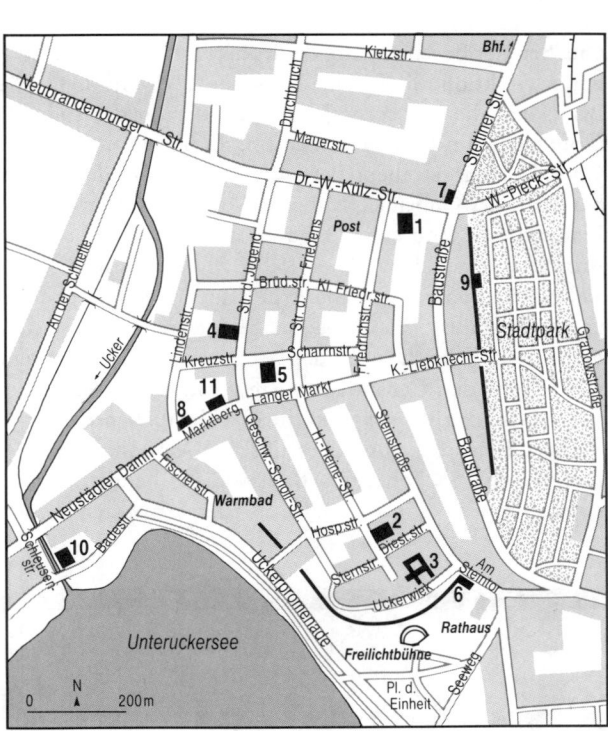

Prenzlau
 1 *Jakobikirche*
 2 *Nikolaikirche (Ehem. Kirche ›Zum Heiligen Kreuz‹*
 3 *Dominikanerkloster mit Kreuzgang und Klausur (Kreismuseum)*
 4 *Reformierte Kirche (Ehem. Franziskanerkirche St. Johannes Baptista)*
 5 *Hauptpfarrkirche St. Marien*
 6 *Schwedter Tor (Steintor)*
 7 *Blindower Tor*
 8 *Mitteltor*
 9 *Pulverturm*
10 *Sabinenkirche*
11 *Hospital*

Mitte des 13. Jh. wurde die alte Slawensiedlung als ›Neustadt‹ einbezogen. Prenzlau gehört zu den wenigen Städten in der Mark Brandenburg, die aufgrund ihrer Entstehungsgeschichte über mehrere Kirchen aus der Gründungszeit verfügen. Die **Jakobikirche** hat den Charakter einer Dorfkirche des 13. Jh. bewahrt, ein Feldsteinsaal mit eingezogenem, gerade geschlossenem Chor und breitem querrechteckigem Westturm, dessen Fassade ein großes Rundfenster, aber kein Portal aufweist. Diese Tatsache machte man sich beim Wiederaufbau nach 1945 zunutze und richtete den völlig neuen Innenausbau liturgisch auf die Westseite aus. Auch die Sabinenkirche hat trotz der Veränderungen von 1816 ihr Aussehen aus dem 13. Jh. als einfacher Feldsteinsaal bewahrt.

Vermutlich besaß die Stadt ihre Gestalt schon, als sie zusammen mit der nördlichen Uckermark in die Hand der Askanier fiel. Diese gaben 1287 die Erlaubnis zum Bau der *Stadtmauer* und gründeten im Bereich eines landesherrlichen Hofs am Südrand der Stadt, vermutlich am Ort des ehemaligen pommerschen Burgsitzes, um 1275 das **Dominikanerkloster** mit seiner **Kirche ›Zum Heiligen Kreuz‹**, jener Kirche, die nach der Reformation die Aufgaben der alten Nikolaikirche übernahm, weil diese baufällig geworden war und abgetragen werden mußte. Nur deren Turmwerk, querrechteckig aus Granitquadern mit einem Aufsatz aus Backstein, blieb bestehen und fungierte als Glockenträger für den turmlosen Bau der ehemaligen Bettelordenskirche, der nunmehrigen neuen **Nikolaikirche**. Seit der Beschädigung der früheren Hauptkirche St. Marien im Jahre 1945 erfüllt sie deren Funktion. Sie ist eine zwischen 1275 und 1343 (Weihe) entstandene dreischiffige Backsteinhalle von sechs Jochen mit der für das späte 13. Jh. typischen Streckung des Grundrisses und einem kurzen einschiffigen, mit fünf Seiten des Achtecks geschlossenen Chor. Die Chorstrebepfeiler und das Maßwerk der Fenster deuten auf einen Zusammenhang mit der Choriner Bauhütte. Von den Resten der mittelalterlichen Ausstattung der Marienkirche sind einige Figuren des 1512 in Lübeck gearbeiteten Hochaltars und die Bronzetaufe aus dem frühen 15. Jh. in der Nikolaikirche geborgen. Der spätromanische Kelch – er gilt als rheinische Arbeit der ersten Hälfte des 13. Jh. – wird in der Sabinenkirche aufbewahrt. Das Renaissance-Altarretabel von 1609 gehört zur Ausstattung der neuen Nikolaikirche nach der Reformation. Gut erhalten sind die zum ehemaligen Kloster gehörenden Gebäude mit *Kreuzgang* und *Klausur,* sie beherbergen das *Kreismuseum* mit vor- und früh- sowie kulturgeschichtlichen Exponaten der Uckermark.

Das Gegenstück zur mehrschiffigen Dominikanerkirche stellt die einschiffige **Franziskanerkirche St. Johannes Baptista,** die heutige **reformierte Kirche,** dar. Sie wurde bereits um die Mitte des 13. Jh. als langgestreckter, in fünf Jochen kreuzrippengewölbter

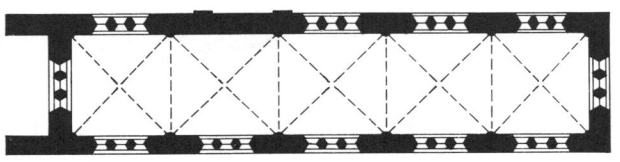

Prenzlau, Mitteltorturm und St. Marien ▷

Prenzlau, ehem. Franziskanerkirche, Grundriß

rechteckiger Saal aus Granitquadern errichtet. Die Fünfzahl der quadratischen Gewölbe-joche, die Verschränkung der Fenster- und der Gewölbeansatzzonen sowie die mögli-cherweise ursprüngliche Westung der gesamten Anlage hat die Prenzlauer Franziskaner-kirche mit der Grabeskirche des hl. Franz in Assisi gemeinsam; diese Kennzeichen treten sonst in der deutschen Franziskanerarchitektur nicht auf und könnten tatsächlich eine Art Zitat, aus welchen Gründen auch immer, darstellen.

Bei der fast völligen Zerstörung der Stadt im April 1945 brannte auch die **Hauptpfarr-kirche St. Marien** bis auf die Umfassungsmauern aus. Die Turmaufsätze wurden schwer beschädigt, sämtliche Gewölbe stürzten ein, aber die Pfeiler mit den spitzen Bögen der Arkaden und vor allem der prächtige *Maßwerkgiebel* (Farbabb. 14) über der Ostwand blieben erhalten. Seit 1970 ist der Wiederaufbau sukzessive im Gange, ein Dach aufge-bracht, die Wände und Giebel saniert und die Fenster verglast. Es ist zu wünschen, daß das Innere nun auch seine Gewölbe und seine künstlerische Ausstattung wieder erhält.

Baugeschichte und Bauform der Prenzlauer Marienkirche sind für die Architekturent-wicklung in Norddeutschland von wesentlicher Bedeutung. Der erste Bau dürfte zwi-schen 1235 und 1250 entstanden sein, eine gewölbte dreischiffige Hallenkirche mit Quer-schiff und gestreckt rechteckigem Chor (durch Ausgrabungen nachgewiesen). Den West-abschluß werden wohl von Anfang an die beiden Türme gebildet haben, von denen noch vier Feldsteingeschosse erhalten sind. Diese Doppelturmfront muß der Kirche ein reprä-sentatives Aussehen gegeben haben, vor allem vom Westen, vom See her gesehen. Das Gewände des spitzbogigen Westportals ist fünffach abgetreppt, das sonst seltene Rund-fenster darüber ist in Prenzlau eher die Regel. Vom Ende des 13. Jh. bis in das zweite Vier-tel des 14. Jh. wurde unter Beibehaltung der Westtürme ein großzügiger Neubau aus Back-steinen errichtet, eine siebenjochige Halle mit polygonalen Endungen aller drei Schiffe. Man gab der neuen Kirche die Breite des ehemaligen Querschiffs. Der Neubau vollzog sich wie meist bei solchen Erneuerungen in zwei Abschnitten, die Zäsur liegt zwischen dem dritten und vierten Joch von Osten und wird durch zwei Treppentürme markiert. Im Inneren zieht sich eine Wandgliederung mit Sockelnischen und einem Laufgang darüber,

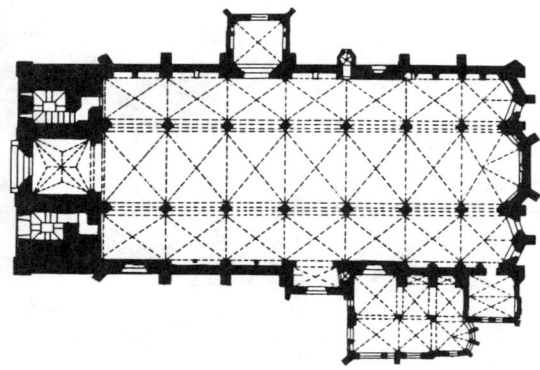

Prenzlau, St. Marien, Grundriß

der die jochtrennenden Vorlagen durchbricht, um die gesamte Kirche. Große kunstgeschichtliche Bedeutung kommt der Gestaltung der Ostwand zu. Die Schlußpolygone stehen in einer Flucht und bilden das Tragewerk für den monumentalen Giebel, der in der
Gesamtbreite der Halle über der Ostwand aufsteigt und diese zur Hauptschauseite der
Kirche macht, dem Markt und dem dort ursprünglich stehenden Rathaus zugewandt.
Das Filigran des Maßwerks sollte aber nicht nur allein, sondern zusammen mit den Gie-
belreihen an den Langseiten gesehen werden über den Häusern der Stadt und das Bild
des himmlischen Jerusalems in Erscheinung treten lassen. – Im Laufe des 14. und 15. Jh.
wurden die üblichen Kapellen und Vorhallen hinzugefügt, die ihrerseits mit sehr bemerkenswerten Kompositionen zum Reichtum der Giebel beitragen, vor allem die *Christo-
phoruskapelle* an der Südseite des Chors und die *Nordvorhalle* mit einer schmuckreichen
Giebelgestaltung aus der Brunsberg-Schule.

Den furchtbaren Brand der Stadt 1945 überstanden Teile der ursprünglich 9 m hohen
Stadtmauer. Von ihr sind noch Weichhäuser und von den Toren das **Schwedter** oder
Steintor, das **Blindower** und das **Mitteltor,** letzteres in sehr origineller Gestalt, dazu
beim Blindower Tor noch ein **Pulverturm,** erhalten.

Dedelow nordwestlich von Prenzlau und **Schwaneberg** östlich der Stadt verfügen
über exzellente Vertreter der für die Uckermark typischen Dorfkirchen. Eine bemerkenswerte Sonderform dagegen begegnet im weiter südöstlich, auf Angermünde zu gelegenen
Briest. Im Grundaufbau gleich, ist der Turm jedoch nicht nur im Erdgeschoß gewölbt –
die übrigen Raumteile haben flache hölzerne Decken –, sondern auch im Glockengeschoß, und zwar hier mit einer Pendentivkuppel, die seitlich durch breite Gurte gestützt
wird. Diese etwas kompliziertere Wölbform suggeriert niederrheinische Provenienz, was
durch eine Art Plattenfries unter gestaffelten Drillingsblenden in den Giebeln der Schmalseiten des Turmaufsatzes noch verstärkt wird. Als Ausstattung besitzt die Kirche in Briest
einen Kompositaltar aus Teilen eines spätgotischen Schnitzaltars und eines Retabels aus
der Zeit um 1600 sowie eine Kanzel von 1598.

Den Städten der nördlichen Uckermark kam häufig die Funktion einer strategischen
Grenzburg zu. Charakteristisch ist die Anlage von **Fürstenwerder** nordwestlich von
Prenzlau an einem Landpaß zwischen den Seen einer von der Havel nach Nordosten
streichenden Kette. Vor der Landenge zwischen Dammsee und Großem See stieß die von
Templin kommende Straße auf die Verbindung von Prenzlau nach Mecklenburg. Die
erhöht über dem Seeufer gelegene Abzweigung der Fernstraßen wurde auf nahezu kreisförmigem Grundriß mit einer Feldsteinmauer so umgeben, daß der burghafte Befesti-
gungsring nach innen Raum für eine städtische Siedlung mit einem Markt bot. Die zwei
noch erhaltenen *Tore* an den Straßenmündungen haben mit spitzbogigen Durchfahrten
und zwei flankierenden Wiekhäusern ihre Frühform aus dem 13. Jh. bewahrt und keine
Überbauung mit einem schmuckreichen Backsteinturm wie andernorts erfahren. Ebenso
ursprünglich ist die ehemalige **Stadtkirche** – Fürstenwerder gilt erst seit dem vorigen
Jahrhundert als Landgemeinde – auf uns gekommen, ein Feldsteinquaderbau auf einheitlich rechteckigem Grundriß, im Aufriß aber unterteilt in einen nach außen reicher in

Die Dorfkirchen der Uckermark

Die Umgebung von Prenzlau wie überhaupt die Uckermark ist reich an *Dorfkirchen* des 13. und frühen 14. Jh., die alle aus Feldsteinen, aus den Quadern, die aus Granitfindlingen gewonnen werden, errichtet worden sind, aber vielfach Details, Portal- und Fensterleibungen, Blendgliederungen oder Giebel aus Backsteinen besitzen, woraus dann ihre Zeitstellung zu bestimmen ist. Das Bauen mit dem Granitquader weist im Laufe der Entwicklung eine Vernachlässigung des Steinschnitts und damit der exakten Steinsetzung auf, die in der Regel die Frühphase kennzeichnet. Später kommen mehrfach unbehauene Feldsteine zur Anwendung, oft in einem Gemisch mit Backsteinen. Als Typ herrscht der Saal mit einem abgesetzten, meist rechteckigen Chor vor. Vollendete Beispiele verfügen über einen westlichen Querturm, der – darin unterscheiden sich die Dorfkirchen von den Stadtkirchen oder solchen, die es werden sollten – mit den Langhauswänden fluchtet und im Mauerverband steht.

Feldsteinkirche in Briest

Erscheinung tretenden Chorteil (frühgotische Dreifenstergruppen unter Blendbögen, Bogenfriese, getreppte und teilweise ornamentierte Portale), in einen schlichteren Gemeindeteil und einen abschließenden Westriegel. Bedeutung und Reiz dieses Ortes gehen von der Unmittelbarkeit aus, mit der hier die Ursprungssituation der Gründungszeit noch zum Erlebnis werden kann.

Ein zweites städtisches Zentrum der Uckermark ist **Angermünde.** Als ›Novin Angermünde‹ wird es unter den Städten genannt, die von den Markgrafen Johann I. und Otto III. gegründet worden sind. Ausgangspunkt könnte ein Suburbium der nach 1230, nach dem Erwerb dieses Teils der Uckermark durch die Askanier angelegten Burg, von der noch beachtliche Reste erhalten sind, gewesen sein oder ein slawisches Kietz. Man vermutet jedenfalls einen solchen Siedlungskern im Bereich von Fischer- und Jägerstraße, also in der nördlichen Peripherie nahe dem Ufer des **Mündesees.** Durch die Gründungsanlage mit sehr regelmäßigem Straßennetz und zentralem, aber nicht an den Hauptverkehrsstraßen gelegenem Markt sind jedoch alle älteren Grundrißformen verwischt worden, so daß der Stadtgrundriß sich darbietet, wie er typisch ist für die Zeit nach der Mitte des 13. Jh. Die erste urkundliche Erwähnung datiert vom Jahre 1284, und 1286 besaß Angermünde nachweislich Stadtrecht. Die Gabelung der Straßen nach Prenzlau und nach Schwedt unmittelbar im Südwesten hinter dem ehemaligen *Berliner Tor* lag ursprünglich außerhalb, ist aber dann in das noch vor dem Ende des 13. Jh. befestigte Stadtgelände einbezogen worden. Außer dem Berliner Tor gab es im Norden das *Prenzlauer* oder *Kerkowsche Tor* und im Osten das *Schwedter* oder *Hohe Tor.* Von der 1292 erwähnten Befestigung ist heute nur noch ein Mauerzug im Süden aus Backstein über einem Sockel aus Feldstein erhalten mit einem charakteristischen Rundturm, dem **Pulverturm,** der als Ausstellungsteil des *Heimatmuseums* zu besichtigen ist.

Auf der höchsten Geländestelle des Stadtgebiets nordwestlich des Marktes erhebt sich die **Stadtkirche St. Marien.** Sie gehört zu den ganz seltenen Stadtkirchen, die ihre Substanz aus der Gründungszeit noch fast vollständig erhalten haben. Die Umfassungsmauern des Schiffs, eines ursprünglich flachgedeckten Saals, vermutlich aber von Stützen unterteilt, bestehen noch bis zur Dachtraufe aus Granitquadern, ebenso der querrechteckige Westturm bis in Höhe des Glockengeschosses, der – für eine Stadtkirche typisch – breiter als das Schiff ist. Dieser *Turm,* der weniger im Stadtbild, dafür in der Ansicht aus der Ferne als mächtige Baumasse wirkt, überliefert den in der Mark Brandenburg anzutreffenden Typ am beeindruckendsten. Er fasziniert mit seinen völlig geschlossenen Wänden aus sorgfältig geschichteten Granitquadern; das spitzbogige Westportal mit dreifach getrepptem Gewände und die schartenartigen Schlitze sind die einzigen Durchbrechungen. Erst im oberen Viertel, dem aus Backsteinen aufgesetzten Glockengeschoß, finden sich spitzbogige Schallöffnungen und Blendfelder. Ein Satteldach, an den Schmalseiten eingefaßt von reich gegliederten Treppengiebeln, schließt den Turmbau ab.

Die Ausmaße der ersten Kirche entsprachen bereits dem heutigen Bau, lediglich der Chor wurde am Ende des 15. Jh. um einen polygonalen Abschluß und um ein südliches Seitenschiff erweitert. Zur gleichen Zeit wurde die Kirche durch Pfeilerstellungen und rei-

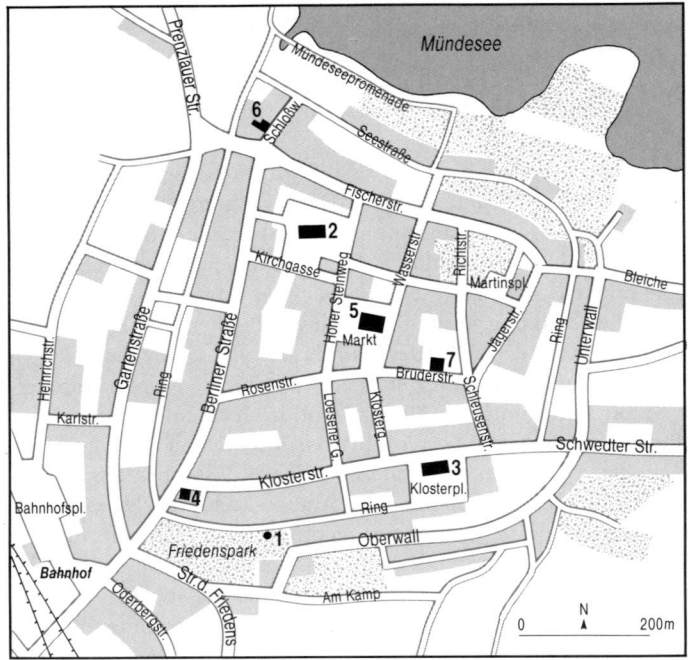

Angermünde
1 Pulverturm
  (Heimatmuseum)
2 Stadtkirche
  St. Marien
3 Ehem. Franziska-
  ner-Klosterkirche
4 Heiliggeistkapelle
5 Rathaus
6 Reste der Burg
7 Heimatmuseum

che Sterngewölbe in eine dreischiffige Hallenkirche verwandelt. Die starke Farbigkeit der Gewölbe entspricht der Ausmalung des späten Mittelalters, ist aber das Ergebnis einer Restaurierung von 1978. Originell sind die figürlichen Malereien um wasserspeiende Öffnungen in den Gewölbezwickeln, auch in der nördlichen Vorhalle. Eine Inschrift am Triumphbogen nennt als Vollendung von Umbau und Ausmalung das Jahr 1520 und als Baumeister einen Klaus Höppener.

Das Innere der Kirche hat noch mehrfach Veränderungen erfahren. Eine neue Kanzel wurde 1600 gestiftet, ein neuer Altar 1601. 1744 baute Joachim Wagner die Orgel. 1867 wurde die neugotische Ausstattung geschaffen: Altar, Kanzel und Gestühl. Von 1909 stammen die Ornamentfenster im Chor. Von der mittelalterlichen Ausstattung ist nur die Fünte, ein Bronzetaufbecken aus dem späten 14. Jh. vorhanden. Drei bärtige Figuren tragen den Kessel, an dessen Wandung unter einer aufgelegten Bogenreihung Heiligenfiguren dargestellt sind. Laut Inschrift am oberen Rand war ein Meister Johannes Justus der Gießer.

Das ehemalige *Kloster der Franziskaner* in Angermünde fand zwischen der Stadtmauer im Süden und der zu ihr parallel verlaufenden Straße nach Schwedt seinen Platz. Seine Baulichkeiten sind bis auf die **Kirche** verschwunden, auch diese steht nur noch dank der

Angermünde, St. Marien, Schiff nach Osten

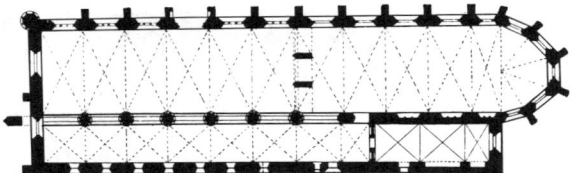

Angermünde, Kirche des ehem. Franziskanerklosters, Grundriß

Bemühung von Denkmalpflegern seit über hundert Jahren, an ihrem Anfang Ferdinand von Quast. Seit Beginn des 19. Jh. war sie säkularisiert, und eine sie erhaltende Nutzung ist bis heute nicht gefunden. Sie ist in drei Bauphasen, verbunden mit entscheidenden Planungsänderungen, zwischen ca. 1250 und 1300 errichtet worden. Zunächst sollte es ein langgestreckter rechteckiger Saal mit hölzerner Decke werden, aus Feldsteinen, wovon noch umfangreiche Reste der Südwand mit niedriger gelegenen schlanken spitzbogigen Fenstern erkennbar sind. Dann war die Umwandlung in eine zweischiffige Halle, bereits aus Backsteinen und gewölbt, geplant; darauf deutet ein Strebepfeiler an der Westwand sehr eindrücklich hin. Schließlich wurde die deutlich spürbare Schlichtheit des Baubeginns aufgegeben und die Kirche als hohe asymmetrisch zweischiffige Backsteinhalle aus breitem, polygonal geschlossenem Hauptschiff und schmalem Seitenschiff mit Kreuzrippenwölbung in elf Jochen vollendet. Die Einzelformen der Strebepfeiler, der Maßwerke in den Fenstern des Chorpolygons, ein Plattenfries mit Weinlaubmuster unter dem Chordach sowie eine prächtige Sediliennische an der südlichen Chorwand weisen deutlich auf einen Zusammenhang mit dem Kloster Chorin.

Die **Heiliggeistkapelle** nahe dem ehemaligen Berliner Tor gehörte zum 1336 gegründeten Hospital. Der kleine in drei Jochen sterngewölbte Saal hat eine klassizistische Ausstattung von 1841, das Spital wurde im Dreißigjährigen Krieg zerstört. Im Stadtbild korrespondiert ihr Westgiebel mit dem der Franziskanerkirche in der Krümmung der Schwedter Straße. Überhaupt verfügt das Stadt- und Straßenbild von Angermünde noch über große städtebauliche Reize, zu denen eine Reihe von Fachwerkhäusern, das **Rathaus** von 1828, die **Stadtmauer** und die Reste der *Burg* beitragen.

Zwischen Angermünde und Prenzlau liegt etwa auf halber Strecke der Ort **Gramzow**. Er taucht als Villa Gramsowe schon 1168 urkundlich auf, das nach ihm benannte *Prämonstratenserstift* soll erst zehn Jahre später ins Leben gerufen worden sein. Schließlich ist von einer Neugründung 1215 mit Chorherren aus Jerichow die Rede, immer noch unter pommerscher Herrschaft. 1224 ist ein Propst auf einer Versammlung in Magdeburg nachweisbar. Wenn es 1245 in einer Urkunde heißt, das Kloster läge in einer Einöde, so war das gewiß so nicht gemeint, könnte aber wörtlich genommen werden: Die Gegend um Angermünde ist wirklich eine Einöde, landschaftlich reizvoll wird es erst in Odernähe. Von der zum Prämonstratenserstift gehörigen *Kirche* steht nicht mehr als die Westwand, der Rest ist durch einen Brand 1714 vernichtet worden. Die Gestalt läßt sich aber erschließen, eine Hallenkirche mit Querschiff und Umgangschor wird rekonstruiert. Originell müßte der Westabschluß gewesen sein. Es ergäbe sich eine Sechseckkapelle, die zur Hälfte als dreiseitiges Polygon aus der Wand hervortrat und gleichzeitig den Unterbau für einen breiten Giebel bildete. Die ältere Dorfsiedlung entwickelte sich zum Marktflecken, dessen *Kirche* ein Feldsteinbau des 13. Jh. war, der nach dem Dreißigjährigen Krieg erneuert und mit einer neuen Innenausstattung versehen wurde.

Die Dorfkirchen zwischen Angermünde, Gramzow und der Oder stammen fast alle noch aus der Besiedlungs- und Gründungszeit des 13. Jh. und sind schlichte Feldsteinquaderbauten. In **Flemsdorf** begegnet ein Saal mit einem querrechteckigen Westturm von gleicher Breite, in **Hohenlandin** ein turmloser Saalbau mit abgesetztem Rechteckchor, desgleichen in **Kerkow,** wo der Chor im 15. Jh. eingewölbt wurde, und in **Passow** schließlich ein rechteckiger Saal als die einfachste Form für einen Kirchenbau der Kolonisationszeit; der Turm ist hier erst später hinzugefügt worden. Alle diese Kirchen besitzen eine flache hölzerne Decke und bisweilen gute Ausstattungsstücke, in Flemsdorf eine geschnitzte Pietà vom Ende des 14. Jh. (z. Zt. in Criewen), in Kerkow einen Altaraufsatz aus Sandstein von 1596 mit reichem Figurenschmuck und Reliefs (Abendmahl, Kreuzigung und Auferstehung), in Passow einen bedeutenden Schnitzaltar vom Anfang des 16. Jh. vermutlich aus einer lübischen Werkstatt: im Schrein wird die Madonna von den Heiligen Anna selbdritt und Johannes dem Täufer flankiert, in den Flügeln stehen die Figuren der Zwölf Apostel, die Flügelrückseiten tragen Gemälde mit Darstellungen der Passion Christi.

Auch nördlich bzw. östlich von *Welse-* und *Randowbruch,* in dem Gebiet, das ehedem pommersch war, haben die *Dorfkirchen* die gleiche Gestalt und stammen in der Überzahl noch aus dem 13. Jh., sind auch alle aus Feldsteinen gebaut; besonders stattlich ist die in **Hohenreinkendorf,** die sich durch ihre spärlichen Details eindeutig als frühgotisch zu erkennen gibt. Sie besitzt als Ausstattung einen Altaraufsatz vom Anfang des 17. Jh. Er besteht aus einer reichverzierten dreigeschossigen Renaissancearchitektur, in die vier Reliefs mit Darstellungen aus der Passion Christi eingelassen sind und die von einer Figur des Salvator mundi bekrönt wird. – Auch die *Dorfkirche* in **Hohenselchow** gilt als frühgotisch. Der Giebel über dem Rechteckchor ist mit Blenden gegliedert. Der mit dem Schiff gleichbreite Westturm trägt einen verbretterten Aufsatz von 1687, was man in der Uckermark sehr häufig findet. Die flache Holzdecke im Inneren ist barock bemalt, die umlaufende Empore wurde 1810 eingebracht. Von der barocken Ausstattung sind die Figuren eines auferstandenen Christus und dreier Evangelisten vom Altaraufbau und die von einem Engel getragene Kanzel erhalten, Werke des Stettiner Bildschnitzers Rosenberg und seiner Werkstatt, ferner ein schwebender Taufengel. – Schließlich sei noch die *Kirche* in **Kunow** genannt, auch ein frühgotischer Feldsteinsaal mit rechteckigem Chor und Westturm von gleicher Breite mit dem Schiff, der Fachwerkaufsatz des Turms und seine verbretterte Spitze tragen das Datum 1737. Der Innenraum ist durch den Reiz einer gut erhaltenen Barockausstattung gekennzeichnet: der 1719 aus der Werkstatt des Christian Wiese gekommene Altaraufsatz mit den Porträtbildnissen des Stifterpaars von Wolde, die Kanzel von 1712, der Taufengel sowie die an drei Seiten des Kirchenraums hufeisenförmig umlaufende Empore und das Gemeindegestühl von 1728. Das Bemerkenswerteste an der Ausstattung in Kunow aber ist die Bemalung der Gestühlswangen mit emblematischen Bildern, in denen die Thematik des Herzens vorherrscht. – Einen Sonderfall stellt die **Dorfkirche** in **Grünow** dar. Auch sie ist ein Feldsteinbau aus der Mitte des 13. Jh. Sie hat ein kurzes Schiff und einen eingezogenen Chor, über dem sich ein Turm erhebt und der mit einer Halbkreisapsis schließt. Es ist die einzige Chorturmkirche in dieser Landschaft. Der Chor und die nördlich angelehnte Sakristei sind kreuzgratgewölbt, das Schiff ist in der üblichen Weise flach gedeckt, und die Apsis wird von einer Halbkuppel überwölbt.

Die oben angedeutete Öde der Landschaft mag dazu beigetragen haben, daß man im 19. Jh. bemüht war, um die Gutshäuser Parkanlagen zu schaffen. Besonders beeindruckend spürt man dies in **Hohenlandin.** Die *Dorfkirche* steht erhöht im Dorf und in der hier bereits hügelig werdenden Umgebung. In etwas niedrigerer Lage ist ein kleiner *Park* vorhanden, der schon um 1820 durch Peter Joseph Lenné geschaffen worden ist und das 1861 von Ferdinand Neubarth neu errichtete *Schloß* umgibt. Er ist von Wasserläufen durchzogen und reich mit Laubbäumen ausgestattet; er läßt kaum ahnen, daß er von trockenen und unbewaldeten Feldflächen umgeben ist. Erst wenn man den Park verläßt, wird der Kontrast bewußt. – Ein weiterer *Park* von Lenné findet sich in **Criewen.** Dort allerdings kommt die Nähe der Oder dem Landschaftspark zugute, der sich nun künstlerisch gestaltet in die Oderauen erstreckt, ähnlich auch im benachbarten **Zützen.** In Criewen wurde die alte *Dorfkirche* gotisierend überformt und als Parkarchitektur einbezogen, das Dorf dagegen verlegt. Die entstehenden Parkbilder sind klassisch zu nennen.

Odernähe und Flußaue haben offensichtlich auch die barocke Stadt-, Schloß- und Gartenanlage in **Schwedt** befördert. Heute ist davon nur noch ahnungsweise etwas zu spüren. Das Schloß ist vom Erdboden verschwunden, der Garten ist rudimentär. Die Neubauten aber sind nicht unbedeutende Beispiele von Stadt- und Wohnungsbau aus den Zeiten, in denen die DDR auf dem Höhepunkt ihrer Entwicklung zu sein schien, wovon auch die Industrieanlagen eines *Chemiekombinats* Zeugnis ablegen. Man sollte dieser Neuanlage von Schwedt durchaus Aufmerksamkeit schenken.

Schwedt war ein alter Siedlungsplatz und Wegkreuzungspunkt auf einer Talsandinsel am Westrand des unteren Odertals. Eine Slawenburg mit Heiligtum wird im späteren Stadtgebiet vermutet. Unter pommerscher Herrschaft seit Anfang des 12. Jh. ist bereits eine christliche Kirche vorauszusetzen. In askanische Hand ist Schwedt wohl um 1230 gekommen. 1265 wird es civitas genannt und war befestigt. Im 14. Jh. fiel es an Pommern zurück, erst 1465 huldigte es den Hohenzollern und war wieder brandenburgisch. 1670 wurde es zum Sitz einer Nebenlinie, die als Markgrafschaft Schwedt bis 1788 regierte. Unter ihrer Herrschaft wurde das alte Renaissanceschloß, dem eine mittelalterliche Burg voranging, nach einem Brand 1681 durch Michael Matthias Smids zu einem Barockschloß umgebaut, von dem die Lindenallee ausging und geradlinig zum Lustschloß Monplaisir führte. Diese Straßenachse wurde zum Ausgang einer neuen Stadtanlage, deren barock bewahrte Gestalt 1945 zu 85 % den Zerstörungen des Krieges zum Opfer fiel. Beim Wiederaufbau nahm man die barocke Axialität zur Grundlage des Ausbaus einer Magistrale,

Schwedt, Französische Kirche

die nun ihren Bezug auf das 1978 fertiggestellte *Kulturhaus* an der Stelle des markgräflichen Schlosses hat.

Inmitten der weiträumigen Straßenanlage steht als Rest barocker Architekturen die ansprechend wiederhergestellte **Französische Kirche.** Sie wurde auf ovalem Grundriß, etwa der französischen Kirche in Potsdam folgend, 1777 von Georg Wilhelm Berlischky für die Hugenotten errichtet. Außen ist sie durch Lisenen und Putzquaderung gegliedert und wird von einem Kuppeldach mit Laterne abgedeckt. Innen ist sie mit Emporen, einem Kanzelaltar und einem hölzernen Kuppelgewölbe versehen. Die Sarkophage aus der markgräflichen Gruft sind in den Berliner Dom übergeführt worden. – Die **Stadtkirche St. Katharinen** ist ein Neubau von Ludwig Dihm aus den späten 80er Jahren des vorigen Jahrhunderts. Sie bewahrt im Kern einen mittelalterlichen, nach 1647 erneuerten Bau auf kreuzförmigem Grundriß. Der massige Turm beherrscht mit plastischer Wucht auch nach dem Wiederaufbau in vereinfachter Form nicht nur das Bild der Kirche, sondern auch das der Stadt.

Eine Besonderheit in Schwedt darf nicht unerwähnt bleiben. Nahe der einstigen, 1862 errichteten *Synagoge,* bei einem Stadtmauerrest in der Gartenstraße, ist der überkuppelte Rundbau einer *Mikwe,* eines Ritualbades für jüdische Frauen erhalten geblieben. Der jüdische Friedhof liegt im Norden der Stadt.

Oderabwärts von Schwedt liegt die heute zu Brandenburg zählende, bis zur Einführung der Bezirkseinteilung der DDR – damals kam sie zum Bezirk Frankfurt/Oder – 1952 dem Land Mecklenburg-Vorpommern angehörende Stadt **Gartz.** Ursprünglich eine

gegen Brandenburg gerichtete pommersche Grenzfeste, entwickelte sie sich zur Marktsiedlung und erhielt durch Herzog Barnim I. von Pommern 1249 Magdeburger Stadtrecht. Die Anlage erfolgte mit gitterförmigem Straßennetz und quadratischem Markt,
schon früh ist auch die steinerne Befestigung mit Wall und Graben errichtet worden. 1305
ist eine Brücke über die Oder bezeugt. Binnenschiffahrt und Durchgangshandel führten
zu zeitweiliger Mitgliedschaft in der Hanse. Seit dem 17. Jh. ist Gartz jedoch zu einer mehr
ländlichen Ackerbürgerstadt geworden. Am Ende des Zweiten Weltkriegs wurde die
Stadt in einem Maße zerstört wie kaum eine andere; erhalten blieben nur die steinerne
Mauer und einige Türme sowie die Ruinen der ausgebrannten Kirchen. Noch bis vor kurzem konnte man einen Begriff davon bekommen, was wörtlich in dem Kinderlied
gemeint war, in dem die Zeile »Pommerland ist abgebrannt« enthalten ist.

Von dem mächtigen Westturm der **Stadtkirche** blieben nur die Umfassungswände
erhalten, ebenso vom Langhaus, das einst eine dreischiffige Halle war. Unzerstört blieb
der am Anfang des 15. Jh. im Stil der Schule des Hinrich Brunsberg (vgl. Brandenburg und
Prenzlau) errichtete *Chor*. Er ist einschiffig und polygonal geschlossen. Seine Fenster sind
von hohen Nischen zwischen den nach innen gezogenen Strebepfeilern eingefaßt. Außen
besitzt er eine markante Gliederung mit reichem Formsteindekor auf den Stirnseiten der

*Schwedt, Stadtkirche
St. Katharinen,
Turm von Südosten*

Strebepfeiler. Die Sterngewölbe im Inneren ruhen auf fein profilierten Wandvorlagen. – Die ehemalige *Heiliggeistkapelle* ist ein um 1400 errichteter Saalbau mit schlankem Westturm, ein für Hospitalkapellen hier häufig anzutreffender Typ (vgl. Eberswalde).

Von der **Feldsteinmauer** aus der Mitte des 13. Jh. und dem zugehörigen Wall-Graben-System blieben im Norden und Westen der Altstadt beachtliche Reste erhalten, der blendengeschmückte Unterbau des Mauerturms *Blauer Hut* und Teile eines runden Turms. Beim unzerstörten *Storchenturm* aus dem späten 14. Jh. trägt der aus Backstein errichtete quadratische Unterbau einen achtseitigen Turm mit Zinnenkranz und einen massiv gemauerten Helm. Der *Stettiner Torturm* ist seit 1945 Ruine. Sein rechteckiger Unterbau mit spitzbogiger Durchfahrt ist aus Feldstein gebaut und gehört der ersten Bauphase der

Vierraden, Tabakspeicher

Stadtmauer aus dem 13. Jh. an; um 1400 wurden die beiden weiteren Geschosse und der feldseitige Schildgiebel mit Spitzbogenblenden und -öffnungen aufgesetzt.

Dieser östliche Teil der Uckermark, der immer in Grenzsituation lag, weist eine Reihe von Burgen vor allem in Odernähe auf. Schwedt und Gartz sind ja selbst aus Burgsitzen hervorgegangen. Auch **Vierraden** war ursprünglich eine pommersche Grenzfeste und kam erst 1469 endgültig an Brandenburg. Nun wurden mehrere Siedlungen um die Mühle – daher der Name – zu einem 1515 gegründeten Städtchen im Schutze der Burg zusammengeschlossen. Die *Burg* war eine fast quadratische kastellartige Anlage; sie ist seit dem 16. Jh. Ruine. Bemerkenswert ist der schlanke runde Eckturm, der als ›Hungerturm‹ wohl eher als Gefängnis- denn als Wohnturm gedient haben wird.

Einen ähnlichen Turm mit gleicher Benennung gibt es in **Zichow** unweit von Gramzow. Die Burg in Zichow wird 1354 erstmals erwähnt. 1745 ist auf ihrem Gelände noch ein *Schloß* errichtet worden, das im Giebel des Risalits der Gartenseite das Wappen der Familie von Arnim zeigt.

Der bedeutendste Burgenrest an der Oder dürfte der ›**Grützpott**‹ (s. S. 26) bei **Stolpe** sein. Er war der Bergfried der mittelalterlichen Burg, die oberhalb des Ortes auf einer Hügelkuppe landschaftsbeherrschend angelegt war; ein mächtiger Rundturm, im unteren Teil aus Granitquadern, im aufgehenden dann aus Backsteinen bestehend, innen mit einem mehrstrahligen Bandrippengewölbe versehen, wohl im ganzen aus dem 13. Jh. stammend. Erneuerungen haben nur im Bereich des obersten Abschlusses stattgefunden.

Der Burgflecken an der *Alten Oder* ist 1252 bereits urkundlich erwähnt und besaß angeblich zwischen 1286 und dem 18. Jh. die Rechte einer Stadt. Das **Schloß** in Stolpe gehört zu den wenigen in der Mark Brandenburg erhaltenen Renaissancebauten. Es wurde 1545–53 auf rechteckigem Grundriß zweigeschossig errichtet, die Räume erschließt jeweils ein Mittelflur, die Treppe befand sich ursprünglich in einem mittig vor der Eingangsfassade stehenden Turm. Grundrißsymmetrie und regelmäßige Verteilung von paarigen Vorhangbogenfenstern gaben dem Bau zusammen mit spätgotischen Zierrippenmustern auf den Giebeln über den Schmalseiten einen über ein bloßes Gutshaus hinausgehenden Charakter. Nach einem Brand 1921 hat eine Wiederherstellung das Aussehen wesentlich verändert. Unter Einbeziehung der mittelalterlichen Burganlage hatte Peter Joseph Lenné um 1845 auch hier aus einem ehemaligen Barockgarten einen *Landschaftspark* gemacht.

Überaus reizvoll ist die hügelige und reich bewaldete Umgebung des *Parsteiner Sees*, ein Erholungsgebiet ebenso wie ein Naturschutzgebiet, ein bemerkenswertes Biotop und eine durchaus rekonstruierbare agrikulturhistorische Landschaft, die ihr Gepräge durch das Wirken der Zisterzienser in der Kolonisationszeit erhalten hat; der *Choriner Endmoränenbogen*. Kunstgeschichtlich sind zunächst nahe dem Parsteiner See zwei Dörfer zu nennen, zum einen **Lüdersdorf**, ein Straßenangerdorf mit zahlreichen Fachwerkgehöften, Mittelflur- und Vorlaubenhäusern. Hervorzuheben sind zwei stattliche Giebel-

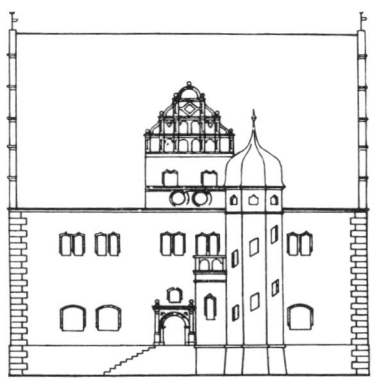
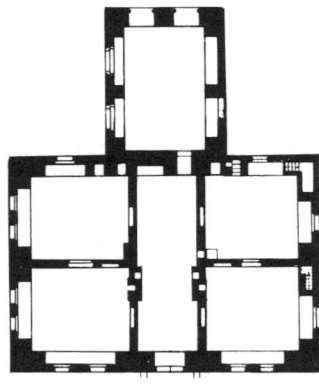

*Stolpe, Schloß,
Ansicht und
Grundriß*

laubenhäuser in der Dorfstraße mit einem ursprünglich vollabgebundenen Oberstock unter dem Rohrdach als Speicher. Zum anderen **Brodowin,** ebenfalls ein recht gut erhaltenes Angerdorf, in dessen Mitte die neugotische *Kirche* nach einem Entwurf von Friedrich August Stüler aus dem Jahre 1852 steht. Die Wimperggiebel an der Ost- und Westseite des ansonsten überaus schlicht gehaltenen Gebäudes erscheinen als Adaptionen von Choriner Mustern. An der Westseite steht ein schlanker achteckiger Turm.

Zur Gemeinde Brodowin gehört heute auch der *Pehlitzwerder,* ursprünglich eine Insel, heute eine Halbinsel am Südrand des Parsteiner Sees. Dort legten 1258 die Markgrafen Johann I. und Otto III. den Grund für ein *Zisterzienserkloster.* Es wurde vom Mutterkloster in Lehnin aus besiedelt und sollte nach der Landesteilung unter den Brüdern zum Hauskloster und zur Begräbnisstätte der Johanneischen Linie werden. Als Namen wählte man – typisch für die Gründungen dieser Zeit – **Mariensee,** womit auch auf die Lage deutlich Bezug genommen war. Conradus Magister Operis, in dem man den Verantwortlichen für den Bau der Westfassade an der Lehniner Klosterkirche sieht, kam mit dem ersten Konvent nach Pehlitzwerder und begann dort, die neue Kirche und die Gebäude des Klosters zu bauen.

☐ Kloster Chorin

Aus nicht eindeutig zu klärenden Gründen ist das Kloster zwischen 1270 und 1273 nach seinem jetzigen Ort an den damals *Koryn* genannten See, den heutigen *Amtssee,* etwa 8 km westlich, verlegt worden. In **Chorin** (Farbabb. 15) kam es zum sofortigen Baubeginn, und es entstand eine dreischiffige Gewölbebasilika mit einem Querschiff und einem einschiffigen, polygonal mit sieben Seiten des Zwölfecks geschlossenen Chor. Im Winkel zwischen Chor und Querschiffarmen fanden doppelgeschossige Seitenkapellen ihren Platz, wodurch das Abbild oder die Kopie der Kirche des Mutterklosters in Lehnin angestrebt scheint. Bemerkenswert ist das Nebeneinander von spätromanischen Details und modernsten hochgotischen Formen. So trifft man auf die hornförmigen Endungen von Profilabfasungen wie an einem Bau des 12. Jh. und auf Maßwerk in den Chorfenstern, das dem der Chöre der Kathedralen in Köln oder Amiens nachgebildet ist. Auffallend ist auch

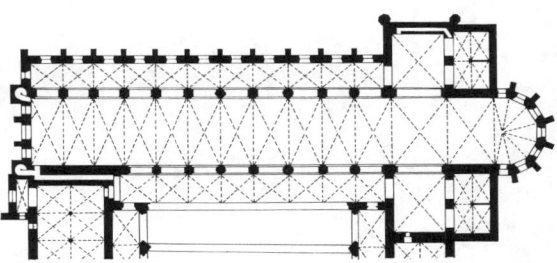

Chorin, Klosterkirche, Grundriß

Chorin, Klosterküche und Kreuzgangostflügel

die reiche Gestaltung der Querhausgiebel mit mehrgeschossigen Blendengliederungen und flankierenden Ecktürmen. Auch hier sind Anlehnungen an Dom- und Kathedralbauten unübersehbar, der Dombau in Magdeburg dürfte für solche Übernahmen die Vermittlerrolle gespielt haben.

Was Chorin aber in der europäischen Architekturgeschichte berühmt gemacht hat, ist die grandiose Gestaltung der *Westwand des Langhauses* als abbildtragender *Schaugiebel* (Umschlagklappe vorn). Zwei zu Treppentürmen ausgebaute Strebepfeiler fassen den Abschluß des Mittelschiffs mit drei schlanken Spitzbogenfenstern zwischen zwei niedrigeren Strebepfeilern ein. Diesen vertikal akzentuierten Abschnitt der Fassade schließt ein Plattenfries mit Sägeschnitt darüber ab. Die eigentliche Giebelattika wird gebildet von drei gestaffelten Wimpergen, geschmückt mit einer mittleren Rosette, der drei Sechspässe einbeschrieben sind. Seitlich wird der mittlere Giebelaufbau durch die Aufsätze der Strebepfeiler-Treppentürme eingefaßt, die, über Dreiecksgiebeln ins Achteck übergehend, von achtseitigen Pyramidendächern abgeschlossen werden. Die ganze Komposition widerspiegelt in der Fläche eine Dreitürmigkeit, wie sie nur bei älteren Westwerken reichsherrschaftlicher Kirchenbauten anzutreffen ist. Tatsächlich scheint in Chorin ein

◁ *Chorin, Klosterkirche, Mittelschiff nach Osten*

303

Chorin im Urteil Fontanes

»Kloster Chorin ist keine jener lieblichen Ruinen, darin sich's träumt wie auf einem Frühlingskirchhof, wenn die Gräber in Blumen stehen; es gestattet kein Verweilen in ihm, und es wirkt am besten, wenn es wie ein Schattenbild flüchtig an uns vorüberzieht. Wer hier in der Dämmerstunde des Weges kommt und plötzlich zwischen den

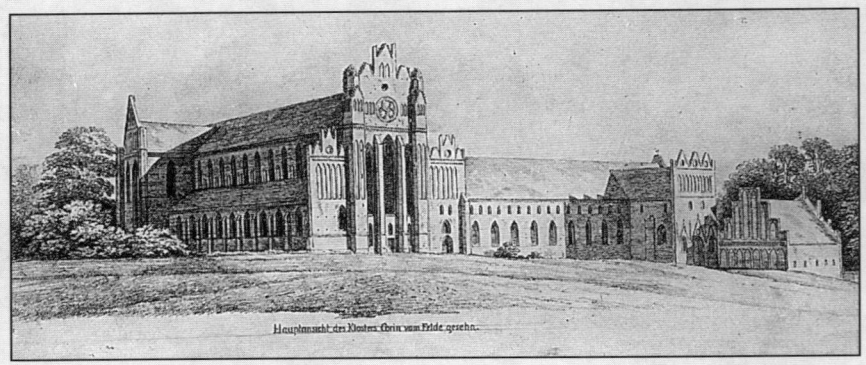

Chorin, Ansicht von Westen. Zeichnung von Karl Friedrich Schinkel, um 1810

Pappeln hindurch diesen still einsamen Prachtbau halb märchenhaft, halb gespenstisch auftauchen sieht, dem ist das Beste zuteil geworden, das diese Trümmer, die kaum Trümmer sind, ihm bieten können. Die Poesie dieser Stätte ist dann wie ein Traum, wie ein romantisches Bild an ihm vorübergezogen, und die sang- und klanglose Öde des Innern hat nicht Zeit gehabt, den Zauber wieder zu zerstören, den die flüchtige Begegnung schuf.«

Theodor Fontane, Wanderungen durch die Mark Brandenburg, Berlin 1862–82

entsprechender repräsentativer Bedeutungszusammenhang vorzuliegen: In den beiden ersten Langhausjochen hinter der Westfassade befand sich für den Markgrafen eine Herrscherempore, singulär in einer Zisterzienserkirche. Ein nachweisbarer Raum eigens für den Landesherrn zwischen Kirche und Klausur, der *Fürstensaal*, befand sich am Westende des südlichen Seitenschiffs und fungierte als Vorhalle, die an der Fassade fehlt. Reste von Wandmalerei mit den Themen ›Salomos Urteil‹ (neuerlich als Bethlehemitischer Kindermord gedeutet) und ›Anbetung der Könige‹ weisen auf Funktionen im Dienst der Herrschaft.

Von der *Klausur* sind der Ost- und der Westflügel mit dem Kreuzgang weitgehend erhalten, am Südende des Ostflügels der *Brüdersaal,* in dem sich heute die evangelische *Kirche* befindet, mit einer Hypokaustenheizung darunter. Der Westflügel, der den Konversen, den Laienmönchen als Refektorium im Erdgeschoß und als Dormitorium im Obergeschoß diente, ist unterkellert für die Vorräte; am südlichen Ende befindet sich die große *Küche,* von der aus Laien- und Herrenrefektorium (im nicht erhaltenen Südflügel) versorgt werden konnten. Hervorzuheben ist das *Torhaus* an der Westseite mit hintereinander angeordneten Wimpergportalen – die Folge nachträglicher Überbauung – und mit einem dreiteiligen Wimperggiebel als Entsprechung zum Kirchengiebel. Die Klausurgebäude sind ebenso wie die Kirche mit reichgestalteten Giebeln versehen, so daß der Eindruck entsteht, das Bild einer Stadt als Abbild des himmlischen Jerusalem sei das baukünstlerische Ziel der Gesamtgestalt des Klosters gewesen.

Das Zisterzienserkloster Chorin wurde nach der Reformation 1542 aufgehoben. Seine Besitzungen fielen an die kurfürstliche Domänenkammer. Die Gebäude dienten fortan landwirtschaftlichen Zwecken. Als Ruine wurden Kirche und Kloster in der Zeit der Romantik wiederentdeckt. Um 1810 nahm Karl Friedrich Schinkel die Baulichkeiten zeichnerisch auf. Von den Ansichten, Schnitten, Grundrissen und Rekonstruktionen, die er anfertigte, offenbar mit dem Ziel einer Publikation, bewahrt die Handzeichnungsabteilung der Berliner Nationalgalerie 29 auf. Schinkels Aktivitäten machten Chorin zum Denkmal vaterländischer Geschichte. Er bemühte sich um die Befreiung von der als unwürdig empfundenen landwirtschaftlichen Nutzung und um eine angemessene Präsentation, wobei ihm eine landschaftsgärtnerische Gestaltung der Umgebung vorschwebte. Um 1830, wohl auf ausdrücklichen Wunsch Friedrich Wilhelms IV., versuchte Peter Joseph Lenné eine solche, die aber nur in Ansätzen zur Ausführung kam. Zu baulichen Sicherungen und gestalterischen Verbesserungen kam es erst gegen Ende des Jahrhunderts. Entscheidend waren die Aufbringung eines neuen Dachs und eines Dachreiters auf der Klosterkirche 1912. Zwischen 1925 und 1935 wurde der Fußboden in der Kirche abgesenkt – es kamen die originalen Zierziegel zum Vorschein – und im Klosterhof das Niveau abgegraben. Nach 1954 wurde im Ost- und im Westflügel der Klausur restauratorisch gearbeitet, was sich bis heute als kontinuierlich notwendig erweist. Die Belastung der Gebäudesubstanz durch Touristen wie vor allem durch die Besucher der äußerst beliebten Sommerkonzerte bringt fortwährend neue Schäden mit sich, so daß ständige Konservierungsmaßnahmen erforderlich sind. Das gleiche gilt für die Pflege der landschaftsgärtnerischen Umgebung. Auf dem Friedhof nördlich der Klosterkirche liegt der 1966 verstorbene Architekt Max Taut begraben.

Der Choriner Endmoränenbogen stößt nach Westen bis an den *Werbellin-* und den *Grimnitzsee,* und von dort setzt sich das Waldgebiet als *Schorfheide* nach Nordwesten fort. Die Schorfheide war Jagdgebiet von alters her, und die Potentaten des 20. Jh. machten es den früheren nach; Karinhall und Hubertusstock sind die hinlänglich bekannten Namen für die mißbräuchliche Nachahmung einer herrschaftlichen Gewohnheit und bedeutungstra-

Templin, Stadtansicht. Zeichnung von Daniel Petzold, um 1710

genden Tradition. Namen aus der Geschichte sind die Orte am Rande der Waidreviere, Joachimsthal und Groß Schönebeck. Zwischen den beiden genannten Seen besaßen die Askanier eine Burg zum Schutz des Wegepasses der Verbindung von Eberswalde nach Templin, den nordwestlichen, erst später gewonnenen Teil der Uckermark. Bei der Burg gab es auch eine Siedlung mit einer Pfarrkirche. Zum ›stedlein‹ wurde **Joachimsthal** jedoch erst, als Kurfürst Joachim Friedrich eine seit 1577 bestehende *Glashütte* förderte und 1607 eine höhere Bildungsanstalt, das sogenannte *Joachimsthalsche Gymnasium,* im dortigen *Schloß* einrichtete, ein verschwundenes Jagdhaus, das Kurfürst Joachim I. erbaute und nach dem der Ort seinen Namen führt. Weder die Glashütte noch das Gymnasium hatten in der Stadt Bestand; die Glashütte wurde nach Marienwalde, ein ehemaliges Zisterzienserkloster in der Neumark, und das Gymnasium nach Berlin verlegt.

Die **Kirche** der Stadt war seit 1738 ein barocker Quersaal, T-förmig im Grundriß, der durch die Stellung des Turms an der Südseite zur kreuzförmigen Erscheinung gebracht worden ist. Dem langseitigen Eingang stand der Kanzelaltar gegenüber. Nach einem Stadtbrand 1814 sollte die Kirche gotisierend erneuert werden. In das Wiederherstellungsprojekt schaltete sich Karl Friedrich Schinkel als Mitglied der Oberbaudeputation ein, und so gehen auf ihn vor allem die Giebel in ihrer Freistellung vor dem Dach zurück. Die spitzbogigen Portale und die einfachen Maßwerkfenster sind ansprechend schlicht gehalten. – Von der alten *Burg Grimnitz* auf der Anhöhe über dem See sind nur noch wenig deutbare Reste vorhanden.

Groß Schönebeck ist ein großes Angerdorf an der Zufahrtsstraße von Süden zur ›großen werbellinischen Heide‹, wie man die Schorfheide einst auch nannte. Die stattliche **Dorfkirche** geht auf das Mittelalter zurück, zeigt sich jetzt aber in einer Gestalt aus dem 17. und 18. Jh., ebenso auch die Inneneinrichtung und Ausstattung. Das **Jagdschloß** ist ein nach 1660 in kurfürstlichem Auftrag errichtetes Gebäude. Erneuerungen haben 1724 und in der ersten Hälfte des 19. Jh. stattgefunden. Von letzterer rührt die heutige Erscheinung des Äußeren mit den anglisierend-gotisierenden Details her. Es handelt sich um einen zweigeschossigen Putzbau auf annähernd quadratischem Grundriß, vielleicht ist die

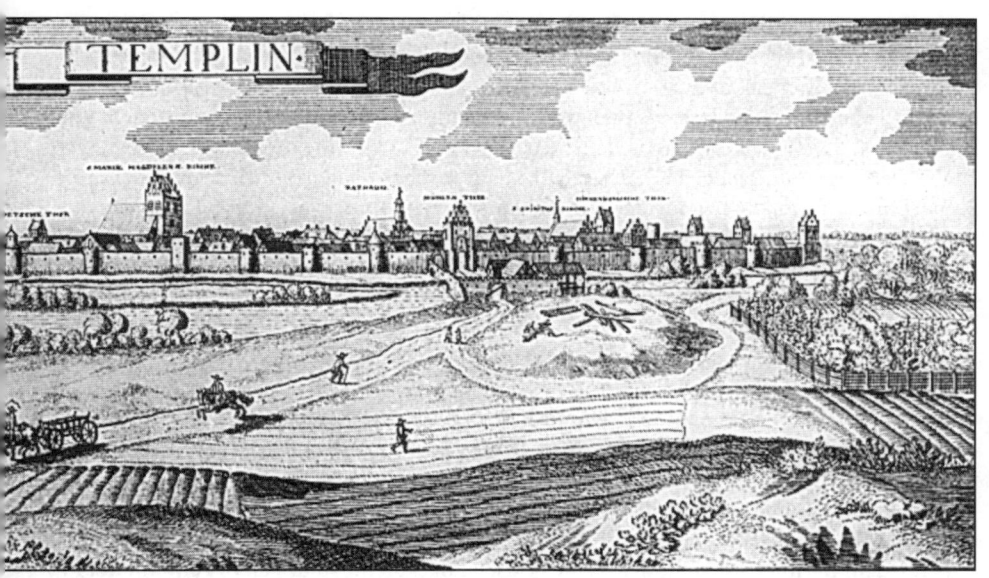

Anlage deshalb im Kern älter. Die Dachzone mit zinnenbekrönten Ecktürmchen, mit übergiebelten Gaupen, die von Fialen flankiert werden, und der Zinnenabschluß des mittleren Schornsteins gehen wohl auf Überformung des 19. Jh. zurück. In einem Raum des Obergeschosses hat sich eine Stuckdecke mit dem kurfürstlichen Wappen erhalten.

Hauptorte des westlichen Teils der Uckermark sind Templin und Lychen. Sie sind umgeben von Seen und Wäldern und werden von Ausflüglern und Urlaubern gern besucht. Ihre Abgelegenheit wie auch die Geländebedingungen ihrer geographischen Lage haben ihnen viel von ihrer ursprünglichen Erscheinung bewahrt. Für den Vorstoß der Askanier zum Landgewinn nach Norden war die Situation zwischen südmecklenburgischem Havelgebiet und unterer Oder, zwischen Mittelmark und noch pommerscher Uckermark äußerst wichtig, und so legten sie schon um 1240/50 den Grund für eine Stadt in Templin und in Lychen. **Templin** war vom Anlageschema her eine typische Gründungsstadt der askanischen Expansionszeit. Die Regelmäßigkeit der mittelalterlichen Straßenführung wurde allerdings durch das rechtwinklige Planraster beim Wiederaufbau der Stadt nach einem Stadtbrand von 1735 noch weit übertroffen. Die überwiegend zweigeschossige Wohnbebauung aus der Zeit nach 1735 besteht aus Fachwerk und zeigt die Traufe zur Straße gewendet.

Zur Gründungsstadt gehörte eine aus Feldsteinquadern errichtete **Pfarrkirche**, die hier das nur noch einmal in Eberswalde auftretende Patrozinium **St. Maria Magdalena** besitzt. Von der Kirche des 13. Jh., die man sich als Saal ähnlich der noch erhaltenen frühgotischen Kirche in Lychen vorstellen kann, ist der untere Teil des Westbaus mit einem Spitzbogenportal erhalten. Im 15. Jh. ist der Gründungsbau durch eine dreischiffige Backsteinhalle mit Umgangschor ersetzt worden. Der Grundriß dieses repräsentativen spätgotischen Baus blieb interessanterweise bewahrt, als man die Kirche nach dem Stadtbrand von 1735–49 neu errichtete. So ist das Innere bis heute eine dreischiffige Umgangshalle, allerdings mit flacher Holzdecke auf quadratischen Pfeilern, zwischen denen hölzerne Emporen umlaufen; auf der westlichen steht die Orgel mit einem Prospekt von 1769. Außen wurde die Kirche zu einem barocken Putzbau mit Lisenen, Pilastern, Bandquaderungen, profilierten Konsolen, Schlußsteinen und vorspringenden, teilweise geschwungenen Gesimsen. Die Südseite ist mit einer monumentalen Portalnische besonders betont, und der Turm erhielt einen stattlichen mehrgeschossigen Aufbau mit kupferbeschlagener Laterne und Haube. Die Risse für den Neubau lieferte 1737 der Bauinspektor Schmidt aus Berlin.

Nach Plänen von Karl Samuel Schmidt in Berlin wurde auch um die Mitte des 18. Jh. das **Rathaus** auf der Mitte des Marktes neu errichtet. Der dreigeschossige Putzbau mit monumentalisierender Kolossalgliederung der mittleren Achsen steht frei und ist mit einem Zeltdach gedeckt. Das mittlere Dachtürmchen wird von einem Adler bekrönt.

Nahe dem Berliner Tor steht der kleine gotische Backsteinbau der **Georgenkapelle.** Er wendet seinen westlichen Giebel mit spitzbogigen Blenden wie ein Haus der Straße zu. Das kreuzrippengewölbte Innere beherbergt einen spätgotischen Schnitzaltar und eine Schnitzfigur des Titelheiligen.

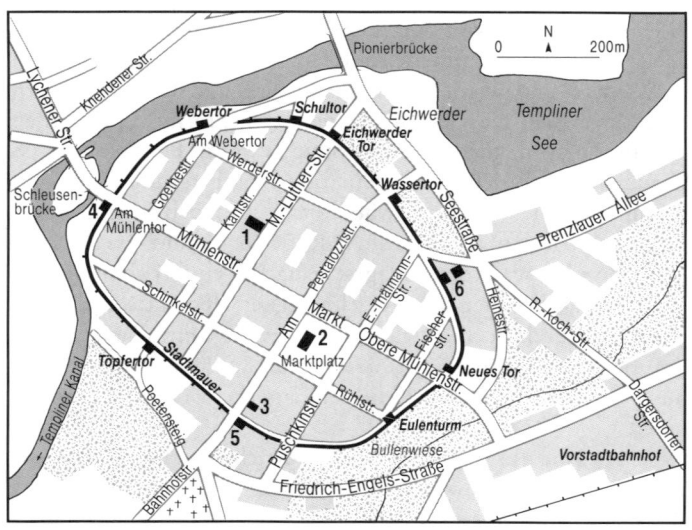

Templin
1. *Pfarrkirche St. Maria Magdalena*
2. *Rathaus*
3. *Georgenkapelle*
4. *Mühlentor (Lychener Tor)*
5. *Berliner Tor (Landeskulturkabinett)*
6. *Prenzlauer Tor (Stadtmuseum)*

Das beeindruckendste Bauwerk aus dem Mittelalter in Templin ist aber die **Stadtmauer.** Sie besteht überwiegend aus Feldsteinen und umgibt die Stadt in einem zum Rechteck tendierenden Ring. Ihr Mauerwerk ist sorgfältig ausgeführt und schichtenweise horizontal abgeglichen. In regelmäßigen Abständen von etwa 30 m stehen halbrund zur Feldseite hin vortretende Weichhäuser. Die drei Türme des **Mühlentores (Lychener Tor)**, des **Berliner** und des **Prenzlauer Tores** sind nachträglich in Backsteinmauerwerk über dem Feldsteinsockel der ursprünglichen Tordurchfahrt errichtet und mit gegliederten Giebeln zur Stadt- und zur Feldseite hin geschmückt worden. Vom Prenzlauer Tor ist auch das Vortor erhalten, das im Erdgeschoß ursprünglich zwei Durchfahrten besaß und in der Gliederung seines Aufbaus überraschende Reminiszenzen an römische Vorbilder wachruft.

Templin, Prenzlauer Torturm

Auch **Lychen** verdankt seine Entstehung der Lage an einem Straßenpaß zwischen den Seen. Der Gründungsvorgang ist hier so beispielhaft belegt, daß er kurz referiert werden soll. Die Gründungsurkunde datiert vom 23. Januar 1248. Markgraf Johann I. beauftragte die Lokatoren Daniel und Eberhard von Parvenitz mit der Anlage. 150 Hufen wurden als Erstausstattung zur Verfügung gestellt. Während der ersten sechs Aufbaujahre war die neue Stadt von Abgaben befreit, danach sollte das in märkischen Städten gebräuchliche Recht in Kraft treten. Wirtschaftlichen Nutzen konnte die Stadt aus ihren Privilegien jedoch nur bedingt ziehen, weil das benachbarte Kloster Himmelpfort ihr vor allem hinsichtlich des Fischfangs Abbruch tat.

Die **Stadtkirche** blieb aus der Gründungszeit unverändert erhalten, ein beeindruckendes Beispiel der frühen städtischen Bauweise, als die Kirche wohl das einzige Bauwerk aus Stein in der Stadt war, außer der Befestigung, und deshalb weit mehr als nur sakrale Zwecke zu erfüllen hatte. Es handelt sich um einen geräumigen Saal mit flacher Decke, der im Westen von einem gleichbreiten Querturm abgeschlossen wird; sein Untergeschoß war ursprünglich durch einen breiten Spitzbogen mit dem Schiff verbunden. Der Chor ist etwas schmaler und gerade geschlossen, in seiner Ostwand drei nur unmerklich gestaffelte schmale spitzbogige Fenster. Auch an den Langhauswänden sind noch die frühgotischen Fenster vorhanden, getreppte spitzbogige Eingänge befinden sich im Westen und Norden, hier besonders groß und aufwendig mit gekehlten Fasen im

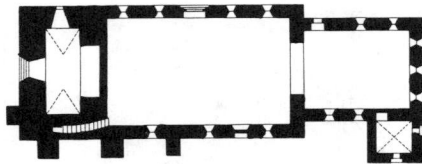

Lychen, Stadtkirche, Grundriß

Gewände. Im 15. Jh. erhielt der Turm eine Backsteinerhöhung mit Giebeln über den Schmalseiten, die einzige zum Repräsentativen neigende Ergänzung des Gründungsbaus. Die Ausstattung – Altar, Kanzel und Emporen sowie Kronleuchter – stammt aus dem späten 17. Jh. Aus dieser Zeit datieren auch die bemalten Fenster in der Sakristei. Wie in Templin steht das nach Kriegsbeschädigung 1945 vereinfacht wiederaufgebaute **Rathaus** von 1748 frei auf dem Markt, und die Stadtbefestigung bestand auch hier aus Feldsteinen. Bis 1976 war noch das Stargarder Tor erhalten, mit flankierenden rechteckigen Wiekhäusern, wie sie auch in Fürstenwerder begegnen. Reste von Mauerteilen sind noch an anderer Stelle zu finden. Zusätzlich war die Stadt durch das umgebende Wasser geschützt.

Das eben erwähnte **Zisterzienserkloster Himmelpfort** ist das dritte des Ordens in der inneren Mark. Es ist 1299 von Markgraf Albrecht III. gegründet worden. Es war als seine Grablege bestimmt und wurde von Lehnin aus besiedelt. Die **Klosterkirche** war eine dreischiffige Basilika und ist heute Ruine. Sie soll Anfang des 14. Jh. errichtet worden sein, was dann in mehr als altertümlichen Formen geschehen wäre. Besser passen zu dieser Entstehungszeit schon das Querschiff und der polygonal geschlossene Chor. Beide erhielten 1663 bei Reduzierung der ursprünglichen Raumhöhe eine einfache Holzbalkendecke und werden bis heute als Dorfkirche benutzt. Der Altar und die Kanzel datieren aus derselben Zeit. Im Klosterbezirk steht noch das *Brauhaus,* ein zweigeschossiger Bau mit schönem Blendgiebel sowie ein Rest der Klostermauer.

Eine bemerkenswerte **Dorfkirche** aus der Zeit des Klassizismus in der Nähe Templins soll hier besondere Erwähnung finden. Der Bauinspektor Hermann aus Zehdenick hat sie in **Annenwalde** nach den Vorstellungen Schinkels von einer ›Normalkirche‹ gestaltet. Es ist ein turmloser Putzbau, mit kräftigen Gliederungen, drei Rundfenstern an den Langseiten und einem Doppelportal mit einem Halbkreisfenster darüber an der westlichen Schmalseite. Das Äußere ist bei aller Schlichtheit durchaus von monumentaler Wirkung. Das Innere wird durch hölzerne Emporenstützen in Form dorischer Säulen dreischiffig unterteilt, wobei das Mittelschiff durch eine hölzerne Längstonne überwölbt ist. Die Einrichtung stammt einheitlich aus der Bauzeit.

Auf halbem Wege von Lychen nach Prenzlau liegt der alte Klosterort und Herrensitz **Boitzenburg,** als Burg in Grenzlage nach 1252 angelegt und 1276 erstmals erwähnt. Er war zunächst in vieler Herren Hand, aber 1427 zum erstenmal und seit 1528 gehörte er der Familie von Arnim. Schon im 16. Jh. bestand die **Schloßanlage** aus dem sogenannten **Oberhaus** und einer Vorburg, dem späteren **Unterhaus.** Die älteste Darstellung von

Merian 1652 in der Topographia der Mark Brandenburg zeigt die stattliche Renaissanceanlage aus zwei im rechten Winkel zueinander stehenden Baukörpern mit Zwerchgiebeln und Treppentürmen. Während das höher gelegene dreigeschossige Oberhaus mit vorgebautem Treppenturm die Bauformen des 16. Jh. weitgehend bewahrt hat, wurde das östlich davon gelegene Unterhaus wiederholt umgebaut. Im Dreißigjährigen Krieg teilweise zerstört, erfolgte 1740 der Ausbau zu einem zweigeschossigen *Barockschloß*. Dabei wurde der wertvollste ältere Innenraum, das Jagdzimmer mit reichem, teilweise figürlichem Stuckdekor (um 1640) im Obergeschoß, in den Umbau mit einbezogen. Eine wesentliche Erweiterung und Überformung im neugotischen Stil erfuhr das Unterhaus 1838–42 durch Friedrich August Stüler, der im Obergeschoß des östlichen Nebenflügels einen durchgehenden Bibliothekssaal einrichtete. Das nunmehrige Hauptgebäude, das ehemalige Unterhaus, erhielt ein zweites Obergeschoß mit rundbogigen Fenstern und Zinnenkranz, und auch der quadratische Hauptturm endigte mit einer zinnenbekrönten Plattform. Durch einen erneuten Umbau von 1881–84 wurde die gesamte Schloßanlage mit einer Vielfalt von Renaissancedetails wieder zu einer architektonischen und stilistischen Einheit.

Das Schloß in Boitzenburg liegt auf einer Insel, die zum Mittelpunkt eines Landschaftsparks geworden ist. Blickbeziehungen führen zu Parkarchitekturen, die heute meist ruinös sind, und zum Ort mit seiner **Kirche,** die ihrerseits mit einem breit ausladenden Querschiff des 19. Jh. als Ansicht dem Schloß antwortet. Im Inneren der im Kern aus dem 13. Jh. stammenden Pfarrkirche befinden sich mehrere bemerkenswerte Epitaphien der Familie von Arnim. In der Geschlossenheit der siedlungsgestalterischen Zuordnung ist Boitzenburg auch ein schönes Beispiel eines standesherrschaftlichen Sitzes.

Wenig außerhalb liegt das *Kloster der Zisterziensernonnen*, das um 1280 gegründet worden ist. Seine Gebäude aus Backstein sind heute nur als Ruine auf einer Wiese zu besichtigen, aber die Reste machen deutlich, daß es sich um eine architektonisch bedeutende

Boitzenburg, Schloß, Hofseite

Ravensbrück, Mahnmal des ehem. Frauen-Konzentrationslagers

Anlage gehandelt hat. Die Kirche war, wie üblich bei Frauenklöstern, einschiffig, die Fenster zeigen Reste von Maßwerk aus Terrakotta. Die stilistische Abhängigkeit von Chorin ist unübersehbar. – In unmittelbarer Nähe steht noch eine *Wassermühle* innerhalb eines Fachwerkgebäudes, in dem das *Klostermühlenmuseum* zu besichtigen ist.

Nicht eigentlich zur Uckermark und auch nicht zu Brandenburg gehörig, durch die Grenzmanipulationen nach dem Zweiten Weltkrieg aber jetzt dem Land Brandenburg angeschlossen, ist die Stadt **Fürstenberg an der Havel**. Sie gehörte bis 1952 zu Mecklenburg. So war es auch ein mecklenburgischer Baumeister, F. W. Buttel, der die **Stadtkirche** 1845–48 aus dem für die Zeit und die Gegend typischen gelben Backstein errichtete, ein Bau auf kreuzförmigem Grundriß mit einem sehr schlanken Turm in neugotischem Stil. Das **Schloß** in Fürstenberg ist eine Dreiflügelanlage mit zwei Stockwerken und wurde 1741–52 nach Plänen von Chr. J. Löwe erbaut, jedoch 1913 entscheidend verändert.

2 km östlich von Fürstenberg liegt das ehemalige **Konzentrationslager Ravensbrück**, ein eigens für Frauen eingerichtetes Arbeitslager, das durch besondere Grausamkeit berüchtigt war. Zum Gedenken an die dort Umgekommenen steht auf einer 7 m hohen *Stele* am See die Bronzefigur einer Gefangenen, die ihre tote Kameradin trägt. Der Bildhauer Will Lammert hat sie geschaffen, auch die *Klagenden* vor der Lagermauer. Fritz Cremer vollendete mit einer Bronzegruppe trauernder Mütter die Gestaltung der Mahnstätte.

Die Niederlausitz

Nicht von ungefähr steht die Niederlausitz am Ende dieses kunstgeschichtlichen Reiseführers. Die bisher betrachteten Kleinlandschaften, die historisch und geographisch allein die Mark Brandenburg ausmachen, haben zwar alle bestimmte Eigenheiten, auch im Ausdruck ihrer künstlerischen und architektonischen Hinterlassenschaft ausgebildet, aber in ihrer Gesamtheit doch einen ausgesprochen märkisch-brandenburgischen, später dann einen preußischen Charakter. Nicht so in der Niederlausitz. Das Markgrafentum war im Mittelalter zunächst zu einem wettinischen Besitz geworden, als die deutschen Adelsherrschaften gen Osten strebten. Im 14. Jh. fiel das Gebiet an Böhmen, fast gleichzeitig mit der Übernahme der Mark Brandenburg durch den böhmischen König und deutschen Kaiser Karl IV., so daß für kurze Zeit Brandenburg und die Lausitz kulturell gemeinsam unter einem böhmischen Einfluß standen, was sich in der Kirchenbaukunst, der Plastik und der Malerei zwischen etwa 1370 und 1430/40 deutlich ausweist. Der böhmische Einfluß auf Brandenburg erlosch allmählich nach der Belehnung der Hohenzollern mit der Mark im 15. Jh. Die Niederlausitz verblieb damals bei Böhmen, und auch nach dem Übergang der Ober- und der Niederlausitz an das Kurfürstentum Sachsen während des Dreißigjährigen Krieges (1635) waren die kulturellen Beziehungen zu Böhmen noch sehr intensiv; vor allem in Kloster Neuzelle kann man es gut feststellen. Aber auch die Dresdner und Torgauer Kunst der Renaissance und des Barock haben in der Niederlausitz wie auch in den einst sächsischen Gebieten des Fläming ihre Spuren hinterlassen.

Böhmen und Sachsen haben die Geschichts- und Kunstlandschaft der Niederlausitz geprägt, bis mit dem 18. Mai 1815 das bis dahin königlich-sächsische Markgrafentum durch die Wiener Kongreßakte an Preußen kam. 1816 wurden die Kreise der Niederlausitz zum Regierungsbezirk Frankfurt/Oder der neugebildeten Provinz Brandenburg geschlagen. Nur die Herrschaften Cottbus und Peitz waren schon 1462 an Brandenburg gefallen und nun aus der isolierten Lage inmitten sächsischer Lande gelöst worden. Seitdem fühlen sich, so scheint es, die Bewohner als Brandenburger, denn nach dem Herbst 1989, als der Bezirk Cottbus, der 1952 aus Kreisen der damaligen Länder Brandenburg, Sachsen-Anhalt und Sachsen entstanden war, zur Disposition stand, optierten die ehemals preußischen Kreise überwiegend für das neu entstehende Land Brandenburg.

☐ Dahmeland und Spreewald

Der Teil der nördlichen Niederlausitz zwischen Niederem Fläming im Nordwesten und Lausitzer Grenzwall im Südosten könnte man auch als das *Dahmeland* bezeichnen. Der Fluß kommt aus dem Fläming und wendet sich nach Nordosten; erst als Grenze zwischen dem Teltow und dem Land Beeskow-Storkow wechselt er in nordwestliche Richtung, um sich in Köpenick mit der Spree zu vereinigen. Die Spree, aus dem Süden, aus der Oberlausitz im jetzigen Sachsen kommend, bildet nördlich von Cottbus in großem nach Westen aus- und dann nach Osten zurückschwingendem Bogen und deltaartigen Verzweigungen den legendären *Spreewald*.

Luckau, Stadtkirche St. Nikolai, Turmfront

Hauptorte der Gegend sind von West nach Ost die Städte Dahme, Luckau, Lübben und Lübbenau. Von ihnen verfügen vor allem Luckau und Lübben – es waren unabhängige Gemeinwesen – über einen noch deutlich auf das Mittelalter zurückgehenden Charakter. Die anderen waren Mediatstädte, die ihre Prägung wesentlich durch die ansässige Standesherrschaft erfahren haben.

Luckau liegt nicht an der Dahme, sondern in der sumpfigen Niederung der *Berste* oder *Börste*, die bei Lübben in die Spree mündet. Vermutlich ist es aus einer Burgsiedlung am Nordrand der Altstadt und einer Marktsiedlung südlich davon entstanden. Die Gründung wird wohl noch unter Markgraf Dietrich dem Bedrängten von Meißen erfolgt sein, also vor 1221. Als Jahre der Ersterwähnung gelten 1276 und 1297, letzteres mit der Nennung als civitas, wozu man bereits verliehenes Stadtrecht vermutet. Auf annähernd kreisförmigem Grundriß war die Stadt am Ende des 13. Jh. mit Mauer und Graben befestigt. Die Straßen sind gitterförmig angelegt, die von Westen kommende Hauptstraße gabelt sich, und beide Stränge nehmen dann den Markt mit der Georgenkapelle, der ursprünglichen Pfarrkirche, zwischen sich. 1386 wird St. Georgen als Kapelle geführt und hatte die Funktion als Pfarrkirche schon verloren.

Als neue Pfarrkirche ist 1281 die ›ecclesia Beatae Mariae Virginis et Sancti Nicolai‹, die spätere **Stadtkirche St. Nikolai,** im Bau gewesen. Vom dem so schriftlich bezeugten Vorgängerbau der stehenden Kirche rührt der Unterbau aus Feldsteinquadern für die Türme her, die erst um die Mitte des 14. Jh. aufgeführt worden sind. Nachdem Luckau mit der Lausitz 1370 an Böhmen gefallen war, schenkte Karl IV. 1375 eine Reliquie des hl. Paulinus, den Schädel, der Kirche und initiierte damit wohl gleichzeitig einen Neubau. Damals wurde der gestreckte dreischiffige Hallenchor mit einem Umgang der offenbar noch bestehenden älteren Kirche angefügt. Fünfseitig legt sich der mit Springgewölben böhmischer Provenienz gedeckte Umgang um den dreiseitigen Mittelschiffschluß. Es ist der früheste Hallenumgang der Lausitz. 1388, bei der Weihe des Marienaltars, war er vollendet. Der Langhausneubau zog sich bis ins 15. Jh. hin. Die Wölbung beider Bauabschnitte auf äußerst schlanken achteckigen Pfeilern erfolgte möglicherweise gemeinsam. Das Parallelrippennetz des Mittelschiffs entspricht dabei dem Muster der Prager Domchorgewölbe. Bemerkenswert sind auch die Kopfkonsolen Prager Art am Südportal des Chors.

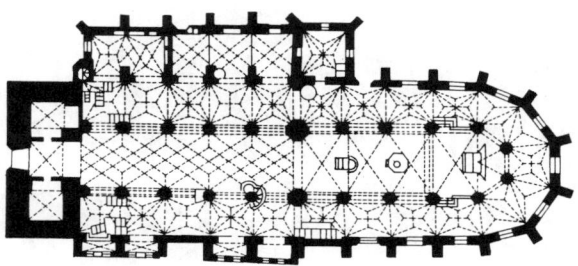

Luckau, Stadtkirche St. Nikolai, Grundriß

1644 brannte die Nikolaikirche in Luckau vollständig aus, ein Teil der spätgotischen Gewölbe wurde danach durch Kreuzgewölbe ersetzt. Durch die Wiederherstellung bekam das Innere (Farbabb. 19) in der zweiten Hälfte des 17. Jh. den so malerischen Charakter einer einheitlichen Ausstattung, die nach barockem Verständnis in den mittelalterlichen Raum komponiert worden ist: die amphitheatralisch terrassierten Emporen mit der mächtigen Orgel von 1674, die Sandsteinkanzel, ein Prunkstück mit vielen Figuren und szenischen Reliefs, das 1666 von Andreas Schultze aus Torgau geschaffen wurde, der schlanke, von Abraham Jäger aus Doberlug 1670 getischlerte und von Christoph Kraus aus Großenhain mit Gemälden versehene Altaraufbau, die zahlreichen Epitaphien, die, von gemalten Draperien umrahmt, die Pfeiler schmücken, und schließlich als Besonderheit die Stuben und Logen, die für reiche Bürger auf der nördlichen Empore mit tapezierten Wänden und mit Öfen eingerichtet waren. Unter dem liturgischen Gerät befindet sich ein emailliertes Reliquienkästchen des 13. Jh. aus Limoges, in dessen Kupferwandungen Figuren von Heiligen eingraviert sind.

Steht die Nikolaikirche als Hauptkirche der Stadt in peripherer Lage – sie hat näher zur Burg als zum Markt gestanden, daher auch das einstige Marienpatrozinium –, so liegt die **Georgenkapelle** zentral; erstaunlich ist für die ursprüngliche Marktkirche das Georgspatrozinium. Sie ist ein kleiner rechteckiger Backsteinbau, der im Kern auf das 13. Jh.

Luckau, Bürgerhäuser am Markt

zurückgeht, aber im ausgehenden Mittelalter mit spätgotischen Stern- und Netzgewölben versehen worden ist. Nach der Reformation wurde die Kapelle profaniert. Über dem westlichen Joch steht seit dem 15. Jh. ein Turm, der seine heutige Gestalt als Wartturm erst 1697 erhalten hat und nun mit beträchtlicher Höhe als der **Hausmannsturm** das Stadtbild bestimmt. – Bemerkenswert ist auch der barocke Putzbau des ehemaligen **Heilig-Geist-Hospitals** in der Lindenstraße, zweigeschossig langgestreckt unter einem Mansarddach. Die fünf Fensterachsen des mittleren Risalits markieren die Lage der früher hier im Gebäude vorhandenen Kirche aus dem Jahre 1727.

Ein besonderer Reiz der Stadt besteht in der Umbauung des **Marktes** mit *Schmuckgiebelhäusern*. Die Wandstuckaturen sollen um 1700 von italienischen Meistern gearbeitet worden sein. Hervorzuheben sind die *Häuser Nr. 12, 30 und 32*. Das zweigeschossige **Rathaus** inmitten des Marktes stammt dagegen erst von 1852 und trägt spätklassizistische Züge. – Von der **Stadtbefestigung** sind große Teile erhalten, aus Feldstein und aus Backstein, vor allem an der Nordseite der Stadt mit einem Wiekhaus im Garten der Superintendentur sowie dem **Roten Turm** am ehemaligen *Calauer Tor*. – Schließlich sei noch das 1291 gegründete **Dominikanerkloster** zu erwähnen. Seit 1747 diente es als Zuchthaus, berüchtigt bis in die jüngste Zeit. Von Dezember 1916 bis Oktober 1918 war Karl Liebknecht wegen ›versuchten Kriegsverrats‹ hier inhaftiert.

In der Umgebung von Luckau finden sich eine Reihe von Dorfkirchen, die in ihrer Entstehung noch auf die Kolonisationszeit zurückgehen. Von klassischer Ausprägung ist die **Kirche** von **Riedebeck** mit einem westlichen Querturm, einem längsrechteckigen Schiff, einem eingezogenen quadratischen Chor und einer abschließenden Halbkreisapsis; sie gilt als eine der schönsten der Niederlausitz. Auch im Inneren ist sie mit den flachen Holzbalkendecken im Schiff und im Chor von beeindruckender Wirkung. Im Ostteil fanden sich Reste von spätgotischer Wandmalerei, Heilige und biblische Szenen. In der Apsiskalotte ist das Jüngste Gericht dargestellt.

Frühe Entstehungszeit ist auch den **Dorfkirchen** in Walddrehna und in Waltersdorf eigen. In **Walddrehna** findet sich eine romanische Halbkreisapsis, in **Waltersdorf** ein Portal an der Nordseite mit schönen Profilen am abgestuften Gewände. Die Ausstattung der Kirchen stammt meist erst aus nachreformatorischer Zeit, besonders reich und charakteristisch in **Beesdau**. Dort ist der Altaraufsatz aus Sandstein um 1600 entstanden; er zeigt neben den obligatorischen Reliefs vom Abendmahl bis zur Auferstehung Christi die gesamte Stifterfamilie, ist also eigentlich ein Epitaph. Reliefs schmücken auch den runden Korb der Sandsteinkanzel aus dem Jahre 1566. Schließlich finden sich an den Wänden mehrere steinerne Epitaphien, darunter das für H. von Polentz, für E. von der Schulenburg und für A. von Ziegesar, die alle zwischen 1563 und 1565 in der Werkstatt des Georg Schröter aus Torgau entstanden sind.

Ebenso reizvoll ist das Innere der **Kirche** von **Bornsdorf** wegen der Unberührtheit ihrer Ausstattung. Die Kirche selbst ist ein Bau des 15. Jh., wurde aber im 18. Jh. um Logen- und Gruftanbauten vergrößert. Der Altaraufsatz aus Sandstein wird von den knienden Stiftern flankiert, Kanzel und Pastorenstuhl sind Schnitzarbeiten aus dem

18. Jh. – In der aus dem 14. Jh. stammenden **Dorfkirche** von **Egsdorf,** die um 1700 erneuert und neu ausgestattet wurde, fällt ein gut geschnitzter und ungefaßter, also nicht bemalter Altaraufsatz mit einer Kreuzigungsgruppe auf, von Säulenbündeln und kräftigen Akanthuswangen eingefaßt. Eine hölzerne Taufe und ein ebenso bäuerlich geschnitztes Lesepult ergänzen das malerische Bild. – Die **Dorfkirche** von **Mehlsdorf** wurde in der zweiten Hälfte des 17. Jh. erneuert und einheitlich ausgestattet. Hervorzuheben sind der Kanzelaltar, die Taufe und der Pastorenstuhl sowie die Emporen mit biblischen Szenen als Brüstungsmalerei.

Golßen, nördlich von Luckau in der Dahmeniederung gelegen, befand sich schon im Mittelalter in wettinischem Besitz. Angelegt war es offenbar neben einem Burgward und einem slawischen Sitz. Es hatte den Charakter eines Angerdorfes, das allmählich mit einem mittig gelegenen Markt zu einer kleinen Ackerbürgerstadt ausgebaut worden ist. Das neugotische **Rathaus,** wie aus einem Spielzeugbaukasten, wurde 1904/05 errichtet und hat bezeichnenderweise ›märkisches‹ Gepräge. Die **Stadtkirche** hat ein Maurermeister Jacob aus Jüterbog 1811–20 erbaut nach einem Entwurf des Landbaumeisters Colberg in Berlin. Doch erst der 1845 entstandene westliche Turm hat ausgesprochen berlinischen Charakter. Bemerkenswert ist das Innere als klassizistischer Emporensaal mit dem Kanzelaltar in der Ostapsis. Das **Schloß** ist ein zweigeschossiger Putzbau von 1720, der nach 1788 durch Seitenflügel erweitert wurde. Der weitläufige *Landschaftsgarten* ist mit klassizistischen Architekturen ausgestattet. Im Park befindet sich auch das gußeiserne *Grabmal* für die *Gräfin Fontana,* eine geborene von Redern, in der man die Bauherrin der Zeit um 1800 erblicken kann. 1846 ging der Besitz an die Reichsgrafen zu Solms über, die auch auf Baruth saßen, sie behielten ihn bis 1945. – **Drahnsdorf** unweit von Golßen sei um der Wandmalereien aus dem 15. Jh. in seiner *Dorfkirche* willen ergänzend zu den Dörfern um Luckau erwähnt. Es handelt sich um einen Passionszyklus und die Einzelfigur des hl. Laurentius.

Lübben, Paul-Gerhardt-Denkmal

Wenn die Berliner einen ihrer beliebten Ausflüge in den Spreewald machen, dann fahren sie in der Regel nach Lübben oder Lübbenau, wobei letzteres der eigentliche Ausgangsort für eine Spreewaldfahrt ist. **Lübben** kommt aber die höhere historische Bedeutung zu. Der um die Mitte des 12. Jh. erstmals erwähnte Burgort Lubin schützte den kürzesten Übergang, der über die Spreewaldniederung möglich war, so daß sich mehrere Verkehrswege hier vereinigten. Der ältere Burgwall bei Steinkirchen wurde im 13. Jh. aufgegeben und auf die Spreeinsel verlegt. Dort ist die Burg 1208 bezeugt und von markgräflich-meißnischen Dienstmannen besetzt. Auf der Insel wurde dann auch die Stadt nach dem Parallelstraßensystem mit mittlerem Markt- und Kirchplatz planmäßig angelegt. Magdeburger Stadtrecht erhielt Lübben um 1220. Bis zur Angliederung an Preußen 1815 war Lübben gelegentlich Hauptstadt der Niederlausitz, Nebenresidenz der Kurfürsten von Sachsen und Sitz der Niederlausitzer Stände. Die Zerstörungen im Zweiten Weltkrieg waren verheerend, die Stadt ist noch immer davon gezeichnet.

Man spürt es vor allem im Umfeld der **Stadtkirche,** die seit 1930 den Namen des protestantischen Liederdichters *Paul Gerhardt* trägt, der hier 1669–76 als Archidiakon tätig war, nachdem ihm in Berlin an St. Nikolai die Arbeit durch den Streit zwi-

Lübben, Oberamtshaus, Nordportal mit Wappen der Niederlausitz

schen Lutheranern und Calvinisten unmöglich gemacht worden war. Er ist in Lübben gestorben und vor dem Altar der Stadtkirche bestattet worden. Das Porträt in der Kirche von Gottlieb Wernsdorff gilt als das einzige, das zu Lebzeiten entstanden ist. Das *Denkmal* vor der Kirche, eine Bronzefigur von Friedrich Pfannschmidt, wurde 1907 aus Anlaß des 300. Geburtstages aufgestellt. Die Kirche war ursprünglich dem hl. Nikolaus geweiht. Sie ist eine spätgotische dreischiffige Hallenkirche aus Backstein und wurde wahrscheinlich unter Einbeziehung von Teilen eines Vorgängerbaus zwischen 1494 und 1550 errichtet. Die Sternmuster des Chorgewölbes werden aus Stuckrippen gebildet. Die reiche qualitätvolle von Samuel Hanauer in Sandstein gearbeitete liturgische Spätrenaissance-Ausstattung von 1609/10 besteht aus dem Altarretabel mit Reliefs nach einem protestantischen Bildprogramm, der Kanzel und dem Taufstein. Das malerische Bild des Inneren wird bereichert durch zahlreiche Grabmäler und Epitaphe sowie durch eine Triumphkreuzgruppe.

Das **Schloß** ist ein dreigeschossiger Backsteinbau aus der zweiten Hälfte des 17. Jh. und ersetzte eine mittelalterliche Wasserburg, wie sie in der Lausitz häufig sind und von

319

der ein Rest in dem mächtigen Wohn- und Wehrturm gesehen wird. Die Überformung im Stil der Deutschen Renaissance erfolgte erst 1914–17, daher rühren die Turmgalerie, das Nordportal und der Festsaal. In unmittelbarer Nähe steht das **Oberamtshaus,** ein dreigeschossiger Putzbau mit prächtigem Schweifgiebel an der Ostseite von 1679–82. Das Prunkportal an der Nordseite krönt das Wappen der Niederlausitz. Schließlich gehört zur Bautengruppe noch das nördlich vom Schloß stehende **Land-** oder **Ständehaus,** ein zweigeschossiger Putzbau des 18. Jh., dessen drei Portale, wie ein Triumphtor zusammengefaßt, gleichfalls mit dem Wappen der Niederlausitz geschmückt sind. Wie oft bei kriegszerstörten Städten hat sich auch in Lübben von der mittelalterlichen **Stadtmauer,** die im späten 15. Jh. aus Backsteinen errichtet worden war, ein Rest mit einem runden Eckturm und einem Wiekhaus erhalten.

Das eben als Sitz einer ersten Burg erwähnte Dorf **Steinkirchen** ist nach Lübben eingemeindet. Das **Burglehn** ist eine noch heute vorhandene Rundwallanlage slawischen Ursprungs. Die **Dorfkirche,** ein einschiffiger Backsteinbau mit eingezogenem rechteckigem Chor, gilt als eine der ältesten Kirchen der Lausitz. Eine Verlängerung nach Osten aus Feldstein hat vermutlich eine ursprünglich vorhandene romanische Halbkreisapsis zerstört.

Geographisch gesehen liegt Lübben zwischen dem *Oberspreewald* im Süden und dem *Unterspreewald* im Norden. Die Dörfer westlich und nördlich von Lübben zeichnen sich durch schöne Fachwerkbauweise aus. Bemerkenswert ist die Anlage von **Niewitz** als Rundling. Die Fachwerkhäuser der Hofanlagen, überwiegend aus dem 18. und 19. Jh., sind mit ihren abgewalmten Giebeldächern auf den mittleren Dorfplatz ausgerichtet. Auch die *Dorfkirche* ist ein Fachwerkbau von 1770; die Brüstungen der Emporen im Inneren tragen Blumenmalerei. – *Fachwerkkirchen* finden sich auch in Krausnick und Waldow.

In **Waldow** steht am Südportal das Datum 1709, aus welcher Zeit wohl auch die schlichte Ausstattung mit Altar, Kanzel, Lesepult und Predigerstuhl stammt. Die *Kirche* von **Krausnick** liegt auf einer Anhöhe im Norden des Dorfes und ist ein Zentralbau auf kreuzförmigem Grundriß von 1728. Das Innere besitzt umlaufende Emporen und einen Kanzelaltar, dessen Stiftermonogramm A W den Prinzen August Wilhelm von Preußen meint.

Im inneren Bogen des Unterspreewaldes liegt **Groß Leuthen** mit einer **Dorfkirche** im Rundbogenstil der Mitte des 19. Jh., aus Raseneisenstein mit Gliederungen aus Backstein – im Inneren Grabsteine der Familie Schenk von Landsberg aus dem Vorgängerbau des 16. Jh. –, und mit einem **Schloß** am See. Letzteres steht auf den Grundmauern einer mittelalterlichen Wasserburg; es wurde um 1550 durch Wilhelm Schenk von Landsberg als eine zweigeschossige Dreiflügelanlage neu gebaut, mit Schweifgiebeln an den Hofseiten. Von den späteren Umbauten ist die Neugestaltung durch Bodo Ebhardt 1912–14 bis heute bestimmend sowohl mit der Überformung des Äußeren im Stil der Deutschen Renaissance als auch in der Einrichtung des Inneren mit Musikzimmer und Speisesaal.

Auf einer Anhöhe am südlichen Westufer des *Schwielochsees*, gleichsam an der Grenze zum Lande Beeskow-Storkow, liegt die **Kirche** des Dorfes **Zaue,** das heute zum Ort Res-

Im Spreewald

sen-Zaue gehört. Sie stammt aus der Zeit um 1400, der Westturm und die Vorhalle mit einem Ziergiebel sind später hinzugefügt, das Türblatt trägt spätgotische Beschläge. Was die Kirche aber wirklich besuchenswert macht, sind die Wandmalereien des 15. Jh. etwa von 1420/30, die die Schiffs- und Chorwände bedecken. Es handelt sich im Westteil der Kirche um Geschichten des Alten Testaments und im Ostteil um die Kindheit und die Passion Christi. An der Ostwand des Chors sind die Apostel Petrus und Paulus darge-stellt. Die Bildfelder sind durch rote Rahmenleisten voneinander getrennt. Der Charakter der beachtlichen Malereien zeigt deutlich böhmische Beeinflussung. Auch die übrige Aus-stattung, eine spätgotische Madonnenfigur, ein Taufstein aus dem 15. Jh., Taufengel und Kanzelaltar aus dem 18. Jh., ist bemerkenswert.

Der zweite Hauptort des Spreewaldes ist **Lübbenau.** Der Ort liegt inmitten des *Ober-spreewaldes,* einer Flußinsellandschaft, die etwa 45 km lang und 10 km breit ist. Die Bewohner sind überwiegend Nachkommen der Sorben, eines slawischen Stammes, der im 6. bis 8. Jh. hier Fuß faßte. Heute wird nur noch im östlichen Teil des Spreewalds sor-bisch gesprochen.

Ein Castrum Lubbenowe wird 1301 erstmals erwähnt. Es war Sitz einer Standesherr-schaft, zuletzt in der Hand der Familie von Lynar, deren Schloß und Park östlich der Stadt liegen. Die Siedlung nahm ihren Ausgang von einem 1315 als oppidum bezeichneten Burgflecken, dessen angerdorfähnliche Anlage bis heute im Stadtbild stark mitspricht. Am Ostende des dreieckigen Marktes steht die **Stadtkirche St. Nikolai,** vermutlich nach den Plänen eines Dresdner Festungsbaumeisters namens Gottfried Findeisen 1738–41

Spreewaldfahrt nach Lübbenau

»Mit Tagesanbruch haben wir Lübben, die letzte Station, erreicht und fahren nunmehr am Rande des hier beginnenden Spreewaldes hin, der sich anscheinend endlos, und nach Art einer mit Heuschobern und Erlen bestandenen Wiese, zur Linken unseres Weges dehnt. Ein vom Frühlicht umglühter Kirchturm wird sichtbar und spielt eine Weile Verstekkens mit uns; aber nun haben wir ihn wirklich und fahren durch einen hochgewölbten Torweg in Lübbenau, ›die Spreewald-Hauptstadt‹, ein.

Es ist Sonntag, und die Stille, die wir vorfinden, verrät nichts von dem sonst hier herrschenden lebhaften Verkehre. Die Spreewaldprodukte haben nämlich in Lübbenau ihren vorzüglichsten Stapelplatz und gehen erst von hier aus in die Welt. Unter diesen Produkten stehen die Gurken obenan. In einem der Vorjahre wurden seitens eines einzigen Händlers 800 Schock pro Woche verkauft. Dies würde nichts sagen in Hamburg oder Liverpool, wo man gewohnt ist, nach Lasten und Tonnen zu rechnen, aber ›jede Stelle hat ihre Elle‹, was erwogen für diese 800 Schock eine gute Reputation ergibt. Im übrigen verweilt Lübbenau nicht einseitig bei dem Verkauf eines Artikels, der schließlich doch vielleicht den Spott herausfordern könnte, Kürbis und Meerrettich schließen sich ebenbürtig an und vor allem die Sellerie, hinsichtlich deren Vorzüge die Meinungen nicht leicht auseinandergehen.«

Theodor Fontane, Wanderungen durch die Mark Brandenburg, Berlin 1862–82

neu erbaut, ein geräumiger Emporensaal mit schmalerem, aber von symmetrischen Anbauten für Patronatslogen flankiertem Altarraum. Der stattliche Westturm kam erst 1778 dazu. Auch die Ausstattung der Kirche weist Dresdner Künstler als Urheber auf. Das Altargemälde – die Auferstehung Christi – wird Dietricy zugeschrieben, das Wandgrab des Moritz Carl zu Lynar, der 1768 starb, ist noch zu Lebzeiten des Grafen von Gottfried Knöffler geschaffen worden; es gilt als ein Hauptwerk der sächsischen Plastik aus der Zeit des sentimentalen, zum Klassizismus neigenden Spätbarocks. Die Stadtkirche zu Lübbenau präsentiert sich in überzeugender Weise als eine Schöpfung sächsischer Kunst des 18. Jh.

Das **Schloß** geht auf eine mittelalterliche Wasserburg zurück, die um 1600 in einen stattlichen Renaissancebau verändert worden ist. Heute ist das alte Lynarschloß jedoch ein klassizistischer Zweiflügelbau, dreigeschossig mit Balkon und Türmen, im Inneren mit großzügigem Treppenhaus und ägyptisierendem Dekor. Baumeister war Karl Benjamin Siegel aus Leipzig. Ein Umbau 1839 stand dann unter der Beratung Schinkels. Am

Rand des großen, um 1820 angelegten *Landschaftsparks* stehen die klassizistische **Orangerie,** gleichfalls von Siegel, und die barocke gräfliche **Kanzlei** von 1745–48, in denen das *Spreewaldmuseum* untergebracht ist. Es werden neben heimatkundlichen Sammlungen mit den berühmten Spreewaldtrachten auch kunst- und kulturgeschichtliche Sammlungen gezeigt, darunter Porzellan und Gläser aus dem 17. bis 19. Jh., Lutherdrucke und Streitschriften aus der Reformationszeit sowie Gemälde von Antoine Pesne, Anton Graff und Friedrich August Tischbein. In einer besonderen Halle stehen ein Pack- und ein Personenwagen sowie eine Lokomotive der Spreewaldeisenbahn, die von 1899 bis 1970 zwischen Cottbus, Burg, Straupitz und Lübbenau verkehrte.

Die von der Bahn angefahrenen Dörfer Burg und Straupitz verfügen über klassizistische **Kirchenbauten, Burg** über einen frühklassizistischen Emporensaal von 1799–1804, **Straupitz** über einen hier den Besucher sehr überraschenden Monumentalbau aus der reifen Schaffenszeit Karl Friedrich Schinkels von 1827–32. Schinkel hat den in den zwanziger Jahren ausgebildeten Rundbogenstil verwendet, die Doppelturmfassade erinnert mit flachen Turmabschlüssen an die zur gleichen Zeit, aber im gotischen Stil erbaute Friedrich Werdersche Kirche in Berlin. Das Innere wird als Emporensaal angesprochen, eigentlich handelt es sich um eine Wandpfeilerkirche mit je drei raumhohen Rundbogenarkaden an den Langseiten, in die zweigeschossig Emporen eingefügt sind. Gleiche Rundbogenarkaden öffnen sich an der Ostwand zur raumhohen Apsis und an der Westwand zur Vorhalle zwischen den Türmen. Die Ausstattung stammt aus der Bauzeit, nur das Altarretabel und die Taufe gehören dem 17. Jh. an; älter sind auch die zahlreichen Grabdenkmäler. Das Gutshaus, ein zweigeschossiger Putzbau mit Mansardwalmdach, und der Hof sind axial auf die im Osten des Dorfes gelegene Kirche bezogen.

Straupitz, Kirche von Karl Friedrich Schinkel

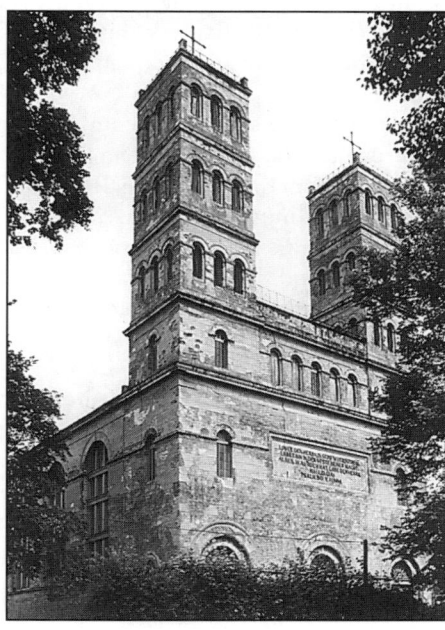

Das Dorf **Burg** selbst zeigt noch charakteristische Beispiele Spreewälder Volksbauweise, weißgetünchte Blockhäuser mit einem Strohdach und verbretterten Giebeln, im Innern bisweilen mit Schwarzer Küche (deren Name vom Ruß des Kamins herrührt). Als typisches Spreewalddorf kann auch das benachbarte **Burg-Kauper** angesprochen werden. Der *Schloßberg* nördlich von Burg bezeichnet schließlich einen bronzezeitlichen Burgwall, der durch archäologische Funde zusätzlich belegt ist.

Freilandmuseum im
Spreewalddorf Lehde

Auf ihm erhebt sich seit 1917, dem Jahr der Einweihung, der inzwischen wieder nach dem Reichskanzler **Bismarck** benannte **Turm,** ein überaus interessantes Werk von Bruno Möhring in jenem Monumentalstil, der sich auf Friedrich Gilly und die Zeit ›Um 1800‹ (Paul Mebes) berief, Expressionismus, Sachlichkeit und faschistischen Neoklassizismus gleichermaßen antizipierend, und die Fähigkeit besaß, landschaftsbezogen weiträumige Wirkung zu tun.

Das charakteristische und am meisten gerühmte Spreewalddorf aber ist **Lehde.** Ursprünglich war es nur mit dem Kahn zu erreichen, den Landweg gibt es erst seit 1929. Die relativ gut erhaltene originale Bebauung mit den Spreewaldhäusern ist inzwischen zum **Freilandmuseum** mit zusätzlichen Häusern ausgebaut worden. Man kann sich über die Arbeits- und Lebensweise sorbischer Bauern und Fischer im Spreewald unterrichten. Es sind drei Typen von vollständig eingerichteten Spreewaldgehöften vorhanden: ein Wohnstallhaus aus der Zeit um 1800, ein Stallgaleriegebäude und ein Giebelumgebindehaus.

☐ An der Neiße und der oberen Spree

Seit dem Ende des Zweiten Weltkriegs bildet die Neiße die östliche Grenze der Niederlausitz. Die bereits in Jalta 1944 festgelegte Grenzziehung zwischen Deutschland und Polen brachte manche Zerschneidung historisch gewachsener Einheiten mit sich. So liegt der eigentlich mittelalterliche Kern von Guben, einer markgräflich-meißnischen Stadtgründung, nunmehr auf polnischem Territorium, nur die sogenannte Klostervorstadt blieb linksseitig der Neiße auf deutschem, damals sowjetisch besetztem Gebiet und führte später in der DDR als *Wilhelm-Pieck-Stadt Guben* ein Dasein in abgelegener Grenzlage. Der

Park des *Fürsten Pückler* in *Muskau* weiter südlich flußaufwärts, eigentlich schlesisch, nach dem Krieg mit Weißwasser und Görlitz zu Sachsen und zum Bezirk Dresden geschlagen, in unmittelbarer Grenzlage nicht brandenburgisch, wurde durch die Grenzziehung geteilt, und erst nach dem Herbst 1989 hatten die schon älteren Bemühungen Erfolg, in gemeinsamer Arbeit die nunmehr deutschen und polnischen Teile des großartigen Landschaftsgartens im Zuge denkmalpflegerischer Wiederherstellung gestalterisch zu vereinen.

Die Stadt **Guben,** heute **Gubin,** erhielt 1235 ihr Recht nach Magdeburger Vorbild. Das für die Klostervorstadt auf dem anderen, dem westlichen Ufer der Neiße namengebende *Benediktiner-Nonnenkloster* ist schon im 12. Jh. unter schlesisch-polnischer Herrschaft begründet worden. Obwohl Guben die Reformation bereits 1529 eingeführt hatte, erfolgte die Säkularisierung des Klosters erst 1563. Bis zum Jahr 1860 stand die alte gotische, langgestreckt einschiffige Klosterkirche. 1862 wurde eine neue ›Klosterkirche‹ eingeweiht, als **Pfarrkirche** für die anwachsende Vorstadt. Sie war nach einem Entwurf und unter Aufsicht des Königlichen Regierungsbaurats Emil Karl Alexander Flaminius aus Frankfurt an der Oder errichtet worden, in der üblichen Form eines pseudobasilikalen neugotischen Backsteinbaus, eines Emporensaals in der Art des preußisch-protestantischen Kirchenbaus nachklassizistischer Zeit, wie er von Friedrich August Stüler in der Mitte des 19. Jh. entwickelt und durch die Tätigkeit der Oberbaudeputation verbreitet worden ist.

Nördlich von Guben gehören zu den durchaus strategischen Gründungen der Wettiner bei ihrem mit den Askaniern konkurrierenden Vorstoß an die Oder das Kloster Neuzelle und die Stadt Fürstenberg an der Oder (s. Kapitel ›Teltow und Beeskow-Storkow‹), beide seit 1815 endgültig zu Brandenburg gekommen wie auch Guben und das noch weiter südlich an der Neiße gelegene Forst; sie waren aber alle schon im Mittelalter Ziele brandenburgischer Eroberungsabsichten. So fiel das noch von den Wettinern im 13. Jh. gegründete **Forst** 1304 an Brandenburg, doch 1370 mit der gesamten Lausitz an Böhmen. Die mittelalterliche Stadtanlage zeigt das übliche regelmäßig rechtwinklige Straßensystem mit einem quadratischen Marktplatz, in dessen Mitte die **Pfarrkirche St. Nikolai** steht. Der bestehende Bau des 1265 erwähnten Gotteshauses geht auf eine spätgotische Hallenkirche mit einem Umgangschor zurück, die nach Brandschäden 1686 und 1748 zwischen 1750 und 1753 in einen flachgedeckten Emporensaal verwandelt wurde. Dabei wurde das Äußere mit einer barocken Putzgliederung versehen, die die Handschrift des Dresdner Baumeisters Johann Christoph Knöffel trägt. Die Beschädigung bei Kriegsende vernichtete den reizvollen Turmaufsatz und die Inneneinrichtung der Barockzeit.

In Forst finden sich einige interessante *Verwaltungs- und Schulbauten* der zwanziger Jahre mit expressionistischer Formgebung – Baumeister war Rudolf Kühn – sowie bemerkenswerte *Fabrikgebäude, Fabrikantenvillen und Mietshäuser* der sich seit der Mitte des 19. Jh. lebhaft entwickelnden Textilindustrie. Berühmt ist der 1913 angelegte *Rosengarten.* 1950 wurde die *Johann-Sebastian-Bach-Kirche* als Notkirche nach dem von Otto Bartning geschaffenen Modell errichtet.

Von den **Dorfkirchen** der Umgebung seien die von **Preschen** südlich von Forst wegen der spätgotischen Wandmalereien, deren es in der Lausitz doch überraschend viel erhaltene gibt, und die von **Griessen** nördlich von Forst erwähnt, letztere wegen ihres wehrhaften Habitus – der Turmaufsatz erinnert sehr an Wehrkirchen des Erzgebirges – und wegen der qualitätvollen Schnitzfiguren, die zu einem im Altaraufbau des 17. Jh. wiederverwendeten spätgotischen Schrein des 15. Jh. gehören.

Die Gebiete um Cottbus und Peitz gehörten bereits seit 1462 zu Brandenburg. Der zweite Hohenzoller in der Mark, Kurfürst Friedrich II. Eisenzahn, unternahm Schritte, um die Lausitz zu gewinnen. Es gelang ihm nicht ganz, aber Teile verblieben im Gubener Frieden von 1462 auf Dauer bei der Markgrafschaft, darunter die zukünftigen Ämter Cottbus und Peitz. **Cottbus** liegt südlich des Oberspreewaldes am Westufer der Spree, auf einer künstlich erhöhten Sandinsel bei einem alten Flußübergang der Salzstraße von Halle nach Schlesien. Bei einer slawischen Befestigung entstand wohl schon im 10. Jh. ein deutscher Burgwardmittelpunkt. Als Sitz eines kaiserlich eingesetzten Burggrafen wird Cottbus 1156 erstmals erwähnt. Markt und Kirchplatz bildeten sich in suburbialer Lage heraus. Schon nach 1200 kam es zu Erweiterungen nach Westen mit dem Neumarkt, später, um 1290, nach Norden mit der Niederlassung der Franziskaner und nach Süden mit der Katharinenkirche (›Schloßkirche‹). Alle Viertel wurden schließlich gemeinsam ummauert und das *Luckauer, Spremberger* und *Sandower Tor* angelegt. Von der *Backsteinmauer* des 15. Jh. sind noch Teile im Westen und Norden erhalten, dazu ein Wiekhaus, der **Münzturm** und der **Spremberger Turm**. Das Schloß wurde im 19. Jh. abgerissen, nur der **Schloßturm** steht noch als Amtsturm beherrschend im Stadtbild. In seinen unteren Teilen geht er auf einen Bergfried der Zeit um 1300 zurück, den historisierenden Aufsatz erhielt er 1876. Die Hauptstraße führt in West-Ost-Richtung durch die Stadt und gabelt sich am Altmarkt in die nach Süden abgehende Spremberger Straße. Auf dem jetzt sehr langgestreckt wirkenden Markt stand bis 1945 das Rathaus. Der Oberkirchplatz ist ihm gegenüber nordöstlich diagonal versetzt und liegt dem Schloßhügel näher.

Die **Hauptpfarrkirche St. Nikolai** heißt in Cottbus landläufig **Oberkirche**. Einem älteren Backsteinbau als Vorgänger des heutigen wurde im 15. Jh. der jetzige Westturm angefügt. Er zeigt über ungegliedertem Erdgeschoß die für die Lausitz charakteristisch werdenden Blendenreihen an den vier Obergeschossen, von denen das dritte seitlich zurückspringt und als Glockengeschoß mit abgeschrägten Ecken zum jüngeren achteckigen Aufsatz mit der Türmerwohnung überleitet. Der 1945 zerstörte Helm von 1685 wurde kürzlich erneuert. Die dreischiffige langgestreckte Hallenkirche mit Umgang ist nach einem Stadtbrand von 1468 begonnen und Anfang des 16. Jh. vollendet worden. Einmalig ist die starke Überhöhung des Mittelschiffs, die im Inneren durch spitzbogige Entlastungsbögen den Anschein eines basilikalen Aufbaus erweckt und außen den auffälligen Sprung zwischen Seitenschiffdächern und Mittelschiffdach verursacht. Von besonderem Reichtum und eine Zierde sind die Stern- und Netzrippenfigurationen des Gewölbes; die Malereien wurden bei der Wiederherstellung nach 1945 entdeckt. Die äußere Erscheinung wird durch Anbauten mit originellen Dach- und Giebelformen belebt. Von der

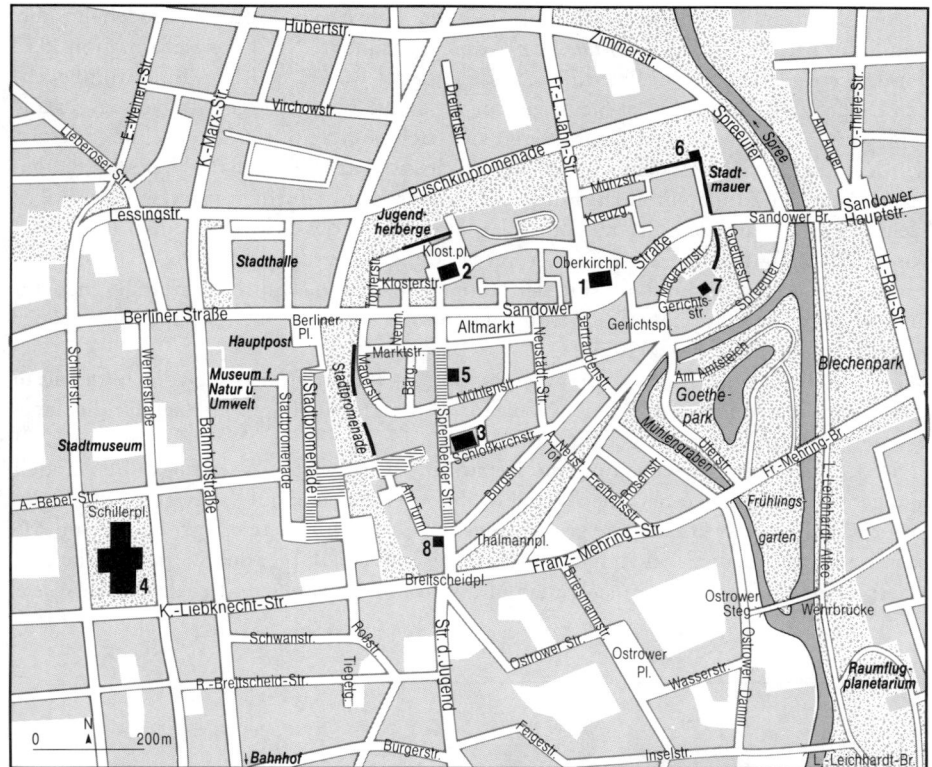

Cottbus   1 Hauptpfarrkirche St. Nikolai (Oberkirche)   2 Wendische Kirche (ehem. Kloster-kirche der Franziskaner)   3 Schloßkirche   4 Theater   5 Brandenburgische Kunstsammlungen 6 Münzturm   7 Schloßturm   8 Spremberger Turm

Inneneinrichtung ist der *Altaraufbau* von 1661 erhalten geblieben. Andreas Schultze aus Torgau hat ihn 1664 geschaffen, Martin Heber aus Cottbus hat ihn bemalt. Diese farbige Fassung war seit 1854 unter einem einfarbigen Anstrich verborgen und ist erst nach 1960 wieder freigelegt und restauriert worden. Die vielfigurigen Reliefszenen und die vollpla-stischen Figuren folgen einem protestantischen ikonographischen Programm, das dem des Altars in Strehla an der Elbe vergleichbar ist und in dem auch die charakteristischen typologischen Bildentsprechungen nicht fehlen. Ferner finden sich noch zahlreiche Grab-denkmäler und Epitaphien und inmitten des Kapellenpolygons an der Nordseite eine ver-goldete Taufe des 16. Jh. aus der Schloßkapelle der Lichtenburg bei Prettin. Die barocke Kanzel stammt aus der Franziskanerkirche in Frankfurt an der Oder.

327

Am Nordrand der Altstadt haben um 1300 die Herren von Cottbus, Fredehelm und sein Sohn Richard, das *Kloster der Franziskaner* gegründet. Nach der Reformation 1537 wurde die *Klosterkirche* zur Pfarrkirche und diente als *Wendische Kirche* für die umliegenden Dörfer zum Gottesdienst. Sie ist ein langgestreckter rechteckiger Saal von insgesamt zehn Jochen, von denen nur die mittleren vier nach Süden um ein Seitenschiff erweitert wurden. Die heutige Erscheinung ist spätgotisch und entspricht den überlieferten Baudaten 1486 und 1517. Im Stadtbild bestimmend ist der schlanke Turm mit spitzer achtseitiger Helmpyramide aus Stein. Kanzel und Altar sind Werke des Barock aus dem 17. Jh. und von 1750, der Taufstein entstand unter Verwendung eines mittelalterlichen Sakramentshauses. Als besonders wertvoll sind der Doppelgrabstein des Stifterehepaars Fredehelm und Adelheit von Cottbus aus dem frühen 14. Jh. anzusprechen und ein überlebensgroßer Kruzifixus aus Holz um 1320/30.

Die **Schloßkirche** in der Spremberger Straße wurde 1714–17 für die reformierte Gemeinde erbaut, in jenem Teil der Neustadt, den 1726–30 Philipp Gerlach für die zugewanderten Hugenotten ausgebaut hat.

Soweit die Wohnhausbebauung die Zerstörung des Zweiten Weltkriegs überstanden hat, geht sie auf die Zeit nach dem Dreißigjährigen Krieg und auf das beginnende 19. Jh. zurück. Bemerkenswert sind die geschwungenen Giebel vor allem einiger Häuser am *Altmarkt,* sie legen Zeugnis ab vom einstigen Wohlstand der Bürger der Stadt. Barocke und klassizistische Häuser finden sich auch in der *Sandower Straße* und in der *Mönchsgasse.*

Cottbus, Markt mit Oberkirche

328

Cottbus, Theater, ein bedeutender Bau des späten Jugendstils

Der bedeutendste neuzeitliche Bau in Cottbus ist das **Theater.** Es wurde 1908 nach Entwürfen des Berliner Architekten Bernhard Sehring errichtet und 1981–86 restauriert, ein führender Bau des späteren Jugendstils. Große glatte Flächen wechseln mit detailreichen, plastisch gegliederten Zonen ab, runde und eckige Bauteile, schwingende Fassaden, der Wechsel von Putz- und Hausteingliederung, von Vertikal- und Horizontalelementen einschließlich figürlichen Schmucks (kupfergetriebene Pantherreiter) bringen die im ganzen großformige Baumasse zu wirkungsvoller Monumentalität. – Die **Brandenburgischen Kunstsammlungen** in der Spremberger Straße pflegen und sammeln zeitgenössische bildende Kunst in beachtlicher Weise.

Südöstlich von Cottbus liegt unweit das Gut **Branitz,** das sich seit 1696 im Besitz der Familie Pückler befand und das 1846 von Fürst Hermann von Pückler-Muskau zu seinem ständigen Wohnsitz gewählt wurde. Im **Schloß,** einem zweigeschossigen Dreiflügelbau der Spätbarockzeit, ist ein *Museum* und eine *Gedenkstätte* für den in Cottbus 1798 geborenen Maler *Carl Blechen* eingerichtet, dessen Frühwerke hier neben Kunstschmiedearbeiten, sorbischer Volkskunst, vor allem aber den Resten der Pücklerschen Orientsammlung gezeigt werden. Theodor Fontane nennt Carl Blechen den »Vater der märkischen Landschaftsmalerei«.

Was Branitz jedoch weit mehr berühmt macht als Carl Blechen, ist der **Park** des *Fürsten Pückler.* Pückler hatte 1846 das größere Muskau aufgeben müssen und begann nun, die

Umgebung seines neuen Wohnsitzes zu einem epochemachenden Landschaftsgarten zu gestalten. Die Anlage erfolgte in mehreren Etappen von 1846 bis zu Pücklers Tod 1871. Bis 1850 war der Teil unmittelbar um das Schloß abgeschlossen, der *Pleasureground* mit detaillierter Gestaltung, westlich davon der *Mittelpark,* durch zwei künstliche Seen vom Schloßbereich getrennt. 1854–56 und 1863–68 kamen der *Westpark* mit dem *Pyramidensee* – darinnen der › *Tumulus‹* (Farbabb. 18) mit der *Grabstätte Pücklers* – und dem *Schlangensee* sowie die *Landpyramide* hinzu; abschließend ist der *Hermannsberg* entstanden. Charakteristisch für Pücklers Landschaftskompositionen sind die großen, von Randbepflanzungen eingefaßten Freiräume und die Belebung durch Hügel, Seen und Bachläufe. Vom Schloß aus gibt es mehrere Blickachsen, gleichsam fächerförmig, so daß sich verschiedene Ansichten des Parks in berechneten Bildfolgen ergeben. Ähnlich erschließen die Wegeführungen den Park als eine Folge sich ständig verändernder Bilder. An der östlichen Hofseite des Schlosses hat Gottfried Semper eine Pergola errichtet, von ihm stammt auch die Umgestaltung einiger Innenräume. Von Friedrich August Stüler stammt der Entwurf für die *Schmiede* am östlichen Parkrand, die Ausführung von Ludwig Persius. Eine Büste der Schauspielerin Henriette Sonntag gehört zu den wenigen Parkplastiken in der Nähe des Schlosses.

Schloß Branitz, Parkseite

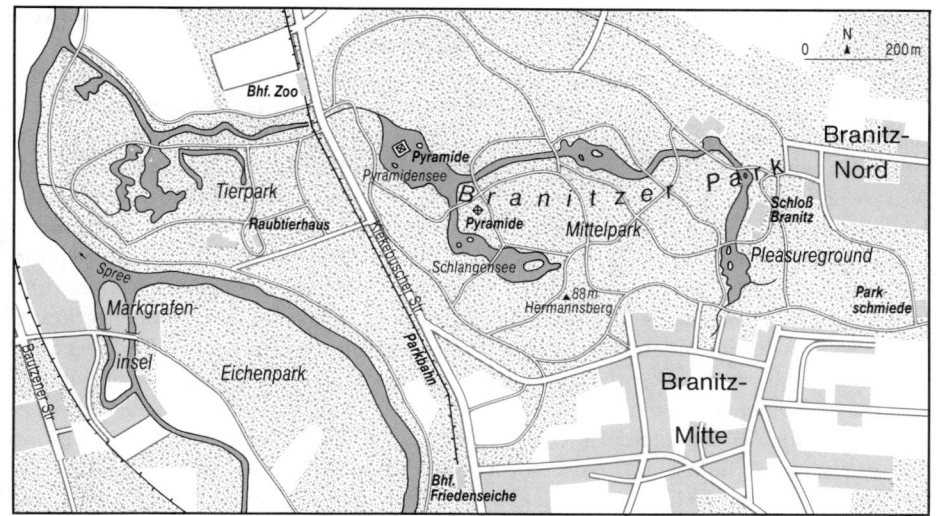

Branitzer Park südöstlich von Cottbus, westlich der Parkbahn schließen sich Tierpark und Eichenpark an

Unter den Dörfern im Cottbuser Land sind einige wegen ihrer bemerkenswerten **Kirchen** hervorzuheben. Meist sind es spätgotische Backsteinbauten, einschiffig, die in Papitz und Werben mit Türmen. In **Papitz** ist der Westturm auf quadratischem Grundriß mit den für die Lausitz typischen Blendenreihen in mehreren Geschossen versehen, und er besitzt die ebenfalls typische oktogonale Steinpyramide hinter einem Zinnenkranz als Abschluß. Im Inneren verdeckt eine barocke Putzdecke die bemalte mittelalterliche Balkendecke. Die untere Wandzone ist mit Blendnischen gegliedert, was sich in der nördlich benachbarten **Dorfkirche** von **Briesen** wiederfindet. Dort sind diese Nischen mit Wandmalereien versehen, die volkstümliche Szenen darstellen wie in Ressen-Zaue am Schwielochsee. Sie werden inschriftlich auf 1486 datiert und sind weniger wegen ihrer Qualität als wegen der Vollständigkeit ihrer Erhaltung von Bedeutung. Es überwiegen biblische Inhalte. Der Altaraufbau von 1701 mit einer Kanzel ist ein großartiges Werk des Muskauer Bildschnitzers Dreißigmarken. – Die **Dorfkirche** von **Werben** gilt als eine der stattlichsten der Niederlausitz; sie gleicht als langgestreckter Saal mit quadratischem Westturm der Kirche in Papitz und ist wie diese auch im 15. Jh. entstanden. Der dreiseitige Ostschluß ist eine Zutat von 1734. Die einheitlich anmutende Ausstattung stammt aus der Dorfkirche zu Riedebeck bei Luckau. – Einen einfachen Rechtecksaal stellt auch die **Dorfkirche** von **Kolkwitz** dar, aus Backstein in der Mitte des 15. Jh. entstanden. Sie unterscheidet sich von den anderen genannten durch eine engmaschig gemusterte Netzrippenwölbung anstelle der sonst flachen Decken.

Zeitweilig mit der Herrschaft oder dem Amt Cottbus vereint, gehört **Peitz** zu den Vorposten brandenburgischer Herrschaft in der Niederlausitz seit dem 15. Jh. Die Lage am Ostrand des Spreewaldes, wo in der Niederung verstreute Sandhügel den Übergang der Straße von Böhmen über Cottbus nach Frankfurt an der Oder ermöglichten, gab Mitte des 13. Jh. den Anlaß zum Bau einer landesherrlichen *Burg* durch die Markgrafen von Meißen. 1301 wird sie erstmals genannt, 1336 auch die Stadt, die im Schutz der Burg als Markt- und Kirchsiedlung herangewachsen war. Seit dem Frieden zu Guben 1462 fest in brandenburgischer Hand, begann im 16. Jh. der Ausbau zur Festung durch italienische Festungsingenieure, zuletzt durch Graf Rochus zu Lynar. Lynar bezog auch die Stadt in die Festungsanlage mit ein. Nach dem Siebenjährigen Krieg verfiel die Festung und wurde schließlich abgetragen, erhalten blieb die **Magazinbastion** in der Gubener Straße.

Die Stadt selbst ist mit gitterförmigem Straßennetz angelegt. Auf dem mittig liegenden rechteckigen *Markt* erhebt sich das **Rathaus,** ein gestreckter zweigeschossiger Putzbau von 1804 mit einer anglisierenden Stufengiebelfassade an der östlichen Schmalseite. Westlich vom Rathaus steht die **Stadtkirche** und wendet drei Giebel dem Markt zu. Sie ist ein Neubau aus den fünfziger Jahren des vorigen Jahrhunderts, ihre Einweihung fand am 23. Mai 1860 statt. Es handelt sich um einen unverputzten Backsteinbau, der durch Streifengliederung der Wände mit farbig unterschiedlichen Steinen einen italisierenden Charakter bekommt. Den Formen nach ist der Bau dem nachklassizistischen Rundbogenstil zuzuordnen; er steht dem Entwurf für die Matthäuskirche in Berlin von Friedrich August Stüler aus den Jahren 1844–46 auffallend nahe. Die zeitgenössische Einrichtung ist gänzlich beseitigt und durch eine moderne aus Glas und Stahl ersetzt. – Südöstlich der Stadt liegt das einstige **Eisenhüttenwerk** am *Hammerstrom* oder *-graben;* es wurde im 16. Jh. unter Kurfürst Joachim I. zur Verhüttung von Raseneisenstein angelegt. Obwohl im ganzen als Natur- und Technikdenkmal geschützt, läuft das Geschichtszeugnis Gefahr, ein Opfer des Braunkohlentagebaus zu werden. Vorerst kann es aber noch als *Hüttenmuseum* besichtigt werden. Dort ist auch die *Peitzer Teichlandschaft* entstanden.

In entgegengesetzter Richtung, südlich von Cottbus, liegt das Städtchen **Drebkau** im flachhügeligen Gebiet der Cottbuser Platte, an einem Wegekreuz mit der deutlichen Funktion strategischen Schutzes. Ort und Burg sind 1301 erstmals genannt, die Burg war 1358 im Besitz der Herren von Eilenburg. Auf sie wird die Stadtanlage, die mit gitterförmigem Straßennetz erfolgte, zurückgeführt. Auf dem Gelände der Burg entstand Ende des 17. Jh. ein *Schloß*, das Reste der mittelalterlichen Baulichkeiten birgt. In der Stadt sind einige spätklassizistische Wohnhäuser zu finden, das *Rathaus* von 1853 zeigt sich in neugotischen Formen. Die *Stadtkirche* ist ein klassizistischer Neubau von 1810.

Vetschau westlich von Cottbus ist heute mehr wegen des nahebei stehenden Kraftwerks bekannt. Das wendische Pfarrdorf wurde erst 1548 Stadt. Den Kern des Ortes bildet ein regelmäßiges Zweistraßensystem, das Kirchplatz und Markt einschließt. Auf dem Kirchplatz stehen zwei aneinandergebaute Kirchen, die **deutsche Stadtkirche** und die **wendische Landkirche.** Als Hauptkirche fungierte zunächst die wendische, die auf alten Grundmauern nach 1853 spätklassizistisch und innen 1868 gotisierend ausgebaut worden ist. Ihr massiger Turm stammt im unteren Teil aus dem Mittelalter, der achteckige Oberteil mit geschweifter Haube von 1709. Er dient beiden Kirchen als Glockenturm. 1690–94 wurde »wegen Vermehrung der deutschen Bürger und Einwohner« die deutsche Kirche an der Nordseite der wendischen angebaut, ein Saal von gedrungenen Verhältnissen mit hochgewölbter hölzerner Tonnendecke und zweigeschossigen Emporen, von denen die unteren in Stuben mit rückseitigem Korridor eingeteilt sind; geschnitzte oder gemalte Wappen deuten auf die einstigen Inhaber, die übrigens nicht den Kircheneingang benutzten, sondern über eine eigens für sie gebaute Treppe ihre Plätze erreichten. Die tüchtig geschnitzte und stark farbig gehaltene Ausstattung, zu der Altar, Kanzel und Orgel nebst den Emporen gehören, macht die kleine Stadtkirche von Vetschau und ihren Innenraum zu einem selten einheitlichen Werk des Barocks von hohem Reiz.

Spreeaufwärts schließlich gehört in das von uns so eingeteilte Gebiet die Stadt **Spremberg**. Man vermutet eine slawische, später deutsche Burg bei der Spreeinsel, die hier weithin den einzigen Flußübergang zwischen Cottbus und Bautzen auf dem Weg nach Schlesien bildete, wo das Spreetal den Niederlausitzer Grenzwall durchbricht. Im Schutz der Burg, die 1272 als Stammsitz der Herren von Spremberg bezeugt ist, entstand auf der Insel in der zweiten Hälfte des 13. Jh. die Stadt, deren Stadtrecht 1397 durch eine Bestätigung nachweisbar ist. Eine radiale Stammsiedlung in nordwestlicher Lage um den Kirchplatz wurde in Richtung auf die Burg mit einem gitterförmigen Straßennetz und dem großen viereckigen Markt nach Osten und Süden erweitert.

Die **Stadtkirche,** auch **Kreuzkirche** genannt, westlich des Marktes, ist eine dreischiffige, nach Osten dreiseitig geschlossene spätgotische Backsteinhalle; als Baudatum soll es an der Ostwand die Jahreszahl 1509 gegeben haben, heute liest man dort nur die Erneuerungsdaten von 1549 bis 1977. An der Südwestecke bezieht sie einen älteren Turm auf quadratischem Grundriß mit ein. Die Netz- und Sterngewölbe ruhen auf achteckigen Pfeilern. Die Ausstattung stammt wesentlich aus dem 17. Jh.: der Altar von 1660, der Patronatsstuhl und die Herrschaftsloge. Die Emporen tragen bemalte Brüstungen, Szenen Braun-in-Braun aus dem Leben Jesu. Kanzel und Taufengel sind Werke des 18. Jh. Geborgene Werke aus Kirchen, die im Braunkohlegebiet zerstört oder abgetragen worden sind, befinden sich im Erdgeschoßraum des Turms und im südlichen Seitenschiff, hier der Renaissancealtar aus der Dorfkirche in Jessen nahe bei Spremberg, dort spätgotische Schnitzfiguren aus der Georgenkapelle vor dem Forster Tor.

Die Kreuzkirche ist die deutsche Kirche in Spremberg. Die **Land-** oder **Wendische Kirche** steht unweit, ein strenger klassizistischer Saalbau von 1834/35 mit Rundbogenfenstern an den Langseiten und mit Giebeln an den Schmalseiten. Sie ist heute zum Gemeindezentrum ausgebaut. Das **Schloß** an der Stelle der mittelalterlichen Wasserburg wurde nach 1680 als Sommerresidenz für Herzog Heinrich von Sachsen-Merseburg ausgebaut, eine dreigeschossige Zweiflügelanlage. Der spätere Ausbau zum Verwaltungsgebäude hat die barocke Gestalt sehr verändert. In den beiden Türmen sind wohl am ehesten Reste der mittelalterlichen Burg zu sehen. Das Schloß ist von einem schönen Park umgeben. – In der Stadt ist das **Rathaus** am Markt ein Konglomerat aus Renaissance, Barock und 20. Jh.

Spremberg, Schloß, Feldseite

(1933/34). Hinter dem Rathaus in der *Jüdengasse* findet sich gut restaurierte Wohnhausbebauung, und an dem *Haus Lange Straße 15* erinnert die Wandbemalung an die Zeit der Herrschaft des Herzog Heinrich von Sachsen-Merseburg zwischen 1696 und 1738.

□ Der Süden bis zur Schwarzen Elster

Mit dem Süden der Niederlausitz sind die Städte südlich des Spreewalds und der Dahme mit ihrer Umgebung gemeint, Calau und Finsterwalde. Senftenberg ganz im Süden ist von den Städten an der Schwarzen Elster die einzige, die 1815 an die Provinz Brandenburg kam und somit seitdem als brandenburgisch gilt und fühlt. Die anderen flußabwärts, Elsterwerda, Bad Liebenwerda und Herzberg, schließlich Mühlberg an der Elbe, haben mit Brandenburg in der Geschichte nie etwas zu tun gehabt; sie waren 1815 nicht brandenburgisch, sondern preußisch geworden und in dem provinz-sächsischen Landkreis Bad Liebenwerda vereinigt. Daß sie heute Bestandteil des Landes Brandenburg sind, verdanken sie der Grenzziehung zwischen den neuen Bundesländern nach dem Herbst 1989.

Calau gehörte zu den Städten im Markgrafentum Niederlausitz, die adlige Herren zu Gründern hatten, hier wieder die Herren von Eilenburg. Sie übernahmen die Burg, wo an der Kreuzung alter Handelswege schon im 10. Jh. ein deutscher Burgward zu vermuten ist, und sorgten im 13. Jh. für die Anlage der Stadt. Eine in West-Ost-Richtung verlaufende Hauptstraße zwischen zwei Toren bildet die Achse der dann im Oval dazugewachsenen Siedlung. Am großen Marktplatz nördlich der Hauptstraße steht das **Rathaus** – der jetzige Bau wurde 1808 errichtet – und westlich davon, erst nachträglich durch eine Häuserreihe vom Platz getrennt, die 1285 bereits bezeugte **Stadtkirche**. An der Nordseite des stehenden spätgotischen Baus sind vereinzelte Reste des Vorgängerbaus auszumachen. In ihrer heutigen Gestalt ist die Stadtkirche von Calau, von den schweren Beschädigungen durch Kriegseinwirkung – die Stadt wurde 1945 zu 80 % zerstört – abgesehen, eine dreischiffige spätgotische Hallenkirche mit Umgangschor und einem mittig vor der Westfront stehenden Turm, bietet also im ganzen ein für die Niederlausitz charakteristisches Erscheinungsbild, vor allem der Turm mit seiner mehrgeschossigen Blendengliederung. Sein Spitzhelm von 1962 steht anstelle der 1945 verlorenen barocken Haube. Das kielbogige Westportal ahmt ein Hausteinvorbild nach und ist technisch wie formal ein Beispiel für die in der Gegend hochentwickelte Ziegelproduktion; man denke an die Fabrik in Großräschen! Auch die Gewölbe im Inneren wurde 1945 zerstört, sie zeigten Netz- und Sternmuster im Mittelschiff und Kreuzrippen in den Seitenschiffen. Unter der neuen Ausstattung finden sich Stücke aus Kirchen der Umgebung, von denen einige, so die von Tornow, vom Braunkohlentagebau überbaggert worden sind.

Wie die meisten Städte dieser Landschaft besaß auch Calau eine *Wendische Kirche* für die sorbische Bevölkerung. Der mittelalterliche Feldsteinbau ist mit einigen Erneuerungen und Zutaten des 19. Jh. noch als Gotteshaus erhalten. Von der alten Wohnhausbebauung sind die *Alte Mädchenschule* bei der Kirche mit einem behäbig über das steinerne Erdgeschoß vorkragenden Fachwerkobergeschoß und das *Burglehnhaus* am Burgplatz von 1716 zu erwähnen. Und auch von der mittelalterlichen *Stadtmauer* gibt es noch einen Rest aus Feldstein an der Westseite der Altstadt.

Die Umgebung von Calau ist reich an reizvollen Dörfern mit ansehnlichen Kirchen. Wir nennen hier nur die **Kirche** von **Groß Jehser,** die sich durch eine reiche Innenausstattung aus dem 18. Jh. auszeichnet; als besonders bemerkenswert gilt in dem spätgotischen Bau die Einrichtung der Patronatsloge. Das Wandepitaph für J. Patow und seine Frau (gestorben 1705 und 1737) wird für die Arbeit eines Dresdner Bildhauers gehalten.

Zwei Schlösser sind in der Umgebung von Calau hervorzuheben, das im westlich gelegenen Drehna, dem das seit 1807 im Namen geführte ›Fürstlich‹ neuerdings wiederzugestanden wurde, und das im südlich gelegenen Altdöbern. Das **Schloß** in **Fürstlich Drehna** ist eine Wasserburg, eine große Vierflügelanlage mit mächtigen runden Ecktürmen. Sie verdankt ihre Entstehung der zweiten Hälfte des 16. Jh. und ist im 18. Jh. geringfügig verändert worden. Die Flügel sind von unterschiedlicher Höhe und verfügen zum Teil über spätgotische Ziergiebel aus Backstein. Im Hof findet sich ein gewölbter Laubengang. Auch innen sind im Erdgeschoß noch die ursprünglichen Gewölbe erhalten, die ehemalige Kapelle im Südflügel besitzt kleinteiliges Zellengewölbe. Einige Räume im Obergeschoß zeigen Stuckdecken aus der Zeit um 1700. Bemerkenswert ist der große

Fürstlich Drehna,
Wasserschloß

Schloßpark. Er ist nach 1819 unter Mitwirkung von Peter Joseph Lenné zum Landschaftsgarten erweitert worden und erfuhr nach 1877 eine Ausdehnung in die Umgebung hinein.
Er hat durch Braunkohleabbau viel eingebüßt, ist aber in hervorragender Weise restituiert
worden, ein gutes Beispiel für Rekultivierung nach den Prinzipien gartenkünstlerischer
Landschaftsgestaltung. – Vor dem Schloßeingang steht das *Gasthaus › Zum Hirschen‹*, ein
stattlicher barocker Putzbau mit hohem Walmdach.

Das **Schloß** in **Altdöbern** ist eine barocke Dreiflügelanlage mit seitlichen Kavaliers-
häusern. Als Baudaten werden 1717 und 1749 genannt. 1880–83 erfolgte eine neubarocke
Überformung, von der das äußere Bild bis heute bestimmt wird. Das Innere ist aber aus
der Mitte des 18. Jh. noch gut erhalten, ausgeführt von Künstlern aus Dresden; genannt
werden Stefano Torelli, Chr. W. Ernst Dietrich (Ditericy), Pierre Coudray und Joseph
Deibel. Ferner sind Tapeten aus der Manufaktur in Pförten, unweit von Forst jenseits der
Neiße, nach Entwürfen des Böhmen Franz Xaver Karl Palko verwendet. Besonders hervorzuheben ist das einem Gartensaal gleichende *Vestibül*, das illusionistisch von Joseph
Krinner ausgemalte *Treppenhaus* und der *Marmorsaal* mit mehreren figürlichen Stuckreliefs, Kamin und geschnitzten Türfüllungen. Der barocke Garten aus der Mitte des
18. Jh. wurde 1881–90 durch Eduard Petzold in einen großzügigen *Landschaftsgarten*
umgewandelt. Er bezog das Wasserparterre des alten Gartens mit Sandsteinfiguren von
Gottfried Knöffler aus Dresden mit ein. Weitere plastische Arbeiten finden sich am Nep-

Finsterwalde, Schloßhof ▷

tunbrunnen, am Schloßportal und am Hoftor. Die Putten sind von Knöffler signiert und datiert (1750–55). – Anstelle einer mittelalterlichen Kirche des Ortes schuf Curt Steinberg aus Berlin 1918–21 den neubarocken Bau.

Wie Calau verdankt auch **Finsterwalde** seine Entstehung einer Burg an einer Straßenkreuzung, an der von Magdeburg nach Schlesien führenden Salzstraße mit der von Torgau zur Oder führenden Niederstraße. Schon im 13. Jh. existierte eine Marktsiedlung, als Stadt bekam der Ort aber erst im 16. Jh. einige Bedeutung. Die Burg wurde zwischen 1559 und 1597 als **Wasserschloß** in Renaissanceformen ausgebaut, eine ausgedehnte Anlage mit langgestrecktem Vorderschloß und einem Hinterschloß als Hauptteil um einen quadratischen Hof. Im Erdgeschoß des Westflügels sind neben den Kreuzgratgewölben auch Schlingsternrippenmuster in drei Jochen zu finden, die dem Baumeister Martin Piger aus Dresden zugeschrieben werden, der auch an der Stadtkirche gearbeitet hat. Bauherren waren seinerzeit die Herren von Dieskau. Der Besitz wechselte häufig, bis schließlich seit 1625 die direkte Unterstellung in kursächsische Hand erfolgte. Nördlich vom Schloß, nahezu in dessen Achse, bildet ein langgestreckter rechteckiger *Markt* den Kern der symmetrisch zu ihm angelegten Straßengeviere der Stadt.

Zwischen Schloß und Markt steht die **Stadtkirche**, im Mittelalter mit einem Marienpatrozinium, nach der Reformation der Dreifaltigkeit gewidmet. Anstelle eines wohl zu klein gewordenen mittelalterlichen Gebäudes wurde sie in den achtziger Jahren des 16. Jh. erbaut, und als ihr Baumeister wird der eben erwähnte Martin Piger genannt. Die Kirche ist eine Emporenhalle, im Raumcharakter den Schloßkapellen protestantischer Fürstenhöfe des 16. Jh. ähnlich mit einem sehr breiten Mittelschiff von drei Jochen und einem gleichbreiten Chor, der dreiseitig schließt. Die Seitenschiffe sind schmal und nehmen massiv unterwölbte Emporen auf. Der ganze Raum wird von einem Netzrippengewölbe gedeckt, nur die Herrschaftsloge am nordöstlichen Langhausjoch besitzt ein Gewölbe mit dem gleichen Schlingsternrippenmuster wie im Schloß. Der Altaraufbau von 1594 zeigt Gemälde. Die Kanzel aus Sandstein mit szenischen Reliefs am Korb, der von einer Mosesfigur getragen wird, hat Melchior Kuntze aus Meißen 1615 gearbeitet. Eine Inschrift nennt die grundherrliche Familie von Dieskau als Stifter. Eine andere Inschrift an der Südwand der Kirche rühmt die Dieskaus nicht weniger und macht die Kirche zur Gedenkstätte der Herrschaft, deren Grabdenkmäler und Epitaphien hier in großer Zahl aufgerichtet sind. – Um den Markt findet sich noch gute historische Substanz in der Wohnbebauung und das *Rathaus* von 1739. Die *Curdsburg* in der Schloßstraße ist ein Renaissancegebäude von 1572, zu beachten ist die jüngere Tür mit Knorpelwerkschnitzereien.

Die **Dorfkirchen** der Umgebung von Finsterwalde sind überwiegend aus Granitquadern errichtet und gehören dem 13. Jh. an, in **Breitenau** ein einfacher rechteckiger Saal, in **Betten** ein Saal mit schmalerem rechteckigem Chor; bei beiden ist der Turm erst im 18. Jh. hinzugefügt worden. Anders in **Göllnitz**, das über eine Dorfkirche im üblichen Schema aus Schiff, eingezogenem Chor und quadratischem Westturm verfügt. Alle diese Kirchen sind mit einer hölzernen Decke versehen, bisweilen tonnenförmig gewölbt. In Betten ist in den Kanzelaltar des 17. Jh. ein Altarschrein aus dem 15. Jh. aufgenommen worden, mit einem Relief, das die Anbetung der heiligen drei Könige darstellt, und bemalten Flügeln, die die Heiligen Ursula und Barbara zeigen. Auch in Göllnitz sind unter der reichen Ausstattung des 17. Jh. mit Altarretabel, Kanzel, Taufengel und Logen mehrere mittelalterliche Schnitzfiguren zu finden. Die Decke und die Nordwand tragen Malerei des 17. und 18. Jh. In Breitenau sind im Ostteil der Kirche wieder freigelegte mittelalterliche Wandmalereien anzutreffen; sie zeigen an der Nordwand Kindheit und Passion Christi, an der Südwand Maria zwischen Heiligen und an der Ostwand Christus als Weltenrichter in der Mandorla über Heiligenfiguren.

Gerade in der Umgebung von Finsterwalde, das nur wegen seiner späteren und heutigen Bedeutung als Hauptort und gegenwärtige Kreisstadt zum Ausgang dieser Betrachtung genommen wird, fällt nun aber auf, daß eine Reihe von Dorfkirchen nicht aus den üblichen, vom Felde gewonnenen Granitquadern, sondern mit Backsteinen errichtet worden ist. Zu nennen sind vor allem Kirchhain, das heute zusammen mit Doberlug vorwiegend als Bahnknotenpunkt bekannt ist, Lindena und Sonnewalde.

In **Kirchhain** hat sich an der späteren **Stadtkirche** als Rest eines romanischen Gründungsbaus der Unterbau eines querrechteckigen Westturms bewahrt, der gotisch erhöht und im 18. Jh. mit den Doppelspitzen versehen wurde, die der Kirche das charakteristische Aussehen auch in der Fernsicht geben. Das Schiff ist mehrfach umgebaut, jetzt basilikal gestuft und im Mittelschiff mit einer bemalten Holztonne aus dem 18. Jh. gedeckt; der polygonal geschlossene Chor hat Zellengewölbe aus dem 16. Jh. Aus dem 18. Jh. stammt auch die einheitliche Ausstattung mit Altarretabel, Kanzel, Taufe und Emporen.

Die **Dorfkirche** in **Lindena** ist noch heute ein frühgotischer Backsteinbau aus querrechteckigem Westturm, basilikalem Schiff, Chorjoch und Halbkreisapsis. Die Kirche ist im ganzen gewölbt, das Langhaus im gebundenen System mit Kreuzrippen im Mittelschiff, in den sehr schmalen Seitenschiffen mit kuppeligen Gratgewölben. Nur im Turm finden sich spätgotische Zellengewölbe. Das Glasfenster in der Apsis zeigt ein Stifterbildnis und ist nach der Mitte des 13. Jh. entstanden. Unter der übrigen Ausstattung fällt in der Predella des spätgotischen Schnitzaltars die Darstellung heiliger Zisterziensermönche auf. Sie geben einen Hinweis auf das naheliegende ehemalige Zisterzienserkloster Doberlug, in dessen Besitz sich Lindena nachweislich seit 1234 befand. Diese Abhängigkeit macht die für eine Dorfkirche außergewöhnliche Bauform einer im gebundenen System gewölbten Basilika wie auch die Verwendung von Backstein anstelle des sonst in der Gegend und in der Zeit üblichen Feldsteinmaterials erklärlich. Es handelt sich um eine ähnliche Erscheinung wie in der Umgebung von Jerichow in der Altmark. Auch Kirchhain war ein Klosterdorf von Doberlug, ehe es sich zum Marktflecken und im 15. Jh. dann zur Stadt entwickelte.

Eine Sonderstellung nimmt die **Dorfkirche** von **Lugau** ein. Sie ist ein Granitquaderbau des 13. Jh., ein Saal mit eingezogenem rechteckigem Chor wie die anderen, aber mit einem westlichen Querturm, dessen Aufbau beeindruckt und höhere Bedeutung suggeriert. Der geschlossene Block besaß ursprünglich keinen Eingang, das jetzige Portal ist 1905 eingefügt worden. Eine abgetreppte Kreisblende, wohl ein Rosenfenster meinend und vielleicht einst entsprechend bemalt, ist der einzige Schmuck der Westwand. Der Aufsatz des querrechteckigen Unterbaus aus Backstein erweckt den Eindruck von Doppeltürmigkeit, das Glockengeschoß weist paarige Schallöffnungen und Blenden, rund- und spitzbogig, auf. An der West- und Ostseite Doppelgiebel und an den Schmalseiten einfache Giebel bilden den Ausgang für zwei Rhombenhelme nach rheinischem Muster, mit denen das Turmwerk abgeschlossen ist. Innen ist die Kirche flach gedeckt, die Emporen sind auf 1576 und 1631 datiert. Über der Mensa aus dem 13. Jh. erhebt sich ein Retabel von 1712, das Christian Zimmermann aus Luckau gearbeitet hat. Ferner sind ein Taufstein des 15. Jh. und ein Orgelprospekt des 18. Jh. zu erwähnen.

So ergibt sich aus der historischen und kunsthistorischen Betrachtung der Gegend, daß nicht Finsterwalde, sondern das Kloster **Doberlug** der kulturgeschichtliche Mittelpunkt dieser Landschaft ist. Der Ort findet schon als slawische Siedlung 1005 Erwähnung. Er heißt bei Thietmar von Merseburg Dobraluh, was Walther von der Vogelweide in einem Vokalspiel noch am Anfang des 13. Jh. mit Toberluh benutzt haben soll. Der Minnesänger soll seinen Spott mit der Abgelegenheit des Ortes getrieben haben, doch für die Mönche des Zisterzienserordens lag ja gerade in der Abgeschiedenheit ihrer Niederlassung eine Bedingung für die Gründung, und so ist es nur wahrscheinlich, daß die ältere auch amtliche Benennung Dobrilugk eine Umdeutung des ursprünglichen slawischen Namens im zisterziensischen Sinne als ›Gute Wiese‹ oder ›Gutes Tal‹ darstellt und seine Beibehaltung im sorbischen Umfeld bewirkte. Gegründet hat das **Kloster** nach der Überlieferung Dietrich von Landsberg, der zweitälteste Sohn des Markgrafen Konrad von Meißen, im Jahre 1165. Wie so oft, haben sich die aus Volkenroda bei Mühlhausen in Thüringen geholten Mönche erst weitaus später endgültig niedergelassen: Um 1200 begann das Kloster, seinen Landbesitz auszubauen.

Die **Klosterkirche** (Farbabb. 20) soll bereits 1184 begonnen und 1228 geweiht worden sein. 1209 war schon die Markgräfin Elisabeth in ihr bestattet worden. Neben den Kirchen in Lehnin und Chorin, mit welchen Zisterzienserklöstern Dobrilugk geschichtlich nichts zu tun hat, ist sie kunst- und architekturgeschichtlich gesehen einer der bedeutendsten Backsteinbauten des norddeutschen Binnenlandes und zugleich einer der frühesten

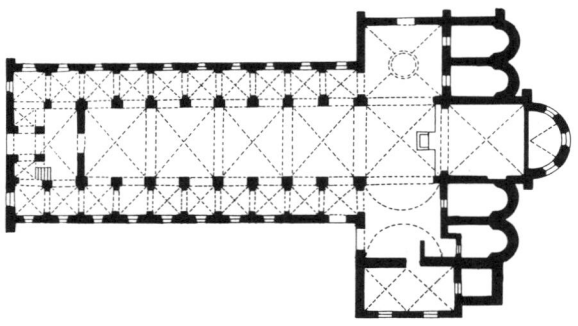

Doberlug-Kirchhain, Klosterkirche, Grundriß

*Doberlug-Kirchhain, Kloster-
kirche, Westfassade*

gewölbten Großbauten der Lausitz: eine kreuzförmige Pfeilerbasilika in gebundenem System bei fünf Mittelschiffjochen mit zehn Seitenschiffsjochen, das Querschiff mit einer ausgeschiedenen Vierung und an den Armen mit je zwei apsidial geschlossenen Kapellen (1622 abgebrochen), der quadratische Chor mit großer Halbkreisapsis, die sich nach außen mit spätromanischem Baudekor oberitalienischer Prägung auszeichnet. Die Wölbung mit Kreuzrippen zwischen spitzbogigen Gurten weist auf einen engen Zusammenhang mit der frühgotischen Zisterzienserbaukunst hin, die Profile der Rippen ähneln denen in Lehnin und Treuenbrietzen, entsprechen aber Hausteinvorbildern wie auch manche andere Details (Schlußsteine). 1905/06 hat eine für die Zeit charakteristische restauratorische Überformung des Ganzen stattgefunden, wobei vor allem das Innere in einer bezeichnenden Mischung aus mittelalterlichen und barocken Gestaltelementen erneuert und auf ein malerisches Zusammenspiel Wert gelegt wurde, im Gegensatz zu den puristischen und stilvereinheitlichenden Bestrebungen der vorangegangenen Jahrzehnte des 19. Jh. Der Hauptaltar von 1520 mit den geschnitzten Figuren einer Mondsichelmadonna, der Apostel Petrus und Paulus sowie einer Anbetung der Könige und der Nebenaltar mit Gemälden der Passion Christi um 1490 waren damals aus Senftenberg übernommen worden. Das Chorgitter mit der Triumphkreuzgruppe, die Kanzel, die Orgel und die Taufe sind 1906 entstanden. Auch die polychrome Raumfassung ist ein

341

Doberlug, Klosterkirche, Seitenschiff

Ergebnis der Restaurierung von 1906, die Außenfassung dagegen geht auf jüngere Restaurierungsbemühungen zurück. Von den Klostergebäuden ist nur noch ein Teil des Südflügels in klassizistischer Überformung erhalten.

Das **Schloß** von Doberlug ist eine stattliche Vierflügelanlage, nach 1547 durch die Herren von Gersdorf begonnen als ein Wasserschloß mit kastellartigem Charakter und später ausgebaut. Die Fassaden werden von mächtigen Zwerchhäusern mit Schweifgiebeln bekrönt. Im Hof finden sich zwei Treppentürme und eine steinerne Galerie von 1666, auch der Hofbrunnen gehört ins 17. Jh. Das Äußere ist seit der letzten Erneuerung weiß getüncht und mit ockerfarbenen Gliederungen versehen.

Neben dem Schloß in **Doberlug-Kirchhain** – die Zusammenlegung der Orte ist erst nach 1945 erfolgt – sind in der Umgebung noch die Schlösser in Sallgast und Sonnewalde zu nennen, beides Wasserschlösser und im 16. Jh. errichtet. Das **Schloß** in **Sallgast** ist eine zweigeschossige Vierflügelanlage um einen quadratischen Hof, die äußeren Ecken werden von kräftigen Rundtürmen mit geschweiften Hauben betont. Neben den Turmhauben treten spätgotische Ziergiebel in das Erscheinungsbild. Bodo Ebhardt hat 1911 eine Erneuerung durchgeführt und auch den Park gestaltet. – Das **Schloß** in **Sonnewalde** hatte die Grafen zu Solms, die Herren der Mediatstadt, zum Bauherrn. Eine ältere Anlage wurde Ende des 16. Jh. mit Vorder- und Hinterschloß ausgebaut. Nach einem Brand von 1949 hat sich vom *Hinterschloß* nur noch der *Rote Turm* erhalten. Das *Vorderschloß* zeigt sich mit zwei Schmuckgiebeln an der Eingangsseite. Das bemerkenswerte Portal wird von einem reichgestalteten Wappen der Bauherrn bekrönt. – In der Stadt Sonnewalde, die aus einem Marktflecken bei einer älteren Burg zum Ackerbürgerstädtchen herangewachsen war, ist um 1400 eine einschiffige **Backsteinkirche** erbaut worden, die trotz der vorhandenen Strebepfeiler ohne Wölbung geblieben ist. Die Ausstattung erhielt der Bau bei einer Erneuerung 1735.

Wie andere Städte in der Niederung der *Schwarzen Elster* hat auch **Senftenberg** seinen Ausgang von einer bereits im 10. Jh. angelegten Grenzburg genommen. Der Grundriß der im 13. Jh. entstandenen Stadt zeigt eine leicht gekrümmte Längsstraße zwischen ehemali-

△ *Doberlug-Kirchhain, Schloß*

Sallgast, Schloß ▽

gem Schloßtor im Osten und dem Kreuztor im Westen mit rippenförmig angeordneten Querstraßen und mittlerem Marktrechteck. An dessen Nordostecke stellt eine schräg geführte Gasse die Verbindung mit dem diagonal zum Markt liegenden Kirchplatz her. In der Blickachse zum Markt steht der Turm der deutschen **Pfarrkirche St. Peter und Paul,** unweit nördlich von dieser die ehemalige *wendische Kirche* aus dem 18. Jh., die 1934 zum *Gemeindehaus* umgebaut worden ist. Die Stadtkirche ist eine dreischiffige spätgotische Halle von fünf Jochen, die Umfassungen aus Bruchsteinmaterial bilden als östlichen Abschluß ein fünfseitiges Polygon. Das den ganzen Kirchenraum einheitlich überdeckende Zellengewölbe, jene seit 1470 in Sachsen und Böhmen, ausgehend von der Albrechtsburg in Meißen, verbreitete originelle Wölbform, die aber auch in Brandenburg, in der Petrikapelle am Dom, begegnet, ist wohl erst nach dem Stadtbrand von 1509 entstanden und besteht wie die Pfeiler und Bögen aus Ziegeln. Aus Backstein ist auch der spätgotische Turm aufgeführt. 1945 brannte die Kirche aus und verlor ihre Dächer wie auch ihre neugotische Inneneinrichtung. Sie wurde zwischen 1951 und 1958 wiederhergestellt.

An der Stelle der mittelalterlichen Burg wurde in der Mitte des 16. Jh. ein **Renaissanceschloß** errichtet, eine zweigeschossige Vierflügelanlage; der Südflügel ist 1837 abgetragen worden. Anfang des 17. Jh. sicherte man das Schloß durch einen Wall mit vier Eckbastionen. Die Festungsanlage trägt die Handschrift des Rochus von Lynar. Im Schloßhof steht der ›Bettler auf Krücken‹, eine Keramikplastik von Ernst Barlach. Der umgebende *Park* hat alten Baumbestand und ein Tiergehege. – Seit etwa 1870 liegt Senftenberg inmitten des Braunkohletagebaus, der die neuzeitliche Entwicklung der Stadt bestimmt hat.

Das Gebiet elsterabwärts und südlich davon an der Pulsnitz ist reich an Dörfern mit sehenswerten Dorfkirchen und Schlössern: **Großkmehlen** mit *Renaissance-Wasserschloß* und barock umgebauter mittelalterlicher *Dorfkirche* (mit Silbermann-Orgel von 1717); **Lindenau** mit stattlichem *Renaissanceschloß* der Familien von Gersdorff und von Minkwitz, das im 18. Jh. verändert und nach 1900 zur Dreiflügelanlage erweitert worden ist; **Großthiemig** mit einer spätgotischen *Kirche,* in der Reste von Wandmalerei freigelegt wurden und auch sonst gute Ausstattungsstücke vom 15. bis 17. Jh. zu finden sind.

Die nächste Stadt ist **Elsterwerda**, ein ehemaliger Burgort direkt an der *Schwarzen Elster* zur Sicherung einer Nord-Süd-Verbindung, bei dem im 13. Jh. planmäßig eine Marktsiedlung angelegt worden ist. Erst mit dem Übergang an Preußen 1815 erhielt er Stadtrecht und gedieh schließlich zu dem neuzeitlichen Verkehrsknotenpunkt. In erhöhter Lage gegenüber dem Fluß steht an der Stelle der ursprünglichen Burg das **Schloß**, das August der Starke als Jagdschloß zur Dreiflügelanlage ausbauen ließ. Der Herzog von Kurland baute es schließlich zweigeschossig mit hohem Walmdach um. Einige Innenräume sind mit Deckenstuck und Kaminen erhalten geblieben. Die **Stadtkirche St. Katharinen** ist als barocke Saalkirche aus einem mittelalterlichen Backsteinbau hervorgegangen, aus dem der Taufstein, das Sakramentshaus in der Sakristei und zahlreiche Grabsteine der Familien von Maltitz und von Rohr übernommen worden sind. Ein hübsches Fachwerkhaus mit Hofgalerie steht an der Ecke Haupt-/Rathausstraße.

Bad Liebenwerda war die alte provinz-sächsische Kreisstadt dieses Gebiets im preußischen Regierungsbezirk Merseburg. Ein Eisenmoorbad wird hier seit 1905 betrieben. Der Ursprung des 1231 erstmals urkundlich genannten Ortes ist auch hier eine *Burg* zur Sicherung des Flußübergangs, 1301 ist er bereits als civitas bekannt. Die mittelalterliche Stadt war befestigt. Der großzügig angelegte *Straßenmarkt* ist von zweigeschossigen Häusern des 19. und 20. Jh. umbaut. Am Ende des Marktes steht die **Pfarrkirche St. Nikolai,** ein Backsteinbau mit polygonalem Ostschluß und quadratischem Westturm. Die Gewölbe aus der ersten Hälfte des 15. Jh. stürzten 1513 ein, danach wurde das Innere als Saal erneuert, aber das mächtige Dach ist noch original erhalten. Nur der zweigeschossige Anbau an der Nordseite mit seinem Ziergiebel hat innen seine Gewölbe – Zellengewölbe im Erdgeschoß, Kreuzgewölbe in der Ratsloge – bewahrt. Die Bemalung der Holzdecke und die liturgische Einrichtung sind 1903 entstanden. Von der älteren Ausstattung sind zu erwähnen ein Schmerzensmann, eine Schnitzfigur um 1500 und ein Triumphkruzifix des 16. Jh. Gegenüber der Kirche steht das **Rathaus,** ein klassizistischer Putzbau mit Mansarddach.

In der Umgebung von Bad Liebenwerda sei das ehemalige Ackerbürgerstädtchen **Wahrenbrück** genannt, an einem Flußübergang bei einer Burg entstanden. Ein *Denkmal* für den hier geborenen Komponisten *Carl Heinrich Graun,* den ersten Hofkapellmeister an der Berliner Oper Unter den Linden, mit dessen ›Caesar und Kleopatra‹ das Haus 1742 eröffnet wurde, steht auf dem von Fachwerkhäusern umgebenen Marktplatz. In der **Dorfkirche** von **Saxdorf** wurden 1969–74 umfangreiche Wandmalereien des 14. Jh. freigelegt; auch die weitere mittelalterliche Ausstattung, eine Sandsteintaufe, ein Sakramentshaus und ein Schnitzaltar, sind in dem Backsteinbau aus dem frühen 13. Jh. von Interesse.

Dicht an der Elbe liegt **Martinskirchen,** bekannt wegen seines von Graf Friedrich Wilhelm von Brühl, dem Bruder des sächsischen Ministers, durch Friedrich Krubsacius aus Dresden erbauten **Schlosses.** Es handelt sich um eine großartige Dreiflügelanlage, die sich vom französischen Klassizismus beeinflußt zeigt, ein dreigeschossiger Putzbau mit hohem Mansarddach, an der Hofseite mit Kolossalpilastern gegliedert und über dem Mittelrisalit mit einem Segmentgiebel geschlossen. Die mit Freitreppe, Rocaillegiebel und Wappen reicher gestaltete Gartenseite tritt halbkreisförmig hervor. Im Inneren sind zwei Räume mit der Rokokoausstattung erhalten, das **Jagdzimmer** und der ovale, durch zwei Geschosse reichende **Marmorsaal:** Ein Deckengemälde, Diana im Jagdgefolge, wird Stefano Torelli zugeschrieben. – Die **Dorfkirche** von Martinskirchen ist ein auf die Zeit um 1200 zurückgehender, mehrfach veränderter Backsteinbau. Am reinsten sind die romanischen Details am Turm zu erkennen. Die Ausstattung gehört vorwiegend dem 17. Jh. an.

Von besonderem Reiz wegen des bewahrten altertümlichen Charakters ist die kleine Stadt **Mühlberg** an der Elbe. Bekannt ist sie vor allem durch die in ihrer Nähe, mehr nördlich auf Falkenberg zu, 1547 geschlagenen Schlacht im Schmalkaldischen Krieg, deren Ausgang das Ende des ernestinischen Kurfürstentums Sachsen bedeutete. Die Schlacht konnte sich hier entwickeln, weil die Truppen den Flußübergang benutzten, bei dem die Stadt im Schutze einer Burg entstanden war. Bei der wettinischen Landesteilung 1485 war sie an die albertinische herzogliche Linie gekommen.

Moritz von Sachsen baute um 1545 an der Stelle der mittelalterlichen Burg ein **Schloß,** das Kurfürst August 1553–60 zur Vierflügelanlage mit den charakteristischen Zwerchhäusern erweiterte; im Ostflügel ist eine im Kern romanische Kapelle erhalten. Die Stadtanlage selbst war eine Doppelstadt aus Altstadt und Neustadt, bis beide Teile 1346 vereinigt wurden. In der Altstadt gründeten die Herren von Rehburg 1227 das **Zisterzienser-Nonnenkloster Güldenstern.** Die **Kirche** des Klosters, ein einschiffiger kreuzförmiger Backsteinbau des 13. Jh. mit polygonalen Apsiden am gestreckten Chor und an den Querschiffarmen, gilt als südlicher Ausläufer märkischer Backsteingotik. Zwei Drittel des Langhauses nahm ursprünglich die Nonnenempore ein, daher die zweigeschossige Fensteranordnung im Westteil der Kirche. Von den Gewölben sind nur die im Chor und in der Vierung alt. Bemerkenswert sind die figürlichen Schlußsteine. Die blendengegliederte Westfassade ist ein Werk des 15. Jh. Durch die jüngste Einrichtung zur Konzerthalle ist die ältere Ausstattung bis auf die Grabdenkmäler, darunter Werke des Georg Schröter aus Torgau, aus der Kirche entfernt worden. Von den erhaltenen Klostergebäuden verdient die **Neue Propstei** mit einem reichen Zierrippengiebel besondere Beachtung. In ihr befinden sich das *Stadtmuseum* und Räume mit Wandmalerei der Zeit um 1530. Die Klosterkirche wurde nach der Reformation zur Pfarrkirche der Altstadt. – Die **Pfarrkirche** der *Neustadt*, ein gestreckter Saal mit dreiseitigem Ostschluß und Westturm, birgt ein Altarretabel von 1578, in das ein spätgotischer Schnitzaltar obersächsischer Provenienz einbezogen ist. Auch die **Friedhofskapelle** im Osten der Stadt ist wegen eines Flügelaltars, einer Stiftung des Bürgermeisters Christoph Ottenbach von 1614, und ihrer Malereien sehenswert. Unweit der Neustädter Pfarrkirche steht am Markt das **Rathaus** von 1543–49; weitere Bürgerhäuser vom 16. bis 18. Jh. haben sich in den rechtwinklig geführten Straßen der Stadt erhalten.

Die nach Norden fließende *Schwarze Elster* wird südlich des Fläming in mehr westliche Richtung geführt, etwa von da ab, wo Ost-West- und Nord-Süd-Verbindungen sich kreuzen und den Fluß überqueren und wo die Stadt **Herzberg** im Schutze einer 1184 durch die Grafen von Brehna begründeten Burg sich entwickelt hat. Die Stadt erreichte ihre Blütezeit im 15. Jh., und aus dieser Zeit stammt als bedeutendstes bauliches Zeugnis die **Stadtkirche,** für die ein Marien- wie auch ein Nikolaipatrozinium überliefert ist. Die dreischiffige Hallenkirche aus Backstein ist um die Mitte des 14. Jh. begonnen und gegen 1430 vollendet worden. Der mächtige Turm ist 1562 erneuert, Anfang des 17. Jh. erhöht und 1782 mit Haube und Laterne versehen worden. Das Äußere beeindruckt durch die Geschlossenheit des Baukörpers unter dem großen, über dem polygonal gebrochenen Ostabschluß gewalmten Dach. Der längere ältere Chorteil der im ganzen siebenjochigen Kirche ist vom Westteil durch breite Gurtbögen auf kreuzförmigen Pfeilern getrennt. Sonst tragen achtseitige Pfeiler die Gewölbe, Parallelrippennetze (nach Prager Veitsdommuster) im Mittelschiff und Sternformen in den Seitenschiffen. Was die Decke der Herzberger Kirche besonders auszeichnet, sind die Malereien des 15. Jh., die im Chor aus der Zeit um 1420, die im Langhaus etwas jünger, im Mittelschiff figürlich, in den Seitenschiffen ornamental. Das Bildprogramm beinhaltet im Chor das Jüngste Gericht und im Lang-

Herzberg, Stadtkirche, Gewölbemalerei des 15. Jh.

haus Marienthemen. Böhmischer Einfluß ist vorherrschend, Zusammenhänge mit den Malereien in der Brandenburger Katharinenkirche und der Jüterboger Nikolaikirche sind wahrscheinlich. Die übrige Ausstattung gehört dem 17. und 18. Jh. an, darunter Werke von A. Schultze, die Sandsteinkanzel von 1658 und das Grabdenkmal für Frau H. Schröter, die 1652 gestorben ist. Die Chorfenster von 1901 sind beachtenswert. Die mittelalterlichen Reste von etwa 1380 sind seinerzeit in die Sechseckkapelle an der Nordseite des Chors verbracht worden, Szenen der Kindheit und der Passion Christi. Das **Rathaus** unweit der Kirche wurde 1616–18 erbaut; die Wohnhausbebauung wird von zweigeschossigen Putzbauten (18. und 19. Jh.) beherrscht, Fachwerk findet sich nur noch vereinzelt, und von der *Stadtbefestigung* sind Teile des 15. Jh. aus Backstein im Osten der Altstadt erhalten.

Erläuterung der Fachbegriffe

Akanthus Mittelmeerische Distelart mit großen, gezackten, an den Rändern leicht eingerollten Blättern; seit der Antike ein in stilisierter Form verbreitetes Dekorationsmuster in Baukunst und Kunstgewerbe

Ambo In frühchristlichen und frühmittelalterlichen Kirchen erhöhter Aufbau mit Lesepult; später im → *Lettner* eingebaut oder durch Kanzel ersetzt.

Anna selbdritt Darstellung der hl. Anna mit ihrer Tochter Maria und dem Jesusknaben

Antependium Bekleidung des Unterbaus eines Altars aus kostbaren Stoffen oder gestalteten Holz- oder Metalltafeln

Apsis (Apsiden) Seit der römischen Antike halbkreisförmiger, mit Halbkuppel überwölbter Raumteil als Abschluß oder Annex eines Hauptraumes. Von der christlichen Kirchenbaukunst übernommen; Abschluß des → *Chors* und vielfach Aufstellungsort des Altars

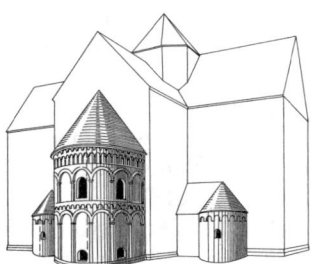

Arkaden Auf Pfeilern oder Säulen ruhende Bogenreihen

Armarium Raum oder Behältnis (Schrank) zur Aufbewahrung wertvoller Gegenstände und (liturgischer) Geräte, meist in einer Kirche

Atrium Ungedeckter Vorhof (hier einer Kirche), mit Säulengängen umgeben

Attika Brüstungsartiger Aufbau über dem Hauptgesims einer Gebäudewand, frei vor dem Dach stehend

Aufgehendes Mauerwerk Oberirdisches Mauerwerk (Gegensatz: Fundament)

Aula regia Hauptbau einer Pfalz mit Thron- und Festsaal

Baldachin Dachartiger Aufbau über einer geweihten Stätte oder einem Kultgegenstand

Balustrade Aus einer Reihe untersetzter Stützglieder gebildetes durchbrochenes Geländer

Bandelwerk Ziermotiv des frühen 18. Jh. aus symmetrisch geordneten Bändern, mitunter motivisch bereichert, vor allem bei Dekken- und Wandstukkaturen

Basilika In der Antike Bau für Handel und Gerichtsbarkeit. In der christlichen Kirchenbaukunst übernommen. Das gegenüber niedrigeren Seitenschiffen überhöhte und breitere Mittelschiff wird durch eine Fensterreihe im →

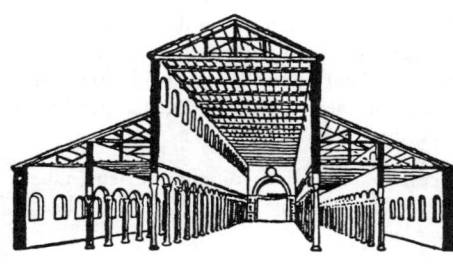

Obergaden belichtet und ruht auf *Pfeilern* oder *Säulen,* die meist durch *Bögen* miteinander verbunden sind

Bastion (Bastei) Runder oder polygonaler Vorbau (meist an der Ecke) einer Befestigung, aufgekommen erst nach der Erfindung von Feuerwaffen

Bergfried Hauptturm einer Burg zur Beobachtung und letzte Zufluchtsstätte bei Belagerungen

Biforium (Biforien) Durch eine eingestellte Säule zweigeteiltes ›gekuppeltes‹ Fenster

Blende Einer Mauerfläche vorgelegte (oder in sie vertiefte), rein dekorative Scheinarchitektur (also keine Öffnung); z. B. Blendarkaden, -bogen, -fenster, -maßwerk, -nische

Bogen Überbrückung einer Maueröffnung. Je nach Form der meist aus dem Halbkreis entwickelten Bögen unterscheidet man z. B. *Rundbogen, Spitzbogen, Korbbogen* u. ä.

Bogenfries *s. Fries*

Bosse, bossiert An der Oberfläche rauh belassener Werkstein (Bossenquader); begonnene oder unfertige Steinskulptur (Figur, Relief, Kapitell o. ä.), bisweilen des ästhetischen Reizes wegen zur Dekoration angewendet, also grob behauen (›bossiert‹) stehen gelassen

Busung Kuppelige Ausformung einer Gewölbekappe

Chor Ein für den Chorgesang und das Gebet von Geistlichen und Mönchen bestimmter Raum, meist im Osten der Kirche. Vom Gemeinderaum durch eine *Chorschranke,* ein *Chorgitter* oder einen → *Lettner* abgeschlossen

Christogramm Christusmonogramm aus ineinandergestelltem X und P, den griechischen Anfangsbuchstaben des Namens Christi

Ciborium Von Säulen gestützter Überbau über Altar oder Grab

Confessio Vorkammer eines Märtyrer- oder Heiligengrabes unter dem Hauptaltar. Sie ermöglichte dem Gläubigen die Annäherung an die Reliquien und deren Berührung

Corps de logis Zentrales Hauptgebäude eines Barockschlosses

Curtis Frühgeschichtliche bzw. frühmittelalterliche befestigte Hofanlage eines Herrschers, meist des Königs

Dachformen werden von der Anordnung der geneigten Dachflächen bestimmt: *Pultdach* (einfachste Dachform aus nur einer schräg ansteigenden Fläche); *Rautendach* (von den Giebelspitzen steigen Grate zu einer gemeinsamen Spitze auf); *Faltdach* (die rautenförmigen Flächen sind nach innen gebrochen, wodurch eine Kehle entsteht); *Pyramidendach* (gebildet aus vier oder acht gleichen Dreiecksflächen); *Kegeldach* (gleichmäßig aufsteigendes Dach über rundem Grundriß) u. ä.

Dachreiter Kleiner schlanker Turm auf dem Dachfirst über der → *Vierung* oder dem → *Chor*

Dansker Abortaustritt an einer Ordensburg

Deesis Darstellung des thronenden Christus als Richter des Jüngsten Gerichts zwischen Maria und Johannes dem Täufer als Fürbittenden

Dienste In der Architektur der Gotik lange, dünne Säulchen oder Halbsäulchen, die die *Gurte* oder *Rippen* der *Kreuzgewölbe* oder die Profile der *Arkadenbögen* aufnehmen; einem Pfeiler angegliedert oder der Wand vorgelegt

Dienstbündel Mehrere zusammengefaßte Dienste

Dormitorium Schlafraum in der Klausur (Gebäude um den Kreuzgang) eines Klosters, meist im Obergeschoß des Ostflügels

Dreipaß *s. Paß*

Empore Raum über den Seitenschiffen oder über dem (westlichen) Eingang, zum Mittelschiff geöffnet

Epitaph Erinnerungsmal (Inschrift, figürliche Darstellung) für einen Verstorbenen; selten direkt in Zusammenhang mit einem Grab stehend

Eremitage Wörtlich Einsiedelei; hier Bezeichnung für ein abgelegenes und für Fremde nicht zugängliches Lustschloß

Exedra Breiträumiger halbkreisförmiger Bauteil oder Anbau

Fama Allegorische Bezeichnung für Ruhm, Nachruhm; auch Sage, Legende oder Gerücht

Fasche Plastisch vortretender Profilrahmen eines Fenstergewändes

Fase, abgefast Abgeschrägte oder profilierte Kante/ Ecke eines Pfeilers oder des Gewändes eines Portals oder Fensters

Feston Girlandenstück (Gehänge) aus Blumen und Blattwerk

Fiale (griech.: Gefäß) Architektonisches Zierelement der Gotik; spitz zulaufendes Türmchen auf Strebepfeilern oder seitlich von → *Wimpergen*

Fischgrätenmuster Art des Mauerverbandes, bei dem die Steine horizontal ährenartig angeordnet sind

Flügelaltar Vor allem in der Gotik viel verwandte Altarform, bestehend aus einem Mittelteil (Altarschrein) und beidseitig angebrachten beweglichen Flügeln, geschnitzt oder/und bemalt

Fresken Malereien, die auf frischem (ital.: al fresco) Kalkbewurf an der Wand aufgebracht werden

Fries Streifenförmige Flächen zum Abschluß, zur Gliederung, zum Schmuck einer Wand. An Außenwänden meist plastisch (*Plattenfries, Rundbogenfries*), innen auch gemalt

Fünte Norddeutscher Ausdruck für Taufen aus Bronze oder Stein

Galerie Langer, gedeckter, seitlich offener Gang, z. B. an einer Fassade

Gaupe Dacherker, zur Belichtung des Dachraumes; man unterscheidet stehende (hochrechteckige), liegende und Fledermausgaupen

Gebundenes System Konstruktionsprinzip und Raumgliederungsform einer romanischen → *Basilika*, denen als Maßeinheit das *Vierungsquadrat* zugrundeliegt. Einem Quadrat im Mittelschiff entsprechen je zwei Quadrate im zugehörigen Seitenschiffabschnitt

Gesims Waagerechtes Bauelement, das eine Mauer in horizontale Abschnitte gliedert

Gesprenge In der Kunst der Gotik feingliedriger, geschnitzter Aufbau über einem Altarschrein

Gewände Schräg aufgeführte Mauerfläche (*Laibung*) seitlich eines Fensters oder eines Portals

Gewölbe Gemauerter krummflächiger oberer Abschluß eines Raumes. Einfachste Form: *Tonnengewölbe* mit halbkreisförmigem Querschnitt. Durchdringt eine Längstonne eine gleichhohe Quertonne, entsteht ein *Kreuz-* bzw. *Kreuzgratgewölbe*. (Grate sind scharfe

Kanten, die beim Zusammentreffen zweier gekrümmter Flächen entstehen.) Werden die Grate durch *Rippen* verstärkt, entsteht ein *Kreuzrippengewölbe*. Bilden (meist nur untergeblendete) Rippen ein zusammenhängendes Netz auf dem Gewölbegrund, nennt man das ein *Netzgewölbe*. Ein *Sterngewölbe* wird aus symmetrisch angeordneten Dreistrahlgewölben oder Rauten gebildet. Das *Klostergewölbe* besteht aus gekrümmten Flächen (Wangen), die ähnlich einer Kuppel unmittelbar auf der Umfassungsmauer vieleckiger Bauten aufsitzen

Gewölbezwickel Bauelemente, die vom quadratischen oder vieleckigen Grundriß des Unterbaus zum Fußkreis einer *Kuppel* oder eines *Klostergewölbes* überleiten. Dazu gehören auch Hängezwickel (*Pendentifs*) und *Trompen* (Trichternischen)

giebelständig Mit dem Giebel zur Straße weisendes Gebäude (Gegensatz: *traufständig)*

Grisaille Malerei aus Grautönen (Monochromie), häufig um Stuck oder Skulpturen vorzutäuschen

Gurt, Gurtbogen Quer zur Längsachse eines Raumes verlaufender Verstärkungsbogen des Gewölbes

Hallenkirche Die drei Schiffe des Gebäudes haben gleiche Scheitelhöhe der Gewölbe (im Gegensatz zur *Basilika)*

Herme Pfeilerförmiger Schaft mit einem Aufsatz in Form einer menschlichen Büste

Hypokausten Warmluftheizung, schon in der Antike gebräuchlich, meist für den Fußboden

Joch Raumabschnitt, der einer Gewölbeeinheit entspricht. Er wird in der Längsrichtung des Kirchenschiffs gezählt

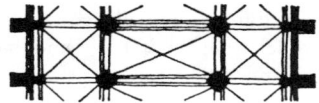

Kämpfer Gestaltete Zone über einem Kapitell, oberhalb deren die Krümmung eines Bogens oder eines Gewölbes beginnt

Kannelur, kanneliert Eng aneinander gereihte halbrunde Vertiefungen (Rillen), senkrecht geführt an einem Säulenschaft

Kapelle Kleine Kirche ohne Pfarrecht. Auch kleiner Sakralraum für bestimmte Zwecke (Taufe, Trauung, Beerdigung) bzw. Ein- oder Anbau in Kirchen mit Altären

Kapitell Ausladendes Kopfstück einer Stütze (Säule, Pfeiler, Pilaster)

Kapitelsaal Im Kloster Raum, in dem den Mönchen Weisungen erteilt wurden; Versammlungsraum eines Domkapitels

Kartusche Plastisch bewegt gerahmtes Feld (Schild) an hervorgehobener Stelle (über einem Portal, in einem Giebel) zur Aufnahme eines Bildes oder einer Inschrift

351

Karyatiden Steinere oder hölzerne Gewöl-
be- oder Gebälkstütze in weiblicher Form

Kietz Siedlungsteil in Randlage, häufig an
Gewässern und von Fischern bewohnt; während des Mittelalters im ostelbischen Raum
wohl der einheimischen slawischen Bevölkerung vorbehalten

Kolossalordnung Fassadengestaltung
durch Säulen oder Pilaster, die über mehrere
Geschosse reichen

Konche Halbrunde → *Apsis,* auch die einer
Muschel (lat.: concha) vergleichbare Halbkuppel

Konsole Vorspringendes Trageelement,
Kragstein, auf dem z. B. Bogen, Gesims, Bal-
ken, Dienste oder Gewölbe ruhen

Kreuzgang um einen Rechteckinnenhof
angelegter Gang, in → *Arkaden* geöffnet, an
der Süd- oder Nordseite einer Kirche Kern
eines Klosters oder eines Stifts

Kreuzgewölbe s. *Gewölbe*

Krypta (›verborgener‹) Raum, meist unter
dem → *Chor* der Kirche. Frühe Krypten waren
mitunter stollenförmig angelegt (*Ringstollen-
krypta*)

Kuppa Schale eines Kelchs

Kuppel Gewölbe bzw. Dachform über rundem (selten ovalem) oder quadratischem
Grundriß. Ihre Mantelfläche ist in der Regel
ein Kugelabschnitt. Zur Überhöhung des Raumes kann die Kuppel auf einen zylinderförmi-
gen *Tambour* (meist mit Fenstern) gestellt werden. Licht kann auch durch eine über der
Scheitelöffnung aufgesetzte *Laterne* in die
Kuppel gelangen

Laibung s. *Gewände*

Lanzettfenster Langes, schmales, mit über-
höhtem Spitzbogen abschließendes Fenster

Laterne s. *Kuppel*

Laube, Laubengang Ein meist überwölbter
Gang an der Front eines Gebäudes

Laufgang Von Säulen abgeschlossener
Gang in den oberen Teilen eines Bauwerks;
z. B. außen als *Galerie,* innen als *Triforium*

Lettner Bühnenartiger, mit Durchgängen
versehener Einbau, der den Chor von der übrigen Kirche trennt

Levitensitz Dreisitz des Priesters und der
Diakone im Ostteil einer (kath.) Kirche

Lichtgaden → *Obergaden*

Lisene Schwach vortretende senkrechte
Mauerverstärkung zur Gliederung von Fassaden, vor allem in der Romanik. Oben meist
durch Bögen oder *Rundbogenfriese* verbunden

Loggia Gewölbte, offene Bogenhalle in
oder vor einem Gebäude

Lokator Beauftragter zur Anlage und zur
Besiedlung eines in der Kolonisationszeit
gegründeten Ortes (Stadt oder Dorf)

Mandorla Den ganzen Körper einer göttli-
chen Person umgebender Lichtschein mit
mandelförmigem Umriß

Mansarddach (Mansarde) Giebeldach von
gebrochener Form, wobei der untere Teil steiler ist als der obere; das – zumeist bewohnbare
– Dachgeschoß wird Mansarde genannt (nach
J.-K. Mansart, französischer Baumeister)

Mediatstadt Eine Stadt, die sich im Besitz
einer adligen Herrschaft und nicht in dem des
Landesfürsten befindet

Mezzanin Halb- oder Zwischengeschoß

Monopteros Mit einer Säulenreihe umgebener Rundtempel

Mosaik Geometrisches Muster oder Bilder aus kleinen, bunten, natürlichen oder künstlichen Steinen, die in ein Mörtelbett gesetzt werden. Als Wand-, Gewölbe- oder Fußbodenschmuck

Netzgewölbe s. *Gewölbe*

Niedersächsischer Stützenwechsel In der romanischen Basilika der Wechsel von einem Pfeiler mit zwei Säulen (normaler Stützenwechsel: Pfeiler – Säule); in niedersächsischen Kirchen verbreitet

Nodus Knauf eines Kelchs

Obelisk Frei stehender, im Grundriß quadratischer, sich nach oben verjüngender Steinpfeiler mit einem pyramidenförmigen Abschluß

Obergaden, Lichtgaden Fensterzone in dem über die Seitenschiffsdächer erhöhten Teil des Mittelschiffes einer → *Basilika*

Okulus Kleines Rundfenster

Palas Repräsentationsbau einer mittelalterlichen Burg oder → Pfalz mit großem Saal

Paradies Vorhalle einer Klosterkirche

Paß Aus Dreiviertelkreisen zusammengesetzte gotische Maßwerkfigur. Je nach Anzahl der Kreisteile wird unterschieden in *Dreipaß, Vierpaß* usw.

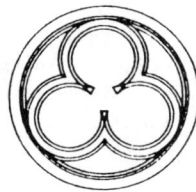

Pendentif s. *Gewölbe*

Pfalz Residenz der deutschen Könige und Kaiser im Mittelalter

Pfeilerbasilika s. *Basilika*

Pilaster Wandpfeiler mit Basis und → *Kapitell*

Plafond Flaches Mittelfeld einer Saaldecke, meist von Stukkaturen gerahmt und mit einem Gemälde versehen

Plattenfries s. *Fries*

Portikus Eine von Säulen getragene und meist von einem Dreiecksgiebel überfangene Vorhalle, die der Hauptfront eines Gebäudes vorgelagert ist

Prospekt Hier die Abfolge von aufwendig gestalteten Häuserfassaden in einem geschlossenen Straßenraum

Pseudobasilika Basilika mit unbelichtetem Obergaden

Pultdach s. *Dach*formen

Pyramidendach s. *Dach*formen

Querhaus (Querschiff) Quer zum Langhaus einer Kirche verlaufender Bauteil. Die Durchdringung von Langhaus und Querhaus ergibt die *Vierung*

Randschlag Besondere Steinmetzarbeit am Rand von Quadern

Rautendach s. *Dach*formen

Refektorium Speiseraum in der Klausur (Gebäude um den Kreuzgang) eines Klosters

Retabel Altaraufsatz aus Stein, Metall oder Holz

Rippen Vorstehende, verstärkende, gurtähnliche Bögen eines Gewölbes

Risalit Ein in ganzer Höhe eines Bauwerks vor die Fassade ragender Bauteil, in der Mitte oder an den Seiten einer Fassade zur Auflockerung beitragend

Rocaille Muschelförmiges, asymmetrisches Dekonrationsmotiv des Rokoko, um 1730–70

Rokoko Späte, besonders verspielte Phase des Barocks

Rundbogenfries s. *Bogen, Fries*

Rotunde Rundbau

Säulenbasilika s. *Basilika*

Sakristei Nebenraum eines Chors, dient zum Ankleiden des Priesters und zur Aufbewahrung von Kultgegenständen

Sala terrena Gartensaal ›zu ebener Erde‹ eines Schlosses oder Herrenhauses

Sander Geologische Formation (Aufschüttung) aus geschichteten Sanden und Kies, entstanden am Rande eiszeitlicher Gletscher

Schallarkade Maueröffnung an Glockentürmen in Höhe des Glockenstuhls

Schalltopf Eingemauertes Keramikgefäß zur Verbesserung der Akustik

Scharrierung Parallele (schraffierende) Bearbeitung der Oberfläche eines Quaders

Schiff Bei Kirchen Innenraum von Langbauten; man unterscheidet *Mittelschiff, Querschiff* (→ Querhaus) und *Seitenschiffe* (→ Abseiten)

Schildbogen Bogen an der Wand- bzw. Fensterseite eines Gewölbes

Schlußstein Scheitelstein eines Bogens; auch Schnittpunkt sich treffender oder kreuzender *Gewölberippen*

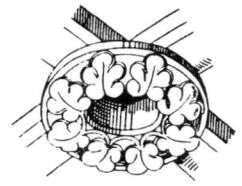

Schrein Behälter; kunstvoll verziert als Reliquienschrein, Mittelteil eines Flügelaltars

Schwarzlot Schmelzfarbe (opakes schwarzes Email) in der Glasmalerei für Detailzeichnungen genutzt

Sedilie Sitznische für Meßdiener im Chor einer Kirche

Sohlbank Fensterbank, unterer Abschluß eines Fensters

Spitzbogen s. *Bogen*

Spolien Wiederverwendete Bauteile eines älteren verfallenen oder abgerissenen Gebäudes

Sterngewölbe s. *Gewölbe*

Strebebogen Schräg ansteigender Bogen, der den Gewölbeschub des Hochschiffs einer gotischen Basilika auf einen *Strebepfeiler* ableitet

Sturz Gerader oberer Abschluß einer Tür- oder Fensteröffnung

Stütze Stützendes Bauglied, das je nach seinem Querschnitt als *Säule* (rund) oder *Pfeiler* (mehreckig) bezeichnet wird

Substruktion Unterbau eines Bauwerks auf unebenem oder wenig tragfähigem Baugrund

Suburbium Siedlung in unmittelbarer Nähe der Burg und in ihrem Schutz, rechtlich nicht zur Stadt gehörig

Supraporte Bemaltes oder reliefiertes gerahmtes Feld über dem Türsturz von Innentüren

Tabernakel Gehäuse zur Aufbewahrung der Hostien; auch von Stützen getragener Überbau eines Altars oder Grabes (*Ciborium*)

Tambour s. *Kuppel*

Tonne Gewölbe etwa halbkreisförmigen Querschnitts (Gegensatz: Kreuzgewölbe)

Tonnengewölbe s. *Gewölbe*

traufenständig Mit der Breitseite (eigentlich der Dachfläche, von der das Regenwasser abfließt) zur Straße stehendes Bauwerk

Traufgesims Gesims unter der Dachtraufe (waagerechte untere Begrenzung eines Daches)

Treppenspindel Durchlaufende senkrechte Stütze (Spindel), um die bei einer Wendeltreppe die Stufen spiralförmig ansteigen

Triforium Laufgang in einer Basilika zwischen → *Arkaden* und Fensterzone oder zwischen → *Empore* und Fensterzone

Triglyphe Dreifach gegliedertes Schmuckfeld in Reihung am Gebälkfries eines dorischen Tempels

Trikonchos Dreikonchenbau, überwiegend als → *Chor* an einer → *Basilika* (aber auch an *Zentralbauten*), bestehend aus drei halbrunden, *kleeblatt*förmig angeordneten Konchen (*Apsiden*)

Triptychon Dreiteiliges Bild, z. B. → *Flügelaltar*

Triumphbogen Hier Bogen zwischen Mittelschiff eines Langhauses bzw. Vierung und Chor

Trompen s. *Gewölbezwickel*

Tumba Rechteckiges Grabmal (Sarkophag oder Tischgrab) mit gestalteter Deckplatte

Tympanon Hier Bogenfeld über einem Kirchenportal, oft mit Relief geschmückt

verkröpft ist das Profil eines Gesimses, wenn es die Bewegungen einer architektonischen Gliederung durch Vor- und Zurückschwingen nachvollzieht

Vierung s. *Querhaus*

Wandvorlage Einer Wand (zur Gliederung) vorgelegtes Bauglied, zumeist eckig (rund: *Dienst)*

Wandständerbau (eigentlich: Geschoßbau) Fachwerkkonstruktion, für die mehrgeschossige Ständer an den Außenwänden charakteristisch sind

Weicher Stil Stilstufe der deutschen Plastik, ca. um 1400–1430

Westwerk Im Westen an eine Bischofs- oder Klosterkirche angebauter Bauteil mit Kaiserempore, von außen wie ein monumentales dreiteiliges Turmhaus wirkend

Wiekhaus (Weichhaus) Rechteckiger oder halbrunder Vorbau an einer mittelalterlichen Stadtmauer, in der Regel ursprünglich zur Stadt hin offen

Wimperg Giebelförmiger Aufbau über gotischen Portalen und Fenstern

Wüstung Zumeist im Mittelalter aufgegebene Ortschaft, heute bis auf die Grundmauern verschwunden

Wurzel Jesse Darstellung des Stammbaumes Christi, nach Jesaias 11,1

Zentralbau Baukörper mit (annähernd) gleich langen Hauptachsen. Grundform ist ein Kreis, Quadrat, regelmäßiges Vieleck, Kreuz etc.

Zwerchhaus *(Lukarne)* Dachausbau mit eigener Dachfläche quer zum Hauptdach (zwerch = quer)

Zwickel Dreiseitig begrenzte Fläche, z. B. zwischen Bogen und Rahmung oder bei *Gewölben.* S. auch *Gewölbezwickel, Pendentif*

Literaturverzeichnis (Auswahl)

Adler, Friedrich, Mittelalterliche Backstein-
bauwerke des preußischen Staates, Berlin
1862 und 1898

Badstübner, Ernst, Stadtkirchen in der Mark
Brandenburg, Berlin 1983

Badstübner-Gröger, Sibylle, Bibliographie
zur Kunstgeschichte von Berlin und Potsdam, Berlin 1968

Badstübner-Gröger, Sibylle und Jutta von
Simson, Berlin und die Mark Brandenburg.
Land zwischen Havel, Spree und Oder,
München 1991

Badstübner-Gröger, Sybille und Horst Dre-
scher, Das Neue Palais in Potsdam. Beiträge
zum Spätstil der friderizianischen Architektur und Bauplastik, Berlin 1991

Bau- und Kunstdenkmale der DDR. Der
Bezirk Potsdam, Berlin 1978. Der Bezirk
Frankfurt/Oder, Berlin 1980. Der Bezirk
Neubrandenburg, Berlin 1982

Bergau, Rudolf, Inventar der Bau- und Kunstdenkmäler in der Provinz Brandenburg,
Berlin 1885

Dehio, Georg, Handbuch der deutschen
Kunstdenkmäler. Neubearbeitungen: Ber-
lin/Potsdam, München-Berlin 1990. Cott-
bus/Frankfurt, Oder; München-Berlin
1987. Mecklenburg, München-Berlin 1990.
Sachsen-Anhalt I, Magdeburg, München-
Berlin 1990

Dehio, Ludwig, Friedrich Wilhelm IV. von
Preußen. Ein Baukünstler der Romantik,
München 1961

Denkmale in Berlin und der Mark Brandenburg, bearb. von der Arbeitsstelle Berlin
des Instituts für Denkmalpflege, Weimar
1987

Drachenberg, Thomas, Brandenburg – Stadt
unter Denkmalschutz, Berlin 1992

Eckardt, Goetz, Schicksale deutscher Bau-
denkmale im zweiten Weltkrieg, Berlin
1978

Eggeling, Tilo, Studien zum Fridrizianischen
Rokoko, Berlin 1980

Fait, Joachim, Deutsche Kunstdenkmäler. Ein
Bildhandbuch. Die Bezirke Cottbus, Frank-
furt/Oder, Potsdam und Berlin, Leipzig
1972

Ders. und Dass., Deutsche Kunstdenkmäler.
Ein Bildhandbuch. Brandenburg, München-Berlin 1991

Friedel, Ernst und Robert Mielke, Landes-
kunde der Provinz Brandenburg, Berlin
1910 bis 1916 (5 Bände)

Führer zu archäologischen Denkmälern in
Deutschland 23: Berlin und Umgebung,
bearb. v. Alfred Kernd'l, Stuttgart 1991

Gericke, Wolfgang, Heinrich Volker Schleiff
und Winfried Wendland, Brandenburgische
Dorfkirchen, Berlin 1975

Giersberg, Hans-Joachim, Studien zur Architektur des 18. Jahrhunderts in Berlin und
Potsdam, Berlin 1986

Heinrich, Gerd, Handbuch der historischen
Stätten Deutschlands, 10. Band: Berlin und
Brandenburg, Stuttgart 1973

Helmigk, Hans-Joachim, Märkische Herren-häuser aus alter Zeit, Berlin 1928

Kroll, Renate, Potsdam. Baugeschichte im Spiegel der Graphik. Ausstellungskatalog Berlin 1982

Die Kunstdenkmäler der Provinz Brandenburg, Berlin 1909 ff.

Lorck, Carl von, Preußisches Rokoko, Oldenburg-Hamburg 1964

Mielke, Friedrich, Potsdamer Baukunst. Das klassische Potsdam, Frankfurt/Main-Berlin-Wien 1981

Museen, Galerien, Sammlungen. Touristführer, bearb. v. Bernd Wurlitzer, Berlin-Leipzig 1989

Müther, Hans, Baukunst in Brandenburg bis zum beginnenden 19. Jahrhundert, Dresden 1955

Neubauer, Edith und Gerda Schlegelmilch, Bibliographie zur brandenburgischen Kunstgeschichte, Berlin 1961

Petras-Hoffmann, Renate, Berliner Plastik im 18. Jahrhundert, Berlin 1954

Piltz, Georg, Schlösser und Gärten in der Mark Brandenburg, Leipzig 1987

Die mittelalterliche Plastik in der Mark Brandenburg, hrsg. v. Lothar Lambacher und Frank Matthias Kammel, Berlin 1990

Redslob, Edwin, Barock und Rokoko in den Schlössern von Berlin und Potsdam, Berlin 1954

Sachs, Hannelore, Der Flügelaltar von St. Marien zu Bernau, Berlin 1989

Scheja, Georg, Die romanische Baukunst in der Mark Brandenburg, Gütersloh 1939

Schinkel Lebenswerk, hrsg. v. Paul Ortwin Rave. Mark Brandenburg, bearb. v. Hans Kania und Hans Herbert Möller, München-Berlin 1961

Schlösser in der Mark. Hrsg. durch den Freundeskreis Schlösser und Gärten der Mark. Berlin 1990 ff.

Schmitz, Hermann, Berliner Baumeister vom Ausgang des 18. Jahrhunderts, Berlin 1914

Ders., Preußische Königsschlösser, Wien-München-Berlin 1926

Schmoll, J. A., gen. Eisenwerth, Das Kloster Chorin und die askanische Architektur in der Mark Brandenburg, Berlin 1961

Schultze, Johannes, Die Mark Brandenburg, Berlin 1960 bis 1969 (5 Bände)

Schwartz, Carola, Kirchenbauten unter König Friedrich I. und Friedrich Wilhelm I. in der Mark Brandenburg, Berlin 1990

Seidel, Paul, Friedrich der Große und die bildende Kunst, Berlin 1912

Siedler, Jobst, Märkischer Städtebau im Mittelalter, Berlin 1914

Streichhan, Anneliese, Knobelsdorff und das friderizianische Rokoko, Burg bei Magdeburg 1932

Werte der deutschen Heimat Band 53: Havelland um Werder, Lehnin und Ketzin, Leipzig 1992

Werte unserer Heimat. Heimatkundliche Bestandsaufnahme in der DDR. Band 34: Um Eberswalde, Chorin und Werbellin-See, Berlin 1981. Band 45: Eisenhüttenstadt und seine Umgebung, Berlin 1986. Band 37: Ruppiner Land, Berlin 1981

Wiederanders, Gerlinde, Die Kirchenbauten Karl Friedrich Schinkels in Berlin und der Mark Brandenburg, Berlin 1981

Abbildungsnachweis

Farbabbildungen

Fotostudio Böttcher, Ketzin   Farbabb. 12

Grafik & Foto Design Dieter Blase, Steinfurt   Farbabb. 11

Rudolf Hartmetz, Bautzen   Farbabb. 2, 13, 17

Karl Johaentges/Looĸ, München   Farbabb. 15

Ansgar Koch, Berlin   Farbabb. 3

Peter Kühn, Dessau   Farbabb. 21

Florian Monheim/Roman von Goetz, Düsseldorf/Dortmund   Farbabb. 1, 8, 9, 14

Werner Neumeister, München   Farbabb. 18

Werner Preuß, Köln   Umschlagrückseite

Heinpeter Schreiber, Köln   Umschlagvorderseite, Umschlaginnenklappen vorn und hinten;   Farbabb. 5

Sigrid Schütze-Rodemann, Halle/Saale   Farbabb. 6, 7, 10, 16, 19, 20

Lothar Willmann, Berlin   Farbabb. 4

Abbildungen im Text

Archiv für Kunst und Geschichte, Berlin   Abb. S. 12, 14, 28, 33, 34, 42, 44, 47, 51

Ernst Badstübner, Stadtkirchen in der Mark Brandenburg, Berlin 1983   Abb. S. 116, 128, 197, 258, 265, 288, 294, 310, 315, 340

Klaus G. Beyer, Weimar   Abb. S. 149

Bildarchiv Preußischer Kulturbesitz, Berlin   Abb. S. 55, 56

Brandenburgisches Landesamt für Denkmalpflege, Meßbildarchiv   Abb. S. 247

Brandenburgisches Landesamt für Denkmalpflege, Repro Dieter Möller   Abb. S. 228

Evgl. Kirchengemeinde St. Marien, Bernau   Abb. S. 215 (A. Koch)

Rudolf Hartmetz, Bautzen   Abb. S. 2, 20, 26, 46, 57, 62, 64, 66, 97, 99, 103, 106 u. 115, 120, 121, 126, 127, 129, 141, 142, 148, 153, 187, 191, 199, 210, 216, 218, 221, 222, 232, 234, 239, 245, 250/51, 254, 257, 267, 270, 272, 273, 275, 279, 281, 293, 297, 298, 299, 302, 309, 323, 324, 330, 334, 337, 342, 360, 362, 371

Hans-Joachim Helmigk, Schlösser der Mark, 1925   Abb. S. 192, 300

Ansgar Koch, Berlin   Abb. S. 60, 69, 80, 84, 87, 203, 215, 226, 261, 378

Kunstdenkmäler der Provinz Brandenburg, 1910   Abb. S. 92, 100

Märkisches Museum, Berlin   Abb. S. 223

Florian Monheim, Düsseldorf/Roman von Götz, Dortmund   Abb. S. 83, 106 o., 125 re., 198, 206, 236, 276, 290, 303, 319, 336

Gerhard Murza, Berlin   Abb. S. 68, 72/73

Werner Neumeister, München   Abb. S. 9, 10, 29, 31, 36, 39, 52, 65, 70, 71, 75, 86, 91, 93, 94, 101, 102, 113, 134, 135, 136, 138, 144, 154, 157, 196, 200, 204, 207, 208, 214, 233, 241, 242, 249, 262, 264, 283, 287, 311, 312, 314, 316, 318, 321, 328, 329, 343, 347, 363, 377

Rheinisches Amt für Denkmalpflege (M. Steinhoff), Pulheim-Brauweiler   Abb. S. 48

Heinpeter Schreiber, Köln   Abb. S. 85

Sigrid Schütze-Rodemann, Halle/Saale   Abb. S. 3, 37, 58, 63, 67, 77, 78, 79, 82, 110,

118/19, 124, 125 li., 159, 186, 189, 193, 271, 274, 278, 341, 361

Staatliche Museen zu Berlin, Preußischer Kulturbesitz, Berlin   Abb. S. 21, 304

Staatliche Schlösser und Gärten Potsdam-Sanssouci, Potsdam   Abb. S. 49, 66, 74

Staatsbibliothek zu Berlin, Preußischer Kulturbesitz (Bildarchiv der Stiftung Preußischer Kulturbesitz), Berlin   Abb. S. 20, 23, 133, 213, 259, 277, 306/07

Stiftung Schlösser und Gärten Potsdam-Sanssouci, Potsdam   Abb. S. 67, 68, 69, 75, 203, 378 (A. Koch, G. Murza, W. Neumeister, S. Schütze-Rodemann)

Karten und Pläne: DuMont Buchverlag, Köln

Quellenhinweis

Zitate von Theodor Fontane, Wanderungen durch die Mark Brandenburg, Das Oderland 1976, Die Grafschaft Ruppin 1976, Havelland 1977, Spreeland 1979 © Aufbau Verlag Berlin und Weimar   S. 24, 87, 105, 194, 207, 230, 304, 322

Praktische Reiseinformationen

Von Petra Dubilski

◁ *Bei Neuzelle am Rand des Odertals*

Unterwegs in Brandenburg

Brandenburg in Zahlen

Fläche: 29 481 Quadratkilometer
Bevölkerung: 2,6 Millionen
Landeshauptstadt: Potsdam (139 000
Einwohner)
Die beiden Länder Brandenburg und
Berlin haben den Zusammenschluß
zu einem Bundesland beschlossen.
Die »Länderehe« wird vermutlich 1999
in Kraft treten.

Mit dem Auto

Über die *Autobahnen* läßt sich fast jede größere Stadt erreichen. Vom Berliner Ring (A 10) zweigen folgende Autobahnen ab: die A 12 nach Frankfurt/Oder, die A 11 Richtung Szczecin/Stettin, die A 19 Richtung Rostock, von dort ab Wittstock die A 24 Richtung Hamburg, die A 2 Richtung Hannover, die A 9 Richtung München, die A 13 Richtung Dresden, von dort die A 15 nach Cottbus.

Langsamer, aber um vieles schöner sind die *Bundesstraßen,* die durch Städte und Dörfer führen und besser zum Entdecken Brandenburgs geeignet sind als die Autobahnen. Reizvoll sind vor allem die Alleen. Die Strecke Wustrow-Rheinsberg-Neuruppin-Fehrbellin-Nauen-Brandenburg-Belzig-Wittenberg gehört zur **Deutschen Alleenstraße.**

Vorsicht ist bei kleineren Straßen geboten. Was im Umfeld von Städten vielleicht noch als Landstraße durchgehen mag, kann sich auf dem flachen Land als Feldweg oder Sandpiste entpuppen – mit reichlich Schlaglöchern. Aus Landschaftsschutzgründen, aber auch zur Sicherheit des Autos sei empfohlen, die kleinen Straßen mit dem Auto zu meiden.

Mit der Bahn

Auch hier dient Berlin als Verkehrsknotenpunkt mit Anschlüssen in alle Richtungen, die ähnlich wie die Autobahnen sternförmig von Berlin ausgehen. Doch nicht jede Ortschaft ist mit der Bahn einfach zu erreichen. Für manche Gegenden ist ein Auto unerläßlich, will man häufiges Umsteigen und nicht immer gelungene Anschlüsse vermeiden.

Der Regionalverkehr wird von der DB jedoch weiter ausgebaut. Seit Mai 1995 verkehren folgende Regionalexpresszüge:

Linie RE 1: Stündlich von Berlin Zoologischer Garten über Potsdam nach Brandenburg und von Berlin-Hauptbahnhof über Fürstenwalde und Frankfurt/Oder nach Cottbus.
Linie RE 2: Alle zwei Stunden von Cottbus über Königs Wusterhausen, Berlin-Lichtenberg, Gransee nach Neustrelitz.
Linie RE 3: Alle zwei Stunden von Cottbus über Ruhland, Jüterbog, Berlin-Schönefeld, Berlin-Lichtenberg und Eberswalde nach Schwedt.
Linie R 4: Alle zwei Stunden von Cottbus über Finsterwalde und Zossen nach Potsdam.

Mit dem Schiff

Eine reguläre Verkehrsschiffahrt existiert noch nicht. Doch gibt es einige Anbieter, die Rund- oder Linienfahrten im Angebot haben. Weitere Anbieter teilt der Landesfremdenverkehrsverband Brandenburg e.V. (siehe Informationsstellen) auf Anfrage mit.

Lübbenauer Spreewaldfahrten
Gerbergstr. 2
03222 Lübbenau
✆ und Fax 0 35 42/23 18
Kahnfahrten mit Routenführung und Fahrtdauer nach Absprache

Fahrgastschiffahrt Neuruppin
Seeufer 9
16816 Neuruppin
✆ 0 33 91/24 43
Fahrten durch das Neuruppiner Seengebiet

Oder-Havel-Schiffahrt
Hebewerkstr. 27a
16248 Niederfinow
✆ 03 33 62/2 50
Fahrten durch das Schiffshebewerk

Reederei Eberhard Halbeck
Markt 11
16831 Rheinsberg
✆ 03 39 31/3 86 19
Kreuzfahrten auf den Rheinsberger Seen

Weiße Flotte Potsdam
An der Langen Brücke
14467 Potsdam, ✆ 03 31/2 80 00 31 u. 29 15 27
Ausflugsverkehr Potsdamer Havel und Wannsee; Mehrtagesfahrten nach Hamburg, Niederfinow, Neuruppin, Bad Saarow, Halle und Magdeburg; Tagesfahrten nach Brandenburg, Spandau und Berlin, Fahrten auf den Spuren Fontanes

---

Informationsstellen

Landesfremdenverkehrsverband Brandenburg e.V.
Postfach 60 10 12
✆ 03 31/29 22 44 u. 29 56 32; Fax 03 31/29 66 83
14410 Potsdam

Touristisch wurde Brandenburg in vier Gebiete aufgeteilt:

Regionalverband Brandenburg-Nord mit den Landschaften Prignitz, Ruppiner Land und Uckermark zwischen Elbe und Oder gelegen

Fremdenverkehrsverband Brandenburg-Nord
Postfach 146
✆ 0 39 87/42 92 53
16901 Wittstock

Regionalverband Brandenburg-Ost
mit den Landschaften Barnim, Märkische Schweiz und Oder-Spree-Gebiet

Regionaler Fremdenverkehrsverband Ostbrandenburg
Heinrich-Hildebrand-Str. 20a
✆ 03 35/5 56 32 24; Fax 03 35/5 56 32 25
15232 Frankfurt/Oder

Regionalverband Brandenburg-Süd
mit den Landschaften Dahme-Seen-Gebiet, Spreewald, Niederlausitz, Elbe-Elster-Land

Regionaler Fremdenverkehrsverband Brandenburg-Süd
Bahnhofstr. 69
✆ 03 55/70 07 27; Fax 03 55/70 07 37
03046 Cottbus

Regionalverband Potsdam-Brandenburgische Mittelmark mit den Landschaften Havelland und Fläming

Regionaler Fremdenverkehrsverband Potsdam-Brandenburgische Mittelmark
Friedrich-Ebert-Str. 24
✆ 03 31/29 31 90; Fax 03 31/29 36 64
14467 Potsdam

Lokale und regionale Informationsstellen

Brandenburg Ost
Oberbarnimer Information
Karl-Marx-Str. 25

℘ 0 33 44/34 02
16259 Bad Freienwalde

Fremdenverkehrsverein
»Märkische Tourismus-Zentrale« e. V.
Bahnhofstr. 34
℘ 0 33 66/2 29 49
15848 Beeskow

Fremdenverkehrsverein Bernau e. V.
Am Marktplatz 2
℘ 0 33 38/36 53 88; Fax 87 36
16321 Bernau

Fremdenverkehrsamt
Wriezener Str. 1a
℘ 03 34 33/5 75 00;
Fax 03 34 33/6 59 20
15377 Buckow

Kreisverwaltung – Amt für Tourismus
Heegermühler Str. 75
℘ 0 33 34/21 45 12 u. 2 31 47
16225 Eberswalde

Fremdenverkehrsbüro
Åm Trockendock 1a
℘ 0 33 64/5 64 02 u. 5 65 65
15890 Eisenhüttenstadt

Fremdenverkehrsverein Frankfurt/Oder
Karl-Marx-Str. 8a
℘ 03 35/32 52 16; Fax 03 35/2 25 65
15230 Frankfurt/Oder

Fremdenverkehrsverein Grünheider Wald-
und Seengebiet
Fangschleusenstr. 1b
℘ 0 33 62/7 59 33
15537 Grünheide

Schlaubetal-Information
Kietz 5
℘ u. Fax 03 36 06/6 67
15299 Müllrose

Tourismus-Information
Stiftsplatz 7
℘ 03 36 52/61 02
15898 Neuzelle

Fremdenverkehrsverein
Dorfstr. 32 a
℘ 03 33 95/2 24
16348 Ruhlsdorf

Fremdenverkehrsverein Märkisch-Oderland
Breite Str. 6
℘ 0 33 46/84 30 46; Fax 0 33 46/4 20
15306 Seelow

Fremdenverkehrsverein Wandlitz
Prenzlauer Chaussee 157
℘ 03 33 97/66 31; Fax 03 33 97/66 16
16348 Wandlitz

Kur- und Fremdenverkehrsverein
Scharmützelsee
Hauptstr. 2
℘ 03 36 79/50 45; Fax 03 36 79/2 27
15864 Wendisch Rietz

Brandenburg Nord
Gästeinformation
Im Birkengrund
℘ 03 87 91/3 66 11; Fax 03 87 91/20 50
19336 Bad Wilsnack

Touristik-Verband Oberhavel
Am Bahnhof
℘ 03 30 03/22 54
16798 Fürstenberg

Fremdenverkehrsverein Ostprignitz
für Kyritz und Umgebung e. V.
Bahnhofstraße 5
℘ 03 39 71/23 31
16886 Kyritz

Fremdenverkehrsamt
August-Bebel-Str. 15

✆ 0 33 91/23 45
16816 Neuruppin

Stadtinformation
Großer Markt 1
✆ 0 38 76/22 59
19348 Perleberg

Uckermark-Information
Marktberg 19
✆ u. Fax 0 39 84/27 91
17291 Prenzlau

Stadtinformation Pritzwalk
✆ 0 33 95/60 21
16928 Pritzwalk

Templin-Information
Obere Mühlenstr. 11
✆ 0 39 87/26 31; Fax 0 39 87/5 38 33
17268 Templin

Fremdenverkehrsbüro
Am Markt 1
✆ 0 33 94/34 42, Fax 36 20
16909 Wittstock

FVV »Rheinsberger Seenkette« e. V.
Rheinsberger Str. 27
✆ 03 39 21/2 17
16831 Zechlinerhütte

Brandenburg Süd
i-Büro Bad Liebenwerda
Markt 1
✆ 03 53 41/1 55-0; Fax 03 53 41/1 55-50
04924 Bad Liebenwerda

Cottbus-Information
Berliner Str. 1a
✆ 03 55/2 42 54/5; Fax 03 55/79 19 31
03046 Cottbus

Fremdenverkehrsbüro
Markt 1

✆ 0 35 31/6 30 47
03238 Finsterwalde

Stadtinformation
Promenade 9
✆ 0 35 62/98 93 27; Fax 0 35 62/74 60
03149 Forst

Fremdenverkehrsbüro
Schliebener Str. 89
✆ 0 35 35/2 21 86
04916 Herzberg

Fremdenverkehrsverband
Königs Wusterhausen e. V.
Am Nottekanal
✆ 0 33 75/29 12 69 u. 6 63 08
15711 Königs Wusterhausen

Fremdenverkehrsverband Lübben und
Umgebung
Lindenstr. 14
✆ 0 35 46/30 90, Fax 25 43
15907 Lübben

Fremdenverkehrsverband Lübbenau und
Umgebung
Ehm-Welk-Str. 15
✆ 0 36 42/36 68;
Fax 0 35 42/4 67 70
03222 Lübbenau

Fremdenverkehrsverein
Niederlausitzer Land
Lindenstr. 5
✆ 0 35 44/30 50
15926 Luckau

Fremdenverkehrsamt
Kirchplatz 18
✆ 0 35 73/21 70
01968 Senftenberg

Fremdenverkehrsamt Spremberg
Schloßbezirk 3

℘ 0 35 63/5 74 00 u. 5 74 29
03130 Spremberg

Brandenburg West
Kultur- und Informationszentrum
Wittenberger Str. 14
℘ 03 38 41/24 61; Fax 03 38 41/9 41 31
14806 Belzig

Brandenburg-Information
Hauptstr. 51
℘ 0 33 82/52 42 57; Fax 0 33 82/22 37 43
14770 Brandenburg

Stadtinformation
Markt
℘ 0 33 72/46 31 13; Fax 0 33 72/46 34 10
14913 Jüterbog

Tourist- und Stadtinformation
R.-Breitscheid-Str. 6
℘ u. Fax 0 33 71/21 12
14943 Luckenwalde

Landkreis Havelland
Goethestr. 59/60
℘ 0 33 21/40 31 08
14641 Nauen

Potsdam-Information
Friedrich-Ebert-Str. 5
℘ 03 31/29 11 00 u. 29 33 85;
Fax 03 31/29 30 12
14467 Potsdam

FW Teltow-Fläming e. V.
Seebadallee 63
℘ 03 37 08/2 23 84
15835 Rangsdorf

Fremdenverkehrsverein
Westhavelland e. V.
Schleusenplatz 4
℘ 0 33 85/23 36
14712 Rathenow

Vorschläge für Kurzaufenthalte

Einige Tage in **Potsdam,** der brandenburgischen Hauptstadt, zu bleiben, versteht sich eigentlich von selbst. Die Stadt und ihre Schlösser en passant zu besuchen, gäbe nur einen weniger als flüchtigen Eindruck. Von Potsdam aus (an der Langen Brücke) lassen sich auch Schiffsrundfahrten unternehmen.

Als Kontrastprogramm zu all den Kulturdenkmälern empfiehlt sich ein Aufenthalt in einem der Dörfer am **Schwielowsee.** Kleine und auch komfortable Gasthäuser bieten Gelegenheit, nicht nur Kunst und Kultur, sondern auch idyllische Spaziergänge entlang der Havelseen zu genießen. Eines der schönsten Dörfer am Schwielowsee ist *Ferch* an seiner Südspitze.

Die Stadt **Brandenburg** lockt neben ihrem mittelalterlichen Stadtbild und der Dominsel mit einer kulturellen Attraktion nach märkischer Art: dem Blaudruck-Café (Adresse siehe unter Essen und Trinken). Dort wird die traditionelle Blaudruck-Kunst auf Töpferwaren und Kleidung gepflegt, das Blaudruck-Theater tritt gelegentlich im Hinterhof auf, ein gemütliches Café lädt zum Plausch ein, und abends werden im mittelalterlichen Gewölbe kleine feine Speisen serviert – alles in einem Haus.

Für einen längeren Erholungsurlaub eignet sich die **Märkische Schweiz** rund um Buckow und den *Scharmützelsee.* Zwar findet man dort keine hohen Berge, aber eine abwechslungsreiche Landschaft mit Hügeln, Schluchten und Gewässern. Das Städtchen **Buckow** ist seit über 100 Jahren daran gewöhnt, Erholungsort für wohlhabende Berliner zu sein. Das touristische Angebot hat daher Tradition. Von Buckow aus ist es nicht weit bis zum **Schloß Neuhardenberg** und bis zur *Oder.* Entlang des Flusses erlebt man Landschaft pur. Das untere Odertal zwischen Schwedt

Scharmützelsee in der Märkischen Schweiz

und Hohensaaten steht als Nationalpark unter strengstem Naturschutz.

Aus **Neuruppin** stammen zwei der berühmtesten Brandenburger: Theodor Fontane und Carl Friedrich Schinkel. Im dortigen Heimatmuseum kann man die ersten Comics der Welt bewundern, die Neuruppiner Bilderbögen, die Szenen aus Geschichte und Alltag darstellen. Von Neuruppin führt eine kleinere Straße auf direktem Weg nach **Rheinsberg** mit seinem wunderschönen *Schloß*.

Für einen Besuch im **Spreewald** sollte man sich unbedingt reichlich Zeit lassen. In *Lübben, Lübbenau, Burg* oder *Straupitz* kann man sich entweder ein Paddelboot mieten, um die verwunschene Spreewaldlandschaft auf eigene Faust zu erkunden oder sich in den berühmten Spreewaldkähnen durch die Fließe staken lassen. Die Tier- und Pflanzenwelt ist einzigartig und die Stille der Auenwälder eine Erholung für Geist und Seele. Auch **Cottbus** weist seit 1995 eine Attraktion auf: Als erste Stadt in den neuen Bundesländern präsentiert sie ein Bundesgartenschaugelände.

Im **Hohen Fläming** sind die romantischsten Burgen Brandenburgs zu finden, neben dem höchsten Berg des Landes, dem *Hagelberg*, der sich stolze 200 Meter ü. N. erhebt. Vier Burgen sind in der näheren Umgebung von Belzig, der ›Hauptstadt‹ des Hohen Fläming, versammelt: *Burg Eisenhardt*, die wuch-

tigste, steht in Belzig selbst, *Burg Ziesar* ist die unscheinbarste, *Burg Rabenstein* bei Raben die berühmteste – zahlreichen Defa-Märchenfilmen diente sie als Kulisse. Die *Wiesenburg* im gleichnamigen Ort mutierte durch spätere Umbauten zum Schloß. Nur der alte Bergfried ist noch als mittelalterlicher Rest erhalten.

Eine der schönsten Waldgegenden Deutschlands ist zweifellos die **Schorfheide**. Endlose Wälder und glitzernde Seen laden zu ausgedehnten Spaziergängen ein.

Kurzinformationen von A–Z

Essen und Trinken

In Berlin schmückt sich so manches Restaurant mit dem Etikett ›märkische Küche‹ oder ›märkisch-hugenottische Küche‹. Manchmal hat man, in Berlin, tatsächlich Glück und bekommt feines Wild mit zartem Gemüse auf den Tisch. Meistens jedoch sind die derart benannten Kulinaria nur eine dezente Umschreibung für deftigste Hausmannskost. Nicht anders es einem im Lande Brandenburg ergehen, sucht man eines der Landgasthäuser oder kleinstädtischen Restaurants auf. Das Essen ist üppig, einfach und wendet sich immer weiter zum Besseren.

Brandenburg ist traditionell kein reiches Agrarland. Rauhes Klima und sandiger Boden zwangen seit jeher zum Anbau einfachster Feldfrüchte. Eine Ausnahme bildet das Havelland, das mit seinem reichhaltigen Obst- und Gemüseanbau die ›Vitaminkammer‹ Brandenburgs ist. Das harte Leben der einfachen Leute und Bauern hat zudem verhindert, das Augenmerk auf Raffinessen der Küche zu legen. So gehören *Kartoffeln* und *Kohl* zu den Traditionsgemüsen. Der Fluß- und Seenreichtum bescherte reichen Fischfang. *Fischgerichte* gibt es auch heute noch, allerdings hat die Vielfalt durch Ausfischung und Gewässerverschmutzung erheblich nachgelassen. Das *Wild* hingegen war und ist reichlich vorhanden. Schweine waren die anspruchslosesten Fleischlieferanten – und sie sind es noch heute. Deftige *Schweine-* oder auch *Gänsebraten* mit einer ordentlichen Portion Kartoffeln und Rotkohl gehören in jedem Gasthaus zum Standard. Erst langsam besinnen sich manche ambitionierten Köche auf feinere Zubereitungsarten traditioneller Gerichte. Die berühmten *Teltower Rübchen* können bei liebevoller Zubereitung eine Delikatesse sein, und die Gegend um Beelitz ist im Frühsommer ein Spargelparadies mit phantasievollen Zubereitungen. – Standardgetränk ist das *Bier,* auch wenn im Havelland zeitweise sogar Wein angebaut wurde.

Einige Restaurants haben ein erfreuliches Niveau erreicht und sind nicht nur ihrer Speisekarten und des Ambientes wegen ein lohnendes Ziel, sondern auch wegen der schönen Umgebung. Im folgenden eine Auswahl stilvoller Restaurants mit gepflegter regionaler und internationaler Küche:

Zum Alten Fritz, Dorfplatz, **16259 Altlewin,** ℘ 03 34 52/4 19, Di–So 11–24 Uhr

Weinhaus Waldgarten, Birkenallee 7, **16278 Angermünde,** ℘ 0 33 31/2 13 67, tägl. 18–24 Uhr

Landgasthaus Borgsdorf, Friedensallee 2, **16556 Borgsdorf,** ℘ 03 30 31/25 43, tgl. 11–24 Uhr

Weinstube im Blaudruck-Café, Steinstraße 21, **14776 Brandenburg,** ℘ 0 33 81/2 57 34, tägl. 18–24 Uhr

Fährhaus Caputh, Straße der Einheit 88, **14548 Caputh** (bei Potsdam), ℘ 03 32 09/7 02 03, tägl. 12–24 Uhr

Schloß Diedersdorf, Kirchplatz 5–6, **15831 Diedersdorf** (bei Teltow), ℘ 0 33 79/59 44 69, Mo–Fr 12–23, Sa und So 11–22 Uhr

Jagdschloß Hubertusstock, **16244 Eichhorst** (Schorfheide), ℘ 03 33 63/5 00, tgl. 10–21 Uhr

C + W Gourmet, Bahnhofstr. 9, **15732 Eichwalde,** ℘ 0 30/6 75 84 23, Mi–Sa 19–24, So 12–15, 17.30–22 Uhr

Landhaus Ferch, Dorfstr. 41, **14548 Ferch** (bei Potsdam), ℘ 03 32 09/7 03 91, Sommer tgl. 11–24, Winter 11–22 Uhr

Gasthaus Am Weiher, Dorfstr. 16, **16252 Freudenberg,** ℘ 03 34 51/62 29, Sommer Di–So 11–1, Winter Di–So 17–1 Uhr

Alte Försterei, Marktplatz 7, **14913 Kloster Zinna** (bei Jüterbog), ℘ 0 33 72/46 50, tägl. 12–23 Uhr

Seeparkrestaurant Kremmener Luch, Am Seeweg 4 a, **16766 Kremmen** (bei Oranienburg), ℘ 03 30 55/7 03 56, Mo–Fr 10–23, Sa und So 10–24 Uhr

Hotel-Restaurant Markgraf, Friedensstr. 13, **14797 Lehnin,** ℘ 0 33 82/70 06 06, tägl. 10–22 Uhr

Historischer Weinkeller, E.-von Houwald-Damm 14, **15907 Lübben,** ℘ 0 35 46/40 78, Di–Fr 18–24, Sa und So 12–24 Uhr

Schloß Lübbenau, Schloßbezirk 6, **03222 Lübbenau,** ℘ 0 35 42/8 73–0, tägl. 11–23 Uhr

Märkischer Hof, Karl-Marx-Str. 51/52, **16816 Neuruppin,** ℘ 0 33 91/28 01, tägl. 7–24 Uhr

Schloßhotel Cecilienhof, Neuer Garten, **14469 Potsdam,** ✆ 03 31/3 70 50, tgl. 11.30–24 Uhr

Villa Kellermann, Mangerstr. 34–36, **14467 Potsdam,** ✆ 03 31/2 15 72, tgl. 12–24 Uhr

Schott's Landhaus, Friedensallee 44, **15634 Rangsdorf** (bei Mittenwalde), ✆ 03 37 08/2 23 25, Di–So 12–23 Uhr

Gut Sarnow, **16348 Sarnow** (bei Groß Schönebeck/Schorfheide), ✆ 03 33 93/3 20, tägl. 11–22 Uhr

Ritter zur Linde, Weesower Straße, **16356 Schönfeld** (bei Bernau), ✆ 03 33 98/3 81, Mi–So 12–22 Uhr

Schloßhotel Dammsmühle, **16352 Schönwalde** (bei Oranienburg), ✆ 03 30 56/8 24 69, tägl. 11.30–22 Uhr

Hotel Restaurant Fährkrug, Fährkrug 1, **17268 Templin,** ✆ 0 39 87/4 80, tägl. 6.30–23.30 Uhr

Schloßhotel Teupitz, Kirchstr. 8, **15755 Teupitz** (bei Zossen), ✆ 03 37 66/2 26, tägl. 7–23 Uhr

Hotel-Restaurant Helenenhof, Dorfstr. 66, **14641 Tietzow,** ✆ 03 32 30/2 90, tgl. 7–24 Uhr

Feste

Feste feiern die Brandenburger ausgiebig und gern, zumeist das ganze Jahr über. Nahezu jedes Dorf hat mittlerweile sein eigenes Fest, nicht immer traditionell verbürgt, aber nichtsdestoweniger ausgelassen und trinkfreudig. Die schönsten Feste finden in der *Niederlausitz* und im *Spreewald* bei den Sorben zum *Karneval* und zum *Osterfeuer* statt, die noch mit alten Traditionen aufwarten. Berühmt ist das *Baumblütenfest* in *Werder* Ende April, zu dem allerdings reichlich Trinkfestigkeit gehört. Fröhlich geht es auch beim *Sängerfest* in Finsterwalde im August und beim *Bettenrennen* in Fredersdorf an Pfingsten zu. Beim *Spargelfest* in Beelitz im Juni gibt es das zarte Gemüse satt. Auskünfte über die jeweiligen Fremdenverkehrsämter oder den Landesverband.

Kulturelle Veranstaltungen

Februar–März
Frankfurter Festtage der Musik
Information und Karten: Konzerthalle Carl Philipp Emanuel Bach,
Collegienstr. 8, **15230 Frankfurt/Oder,** ✆ 03 35/2 24 52, Fax 32 71 71

März–Oktober
Kunst in Petzow – Konzerte, Ausstellungen, Vorträge
Information und Karten: Kulturkreis Petzow e.V., Grelle 12–15, **14542 Werder-Petzow,** ✆ 0 33 27/4 56 16 u. 4 27 42

Mai–August
Kapellenkonzerte im Kloster Chorin
Information und Karten: Ev. Kirchengemeinde Chorin, Pfarramt, Klostersteig 5, **16230 Chorin,** ✆ 03 33 66/3 13

Mai–September
Klassik im Grünen/Stadtpark Buckow
Information und Karten: Fremdenverkehrsamt Märkische Schweiz, Wriezener Str. 1a, **15377 Buckow,** ✆ 03 34 33/5 75 00, Fax 6 59 20

Lehniner Sommermusiken
Information und Karten: Ev. St. Marien-Klosterkirchengemeinde,

Klosterkirchplatz 20, **14797 Lehnin,**
℘ u. Fax 0 33 82/70 04 15

Mai–Oktober
Galeriesommer im Waldhus
Information: Galerie Waldhus, Vorwerk
Annenwalde, **17263 Densow/Post Röddelin,**
℘ u. Fax 0 39 87/23 33

Mai–Dezember
Potsdamer Hofkonzerte
Information und Karten: Potsdam Information, Brandenburger Str. 18, **14467 Potsdam,**
℘ u. Fax 03 31/29 30 38

Juni
Deutsch-Polnische Musiktage Gartz (Oder)
Information und Karten: Deutsch-polnische
Musiktage e. V.,
Kastanienallee 85, **16307 Gartz,** 03 33 32/5 96

Fläming-Festival Jüterbog
Information und Karten: Kulturamt Jüterbog,
Mönchenkirchplatz 4,
14931 Jüterbog, ℘ 0 33 72/26 02

Musikfestspiele Potsdam-Sanssouci
Information und Karten: Potsdam Information, Brandenburger Str. 18,
14467 Potsdam, ℘ u. Fax 03 31/29 30 38

Juni–August
Choriner Musiksommer
Information und Karten: Choriner Musiksommer e. V., Schicklerstr. 5, **16225 Ebers-
walde-Finow,** ℘ 0 33 34/65 73 10, Fax 23 63 16

Juli–August
Angermünder Sommerkonzerte
Information und Karten: Kulturinformation
Angermünde, Rosenstraße, **16278 Anger-
münde,** ℘ u. Fax 0 33 31/2 02 89

Kammeroper Schloß Rheinsberg
Information und Karten: Kammeroper

Schloß Rheinsberg, Kavalierhaus, **16831
Rheinsberg,** ℘ u. Fax 03 39 31/3 80 49

Juli–September
Internationaler Orgelsommer Potsdam
Information und Karten: Potsdam-Informa-
tion, ℘ 03 31/29 30 38

August
Vivace! Das Altmark-Sommerfest bei Bismarcks
Infotelefon und Karten: ℘ 0 30/83 20 01

August–September
Uckermärkische Musikwochen
Information und Karten: Fremdenverkehrs-
verein Angermünde, ℘ 0 33 31/3 22 68

September
Musiktage der Havelstadt Brandenburg
Information und Karten: Kulturbüro der
Stadt Brandenburg, Neuendorfer Str. 90,
14770 Brandenburg, ℘ 0 33 81/30 19 35 u.
30 22 24

Kurorte und Heilbäder

Nähere Auskünfte erteilt der Brandenburgische Kurorte- und Bäderverband e. V., Im Birkengrund, **19336 Bad Wilsnack,** ℘ 03 87 91/30

Fachklinik und Moorbad Bad Freienwalde
Erkrankungen des Bewegungsapparates
Gesundbrunnenstr. 33
℘ 0 33 44/41 00, Fax 41 07 01
16256 Bad Freienwalde

*Rheumaklinik Eisenmoorbad Bad Lieben-
werda*
Erkrankungen des Bewegungsapparates
Dresdner Straße
℘ 03 53 41/9 00
04924 Bad Liebenwerda

Kur- und Fremdenverkehrsverein
Scharmützelsee e. V.
Erkrankungen des Bewegungsapparates,
Magen-, Galle-, und Lebererkrankungen,
Stoffwechselerkrankungen
Seestr. 5a
℘ 03 36 31/21 42
15526 Bad Saarow-Pieskow

Haus des Gastes
Rheumatische Erkrankungen und solche
des Bewegungsapparates
Im Birkengrund
℘ 03 87 91/30
19336 Bad Wilsnack

Reha-Klinikum Hoher Fläming
Herz-Kreislauf-Erkrankungen, Rheuma,
Stoffwechsel- und psychosomatische Erkrankungen, Störungen des Bewegungsapparates
Rosa-Luxemburg-Str. 32
℘ 03 38 41/5 40
14806 Belzig

Kurbetriebsgesellschaft mbH
Rheumatische Leiden, neurologische
Erkrankungen, pädiatrische Onkologie
Brandenburgallee 1
℘ 0 33 97/63 33 31
16321 Bernau-Waldsiedlung

Haus Waldfrieden
Erkrankungen des Bewegungsapparates,
gynäkologische Erkrankungen, Erschöp-
fungszustände
Werder Str. 36/37
℘ 03 34 33/6 50,
Fax 6 52 13
15377 Buckow

DRK-Kreisverband Kyritz e. V.
Psychosomatische Erkrankungen, Herz-
Kreislauf-Erkrankungen, Erkrankungen der
Atemwege und des Bewegungsapparates
Perleberger Str. 33

℘ 03 39 71/23 56
16866 Kyritz

DRK-Sanatorium Lychen
Erkrankungen des Bewegungsapparates und
der oberen Luftwege, Allergien, Herz-Kreis-
lauferkrankungen
Zehdenicker Str. 27
℘ 03 98 88/2 67
17279 Lychen

Heinrich-Heine-Klinik
Erkrankungen der Nieren und des Magen-
Darm-Traktes,
Schmerzsyndrome und psychosomatische
Erkrankungen
Heinrich-Heine-Weg 15
℘ 03 31/28 67-0, Fax 28 67-6 50
14476 Neu-Fahrland

Kurklinik Hohenelse
Diabetes mellitus, degenerative Gelenk- und
Wirbelsäulenerkrankungen
℘ 03 39 31/22 16
16831 Rheinsberg

Kurförderverein e. V.
Herz-Kreislauf-Erkrankungen, Diabetes
mellitus,
Stoffwechselerkrankungen, Venenleiden
Rathaus, Am Markt 19
℘ 0 39 87/20 31 34
17268 Templin

Museen

Angermünde
Heimatmuseum
Brüderstr. 18
℘ 0 33 31/3 22 49
Mo–fr 7.30–16 Uhr

Altranft
Freilichtmuseum
Schloß
Ensemble mit Schloß, Park, Kirche, Spritzen-
haus, Schmiede, Fischerhaus
✆ 0 33 44/59 44
März–Okt. Di–Fr 9–17,
Sa, So 11–17 Uhr

Ehm-Welk-Literatur-Museum
Puschkinallee 10
✆ 0 33 31/3 33 81
Di, mi, fr 9–12 und 14–16 Uhr

Bad Freienwalde
Oderlandmuseum
Uchtenhagenstr. 2
✆ 0 33 44/20 56
Di–fr 9–12 und 14–17 Uhr, März–Oktober
auch so 10–12 und 13.30–16.30 Uhr

Bad Liebenwerda
Kreismuseum
Dresdener Str. 15
✆ 03 53 41/1 24 55
Di–fr, so 14–17 Uhr

Bad Saarow-Pieskow
Maxim-Gorki-Museum
Erinnerungsstätte an den einst hier zur Kur
weilenden russischen Dichter (1868–1936)
Ulmenstr. 9
✆ 03 36 31/27 86
Mai–Oktober di 10–13, mi–so 10–12 Uhr,
November–April sa u. so geschlossen

Beeskow
Burgmuseum Beeskow
✆ 0 33 66/2 11 17, Fax 2 05 79
Di–fr 10–16, sa u. so 13–17 Uhr

Belzig
Museum Burg Eisenhardt
Wittenberger Str. 14
✆ 03 38 41/24 61

April–Oktober di–fr 9–12 und 13–16 Uhr;
November–März sa,
so 10–12 und 13–16 Uhr

Bernau
Steintormuseum
U. a. Waffen u. Folterinstrumente
Berliner Straße, ✆ 0 33 38/29 24
Mai–Oktober di–fr 9–12 und 14–17 Uhr, sa, so
10–13 Uhr und 14–17 Uhr

Henkerhaus (Heimatmuseum)
Am Henkerhaus, ✆ 0 33 38/22 45
Di–fr 9–12 und 14–17 Uhr, sa, so 10–13 und
14–17 Uhr

Blankensee
Bauernmuseum Blankensee
Dorfstr. 4, ✆ 03 37 31/8 00 11
Mi–fr 10–12 und 13–17 Uhr,
sa, so 14–17 Uhr

Boitzenburg
Klostermühle
(Mühlenmuseum)
Mühlenweg 5, ✆ 03 98 89/2 36
Di–sa 9–11.30 und 13.30–17 Uhr, so 9–11.30
und 13.30–17 Uhr, im Winter bis 16 Uhr

Borkheide
Hans-Grade-Museum
Dokumente und Bilder zur Luftfahrtge-
schichte und über das Leben des Flugpioniers
Hans Grade in einer ausrangierten Interflug-
Maschine IL 18, ✆ 03 38 44/ 5 41 50
April–Oktober mi und sa 14–17, so 10–12,
14–17 Uhr

Brandenburg
Museum im Frey-Haus (Heimatmuseum)
Ritterstr. 96, ✆ 0 33 81/52 20 48
Di–fr 9–17, sa, so 10–17 Uhr

Dom-Museum
Burghof 11, ✆ 0 33 81/2 43 90 u. 22 57 18

Führungen Di, do, sa 10.30, 14.30, so 14.30
Uhr; Dombesichtigung Mo–sa 10–12, 14–16
Uhr, so 11–12, 14–16 Uhr
(Mai–September mi nur von 9–12 Uhr)

Buckow
Brecht-Weigel-Gedenkstätte
Bertolt-Brecht-Str. 29, ✆ 03 34 33/4 67
April bis Oktober di–do, sa, so 13–17 Uhr,
November bis März di, do, fr 10–12 und 13–16
Uhr

Buschow
Jagdmuseum
Privates Museum mit etwa 3600 Trophäen
Waldkolonie 15
✆ 03 38 76/2 33
Besuch nach Vereinbarung

Calau
Heimatmuseum
Kirchstr. 33
✆ 0 35 41/81 21
Besuch nach Absprache

Chorin
Kloster Chorin
Amt 11
✆ 03 33 66/3 22 u. 3 13
April–Oktober tägl. 9–18 Uhr;
November–März tägl. 9–16 Uhr

Cottbus
Fürst Pückler Museum
Schloß Branitz
✆ 03 55/79 49 30
April–Oktober di–so 10–12, 12.30–18 Uhr,
November–März di–so 10–12, 12.30–17 Uhr

Museum für Natur und Umwelt
Bahnhofstr. 5
✆ 03 55/2 43 26 u. 7 51 50
di–fr 8.30–17 Uhr

Stadtmuseum
Bahnhofstr. 52
✆ 03 55/70 10 73
Di–fr 8.30–17 Uhr, sa u. so 14–18 Uhr

Niederlausitzer Apothekenmuseum
Altmarkt 24
✆ 03 55/2 39 97
Nur Führungen: di–fr 11 u. 14 Uhr, sa, so 14 u.
15 Uhr

Spreewehrmühle
Technisches Denkmal
Am Großen Spreewehr 2
✆ 03 55/72 11 72
1. Mai–15. Oktober mi–fr 10–18, sa. 14–18 Uhr,
November bis April geschl.

Brandenburgische Kunstsammlungen
(Museum für zeitgenössische Kunst)
Spremberger Str. 1
✆ 03 55/2 20 42
Tägl. außer mo 10–18 Uhr

Wendisches Museum
Mühlenstr. 12
✆ 03 55/2 37 78
Di–fr 8.30–17, sa, so 14–18 Uhr

Doberlug-Kirchhain
Weißgerbermuseum
Ausstellung von Fellen und Ledern aus aller
Welt und Gerberhandwerk
Potsdamer Str. 18
✆ 03 53 22/22 93
Di, mi, do 9–12, 14–17 Uhr, fr 10–12, 14–16 Uhr,
so 14–16 Uhr

Eberswalde-Finow
Stadt- und Kreismuseum
Kirchstr. 8
Tel. 0 33 34/21 23 25 u. 6 57 02 09
Di–fr 8–12 und 14–17 Uhr, so 14–17 Uhr

Eisenhüttenstadt
Städtisches Museum
Löwenstr. 4, ℘ 0 33 64/23 46
Di–do 9–17, fr 9–16, so 9–12 Uhr

Feuerwehrmuseum
Heinrich-Pritzsche-Str. 26
℘ 0 33 64/2 82 43
Di u. mi 10–17, do 13–20, fr 10–16, sa 14–17,
so 10–13 Uhr

Erkner
Gerhart-Hauptmann-Literaturmuseum
Villa Lassen
Einstiges Wohnhaus G. Hauptmanns (1862–
1946), Dokumentation seines Lebens u. Werks
G.-Hauptmann-Str. 1
℘ 0 33 62/36 63
Mi–so 14–17 Uhr

Falkensee
Heimatmuseum
Falkenhagener Straße 77
℘ 0 33 22/2 22 88
Di 10–12 und 14–18, do, fr 10–12 und 14–16,
so 14–16 Uhr

Finsterwalde
Kreismuseum
Lange Str. 8
℘ 0 35 31/28 25
Di 9–11 u. 14–18, mi, fr, so 9–11, 14–17 Uhr

Forst
Brandenburgisches Textilmuseum
Sorauer Str. 37
℘ 0 35 62/98 36 61

Frankfurt/Oder
Kleist-Gedenk- und Forschungsstätte
Leben und Werk Heinrich von Kleists
(1777–1811)
Faberstr. 7
℘ 03 35/53 11 55
Di 11–18, mi–so 11–17 Uhr

Museum Viadrina
Carl-Philipp-Emanuel-Bach-Str. 11
℘ 03 35/2 23 15
Di–so 10–18 Uhr, sa, so 10–12, 13–17 Uhr

Freyenstein
Burgmuseum Freyenstein
Abt. des Ostprignitzmuseums Wittstock
℘ 03 39 67/2 81
April–Oktober, mi, sa, so 14–16 Uhr

Fürstenberg
Gedenkstätte Ravensbrück
Straße der Nationen
℘ 03 30 93/20 03 u. 20 25
Mai–September di–so 8–18 Uhr,
Oktober–April di–so 8–17 Uhr

Fürstenwalde
Stadt- und Kreismuseum
u. a. Mineralogiesammlung des Fürstenwal-
der Mineralogen Walter Bennhold und viele
Werke des Malers G. Goßmann
Domstr. 1, ℘ 0 33 61/21 30
Di–fr 9–12 und 13–16, sa 13–17, so 9–12 und
13–16 Uhr

Geltow
Handweberei-Museum
Am Wasser 19
℘ 0 33 27/5 62 56
Di–so 11–17 Uhr

Glindow
Märkisches Ziegelei-Museum
Alpenstr. 47
℘ 0 33 27/26 61
Mi–so 10–16 Uhr

Zweiradmuseum
Chausseestraße
℘ 0 33 27/4 01 67
April–Oktober mi 13–17, sa, so 10–12 und
13–17 Uhr, November bis März geschl.

Gransee
Stadt- und Heimatmuseum
R.-Breitscheid-Str. 44
✆ 0 33 06/2 16 06
Di–fr 10–17, sa, so 10–16 Uhr

Guben
Stadt- und Kreismuseum Sprucker Mühle
Mühlenstr. 5
✆ 0 35 61/5 20 38
Mi, do 9–12 und 14–17, sa 14–17, so 9–12 Uhr

Gusow
Zinnfigurenmuseum Schloß Gusow
Schloßstr. 7
✆ 03 34 76/87 25
Di–So 10–18 Uhr

Jüterbog
Heimatmuseum
Ehemaliger Abtshof
Straße des Friedens 34
✆ 0 33 72/40 15 31
Di–do 14–17, sa, so 13–16 Uhr

Kampehl
Gruft »Ritter Kahlbutz«
April–Oktober, di–so 10–12, 13–17 Uhr,
November–März, mi–so 9–12, 13–16 Uhr

Ketzin
Heimatmuseum Ketzin
Rathausstr. 32
✆ 03 32 33/8 05 43
Di 15–17.30, sa 10–12 Uhr

Kloster Zinna
Ehemaliges Zisterzienserkloster
Am Kloster 6
✆ 0 33 72/26 10
Di–so 10–12 und 13–17 Uhr

Lauchhammer
Kunstgußmuseum
Grünhauser Str. 19
✆ 0 35 74/6 26 67
tgl. 14–18 Uhr

Lübben
Heimatmuseum Schloß Lübben
Schloßturm Lübben
Nur Besichtigung des Wappensaals und des
Eheschließungszimmers
✆ 0 35 46/21 81
Di–so 10–12 und 14–16 Uhr

Lübbenau
Freilandmuseum Lehde
Ein original hergerichtetes Spreewalddorf
mit allem Zubehör
✆ 0 35 42/26 82
1. April bis 15. September tägl. 10–18, bis
31. Oktober 10–17 Uhr

Spreewaldmuseum Lübbenau
Schloßpark
✆ 0 35 42/26 82
April bis Oktober, di–so 10–18 Uhr,
November bis März geschl.

Luckau
Heimatmuseum
Lange Str. 71
✆ 0 35 44/22 39
Di 9–12 und 14–18, mi–fr 9–12 und 14–17,
so 10–16 Uhr

Luckenwalde
Heimatmuseum Luckenwalde
Markt 11
✆ 0 33 71/61 13 59
Di–do 10–12 und 13–17, sa 13–17, so 10–12 und
14–17 Uhr

Müllrose
Heimatmuseum
Kietz 5
✆ 03 36 06/6 67
Mai–Oktober, mi 9–12, 14–17 Uhr, do, fr 9–12
Uhr, so 10–12, 14–18 Uhr

Nauen

Museum der Stadt Nauen
Am Rathausplatz 2
℘ 0 33 21/3 30 10
Di 13–17, do 10–12 und 13–18, so 13–16 Uhr

Neuglobsow

Heimatstube Glashüttengeschichte
Stechlinseestr. 9
Mai–Oktober di–do 10–12 und 13–16 Uhr,
November bis April geschl.

Neuruppin

Heimatmuseum
u. a. Geschichte des Ortes, Ausstellungs-
stücke des Grafen Zieten, von Schinkel und
Fontane sowie ein großer Bestand der Neuruppiner Bilderbögen
August-Bebel-Str. 14/15
℘ 0 33 91/33 08
Di–fr 10–17, sa, so und feiertags 10–16 Uhr

Neuruppin, Heimatmuseum

Neuzelle

Klosterkirche
Mo, di, do 11–11.30, 15–15.30, mi u. fr.
11–11.30, 14.30–15.30, sa 11–12, 14.30–15.30, so
10.30–12, 13–13.30, 14.30–15.30 Uhr

Oderberg

Schiffahrtsmuseum

E.-Thälmann-Str. 44
℘ 03 33 69/4 70
Sommer di–do 9–16, Winter di–so 9–12 und
14–16 Uhr

Oranienburg

Kreismuseum
Geschichte der Stadt und des Schlosses,
Veltener Porzellan
Breite Str. 1
℘ 0 33 01/38 63
Di–do 10–16, sa 13–17, so 8–12 Uhr

Gedenkstätte Sachsenhausen
Straße der Nationen 45
℘ 0 33 01/80 37 15/16
Oktober–März tgl. 8–16.30,
April–September tgl. 8–18 Uhr

Museum des Todesmarsches Belower Wald
Außenstelle der Gedenkstätte Sachsenhausen
Below
℘ 03 99 25/4 78
Di–do 9–16 Uhr

Peitz

Eisenhüttenmuseum
Technisches Denkmal mit Schauschmelze und
Vorführungen. Anlage aus dem 16. Jh.
Markt 1
℘ 03 56 01/2 31 03
Vorführungen auf Anfrage

Perleberg

Heimatmuseum
ca. 30 000 Exponate machen es zu einem der
bedeutendsten Heimatmuseen Brandenburgs
Am Mönchort 7
℘ 0 38 76/29 64
Di–fr 9–12 und 13–16,
sa, so 14–17 Uhr

Potsdam

Bildergalerie

℘ 03 31/2 26 55
(wegen Restaurierung voraussl. bis 1996 geschl.)

Dampfmaschinenhaus (›Moschee‹)
Breite Straße
℘ 03 31/2 41 06
Nur Führungen: sa u. so 9–12, 13–17 Uhr

Einsteinturm
auf dem Telegrafenberg
Mo 10–17 Uhr (nur die Außenanlagen)

Filmmuseum
Schloßstr. 1, im Marstall
℘ 03 31/27 18 1-0
Di–fr 10–17, sa u. so 10–18 Uhr

Flatowturm
Park Babelsberg
℘ 03 31/96 94-2 49
Sa u. so 9–12, 13–17 Uhr

Gedenkstätte Schloß Cecilienhof
℘ 03 31/9 69 42 44
Tägl. 9–12, 12.30–17 Uhr, jeden 2. u. 4. Mo im
Monat geschl.

Gedenkstätte gegen politische Gewalt
(»Lindenhotel«)
Lindenstr. 54
℘ 03 31/2 31 82
Führungen nur nach Anmeldung

Jagdschloß Stern
℘ 03 31/9 69 42 40
Sa u. so 10–17 Uhr

Neue Kammern
℘ 03 31/2 39 31
Nur mit Führung: sa–do 9–12, 12.30–17 Uhr

Neues Palais
℘ 03 31/97 31 43
Tägl. 9–12.45, 15–17 Uhr, im Winter nur mit
Führung, jeden 2. u. 4. Mo im Monat geschl.

Orangerieschloß
℘ 03 31/97 32 11
Mai–Oktober 9–12, 13–17 Uhr, jeden 4. Do im
Monat geschlossen

Potsdam-Museum
Breite Str. 13
℘ 03 31/2 89 66 00
Di–so 9–17 Uhr

Pomonatempel
Pfingstberg
Mai–Oktober sa u. so 10–18 Uhr

Römische Bäder
℘ 03 31/97 32 11
Mai–Oktober 9–12, 12.30–17 Uhr, jeden 3. Mo
im Monat geschlossen

Römische Bäder, Thermenhalle

Schloß Babelsberg
℘ 03 31/7 80 37
Mai–Oktober di–so, 9–12, 12.30–17 Uhr, im
Winter nur mit Führung, jeden 4. Mo im
Monat geschlossen

Schloß Charlottenhof
℘ 03 31/97 27 74
Nur mit Führung tgl. 9–12.30, 13–17 Uhr,
jeden 4. Mo im Monat geschlossen

Schloß Sanssouci
℘ 03 31/96 94-1 90

Nur mit Führung tägl. 9–12.30, 13–17, im Winter bis 16 Uhr, häufig lange Wartezeiten, jeden 1. und 3. Montag im Monat geschlossen

Damenflügel im Schloß Sanssouci
✆ 03 31/96 94–195
Sa u. so 9–11.45, 12.30–17 Uhr

Chinesisches Teehaus
Park Sanssouci
✆ 03 31/97 36 28
Tägl. 9–12.15, 13–17 Uhr, jeden 2. Mo im Monat geschl.

Prenzlau
Kulturhistorisches Museum
Im alten gotischen Dominikanerkloster
Uckerwick 813
✆ 0 39 84/48 18
Mai–Oktober di, do, fr 10–12 und 14–16, mi 10–12 und 14–18, sa, so 10–12 und 14–17 Uhr; November–April di, do, fr 10–12 und 14–16, mi 10–12 und 14–18, so 14–16 Uhr

Prieros
Heimatmuseum
Altes Fachwerkhaus, das Leben und Interieur aus alter Zeit präsentiert
Dorfaue 1
✆ 03 37 68/5 06 25
Mai–September di–fr 11–16, sa, so 11–17 Uhr

Pritzwalk
Haimatmuseum
Magazinplatz 8
✆ 0 33 95/28 08
Mo–do 10–12, 14–16 Uhr

Rathenow
Kreismuseum
U. a. Geschichte der optischen Industrie
Rhinower Str. 19d
✆ 0 33 85/26 81
Di–do 9–17, so 13.30–16.30 Uhr

Rheinsberg
Schloß und Kurt-Tucholsky-Gedenkstätte
✆ 03 39 31/3 90 07
Mai–Oktober di–so 9.30–17, November–April di–so 9.30–16 Uhr

Schwedt
Städtisches Museum
Am Markt 4
✆ 0 33 32/2 34 60
Di, do 9–12 und 13–17, mi 9–12 und 13–17, fr 9–12, Mai–September fr auch 14–16 Uhr

Seelow
Gedenkstätte Seelower Höhen
Hier fand der letzte große Stellungskampf des Zweiten Weltkrieges statt.
Küstriner Straße 28a
✆ 0 33 46/5 97
di–so 9–16.30 Uhr

Senftenberg
Kreismuseum Schloß
✆ 0 35 73/26 28 und 7 35 27
Mai–Oktober di–fr 9–16, sa, so 14–18, November–April di–fr 9–16, sa, so 13–17 Uhr

Spremberg
Niederlausitzer Heidemuseum
Gartenstr. 9
✆ 0 35 63/25 50
März–Oktober di–fr 9–12, 13–17, so 14–17 Uhr

Strausberg
Heimatmuseum
August-Bebel-Str. 33
✆ 0 33 41/2 36 55
Di–do 10–17, so 14–17 Uhr

Teltow
Heimatmuseum
Teltower Kirchstraße
✆ 0 33 28/4 20 86
Mi–fr 10–17, sa, so 14–17 Uhr

Templin

Volkskundemuseum
Prenzlauer Tor
℘ 0 39 87/32 75
Mo–fr 9–12 und 13.30–17,
sa, so 13.30–17 Uhr

Landeskulturkabinett
im Berliner Tor
℘ 0 39 87/27 25
Mo–fr 10–12 und 13.30–16.30, sa,
so 13.30–16.30 Uhr

Treuenbrietzen

Heimatmuseum
Ehemals Heilig-Geist-Kapelle
Großstraße 5
℘ 03 37 48/7 05 06
Mo–fr 10–16, sa, so 14–16 Uhr

Velten

Ofen- und Keramikmuseum
Wilhelmstr. 32
℘ 0 33 04/3 17 60
Mi–fr 11–18, sa, so 14–17 Uhr

Wandlitz

Agrar- und Heimatmuseum
Historische Gegenstände des bäuerlichen All-
tags und heimatkundliche Sammlung
Breitscheidstr. 22
℘ 03 33 97/2 15 58
Di–fr 9–16, April–Oktober auch sa, so 10–17
Uhr

Werder

Obstbaumuseum
Geschichte und Gegenwart des havelländi-
schen Obstbaus
Karl-Marx-Platz 9
℘ 0 33 27/4 46 88
Mi 8–11 und 13–17, so 13–17 Uhr

Wiepersdorf

Künstlerhaus Schloß Wiepersdorf

℘ 03 37 46/2 72
Führungen sa, so 14, 15 und 16 Uhr

Wittstock

Ostprignitzmuseum
Heimatkundliche Sammlung und wechselnde
Ausstellungen
Amtshof 3–5
℘ 0 33 94/37 25
Di–fr 9.30–12 und 13.30–16, Mai–Oktober
auch so 9.30–12, 13.30–16 Uhr

Wünsdorf

Museum des Teltow
Schulstr. 15
℘ 0 33 71/67 50
Mo, Di 9–12, 13–15, Do 9–12, 13–18, Fr 9–12
Uhr

Wusterhausen

Heimatmuseum
Am Markt 3
℘ 03 39 79/4 72
Di, do 10–12 und 16–18, im Sommer auch sa,
so 10–12 und 13.30–15.30 Uhr

Sport und Freizeit

Bootfahren

einige Vorschläge für Bootstouren:
● durch die Schorfheide ab Oranienburg
Lehnitzee über den Oder-Havel-Kanal, Voss-
kanal, die Havel über den Stolpsee bis nach
Fürstenberg (83 km)
● eine Wasserwanderung auf der Havel von
Brandenburg über Hohenferchesar, Premnitz,
Rathenow bis Ferchesar (75 km)
● durch den Spreewald von Cottbus bis Berlin, über Burg, Lübbenau, Lübben, Märkisch-
Buchholz, Prieros, Königs Wusterhausen,
Schmöckwitz bis zum Kleinen Müggelsee
(129 km).

Eine Paddeltour durch den Spreewald gehört zu den schönsten Urlaubserlebnissen.

Fahrradfahren

Nachfolgend eine Auswahl aktueller Routen. Genaue Wegbeschreibungen sind vom Landesfremdenverkehrsverband Brandenburg e.V. (Anschrift siehe Informationsstellen) zu erhalten:

● ab Radensleben über Alt Ruppin, Rheinsberg, Menz bis Fürstenberg entlang dem Ruppiner See, Zermützelsee, Stechlinsee (50 km).
● durchs liebliche Havelland von Werder über Ketzin bis nach Brandenburg (50 km)
● durch den Teltow von Königs Wusterhausen über Mittenwalde, Rangsdorf und Groß-Schulzendorf bis nach Dabendorf (34 km)
● durch den romantisch-stillen Oderbruch ab Bad Freienwalde, über Gabow, Oderberg, Bralitz; über Wendtshof zurück nach Bad Freienwalde (ca. 42 km).

Golfplätze

Märkischer Golfclub Potsdam
Schmiedeweg 1
✆ 0 33 27/4 04 28, Fax 4 05 29
15542 Kemnitz

Potsdamer Golfclub
Tremmener Landstraße
✆ 03 32 33/8 02 44, Fax 8 09 57
14641 Tremmen

Golfclub Kallin
Tietzower Str. 16
✆ u. Fax 03 32 30/2 14
14641 Börnicke/Nauen

Golfclub Prenden
Waldweg 3
✆ 03 33 96/8 20, 4 86, Fax 4 87
16348 Prenden

Golf- und Landclub Semlin am See
Ferchesarerstraße
✆ 0 33 85/50 36 85, Fax 50 36 80
14715 Semlin

Golfclub Schloß Wilkendorf e.V.
Wilkendorfer Str. 19 a
✆ 0 33 41/2 39 33, Fax 2 51 93
15345 Wilkendorf

Golf- und Countryclub Motzener See
Bestenseer Str. 12
✆ 03 31 69/5 01 30, Fax 5 01 34
15741 Motzen

Sporting-Club Scharmützelsee e.V.
Friedrich-Engels-Damm 300
✆ 03 36 31/31 93, Fax 31 92
15526 Bad Saarow

Reiterhöfe

Hotel Berlinchen mit Reiterhof
Dorfplatz
✆ 03 39 66/2 09
16909 Berlinchen

Reiterhof Briesen
Lindenstr. 11
✆ 03 36 07/3 84
15518 Briesen

Pension für Pferd und Reiter
Dorfstr. 24
✆ 03 30 82/3 46
16775 Dollgow

Gestüt Kranichpflug
Dorfstr. 1
✆ 0 33 94/44 40 91
16909 Dossow

Pension und Reiterhof
Gestüt Neuwaldeeck

℘ 03 38 78/2 13
14715 Gräningen

Schorfheidegestüt Gut Sarnow
Eichhorsterstr. 5
℘ 03 33 93/3 20 u. 6 40
16348 Groß Schönebeck

Reiterhof Fritzfelde
Tempelberger Weg 3
℘ 03 34 32/88 46
15518 Heinersdorf

Gut Joachimshof
℘ 03 39 70/2 33
16845 Joachimshof

Pension Pferdehof
Hauptstr. 10
℘ 0 33 72/40 12 18
14913 Jüterbog

Freizeit-Reiter-Zentrum Am Wald 1
℘ 0 33 41/2 23 33
15345 Klosterdorf/Strausberg

Farmhotel Neudorf
℘ 0 33 95/60 57
16928 Neudorf

Araberhof Pro Cheval
Dorfstr. 66
℘ 03 30 85/2 31
16775 Neulögow

Lücks Reiterhof
℘ 03 39 23/3 73
16837 Repente

Reiterhof Steindamm
Steindamm 1
℘ 0 39 87/5 19 77
17268 Storkow

Reiterhof Hinze
Kirchstr. 12
℘ 03 33 97/2 12 69
16348 Wandlitz

Pferde- und Bauernhof Wulff
Alt Daber 8
℘ 0 33 94/3 01 70
16909 Wittstock

Reiterhof Deter
Nietwerderweg 14
℘ 0 33 91/35 70 37
16835 Wulkow

Reiterhof Wendt
Dorfstraße
℘ 03 39 25/2 45
16818 Wustrau-Altfriesack

Wandern

Brandenburg ist wie geschaffen zum Wandern, ob zu Fuß, mit dem Rad oder im Boot. Außer einer abwechslungsreichen Landschaft bieten sich am Wege auch Besichtigungen kunsthistorischer Denkmäler oder idyllischer Ortschaften an. Der schönste und ausführlichste Wanderführer ist immer noch Fontanes ›Wanderungen durch die Mark Brandenburg‹. Auch wenn viele Details natürlich nicht mehr aktuell sind, so weist er doch mit liebevollem Blick in Geschichte und Lebensart der Märker.
Genaue Routenbeschreibungen (z. B. Broschüre ›Wandern im Land Brandenburg‹) sind vom Landesfremdenverkehrsverband Brandenburg e.V. (Anschrift siehe Informationsstellen) zu erhalten. Im folgenden eine Auswahl an aktuellen Wandervorschlägen:
● ein Rundweg für Ausdauernde oder als mehrtägige Tour durch die Uckermark von Angermünde über Templin, Herzfelde, Boitzenburg, Prenzlau, Warnitz und wieder Angermünde (134 km; zu Fuß oder mit Rad)

● durch den Hohen Fläming von Belzig über Bergholz und Kranpuhl, entlang dem Rabetal bis zur Burg Rabenstein; von dort zurück nach Belzig (27 km)

● die Wanderung beginnt in Beeskow, führt über Kummerow, Leißnitz, Friedland, entlang dem Schwielochsee über Speicherow bis nach Goyaz, wo man am besten übernachtet. Von dort weiter durch den Spreewald über Klein Leinen bis nach Lübben (55 km, eine Wanderung, die man als Zwei-Tages-Tour planen sollte)

● vom Bahnhof Chorin über Kloster Chorin bis zum Schiffshebewerk Niederfinow (15 km)

● durch die Märkische Schweiz von Buckow am Scharmützelsee, entlang dem Sophienfließ über den Krugberg, durch die Wolfsschlucht, am Silberberg entlang nach Tornow, entlang dem Stobberfließ und zurück nach Buckow (11 km)

Unterkunft

Hotels und Pensionen

Die angegebenen Preise verstehen sich inklusive Frühstück und pro Tag und Zimmer.

Alt-Ruppin
Zum Weißen Rössel
Schloßstr. 1, 16827 Alt-Ruppin
℘ 0 33 91/7 81 70, Fax 7 55 56
EZ ab 90 DM, DZ ab 130 DM

Hotel Am alten Rhin
Friedrich-Engels-Str. 12, 16827 Alt-Ruppin
℘ 0 33 91/7 55 55, Fax 7 55 56
EZ ab 88 DM, DZ ab 126 DM

Hotel und Freizeitpark Gildenhall
Wuthenower Str. 10, 16827 Alt-Ruppin
℘ 0 33 91/7 52 42, Fax 7 52 43
EZ ab 65 DM, DZ ab 90 DM

Hotel-Restaurant Weiss
Puschkinallee 11, 16278 Angermünde
℘ 0 33 31/2 18–54, –56, Fax 2 33 66
EZ ab 120 DM, DZ ab 160 DM

Bad Freienwalde
Hotel-Gasthaus Zum Löwen
Hauptstr. 41, 16259 Bad Freienwalde
℘ 0 33 44/52 15
Ab 65 DM

Pension Schulz
Sonnenburger Str. 12,
16259 Bad Freienwalde
℘ 0 33 44/25 21
Ab 60 DM

Bad Saarow-Pieskow
Hotel Theresienhof
Diensdorfer Straße 3,
15526 Bad Saarow-Pieskow
℘ 03 36 31/21 09 u. 21 43
EZ ab 42 DM, DZ ab 84 DM

Hotel-Restaurant Seeterrassen
Seestr. 7–11, 15526 Bad Saarow-Pieskow
℘ 03 36 31/43-0, Fax 43-1 23
EZ ab 125 DM, DZ ab 145 DM

Landhaus Alte Eichen
Alte Eichen 21, 15526 Bad Saarow-Pieskow
℘ 03 36 31/41 15, Fax 20 58
DZ ab 115 DM

Hotel Märkisches Gutshaus
Frankfurter Chaussee 49, 15848 Beeskow
℘ 0 33 66/2 00 53, Fax 2 00 55
EZ ab 100 DM, EZ ab 130 DM

Hotel Zum Schwan
Berliner Str. 31, 15848 Beeskow

✆ 0 33 66/2 03 98, Fax 2 34 34
EZ ab 70 DM, DZ ab 120 DM

Belzig
Fläminghotel
14806 Belzig
Ortsteil Lütte-Wenddoche
✆ 03 38 41/4 00 40, Fax 4 00 39
EZ ab 70 DM, DZ ab 120 DM

Burghotel
Wittenberger Str. 14, 14806 Belzig
✆ u. Fax 03 38 41/3 12 96
EZ ab 85 DM, DZ ab 130 DM

Bernau
Comfort Hotel Bernau
Zepernicker Chaussee 39, 16321 Bernau
✆ 0 33 38/3 87 00, Fax 3 87 02
EZ ab 130 DM, DZ ab 160 DM

Hotel Schwarzer Adler
Berliner Str. 33, 16321 Bernau
✆ 0 33 38/3 86 71, Fax 3 86 73
EZ ab 100 DM, DZ ab 140 DM

Boberow
Gasthof Hirte
Dorfstr. 5, 19357 Boberow
✆ 03 87 81/3 21
ab 25 DM

Brandenburg
Pension Blaudruck
Steinstr. 21, 14797 Brandenburg
✆ 0 33 81/22 57 34
EZ ab 60 DM, DZ ab 120 DM

Hotel Lindenhof
Chausseestr. 121, 14797 Brandenburg-Plaue
✆ u. Fax 0 33 81/40 35 10
EZ ab 90 DM, DZ ab 120 DM

Pension-Restaurant Luisenhof
Wendseeufer 8a, 14797 Brandenburg

✆ u. Fax 0 33 81/40 33 81
EZ ab 85 DM, DZ ab 130 DM

Sorat-Hotel Brandenburg
Altstädtischer Markt 1, 14770 Brandenburg
✆ 0 33 81/59 70, Fax 59 74 44
EZ ab 180 DM, DZ ab 210 DM

Brielow
Parkhotel Seehof
Freiheitsweg, 14778 Brielow
✆ 03 38 37/70 29 00, Fax 70 29 10
EZ ab 145 DM, DZ ab 180 DM

Buckow
Haus Buchenfried
Am Fischerberg 9, 15377 Buckow
✆ 03 34 33/2 87 u. 5 75 63, Fax 5 75 62
EZ ab 86 DM, DZ ab 152 DM

Restaurant und Pension Schloßburg
Wriezener Str. 59, 15377 Buckow
✆ 03 34 33/3 85
EZ ab 80 DM, DZ ab 100 DM

Haus Wilhelmshöhe
Lindenstr. 10–11, 15377 Buckow
✆ 03 34 33/2 46, Fax 4 37
EZ ab 60 DM, DZ ab 100 DM

Hotel & Restaurant Bergschlößchen
Königstr. 38–41, 15377 Buckow
✆ u. Fax 03 34 33/5 74 12
EZ ab 100 DM, DZ ab 140 DM

Burg/Spreewald
Seehotel Burg
Willischzaweg 30, 03096 Burg/Kaupert
✆ u. Fax 03 56 03/6 50, Fax 6 48 00
EZ ab 90 DM, DZ ab 130 DM

Gasthaus Zur Linde
Hauptstr. 38, 03096 Burg/Spreewald
✆ 03 56 03/2 09
EZ ab 70, DZ ab 100 DM

Romantik-Hotel Zur Bleiche
Bleichestr. 16, 03096 Burg/Spreewald
✆ 03 56 03/6 20, Fax 6 02 92
EZ ab 136 DM, DZ ab 192 DM

Landhotel Burg
Ringchaussee 195, 03096 Burg/Spreewald
✆ 03 56 03/6 46, Fax 6 48 00
EZ ab 105, DZ ab 145 DM

Waldhotel Eiche
03096 Burg/Spreewald
✆ 03 56 03/6 43, Fax 6 01 48
EZ ab 110 DM, DZ ab 160 DM

Calau
Hotel Zur Post
Cottbusser Str. 30, 03205 Calau
✆ 0 35 41/23 65
EZ ab 60 DM, DZ ab 110 DM

Caputh
Hotel Goldener Anker
Friedrich-Ebert-Str. 18,
14548 Caputh
✆ 03 32 09/7 04 92

Märkisches Gildehaus
Schwielowseestr. 58, 14548 Caputh
✆ 03 32 09/7 02 65, Fax 7 08 36
EZ ab 105 DM, DZ ab 130 DM

Hotel Müllerhof
Weberstr. 48, 14548 Caputh
✆ 03 32 09/79 10, Fax 79 50
EZ ab 80 DM, DZ ab 120 DM

Chorin
Hotelrestaurant Mühlenhaus
Ragöser Mühle 1,
16230 Chorin (OT Sandkrug)
✆ 03 33 66/2 41, Fax 2 02
EZ ab 90 DM, DZ ab 130 DM

Hotel Haus Chorin
Neue Klosterallee 10,
16230 Chorin
✆ 03 33 66/4 47, Fax 3 26
EZ ab 75 DM, DZ ab 112 DM

Chossewitz
Seeschloß Chossewitz
15848 Chossewitz
✆ 03 36 73/3 28, Fax 51 00
EZ ab 120 DM, DZ ab 140 DM

Cottbus
Hotel Branitz
Heinrich-Zille-Straße, 03046 Cottbus
✆ 03 55/7 51 00, Fax 71 31 72
EZ ab 150 DM, DZ ab 170 DM

Maritim Hotel Cottbus
Vetschauer Str. 12, 03048 Cottbus
✆ 03 55/47 61-0, Fax 47 61-9 00
EZ ab 205 DM, DZ ab 258 DM

Sorat Hotel Cottbus
Schloßkirchplatz 1, 03048 Cottbus
✆ 01 30/32 25
EZ ab 160 DM, DZ ab 200 DM

Holiday Inn
Berliner Platz, 03046 Cottbus
✆ 03 55/36 60, Fax 36 69 99
EZ ab 115 DM, DZ ab 240 DM

Crinitz
Crinitzer Hof
Hauptstr. 25–27, 03246 Crinitz
✆ 03 53 24/4 13
EZ ab 45 DM, DZ ab 75 DM

Dahme
Freses Waldrestaurant
Herzberger Chaussee, 15936 Dahme
✆ 03 54 51/5 34
EZ ab 55 DM, DZ ab 86 DM

Dammendorf

Forsthaus Dammendorf
Waldweg-Dorfstraße,
15299 Dammendorf
✆ u. Fax 03 36 55/2 13
EZ ab 50 DM, DZ ab 100 DM

Dorf Zechlin
Landgasthaus Hotel Waldeck
Am Kunkelberg 4, 16837 Dorf Zechlin
✆ 03 39 23/4 80
EZ ab 35 DM, DZ ab 94 DM

Hotelrestaurant am Schiffshebewerk
Hebewerkstr. 43,
16248 Niederfinow (bei Eberswalde)
✆ 03 33 62/2 09

Eisenhüttenstadt
City-Hotel Lunik
Straße der Republik 35 a,
15890 Eisenhüttenstadt
✆ 0 33 64/55 41,
Fax 4 43 11
EZ ab 125 DM, DZ ab 170 DM

Waldsee-Hotel am Wirchensee
15898 Treppeln/bei Eisenhüttenstadt
✆ u. Fax 03 36 73/3 22
ab 80 DM

Elsterwerda
Hotel Arcus
Hauptstr. 14, 04910 Elsterwerda
✆ 0 35 33/16 23 55, Fax 16 23 54
EZ ab 85 DM, DZ ab 125 DM

Teschners Gasthof
Haidaerstr. 39, 04910 Elsterwerda
✆ u. Fax 0 35 33/22 48
EZ ab 75 DM, DZ ab 95 DM

Erkner
Pension Vogelsang
Vogelsang 17, 15537 Erkner

✆ 0 33 62/44 50
DZ ab 60 DM

Ferch
Haus am See
Neue Scheune 19, 14548 Ferch
✆ 03 32 09/7 09 55, Fax 7 04 96
EZ ab 120 DM, DZ ab 140 DM

Landhaus Ferch
Dorfstr. 41, 14548 Ferch
✆ u. Fax 03 32 09/7 03 91
EZ ab 85 DM, DZ ab 105 DM

Finsterwalde
Hotel Brückenkopf
Berliner Str. 23,
03238 Finsterwalde
✆ u. Fax 0 35 31/22 01
EZ ab 70 M, DZ ab 150 DM

Hotel Goldener Hahn
Bahnhofstr. 3, 03238 Finsterwalde
✆ 0 35 31/22 14, Fax 85 35
EZ ab 95 DM, DZ ab 160 DM

Hotel Zum Vetter
Lange Str. 15, 03238 Finsterwalde
✆ 0 35 31/22 69, Fax 32 05
EZ ab 55 DM, DZ ab 90 DM

Flecken Zechlin
Media Hotel Seeblick
Weinbergsring 16,
16837 Flecken Zechlin
✆ u. Fax 03 39 23/2 49
EZ ab 70 DM, DZ ab 90 DM

Frankfurt/Oder
Best Western Kongreßhotel
Frankfurter Hof
Logenstr. 2, 15230 Frankfurt/Oder
✆ 03 35/5 53 60, Fax 5 53 65 87
EZ ab 135 DM, DZ ab 176 DM

Hotel Altberesinchen
Leipziger Str. 38, 15232 Frankfurt/Oder
☎ 03 35/54 22 86, Fax 53 11 64
Ab 85 DM

Hotel Zur Alten Oder
Fischerstr. 32, 15230 Frankfurt/Oder
☎ 03 35/55 62 20, Fax 32 44 39
EZ ab 95 DM, DZ ab 120 DM

Holiday Inn
Turmstr. 1, 15234 Frankfurt/Oder
☎ 03 35/55 65-0, Fax 55 65-1 00
EZ ab 150 DM, DZ ab 180 DM

Fürstenwalde
Restaurant und Pension Zillestuben
Schloßstr. 26, 15517 Fürstenwalde
☎ 0 33 61/5 77 25
EZ ab 80 DM, DZ ab 130 DM

Geltow
Pension Kempe
Ferdinand-von-Schill-Str. 6,
14542 Geltow
☎ u. Fax 0 33 27/5 59 58
EZ ab 70 DM, DZ ab 90 DM

Landhaus Geliti
Wentorfstr. 2, 14542 Geltow
☎ 0 33 27/5 97-0, Fax 59 71 00
EZ ab 125 DM, DZ ab 160 DM

Guben
Hotel Waldow
Hinter der Bahn 20, 03172 Guben
☎ 0 35 61/40 60, Fax 21 71
EZ ab 50 DM, DZ ab 80 DM

Hotel Panorama
Fr.-Schiller-Str. 12–14, 03172 Guben
☎ 0 35 61/55 70, Fax 5 30 25
EZ ab 73 DM, DZ ab 83 DM

Herzberg
Hotel Nordklause
Kaxdorfer Weg 8a, 04916 Herzberg
☎ 0 35 35/2 07 55, Fax 2 07 58
EZ ab 75 DM, DZ ab 100 DM

Jüterbog
Hotel Zum Goldenen Stern
Markt 14, 14913 Jüterbog
☎ 0 33 72/40 14 76, Fax 40 16 14
EZ ab 74 DM, DZ ab 118 DM

Parkhotel
Zinnaer Vorstadt 48, 14913 Jüterbog
☎ 0 33 72/40 17 76, Fax 40 15 91
EZ ab 75 DM, DZ ab 120 DM

Kleinmachnow
Bäkemühle
Zehlendorfer Damm 216
14532 Kleinmachnow
☎ 03 32 03/6 31 08, Fax 6 22 73
EZ ab 140 DM, DZ ab 160 DM

Hotel-Restaurant Hakeburg
Zehlendorfer Damm 185
14532 Kleinmachnow
☎ 03 32 03/2 28 58, Fax 2 22 12
EZ ab 60 DM, DZ ab 100 DM

Hotel Astron
Zehlendorfer Damm 190
14532 Kleinmachnow
☎ 03 32 03/49-0, Fax 49-9 00
EZ ab 180 DM, DZ ab 236 DM

Kloster Zinna
Restauration und Logierhaus
Alte Försterei
Markt 7, 14913 Kloster Zinna
☎ 0 33 72/4 65-0, Fax 4 65-2 22
EZ ab 108 DM, DZ ab 161 DM

Hotel und Gaststätte zum Klosterhof
Klosterstr. 13, 14913 Kloster Zinna

℘ 0 33 72/40 46 44
Ab 35 DM

Königs Wusterhausen
Hotel Brandenburg
Karl-Liebknecht-Str. 10
15711 Königs Wusterhausen
℘ 0 33 75/67 60,
Fax 6 76 66
EZ ab 140 DM, DZ ab 175 DM

Kremmen
Seeparkrestaurant und
Hotel Kremmener Luch
Am Seeweg 4a, 16766 Kremmen
℘ u. Fax 03 30 55/7 04 43
Appartements 100–135 DM

Kyritz
Hotel Landhaus Muth
Pritzwalker Str. 40, 16866 Kyritz
℘ 03 39 71/7 15 12,
Fax 7 15 13
EZ ab 80 DM, DZ ab 120 DM

Hotel Deutsches Haus
Maxim-Gorki-Str. 34, 16866 Kyritz
℘ 03 39 71/7 23 69, Fax 7 23 71

Lanke
Hotel-Restaurant Seeschloß
Am Obersee 6, 16359 Lanke
(bei Wandlitz)
℘ 0 33 37/20 43 u. 37 20
EZ ab 80 DM, DZ ab 130 DM

Lehnin
Hotel-Restaurant Markgraf
Friedenstr. 13, 14797 Lehnin
℘ 0 33 82/70 06 04, Fax 70 04 30
EZ ab 95 DM, DZ ab 170 DM

Leipe
Pension Spreewaldhof
Dorfstr. 2, 03226 Leipe

℘ 0 35 42/28 05
DZ ab 60 DM

Spreewaldhotel Leipe
Dorfstr. 20, 03226 Leipe
℘ 0 35 42/22 34, Fax 38 91
EZ ab 85 DM, DZ ab 120 DM

Lindow
Hotel am Wutzsee
Straße des Friedens 33, 16835 Lindow
℘ u. Fax 03 39 33/7 02 20
EZ ab 90 DM, DZ ab 120 DM

Hotel Krone
Straße des Friedens 11, 16835 Lindow
℘ 03 39 33/7 03 13, Fax 7 05 38
EZ ab 70 DM, DZ ab 100 DM

Lübben
Gasthaus Lindengarten
Dorfstr. 15, 15907 Lübben/Treppendorf
℘ 0 35 46/41 72
EZ ab 85 DM, DZ ab 120 DM

Hotel Restaurant Spreeblick
Grubener Str. 53, 15907 Lübben
℘ 0 35 46/83 12
EZ ab 80 DM, DZ ab 100 DM

Spreewaldhotel Stephans Hof
Berliner Chaussee 1, 15907 Lübben
℘ u. Fax 0 35 46/39 76
EZ ab 75 DM, DZ ab 130 DM

Lübbenau
Hotel Spreewaldeck
Dammstr. 31, 03222 Lübbenau
℘ 0 35 42/8 90 10, Fax 87 36 66
EZ ab 110, DZ ab 160 DM

Pension Lübbenauer Hof
Ehm-Welk-Str. 20, 03222 Lübbenau
℘ u. Fax 0 35 42/8 31 62
DZ ab 120 DM

Landhaus-Hotel
LPG-Straße,
03222 Lübbenau/Groß-Beuchow
☎ 0 35 42/4 67 50
EZ ab 128 DM, DZ ab 153 DM

Pension Spreewaldidyll
Spreestraße 13, 03222 Lübbenau
☎ 0 35 42/22 51
EZ ab 60 DM, DZ ab 90 DM

Hotel Schloß Lübbenau
Schloßbezirk 6, 03222 Lübbenau
☎ 0 35 42/8 73-0, Fax 8 73-6 66
EZ ab 119 DM, DZ ab 200 DM

Luckenwalde
Hotel Pelikan
Puschkinstr. 27, 14943 Luckenwalde
☎ u. Fax 0 33 71/61 29 96
EZ ab 85 DM, DZ ab 125 DM

Pension Waldblick
Brandweg 12, 14953 Luckenwalde
☎ 0 33 71/61 51 35, Fax 4 25 14
EZ ab 40 DM, DZ ab 80 DM

Lychen
Waldhotel Sängerslust
Am Zenssee 2, 17279 Lychen
☎ u. Fax 03 98 88/22 77
EZ ab 55 DM, DZ ab 80 DM

Pension Lindenhof
Lindenhof 1, 17279 Lychen
☎ 03 98 88/25 01
EZ ab 40 DM, DZ ab 70 DM

Motzen
Hotel Residenz am Motzener See
Töpchiner Str. 4, 15741 Motzen
☎ 03 37 69/85-0, Fax 85-100
EZ ab 175 DM, DZ ab 245 DM

Nauen
Hotel Stadt Nauen
Dammstr. 2 a,
14641 Nauen
☎ u. Fax 0 33 21/3 22 95
EZ ab 90 DM, DZ ab 130 DM

Netzen
Hotel-Restaurant Seehof
Am See,
14797 Netzen
☎ 0 33 82/8 07, Fax 8 42
EZ ab 95 DM, DZ ab 170 DM

Neuruppin
Hotel am See »Altes Kasino«
Seeufer 11/12
16816 Neuruppin
☎ 0 33 91/30 59

Hotel Märkischer Hof
Karl-Marx-Str. 51/52,
16816 Neuruppin
☎ 0 33 91/28 01, Fax 25 66
EZ ab 117 DM, DZ ab 137 DM

Neuzelle
Pension Kummerower Hof
Kummerower Str. 41,
15898 Neuzelle
☎ 03 36 52/2 68, Fax 64 39
EZ ab 50, DZ ab 100 DM

Oranienburg
Oranienburger Hof
Bernauer Str. 48,
16515 Oranienburg
☎ 0 33 01/80 20 72, Fax 80 20 76
EZ ab 110 DM, DZ ab 150 DM

Gasthof Oranjehus
Clara-Zetkin-Str. 31,
16515 Oranienburg
☎ 0 33 01/80 12 44, Fax 80 12 46
EZ ab 120 DM, DZ ab 185 DM

Hotel am Lunik Park
Stolper Str. 8
16540 Hohen Neuendorf (b. Oranienburg)
℘ 0 33 03/29 01, Fax 2 91-4 44
EZ ab 165 DM, DZ ab 195 DM

Schloßhotel Dammsmühle
16353 Schönwalde (bei Oranienburg)
℘ 03 30 56/8 24 69
EZ ab 80 DM, DZ ab 120 DM

Peitz
Pension Walter
Cottbuser Str 13, 03185 Peitz
℘ 03 56 01/2 43 86
EZ ab 100 DM, DZ ab 140 DM

Perleberg
Hotel Henningshof
Hennings Hof 3, 19348 Perleberg
℘ 0 38 76/25 84, Fax 50 35,
ab 80 DM

Hotel Stadt Magdeburg
Wittenberger Str. 67, 19348 Perleberg
℘ 0 38 76/28 61
EZ ab 48 DM, DZ 96 DM

Plaue
Hotel-Restaurant Lindenhof
Chausseestr. 121,
14779 Plaue (bei Brandenburg)
℘ u. Fax 0 33 81/40 35 10
EZ ab 90 DM, DZ ab 120 DM

Potsdam
Hotel Babelsberg
Stahnsdorfer Str. 68, 14482 Potsdam
℘ 03 31/7 88 89, Fax 7 76 68
EZ ab 65 DM, DZ ab 90 DM

Hotel Bayrisches Haus
Im Wildpark 1, 14471 Potsdam
℘ 03 31/96 37 90, Fax 97 23 29
EZ ab 115 DM, DZ ab 130 DM

Hotel Mercure
Lange Brücke, 14467 Potsdam
℘ 03 31/46 31, Fax 29 34 96
EZ ab 175 DM, DZ ab 205 DM

Hotel-Restaurant Zum Hummer
Park Babelsberg 2, 14482 Potsdam
℘ 03 31/61 95 49, Fax 7 73 98
EZ ab 85 DM, DZ ab 110 DM

Hotelschiff Friedrich der Große
Am Hinzenberg, 14467 Potsdam
℘ 03 31/61 90 04
EZ ab 90 DM, DZ ab 110 DM

Seidler art'otel
Zeppelinstr. 136, 14471 Potsdam
℘ 03 31/96 25 62, Fax 97 25 94
EZ ab 190 DM, DZ ab 230 DM

Hotel-Café Reinhold
Dortustr. 10, 14467 Potsdam
℘ 03 31/2 84 99-0, Fax 2 84 99 30
Ab 170 DM

Residence Hotel Potsdam
Saarmunder Str. 60, 14478 Potsdam
℘ 03 31/88 30-0, Fax 8 83 05 11
EZ ab 130 DM, DZ ab 160 DM

Travel Hotel Schloß Cecilienhof
Im Neuen Garten, 14469 Potsdam
℘ 03 31/37 05-0, Fax 29 24 98
EZ ab 130 DM, DZ ab 250 DM

Prenzlau
Parkhotel
Grabowstr. 14, 17291 Prenzlau
℘ 0 39 84/30 21, Fax 85 41 31
EZ ab 90 DM, DZ ab 150 DM

Hotel Wendenkönig
Neubrandenburger Str. 66, 17291 Prenzlau
℘ u. Fax 0 39 84/50 98
EZ ab 69 DM, DZ ab 115 DM

Pritzwalk

Hotel Pritzwalker Hof
Havelberger Str. 59, 16928 Pritzwalk
✆ 0 33 95/20 04, Fax 20 03
EZ ab 80 DM, DZ ab 100 DM

Hotel Birkenwäldchen
Havelberger Str. 48, 16928 Pritzwalk
✆ 0 33 95/26 71, Fax 24 84
EZ ab 45 DM, DZ ab 75 DM

Rathenow

Pension Zur Havel
Weidenweg 27, 14712 Rathenow
✆ 0 33 85/50 99 36
EZ ab 65 DM, DZ ab 100 DM

Hotel Zietenhof
Berliner Str. 32, 14712 Rathenow
✆ 0 33 85/51 12 22
EZ ab 90 DM, DZ ab 130 DM

Rheinsberg

Atrium-Hotel Deutsches Haus
Seestr. 13, 16831 Rheinsberg
✆ 03 39 31/3 90 59, Fax 3 90 63
EZ ab 100 DM, DZ ab 160 DM

Hotel Goldener Stern
Mühlenstr. 4, 16831 Rheinsberg
✆ 03 39 31/21 79
Ab 80 DM

Gasthaus Mischke am Rheinsberger See
Seestr. 7, 16831 Linow-Warenthin
✆ 03 39 31/21 31
EZ 55 DM, DZ ab 70 DM

Schorfheide

Jagdschloß Hubertusstock
16244 Eichhorst
✆ 03 33 63/50-0, Fax 50-2 55
Ab 150 DM

Schwedt

Bürohotel
Platz der Befreiung 6, 16303 Schwedt
✆ 0 33 32/2 10 98
EZ ab 49 DM, DZ ab 79 DM

Restaurant-Pension Castell
Karl-Marx-Str. 6, 16303 Schwedt
✆ 0 33 32/2 33 84
EZ ab 70 DM, DZ ab 80 DM

Andersen Hotel GmbH
Gartenstr. 9–11, 16303 Schwedt
✆ 0 33 32/52 47 48, Fax 52 47 50

Senftenberg

Hotel Kronprinz
E.-Thälmann-Straße 44, 01968 Senftenberg
✆ 0 35 73/21 51, Fax 79 17 58
EZ ab 98 DM, DZ ab 148 DM

Parkhotel
Steindamm 20, 01968 Senftenberg
✆ 0 35 73/7 38 61, Fax 20 74
EZ ab 100, DZ ab 160 DM

Spremberg

Hotel am Berg
Bergstr. 30, 03130 Spremberg
✆ 0 35 63/9 17 67, Fax 9 48 37
EZ ab 75, DZ ab 130 DM

Zur Börse
Karl-Marx-Str. 4, 03130 Spremberg
✆ 0 35 63/9 02 31, Fax 9 02 32
EZ ab 90 DM, DZ ab 130 DM

Hotel Zur Post
Lange Str. 23, 03130 Spremberg
✆ 0 35 63/46 93
EZ ab 62 DM, DZ ab 100 DM

Stolpe

Hotel Restaurant Stolper Turm
Dorfstr. 40, 16278 Stolpe

✆ 03 33 38/5 40
EZ ab 80 DM, DZ ab 110 DM

Strausberg
Hotel-Restaurant Neue Spitzmühle
Spitzmühlenweg, 15344 Strausberg
✆ 0 33 41/2 25 33, Fax 31 41 72
EZ ab 75 DM, DZ ab 105 DM

Landhaus Villago
Altlandsberger Chaussee 88–89,
15345 Petershagen (bei Strausberg)
✆ 0 30/6 25 40 81,
Fax 6 26 45 36
EZ ab 145 DM, DZ ab 185 DM

Pension am Straussee
Georg-Kurtze-Str. 21,
15344 Strausberg
✆ 0 33 41/31 38 21
Ab 35 DM

Templin
Ferienhotel Templin
Am Lübbesee 1, 17268 Templin
✆ 0 39 87/4 50, Fax 4 52 70
EZ ab 63 DM, DZ ab 86 DM

Hotel-Restaurant Fährkrug
Fährkrug 1, 17268 Templin
✆ 0 39 87/4 80
EZ ab 135 DM, DZ ab 180 DM

Teupitz
Schloßhotel Teupitz
Kirchstr. 8, 15755 Teupitz
✆ 03 37 66/4 76-00, Fax 4 76-55
EZ ab 60 DM, DZ ab 160 DM

Vetschau
Hotel Ratskeller Vetschau
Am Markt 5–6, 03226 Vetschau
✆ 03 54 33/7 03 86, Fax 7 03 87
EZ ab 120 DM, DZ ab 170 DM

Pension Märkischheide
Lindenstr. 2, 03226 Vetschau
✆ 03 54 33/31 15, Fax 31 16
EZ ab 55 DM, DZ ab 80 DM

Wendisch Rietz
Seehotel Waldfrieden
Am See, 15864 Wendisch-Rietz
✆ 03 36 79/6 09-0, Fax 6 09-46
EZ ab 55 DM, DZ ab 120 DM

Hotel-Restaurant
Haus Am Glubigsee
Beeskower Chaussee 5,
15864 Wendisch-Rietz
✆ u. Fax 03 36 79/4 32
EZ ab 35 DM, DZ ab 50 DM

Pension Scharmützeleck
Am Scharmützelsee 29,
15864 Wendisch-Rietz
✆ 03 36 79/4 47, ab 40 DM

Werder
Inselhotel
Am Markt 6, 14542 Werder
✆ 0 33 27/4 25 08, Fax 4 56 71
EZ ab 60 DM, DZ ab 120 DM

Hotel Am Schwielowsee
Am Schwielowsee 110, 14542 Werder
✆ 0 33 27/4 06 12–6, Fax 34 59
EZ ab 47 DM, DZ ab 70 DM

Hotel Schloß Petzow
Zelterstr. 5, 14542 Werder/Petzow
✆ 0 33 27/46 94 o. Fax 46 94-30
EZ ab 50 DM, DZ ab 70 DM

Wittstock
Hotel Am Röbeler Tor
Dosseteich 1, 16909 Wittstock
✆ 0 33 94/35 56
EZ ab 95 DM, DZ ab 130 DM

Hotel Stadt Hamburg
Röbler Str. 25,
16090 Wittstock
℘ 0 33 94/44 45 67
EZ ab 90 DM, DZ ab 130 DM

Wusterwitz
Hotel Alte Mühle
Mühlenstr. 1a, 14789 Wusterwitz
℘ 03 38 39/60 90–1, Fax 60 90-9
EZ ab 75 DM, DZ ab 100 DM

Zechlinerhütte
Pension Zum Charlottenhof
Neustrelitzer Straße 31,
16831 Zechlinerhütte
℘ 03 39 21/2 04
DZ ab 40 DM

Zerkwitz
Pension Behrendt
Hauptstr. 33, 03222 Zerkwitz
℘ 0 35 42/4 24 41

Zeuthen
Hotel-Restaurant Aussicht
Hoherlehmer Str. 27, 15738 Zeuthen
℘ 03 37 62/7 07 21, Fax 7 07 22
EZ ab 98 DM, DZ ab 148 DM

Jugendherbergen

Eine vollständige Übersicht über die Jugend-
herbergen bietet das *Jugendherbergswerk*, Landesverband Berlin-Brandenburg, Tempelho-
fer Ufer 32, 10963 Berlin, ℘ 0 30/2 62 30 24
oder der Landesfremdenverkehrsverband
Brandenburg und die jeweiligen Regionalver-
bände der Fremdenverkehrsämter (s. u. Informationsstellen).

Camping

Der Landesfremdenverkehrsverband Brandenburg verschickt auf Anfrage eine vollständige Liste samt Übersichtskarte aller brandenburgischen *Campingplätze*, inklusive Preise
und Ausstattung. Die meisten Plätze sind von
Mai bis Oktober geöffnet, einige auch ganz-
jährig. Es empfiehlt sich, Campingplätze an
den Badeseen rechtzeitig zu buchen, da sie in
den Sommermonaten sehr begehrt sind.

Weitere Informationen erteilt der Verband
der Campingplatzbetreiber im Land Brandenburg e.V., 15236 Helenesee, ℘ 03 35/
5 21 22 01–3 u. 54 71 02.

Register

Personen

Orte

DUMONT

KUNST-REISEFÜHRER

»Die Kunst-Reiseführer des Kölner Verlages werden von Jahr zu Jahr, von Band zu Band perfekter: immer detailliertere Pläne begleiten die Erklärungen, immer noch typischere Illustrationen erläutern den Text.« *Basler Nachrichten*

»Die Kunst-Reiseführer aus dem Kölner DUMONT Verlag verbinden in vorbildlicher Weise allgemeine kunstgeschichtliche Orientierung und konkrete Verwertbarkeit des Geschriebenen am Urlaubsort. Sie zeigen, daß wissenschaftlich exakt nicht langweilig heißen muß.« *Süddeutscher Rundfunk*

»Für Menschen, denen Land, Leute und Denkmäler mehr Anreiz sind als die geebneten Pfade des institutionalisierten Tourismus, die sich in das Abenteuer einlassen, sich die Begegnungen selbst zu gestalten, erfüllen die DUMONT Kunst-Reiseführer ein Maximum an Voraussetzungen.« *Salzburger Nachrichten*

Weitere Informationen über die Titel der Reihe DUMONT Kunst-Reiseführer erhalten Sie bei Ihrem Buchhändler oder beim DUMONT Buchverlag • Postfach 10 10 45 • 50450 Köln.